Como viver com esperança em meio a um mundo profundamente ferido? Tão lúcida em estilo quanto esclarecedora em conteúdo, Norman Wirzba apresenta, em *Nossa vida sagrada*, um argumento maduro, fundamentado e elegante de que conhecer onde nos encontramos é crucial para compreender *quem* somos enquanto seres humanos e, e *como* devemos viver a fim de desenvolver simultaneamente o nosso próprio ser e o mundo que nos sustenta. Com base na biologia, ecologia, antropologia, economia e psicologia, bem como na teologia, o texto mostra como nossa vida está fortemente entrelaçada ao bem-estar do solo, do ar e da água, concedendo-nos uma impressionante visão da dádiva que uma vida tão enraizada e envolvida com essas questões pode significar.

Ian A. McFarland, professor de Teologia da cátedra Robert W. Woodruff,
em Candler School of Theology, e ex-professor régio de Teologia
da University of Cambridge

Norman Wirzba tem sido um dos observadores mais perspicazes de nossa difícil situação, e este belo livro reúne boa parte de sua sabedoria. Você vai terminá-lo com uma ideia mais apurada daquilo que o autor chama de "criaturalidade", e isso será um conforto e um estímulo para realizar o trabalho compulsório de preservação das possibilidades deste maravilhoso planeta.

Bill McKibben, autor de *The end of nature* [O fim da natureza]

Nossa vida sagrada, de Norman Wirzba, é oportuno em nossa preparação ética, ecológica e epistemológica para abordar as múltiplas emergências provocadas pelo homem: pandemia, estragos climáticos, erosão da biodiversidade e extinção de espécies, e as intoleráveis e brutais desigualdades e divisões que nos assolam. Wirzba nos leva a percorrer a paisagem árida da dessacralização da Terra e da humanidade que está na raiz dessas crises. Este livro é um convite a seguir outro caminho, um caminho no qual as pessoas pratiquem a arte de ser criaturas e membros de uma "Família da Terra", recebendo e concedendo vida para criar um mundo abundante e florescente. *Nossa vida sagrada* mostra que podemos recuperar o sagrado ao regenerarmos a Terra.

Vandana Shiva, autora de *Reclaiming the commons and soil not oil:
environmental justice in an age of climate crisis* [Recuperando os bens comuns
e o solo, não o petróleo: justiça ambiental em uma era de crise climática]

Em *Nossa vida sagrada*, Norman Wirzba demonstrou imensa generosidade e surpreendente alcance intelectual. Ao mesmo tempo realista e lírico, graciosamente prático e profundamente contemplativo, este livro oferece uma poderosa repreensão à misantropia e ao cinismo de nossa época. Este livro guiará e inspirará as gerações vindouras.

Tim Ingold, professor emérito de Antropologia da Aberdeen University

Os escritos de Norman Wirzba tem sido um farol de sabedoria para mim. *Nossa vida sagrada* é uma celebração, uma exploração reveladora da trilha que conduz a uma vida generativa, bem como uma crítica necessária às forças de desumanização de nossa cultura. *Nossa vida sagrada* afirma, em profundidade, meu chamado para ser um artista e criar beleza, apesar das trevas e dos traumas de nosso tempo.

Makoto Fujimura, artista e autor de *Art and faith:
a theology of making* [Arte e fé: uma teologia do criar (Thomas Nelson Brasil)]

Como o melhor dos poemas, este é um livro que cumpre o que promete: é um trabalho de cuidadoso embasamento — em relação às contingências históricas, complexidades ecológicas, imperativos éticos e redescobertas espirituais —, que traz imaginação criativa e discernimento intelectual para a reafirmação da coexistência das criaturas. Sustentadas por uma profunda compreensão dos textos e tradições cristãs e uma profunda consciência dos erros a que foram aglutinadas, as meditações de Wirzba são rica e respeitosamente moldadas também por outros, mesmo pelos judeus e os povos originários.

KATE RIGBY, professora de Humanidades Ambientais na Bath Spa University, e autora de *Topographies of the sacred: the poetics of place in european romanticism* [Topografias do sagrado: a poética do lugar no romantismo europeu], *Dancing with disaster: histories, narratives, and ethics for perilous times* [Dançando com o desastre: histórias, narrativas e ética para tempos perigosos] e *Reclaiming romanticism: towards an ecopoetics of decolonization* [Recuperando o romantismo: rumo a uma ecopoética da descolonização]

Bastante familiarizada com uma ampla gama de pensadores, a holística teologia da Criação de Wirzba faz uma intervenção importante no discurso do Antropoceno. Criticando propostas que tem o controle humano ou a transcendência como premissa, mas sem ceder ao recente pessimismo em relação ao conceito de humanidade, Wirzba desdobra uma visão cristã dos humanos para afirmar, celebrar e participar de forma criativa da vida terrena, e isso deve estimular a conversa na teologia e, de forma mais ampla, no campo das humanidades.

WILLIS JENKINS, professor de Ética na cátedra John Allen Hollingsworth, na Virginia University

As Escrituras declaram "desde o princípio", e os teólogos afirmam há séculos, que a Criação é um dom sagrado e convidam a uma vocação sagrada. Wirzba articula, de maneira cuidadosa e com exatidão, as implicações dessa premissa para uma comunidade mais sensível e solidária, para economias transparentes e uma democracia participativa, bem como para a construção de cidades autoconscientes com infraestruturas de apoio à vida. Seu apelo a um mundo afligido pelo descontentamento e impactado por uma pandemia visa reimaginar a Criação e as criaturas como uma comunidade em que seus membros convivem lado a lado, uma comunidade que reflete sobre onde estamos e quem somos, para, como diz T. S. Elliot, "conhecer o lugar pela primeira vez".

JOHN CHRYSSAVGIS, autor de *Creation as sacrament* [Criação como sacramento]

Para boa parte dos secularistas, e até mesmo para alguns cristãos, Deus e as criaturas são mais inimigos do que amigos. *Nossa vida sagrada* é um argumento bem fundamentado em prol da convicção de que amar a Deus corretamente é amar a vida, e vice-versa: amar a vida corretamente é amar a Deus. Trata-se de um livro importante, convincente e urgentemente necessário.

MIROSLAV VOLF, professor de Teologia da cátedra Henry B. Wright, University of Yale

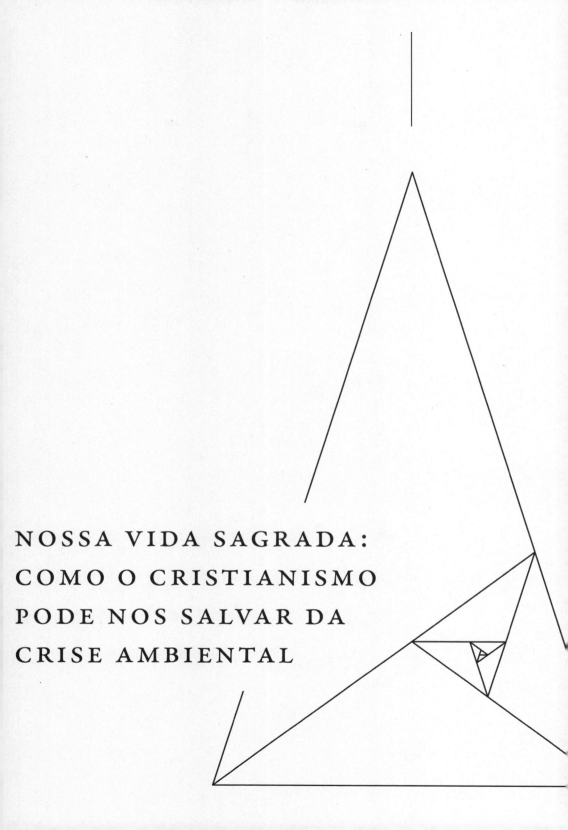

NOSSA VIDA SAGRADA:
COMO O CRISTIANISMO
PODE NOS SALVAR DA
CRISE AMBIENTAL

NORMAN WIRZBA
COLEÇÃO FÉ, CIÊNCIA & CULTURA

NOSSA VIDA SAGRADA: COMO O CRISTIANISMO PODE NOS SALVAR DA CRISE AMBIENTAL

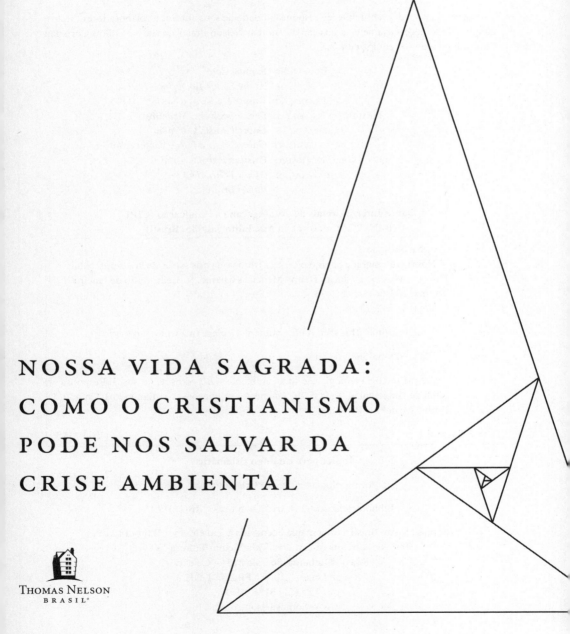

THOMAS NELSON
BRASIL

Título original: *This sacred life: humanity's place in a wounded world.*
Copyright ©2021, de Cambridge University Press.
Edição original de Cambridge University Press. Todos os direitos reservados.
Copyright de tradução ©Vida Melhor Editora Ltda., 2023.
Todos os direitos desta publicação são reservados por Vida Melhor Editora LTDA.

As citações bíblicas sem indicação da versão *in loco* foram extraídas da Nova Versão Internacional, da Bíblia, Inc.

Os pontos de vista desta obra são de responsabilidade de seus autores e colaboradores diretos, não refletindo necessariamente a posição da Thomas Nelson Brasil, da HarperCollins Christian Publishing ou de sua equipe editorial.

PUBLISHER	*Samuel Coto*
EDITOR	*André Lodos Tangerino*
TRADUÇÃO	*Danny Medeiros Charão*
PRODUÇÃO EDITORIAL	*Fabiano Silveira Medeiros*
PREPARAÇÃO	*Gabriel Rocha Carvalho*
REVISÃO	*Gabriel Braz e Lucas Vasconcellos Freitas*
ÍNDICE REMISSIVO	*Cristina Isabel Charão*
DIAGRAMAÇÃO	*Aldair Dutra de Assis*
CAPA	*Rafael Brum*

Dados Internacionais de Catalogação na Publicação (CIP)
(BENITEZ Catalogação Ass. Editorial, MS, Brasil)

W681n Wirzba, Norman
1.ed.   Nossa vida sagrada : como o cristianismo pode nos salvar da crise ambiental / Norman Wirzba; tradução Danny Medeiros Charão. — 1.ed. — Rio de Janeiro : Thomas Nelson Brasil, 2023.
304 p.; 15,5 x 23 cm.

Título original: This sacred life : humanity's place in a wounded world.

ISBN: 978-65-5689-686-1

1. Antropologia teológica. 2. Meio ambiente – Aspectos religiosos. 3. Responsabilidade ambiental. 4. Vida cristã – Aspectos religiosos – Cristianismo. I. Charão, Danny Medeiros. II. Título.

05-2023/184   CDD 233.5

Índice para catálogo sistemático

1. Antropologia teológica : Cristianismo   233.5

Bibliotecária: Aline Graziele Benitez - CRB-1/3129

Thomas Nelson Brasil é uma marca licenciada à Vida Melhor Editora LTDA.
Todos os direitos reservados. Vida Melhor Editora LTDA.
Rua da Quitanda, 86, sala 218 — Centro
Rio de Janeiro, RJ — CEP 20091-005
Tel.: (21) 3175-1030
www.thomasnelson.com.br

Para meu avô
Wilhelm Roepke,
que testemunhou muitas das feridas
deste mundo e, mesmo assim,
ensinou-me que a vida é sagrada.

Devemos estar dispostos
a ser um bálsamo para todas as feridas.

Etty Hillesum, 13 de outubro de 1943,
An interrupted life: the diaries 1941-1943
[Uma vida interrompida: os diários 1941-1943],
p. 231

Sumário

Coleção fé, ciência e cultura 11
Prefácio à edição brasileira 13
Prefácio 19
Agradecimentos 29

I. Primeira parte: Examinando nossa situação
    1. Encarando o Antropoceno 33
    2. O ímpeto transumanista 65

II. Segunda parte: Voltando aos fundamentos
    3. Uma vida enraizada 97
    4. Um mundo entrelaçado 127

III. Terceira parte: Esta vida sagrada
    5. Por que algo tem de ser sagrado? 163
    6. A lógica da Criação 195
    7. A humanidade como criatura 217
    8. Chamados à criatividade 255

Índice de passagens bíblicas 299
Índice remissivo 301

Coleção Fé, ciência e cultura

Há pouco mais de sessenta anos, o cientista e romancista britânico C. P. Snow proferia na *Senate House*, em Cambridge, sua célebre conferência sobre "As Duas Culturas" — mais tarde publicada como "As Duas Culturas e a Revolução Científica" —, em que, não só apresentava uma severa crítica ao sistema educacional britânico, como ia muito além. Na sua visão, a vida intelectual de toda a sociedade ocidental estava dividida em *duas culturas*, a das ciências naturais e a das humanidades,[1] separadas por "um abismo de incompreensão mútua", para enorme prejuízo de toda a sociedade. Por um lado, os cientistas eram tidos como néscios no trato com a literatura e a cultura clássica, enquanto os literatos e humanistas — que furtivamente haviam passado a se autodenominar *intelectuais* — revelavam-se completos desconhecedores dos mais basilares princípios científicos. Esse conceito de *duas culturas* ganhou ampla notoriedade, tendo desencadeado intensa controvérsia nas décadas seguintes.

O próprio Snow retornou ao assunto alguns anos mais tarde, no opúsculo traduzido para o português como *As duas culturas e uma segunda leitura* em que buscou responder às críticas e aos questionamentos dirigidos à obra original. Nessa segunda abordagem, Snow amplia o escopo de sua análise ao reconhecer a emergência de uma *terceira cultura*, na qual envolveu um apanhado de disciplinas — história social, sociologia, demografia, ciência política, economia, governança, psicologia, medicina e arquitetura — que, à exceção de uma ou outra, incluiríamos hoje nas chamadas ciências humanas.

O debate quanto ao distanciamento entre essas diferentes culturas e formas de saber é certamente relevante, mas nota-se nessa discussão a "presença de uma ausência". Em nenhum momento são mencionadas áreas como teologia ou ciências da religião. É bem verdade que a discussão passa ao largo desses assuntos, sobretudo por se dar em ambiente em que o conceito de laicidade é dado de partida. Por outro lado, se a ideia de fundo é diminuir a distância entre as diferentes formas de cultivar o saber e conhecer a realidade, faz sentido ignorar algo tão presente na história da humanidade — por arraigado no coração humano — quanto a busca por Deus e pelo transcendente?

---

[1] Aqui, deve-se entender o termo "humanidades" como o campo dos estudos clássicos, literários e filosóficos.

Ao longo da história, testemunhamos a existência quase inacreditável de polímatas, pessoas com capacidade de dominar em profundidade várias ciências e saberes. Leonardo da Vinci talvez tenha sido a mais célebre dessas pessoas. Como essa não é a norma entre nós, a especialização do conhecimento tornou-se uma estratégia indispensável ao seu avanço. Se, por um lado, isso é positivo do ponto de vista da eficácia na busca por conhecimento novo, é também algo que destoa profundamente da unicidade da realidade em que existimos.

Disciplinas, áreas de conhecimento e as *culturas* aqui referidas são especializações necessárias em uma era em que já não é mais possível — nem mesmo necessário — deter um repertório enciclopédico de todo o saber. Mas, como a realidade não é formada de compartimentos estanques, precisamos de autores com a capacidade de traduzir e sintetizar diferentes áreas de conhecimento especializado, sobretudo nas regiões de interface em que se sobrepõem. Um exemplo disso é o que têm feito respeitados historiadores da ciência ao resgatarem a influência da teologia cristã da criação no surgimento da ciência moderna. Há muitos outros.

Assim, é com grande satisfação que apresentamos a coleção *Fé, Ciência e Cultura*, através da qual a editora Thomas Nelson Brasil disponibilizará ao público-leitor brasileiro um rico acervo de obras que cruzam os abismos entre as diferentes culturas e os modos de saber, e que certamente permitirá um debate informado sobre grandes temas da atualidade, examinados pela perspectiva cristã.

Marcelo Cabral e Roberto Covolan
Editores

Prefácio à edição brasileira

Há alguns anos tenho me dedicado à leitura e ao estudo sobre o relacionamento entre a fé cristã e a ecologia. Nesse percurso, conheci excelentes autores — teólogos, filósofos e cientistas — com diferentes abordagens e grandes contribuições ao tema. Mas nunca encontrei um autor como Norman Wirzba. Sua escrita me impactou desde o primeiro contato que tive com sua obra. Esse teólogo americano possui uma capacidade ímpar de abrir a nossa mente, apresentando *insights* teológicos de maneira inovadora e instigante, dialogando com a filosofia, com a ciência e com a cultura contemporânea com propriedade e muita sabedoria, sem deixar de ser fiel às Escrituras e aos fundamentos da ortodoxia cristã.

A leitura de *Nossa vida sagrada* é um ótimo exemplo disso. Wirzba tem uma envergadura intelectual espantosa, e o livro oferece uma experiência que alia academicismo, informação histórica, ciência responsável e uma análise teológica profunda e piedosa. O autor conversa com filósofos antigos e contemporâneos, historiadores, teólogos, cientistas e críticos culturais a fim de construir uma análise abrangente, mas ao mesmo tempo leve e inspiradora. Arrisco dizer que praticamente não há uma página em que o leitor não encontrará uma frase marcante ou um *insight* que carregará por dias consigo. É bom preparar o marcador de texto. Por todas essas qualidades, é um prazer e um privilégio apresentar essa obra ao público brasileiro.

Não é exagero dizer que vivemos um cenário sem precedentes na história humana. Enfrentamos em escala global um processo acelerado de degradação ambiental e perda da biodiversidade, o que está direta ou indiretamente relacionado a diversas crises sanitárias e alimentares. A crise climática é real e seus impactos no planeta já nos afetam diariamente. Também sofremos diante de crises humanitárias que envolvem um contingente cada vez maior de refugiados, cuja situação é acentuada pela enorme desigualdade socioeconômica entre os países do Norte e do Sul global. Diante desse quadro, cientistas de diversas áreas têm reconhecido que estamos diante de uma nova época geológica: o Antropoceno — a era da humanidade.

Essa nova terminologia para designar a era em que vivemos tem sido adotada progressivamente pelo mundo acadêmico e se apresenta como um novo paradigma para as ciências naturais, ambientais, humanas e sociais. Como o próprio nome indica, essa nova era tem início no momento em que o homem, por seu desenvolvimento cultural, científico e tecnológico, se torna a força dominante em operação sobre o planeta. Esse ímpeto humano tem sido responsável por interferir e alterar substancialmente a estrutura e as próprias condições necessárias para a existência da vida na Terra como a conhecemos. No Antropoceno, descobrimo-nos como uma força geológica com poder não apenas de transformar o planeta, mas de danificá-lo a ponto de desequilibrar os sistemas ecológicos e econômicos dos quais nós mesmos dependemos, ameaçando nossa própria existência.

O vislumbre de todo esse potencial revelado no Antropoceno, entretanto, nos levou também à busca pela superação de nossos limites e fragilidades, num fenômeno crescente de busca de autonomia e de controle total sobre a vida e a morte. É preciso reconhecer que essa busca não é novidade na experiência humana, mas os ecos de Babel presentes aqui encontram ressonância na ideologia do progresso técnico-científico e no ideal tecnicista moderno, que servem de base para a construção de uma visão de mundo que chamamos hoje de transumanismo.

Sendo um dos fenômenos mais marcantes do Antropoceno, a visão transumanista rejeita nossa própria humanidade e nos impede de abraçar nossa finitude e criaturalidade . De certa forma, esse distanciamento moderno do aspecto criacional da realidade é fruto do pensamento ocidental dos últimos séculos, que nos conduziu a um processo de dessacralização dos lugares, das criaturas ao nosso redor e da própria vida humana. Uma consequência direta desse movimento foi a perda do sentido relacional e do propósito comunitário de dependência e cooperação para o qual fomos criados. É preciso admitir nossa necessidade de raízes e recuperar o senso de comunidade com toda a criação. Como o teólogo Richard Bauckham ensina, precisamos reentrar na criação, reconhecendo-a como a comunidade à qual pertencemos e onde devemos viver em reciprocidade consciente com outras criaturas, colaborando com elas e com o nosso Criador.

Com tudo isso em mente, é possível afirmar que qualquer tentativa de estabelecer um diálogo honesto e responsável da teologia cristã com a ecologia e as ciências humanas não pode se furtar de abordar essas temáticas. Como compreender nossa existência neste mundo? Como entender o que significa ser imagem de Deus e ser uma criatura entre outras criaturas? Como encarar nossa busca por propósito e viver a vida que foi preparada para nós? Como lidar, enfim, com os enormes desafios contemporâneos que nos cercam? Por mais abrangentes que sejam essas questões, Norman Wirzba se aventura a respondê-las, usando como ponto de partida a religião e a espiritualidade, e o faz com propriedade e sabedoria. Diante de um cenário que pode parecer tão inquietante, o autor quer nos mostrar como a fé cristã e toda essa tradição teológica pode conversar com outras tradições e com pensadores do presente e do passado. Em um grande exercício de transdisciplinaridade, Wirzba costura com perícia informações e conceitos da antropologia, ecologia, economia, psicologia, biologia e, claro, da teologia, esta última fornecendo os fundamentos para amarrar todos esses conceitos numa visão integral da realidade.

O prolífico escritor Wendell Berry disse em um de seus poemas que "Não há lugares que não sejam sagrados; há apenas lugares sagrados e lugares profanados".[1] Quem conhece o pensamento de Berry — outro autor que merecia ter suas obras conhecidas pelo público brasileiro — reconhecerá facilmente sua influência sobre o trabalho de Wirzba, que de fato é um dos principais herdeiros intelectuais do poeta e fazendeiro do Kentucky. Ao longo de suas páginas, Wirzba defenderá sua tese central de que toda vida é sagrada e de que, a partir disso, devemos definir nossa relação com tudo o que nos cerca.

Wirzba nos desafia a enxergar a vida e o mundo com outros olhos, a partir de uma leitura perspicaz do que a teologia cristã tem a nos ensinar sobre a sacralidade da vida e nossa responsabilidade como criaturas feitas como imagem de Deus. Para ele, a criação "não é simplesmente o objeto do amor de Deus", mas também a própria "manifestação material de uma energia divina que concede, nutre e encoraja a vida diversa" (p. 28). De fato, podemos dizer que um dos objetivos centrais desta obra consiste em apresentar uma visão da criação como o amor de Deus materializado, tornado acessível a nós pelas experiências sensoriais do tato, olfato, visão, paladar e audição. Se o mundo é uma criação, ele é sagrado e também uma dádiva. Por isso, precisamos nos reconhecer como dádivas às outras criaturas, ao mesmo tempo que as reconhecemos como dádivas a nós.

Para Wirzba, não há outro caminho possível para vencer as crises ecológicas do Antropoceno senão assumindo a sacralidade da criação e nos enxergando como parte de toda a malha de cooperação e interdependência em que estamos imersos. Ele nos mostra que a vida não pode ser entendida sem nos reconhecermos como criaturas entrelaçadas, como em malha, com toda a criação que nos cerca. Por isso mesmo, não podemos viver bem se não nos reconhecermos dependentes do bem-estar de toda a criação, incluindo o ar, a água, o solo e todas as demais criaturas às quais estamos ligados. Nesse sentido, o livro que temos em mãos é tanto um lembrete quanto um convite: um lembrete de que Deus nos criou para uma vida em comunidade com toda a criação, e um convite a recuperar a arte da vida ordinária e de ser criatura.

Um dos *insights* mais instigantes do livro, aliás, está na ideia que o autor empresta do antropólogo Tim Ingold para descrever a estrutura da criação e nossa existência em relação às demais criaturas como uma espécie de "malha"

---

[1] Wendell Berry, *The selected poems of Wendell Berry* (Washington, D.C.: Counterpoint, 1998), p. 178.

(*meshwork*), indo além da analogia clássica de uma rede (*network*). Essa visão sistêmica de entrelaçamento e codependência de toda a criação é apresentada e conectada a uma leitura fiel das Escrituras, trazendo luz e criatividade sobre nossa forma de compreender a criação de Deus.

Wirzba soma-se a muitas outras vozes contemporâneas que nos ajudam a mudar nossa perspectiva caída de independência e competição para uma proposta criacional e redentiva de interdependência e cooperação. Nas palavras do teólogo N. T. Wright, a criação estará em ordem quando os seres humanos estiverem em ordem. Com a ressurreição de Jesus, a nova criação já está inaugurada, e, se a criação aguarda com grande expectativa que os filhos de Deus sejam revelados (cf. Romanos 8:18-27), devemos já nesse tempo exercer o papel para o qual fomos criados. Enquanto cristãos redimidos pelo sangue de Cristo, somos chamados a assumir nosso papel de sacerdotes-reais e jardineiros fiéis, refletindo a imagem de Deus como ele nos criou para ser, enquanto aguardamos o dia em que toda a criação será glorificada.

Se a mensagem do evangelho é que Deus estava, em Cristo, reconciliando consigo toda a criação (2Coríntios 5:19), é preciso levar a sério o que essas palavras dizem. É o que Norman Wirzba faz ao complementar sua teologia da criação com a perspectiva escatológica, entendendo que a redenção obtida pelo sacrifício de Jesus na cruz se aplica não apenas aos seres humanos, mas a toda forma de vida e a toda a terra, a todo espaço e toda matéria. Com uma compreensão apurada das necessidades do mundo contemporâneo, Wirzba traz uma mensagem de esperança onde podemos vislumbrar o florescimento humano em uma sociedade mais enraizada e conectada à terra. Nesse cenário, recuperamos nosso potencial de trazer florescimento, e não destruição, para toda a comunidade da criação, assumindo nosso papel de promover beleza e reconciliação para o mundo, seja pelo trabalho, pela arte ou por qualquer atividade criativa de que sejamos capazes.

Nossa vida sagrada é, afinal, um livro para todos os interessados em cultivar um caráter virtuoso e viver a boa vida que Deus preparou para ser vivida com plenitude e graça. Temos em mãos um material rico em ideias, com grande potencial de transformação, mas é preciso reconhecer que ideias precisam nos mover à ação. E essa ação precisa acontecer em toda a sua multiplicidade de formas, ao reconhecermos nossas necessidades locais, as demandas de nossas comunidades e o papel dos filhos de Deus como embaixadores do evangelho de Cristo, o ministério da reconciliação. Gostaria que o leitor, refletindo sobre tudo o que tiver lido ao concluir este livro, se sentisse desafiado a pensar em como essas ideias podem se aplicar em seu contexto local. Como podemos pensar em transformação dentro de nossas famílias, igrejas, empresas, escolas e quaisquer outros espaços em que transitamos no nosso dia a dia?

Para viver uma boa vida e participarmos do florescimento de toda a criação, como podemos ser portadores de boas-novas e de esperança para o mundo ao nosso redor? Aliás, como alguém já disse, a esperança não é um substantivo, mas um verbo que se conjuga com as mangas arregaçadas.[2]

Tiago Pereira

---

[2] David W. Orr, *Hope is an imperative: the essential David Orr* (Washington, D.C.: Island Press, 2011), p. 324.

Prefácio

Este livro foca em três questões fundamentais:

1. Onde você está?
2. Quem você é?
3. Como você deve viver?

Elas podem ser reformuladas de diversas maneiras, como, por exemplo:

1. Que tipo de lugar é o planeta Terra? Uma zona de extração? Um paraíso? Um armazém abastecido com recursos naturais? Um palco para os dramas humanos nele encenados?
2. Que tipo de criatura é um ser humano? Um efeito aleatório de longos processos evolutivos? Um dominador da Terra? Uma unidade de produção? Um filho de Deus?
3. Acaso nosso esforço tem um significado maior, talvez até mesmo cósmico? A partir de que momento uma vida é digna de louvor? O amor realmente vale o esforço? Devemos ousar ter esperança?

Reconheço que essas questões são complexas e exigem um tratamento pormenorizado, sutil e extenso. Muitos livros fizeram isso. Portanto, meu objetivo não pode ser oferecer um tratamento definitivo de nenhuma delas. Trata-se, em vez disso, de explorar a forma pela qual essas questões, *consideradas em conjunto*, apresentam uma nova compreensão individual. Minha suposição implícita é que há um inter-relação entre as lógicas que dinamizam nosso pensamento a respeito das perguntas elaboradas acima, que iluminam e moldam umas às outras, e que essas questões nem sempre foram apreciadas de forma adequada. Por exemplo, se você pensar que está em uma cozinha, concluirá que esse é um lugar típico de cozinheiros e padeiros, e que cozinhar é uma forma adequada de se comportar enquanto estiver nesse espaço. O lugar fala sobre quem você é e sobre o que deve ser feito. Da mesma forma, o que você acredita sobre si mesmo molda seus comportamentos e crenças. Se você não se considera um cozinheiro, então não sente que pertence à cozinha, e cozinhar certamente não é algo que você saiba fazer. Inevitavelmente, haverá confusão e frustração se você achar que as cozinhas são lugares para praticar ginástica, ou se você tentar preparar uma refeição no palco de uma sala de concertos.

Para um número crescente de pessoas, boa parte do mundo agora se assemelha a uma loja ou um *site* abastecido com produtos prontos para consumo. Em parte, isso se deve a um enorme esforço e a uma robusta infraestrutura, composta por minas, fábricas, armazéns, centros de distribuição e linhas de transporte, dedicada a negociar ambientes e criaturas e em disponibilizá-los para quem quiser comprá-los. Comprar se tornou a atividade dominante por meio da qual muitas pessoas garantem as coisas de que precisam para viver. Tornou-se também um meio primário mediante o qual as pessoas constroem suas identidades e aferem seu sucesso. O que você compra e possui diz muito sobre quem você é e se você "obteve sucesso ou não". As lógicas do mercado, do consumidor e das compras se unem e se reforçam mutuamente.

Para muitos outros, o mundo se tornou principalmente um lugar de trabalho duro. Considere o grande número de camponeses que, historicamente e no que tange a percentagens demográficas, dominou as populações de múltiplos continentes. Para eles, o mundo certamente supre suas necessidades, mas não funciona como uma loja, tampouco comprar é a atividade que define a identidade deles. Extrativismo, plantação, colheita, pastoreio, abate, tecelagem, artesanato — essas são algumas das práticas que, quando realizadas com sucesso, permitem a sobrevivência, e talvez até a capacidade de florescer. As tarefas que você desempenha e as competências que domina determinam seu lugar em uma comunidade e fundamentam sua identidade e vocação. Aqui, as lógicas da propriedade da terra, da vida campestre e do trabalho agrário se unem e se reforçam mutuamente.

Muitas pessoas das ciências naturais, ciências sociais, humanidades e artes plásticas argumentam que estamos vivendo agora em um mundo antropocênico.[1] Como esse período da história surgiu e qual é o seu significado são o tema do primeiro capítulo deste livro. Em suma, a chegada desse período marca o momento em que (alguns) humanos se tornaram a força dominante na história do planeta, responsáveis pela modificação generalizada dos sistemas terrestres, oceânicos, atmosféricos e vitais do mundo. Embora os sistemas planetários e os processos biológicos ainda estejam claramente em funcionamento, suas expressões e seus efeitos já não podem ser compreendidos à parte da atividade humana. Do nível celular ao atmosférico, não há lugar ou processo na Terra que não reflita a proeza tecnológica humana e seu alcance econômico. Será esse um desenvolvimento positivo e bem-vindo?

---

[1] O Antropoceno é um período da história da Terra no qual o ser humano se tornou a força impulsionadora da degradação ambiental e o vetor de ações que são catalisadoras de uma provável catástrofe ecológica. É uma era em sincronia com a modernidade urbano-industrial, representada pela Revolução Industrial e Energética, que teve início na Europa, no último quarto do século 18. (Fonte: https://cee.fiocruz.br/?q=node/1106.) (N. E.)

Os jovens com quem falo não têm tanta certeza disso, pois o mundo no qual habitam está profundamente ferido. Com frequência, eles expressam o sentimento de que estão presos entre um passado marcado por demasiada violência e abuso, e um futuro de perspectivas e sonhos muito reduzidos. Muitos se perguntam se ter filhos não seria uma irresponsabilidade. Na percepção desses jovens, o alvorecer de um mundo antropocênico tornou confusas as tentativas mais conhecidas de responder às três questões fundamentais deste livro. Por que a expansão da liberdade e do poder humano (para alguns) andou de mãos dadas com a redução do mundo onde outras pessoas (muitas) tentarão concretizar a própria liberdade e poder? As múltiplas crises de sustentabilidade, justiça, significado e propósito lançaram dúvidas consideráveis, se não escárnio, em cima das respostas herdadas sobre o significado da vida e sobre qual trabalho vale a pena ser realizado. Eles argumentam que as muitas falhas reveladas pela Covid-19, a injustiça racial sistêmica, a consolidação da riqueza e da desigualdade e a ameaça visível da mudança climática obrigam a uma reformulação fundamental dos princípios e prioridades que nos trouxeram para o lugar em que nos encontramos agora. A humanidade e a Terra estão em uma encruzilhada. Qual é a conclusão a que eles chegam? É improvável que os paradigmas e as políticas que nos levaram à atual confusão nos inspirem ou nos conduzam a um futuro mais esperançoso.

Que tipo de mundo surgiu nesta época do Antropoceno? Os esforços humanos para projetar e construir fazendas, florestas, redes de transporte, fábricas e ambientes urbanos edificados, embora claramente tenham produzido múltiplos confortos e conveniências para um número crescente de pessoas, também *originaram* e *exigiram* a destruição de lugares e comunidades que foram destinados à mercantilização, à exploração, à monocultura, ao abandono e a uma morte tóxica. Danos e degradação, ecocídio[2] e domicídio[3] — esses não são simplesmente resultados inesperados das várias marchas de progresso. São os ingredientes essenciais e, portanto, também os custos razoavelmente aceitáveis dos modelos dominantes de crescimento e desenvolvimento econômico que vemos hoje. Mas que tipo de cultura almeja a criação de um mundo cada vez mais inabitável para os seres humanos e para as milhões de espécies que partilham o planeta com eles?

---

[2] O ecocídio é qualquer ato ilegal ou arbitrário perpetrado quando se sabe da existência e/ou da possibilidade significativa de causar graves danos ao meio ambiente, ou que esses danos serão extensos ou duradouros. (Fonte: https://www.bbc.com/portuguese/geral-59220791.) (N. E.)

[3] Domicídio é um neologismo cunhado pelos autores J. Douglas Porteous e Sandra E. Smith em 1998, definido como "a destruição planejada e deliberada da casa de alguém, causando sofrimento ao morador". (Fonte: https://www.tandfonline.com/doi/abs/10.1080/0267303032000087766?journalCode=-chos20#:~:text='Domicide'%20is%20a%20new%20word,clear%20the%20importance%20of%20home.) (N. E.)

E o que dizer das pessoas que são parte dele? A lógica do Antropoceno, que sanciona a degradação dos recursos deste mundo, será aplicada também às pessoas. Se a Terra está se tornando cada vez mais inabitável, boa parte de seus habitantes estão sendo remodelados como irrelevantes, descartáveis, ou obsoletos. O fato de a vida humana ter sido muitas vezes considerada sem valor não é novidade. Há muito tempo, culturas em todo o mundo estão comprometidas com versões de progresso e desenvolvimento que não só *dependem* do trabalho forçado, da escravidão, do recrutamento obrigatório, da prisão e do genocídio de inúmeras pessoas, mas também *exigem que seja assim*. Essas histórias demonstram que o direito à humanidade tem sido regularmente negado a muitas pessoas. Vistas como bárbaros, selvagens, incrédulos, unidades de produção descartáveis, ou equivalentes a "três quintos de um homem",[4] essas pessoas e (cada vez mais) seus senhores estão agora sendo substituídos por máquinas mais fortes, mais inteligentes e mais eficientes. A questão atual é saber se a própria categoria da humanidade deve ser mantida. Entretanto, quando perdemos a capacidade de falar claramente a respeito de uma vida humana genuína acaso não perdemos também a capacidade de falar contra a *des*umanidade de uma cultura? Ou, como indagou recentemente Paul Gilroy: de que maneira, em um mundo de elevação dos níveis de águas dos mares e do naufrágio das perspectivas, estabeleceremos uma disposição renovada para a compaixão e a solidariedade mútuos, e seu respectivo modo de prestação de contas, senão pela defesa de uma humanidade reencantada e curada?[5] Os avanços em robótica, inteligência artificial, genética e bio/nanotecnologias estão aumentando a perspectiva de um futuro pós-humano. Mas que tipo de sociedade anseia pela invenção de dispositivos e plataformas tecnológicas que transformem seus indivíduos

---

[4] O "Compromisso de Três Quintos" foi um acordo entre delegados dos estados do norte e do sul dos Estados Unidos na Convenção Constitucional de 1787, documento no qual ficou decidido que três quintos da população escrava seriam contados para definir a tributação direta e a representação na Câmara dos Deputados. (Fonte: https://www.britannica.com/topic/three-fifths-compromise.) (N. E.)

[5] Em suas Tanner Lectures sobre valores humanos, ocorridas em 2014, *Suffering and infrahumanity* e *Humanity and a new humanism*, Paul Gilroy argumenta que a guinada acadêmica para discursos pós e anti-humanistas, uma mudança compreensível dada a violenta história da modernidade, tem muito pouco a oferecer às "legiões dos afogados" que são vítimas de injustiça. O apelo à vida interespécies não parece tão atraente para as pessoas que foram sistematicamente brutalizadas e relegadas a uma existência bestial. Gilroy segue Frantz Fanon em seu apelo para "inventar um homem na íntegra", um homem que repare os crimes das tradições humanistas modernas, "o ódio racial, a escravidão, a exploração e, acima de tudo, o genocídio sem derramamento de sangue pelo qual um bilhão e meio de homens foram descartados" (*The wretched of the Earth*, trad. para o inglês Richard Philcox [New York: Grove Press, 2004], p. 238). Segundo ele, é em matéria de um humanismo reencantado que podemos descobrir maneiras de falar significativamente sobre trauma e violação, e encontrar formas de aprender a empatia, a prática da confissão, a busca do perdão e, talvez, até mesmo reconciliação. Esse será um "humanismo reparador" que tem início em escala ontológica, porque é repensando o que acreditamos ser a essência do ser humano que a degradação das pessoas pode ser julgada, e seu acolhimento nas comunidades de pertencimento pode, então, começar (veja https://tannerlectures.utah.edu/_resources/documents/a-to-z/g/Gilroy%20manuscript%20PDF.pdf).

em estorvos e incômodos (na melhor das hipóteses), ou em dispensáveis e desprezíveis (na pior das hipóteses)?

Qual é o sentido da existência humana em um mundo antropocênico? Como argumentou Achille Mbembe, a privatização do globo sob a bandeira do neoliberalismo e a redução de pessoas e lugares aos papéis que hoje desempenham nos mercados financeiros significam que as pessoas em todo o mundo se identificam cada vez mais como "trabalhadores nômades", sentindo-se abandonadas e, em vários casos, consideradas supérfluas.[6] A aparente irrelevância das pessoas se soma à erosão do significado e do propósito da vida. Conforme as várias competências e formas de trabalho que definem e atribuem valor à vida vão sendo substituídas substituídas por máquinas e algoritmos — concebidos para servir à maximização da riqueza privada (de alguns) —, as pessoas ficam se perguntando se sua vida cotidiana é importante. Existe algo digno de nota em qualquer esforço pessoal uma vez que um aplicativo ou um programa de *software* combinado com uma impressora 3D podem, no fim das contas, realizar melhor o trabalho? Na medida que as pessoas são entregues a uma brutalizante existência nômade ou são reduzidas a espectadores e compradores de mundos fabricados e apresentados por outros, há também menos razões para que sejam criadoras de suas próprias comunidades e ambientes. A perda do sentido da própria vida como um esforço criativo e qualificado, dedicado à construção de um mundo belo e próspero, é uma perda de proporção inestimável. Contudo, que tipo de civilização se compromete com a invenção de um tempo em que as próprias pessoas e o trabalho que realizam são considerados deficientes, desnecessários ou irrelevantes?

Este livro é um longo argumento a favor da santidade dos lugares, dos seres humanos e das outras criaturas, bem como do trabalho que as pessoas desempenham. Para isso, o livro adota uma lógica radicalmente diferente das formas de pensamento e de ação que nos levaram ao Período Antropocênico. Tal lógica está enraizada no pressuposto de que o mundo não é um reino acidental ou amoral que pode ser manipulado e explorado à vontade, mas, sim, um espaço *divinamente criado* e, portanto, para ser nutrido, estimado e

---

[6] Achille Mbembe, *Critique of black reason*, trad. para o inglês Laurent Dubois (Durham: Duke University Press, 2017), p. 3. Mbembe é claro quando diz que o legado do colonialismo continua hoje em formas de "*apartheid*, marginalização e miséria estrutural. Os processos globais de acumulação e expropriação em um sistema econômico mundial cada vez mais brutal criaram novas formas de violência e desigualdade" (p. 161). Segundo Frantz Fanon, os novos "miseráveis da terra" são aqueles a quem o direito de ter direitos é recusado, que são instruídos a permanecerem imóveis e condenados a viver dentro de estruturas de confinamento — campos, centros de detenção provisória, e os milhares de locais de aprisionamento que caracterizam nossos espaços de direito e policiamento. São aqueles que são afastados, deportados, expulsos; os clandestinos, os "sem-documentos" — os intrusos e os descartados da humanidade de quem queremos nos livrar pois pensamos que, entre eles e nós, não há nada que valha a pena salvar, pois eles representam uma ameaça aos fundamentos de nossa vida, nossa saúde ou nosso bem-estar. Os novos "miseráveis da terra" são produtos de um processo brutal de controle e seleção cujos fundamentos raciais nós conhecemos (p. 177).

celebrado. Mas o que significa dizer que o mundo foi criado? Como mostrarei, o que está em jogo é muito mais do que uma história sobre como, há muito tempo, o mundo começou. O que está em pauta é o significado e o sentido de tudo o que existe. Ao apresentar este mundo como uma dádiva sagrada a ser recebida e partilhada, surge uma topografia moral e espiritual que situa e orienta as pessoas em seus lugares, com o propósito de ressaltar a atenção, o cuidado e o respeito pela vida, e que encontra razão de *ser* somente *em conjunto*. Narrar o mundo como criado é afirmar que a realidade é fundamentalmente boa e bela, e que essa realidade é um reino agraciado, e, ao mesmo tempo, receptivo e gerador de formas novas e diversas de vida.

Em um mundo divinamente criado, as pessoas são simultaneamente identificadas como *criaturas amadas*, com valor e utilidade inestimáveis, precisando e dependendo de Deus e dos outros. Ser uma criatura é saber que você não é a fonte de sua própria vida, mas que deve recebê-la constantemente nas diferentes formas de nascimento, crescimento, cura, inspiração e parentesco. É também saber que nascemos finitos, vulneráveis e mortais. Como mostrarei, o caráter de uma vida caracteristicamente humana é transformado ao ser examinado pelas lentes de uma dinâmica de dar e receber. O propósito de uma vida se transforma quando ela afirma a bondade da necessidade compartilhada que temos enquanto criaturas. Não mais comprometidas com versões variadas de fuga ou dominação deste mundo — muitas delas inspiradas por um descontentamento generalizado com a finitude e a fragilidade da vida —, as criaturas humanas podem viver em lugares com outras pessoas de maneiras que contribuam para a cura e o embelezamento deste mundo e de sua existência. A tarefa fundamental é desenvolver as capacidades artísticas e de improvisação que criam casas, comunidades, economias e ambientes edificados nos quais a diversidade de lugares e criaturas possa prosperar em conjunto. Como Makoto Fujimura relatou recentemente, esse trabalho essencial de *produzir* não se restringe ao funcionamento utilitário ou a consertar o que está quebrado, mas tem a ver com participar no poder criador divino que transfigura o que está quebrado em novidade de vida.[7] Quando as pessoas fazem coisas boas e belas, elas afirmam que este mundo é digno de atenção, amor e talento. Chamo essa tarefa de a perene *vocação sagrada* da humanidade

Dizer que a vida é sagrada não significa afirmar que este mundo e suas criaturas são divinas. É, em vez disso, sinalizar que os lugares, sejam pântanos, oceanos, campos agrícolas ou bairros da cidade, e criaturas, sejam minhocas

---

[7] Em *Art and faith: a theology of making* (New Haven: Yale University Press, 2020) [edição em português: *Arte e fé: uma teologia do criar* (Rio de Janeiro: Thomas Nelson Brasil, 2022)], Makoto Fujimura diz: "Por meio do processo, pela honra do esfacelamento, as formas esfaceladas podem de alguma forma ser um componente necessário do novo mundo por vir" (p. 46).

e brotos de framboesa ou abelhas e pessoas, são as expressões incorporadas de uma afirmação e intenção divinas que desejam que esses elementos existam e prosperem. Como desenvolverei mais adiante, isso significa que esta vida não é simplesmente o *objeto* do amor de Deus; de formas que permanecem incompreensíveis, ela também é a *manifestação material* de uma energia divina que concede, nutre e encoraja a vida diversa, sem nunca se esgotar ou estar plenamente contida na expressão particular de qualquer uma de suas formas encarnadas.

Além disso, afirmar que a vida é sagrada não significa dizer que as pessoas inevitavelmente a reconhecerão como tal. Como veremos, uma afirmação do caráter sagrado da vida depende do cultivo de capacidades e hábitos que posicionem as pessoas para *que estejam presentes diante de outras* de um modo que afirme sua misteriosa espontaneidade e graça. Reconhecer a santidade da vida alheia não é lançar um verniz espiritual genérico sobre eles, mas descobrir em sua particularidade a expressão de um amor divino que jamais será encontrada em outro lugar e que se deleita em transformar os seres em criaturas singulares. É perceber neles uma profundidade e uma santidade inesgotáveis, que requerem atenção, impõem respeito e convidam à celebração. O reconhecimento dessa especificidade não acontece em contextos impulsionados pela vontade de compreender, apropriar-se ou controlar. Se as pessoas esperam conviver entre si e partilhar seus lugares como dádivas sagradas, tudo dependerá do desenvolvimento das capacidades solidárias, afetivas e cognitivas que, com as práticas de estudo e cuidado, abram a elas um mundo que, embora ferido e necessitado de cura, é o lugar da atenção e do amor permanentes de Deus.

Neste livro, desenvolvo um relato deste mundo *como criação de Deus*, dos humanos como *criaturas* e do trabalho humano como *esforço criativo para contribuir para o florescimento do mundo*. A inter-relação e o significado prático das lógicas da Criação, da "criaturalidade" e da criatividade nem sempre foram claramente compreendidos e articulados. Para defender minha tese, recorrerei, na maioria das vezes, a fontes judaicas e cristãs, mas também a outras tradições, incluindo as indígenas. Não afirmo que essas tradições sejam perfeitas ou tenham todas as respostas. Tampouco argumento que a teologia cristã é a única que afirma a ideia de que este mundo e a vida nele presente são dádivas sagradas a serem valorizadas. O testemunho da história é tão claro quanto deprimente: os sistemas econômicos e políticos que mais prejudicaram os lugares e suas comunidades viventes foram muitas vezes inspirados, financiados e promovidos pelas instituições cristãs e por seus dirigentes. Além de ser um ponto de considerável vergonha e julgamento, argumento que essas histórias refletem uma incapacidade presente em boa parte dos cristãos, talvez até mesmo uma recusa, de compreender e agir conforme a lógica de vida das criaturas sugerida pelas Escrituras. Em consequência, este livro é tanto uma crítica das tradições cristãs como uma proposta para pensar de forma diferente, e viver mais graciosamente entre os lugares e as criaturas que Deus criou e ama constantemente. Trata-se de um trabalho contínuo que se beneficiará do conhecimento de múltiplas tradições espirituais e filosóficas.

Apesar do tamanho, escrevi este livro na forma de um ensaio estendido, no qual exponho, de forma bastante sucinta, as lógicas da Criação, da criaturalidade e da criatividade. Em vez de entrar em detalhes sobre qualquer ponto específico, ou me envolver em polêmicas entre posições contrastantes, muitas vezes tive de manter uma altitude de cruzeiro elevada para que os princípios que desencadeiam nosso pensamento sobre *onde*, *quem* e *como* permanecessem em perspectiva. Reconheço que cada subseção de cada capítulo poderia ser um livro, ou mesmo uma série de livros. Em vez de um volume maciço, tive de me contentar, portanto, com referências ocasionais ao trabalho de outros, ampliando ou aplicando o que desenvolvo de forma estrutural.

Também escrevi este livro como um exercício para que as pessoas desenvolvam uma *linha de pensamento*. As perguntas "onde você está?", "quem é você?", e "como você deve viver?" são enormes, perenes e duradouras. Elas escapam à compreensão abrangente de qualquer pessoa, razão pela qual devem ser abordadas regularmente e repensadas sob múltiplos pontos de vista. Minha esperança é que outros se juntem a esse esforço neste momento específico no qual vivemos, em que nos deparamos com um mundo antropocênico onde muita coisa — talvez tudo — está em perigo. Minha esperança é que uma compreensão do mundo como criação de Deus, dos seres humanos como criaturas, e da vida como tarefa criadora possa impulsionar tanto uma reconsideração como uma reorientação da vida tal como a percebemos.

Mas, em primeiro lugar, é importante fazer uma análise de como chegamos ao ponto no qual nos encontramos agora. A parte I, *Examinando nossa situação*, contém dois capítulos que analisam o estado atual da Terra e o estado da humanidade. Mais especificamente, meu objetivo é identificar alguns dos desenvolvimentos que nos levaram a um mundo antropocênico e a um futuro pós ou transumanista, e depois examinar os pressupostos e compromissos filosóficos que impulsionam esses desenvolvimentos. A meu ver, as lógicas da Criação e da formação humana estão indissociavelmente interligadas. Na Parte II, *Voltando aos fundamentos*, argumentarei como nossa experiência encarnada e vivida nos enraíza necessariamente neste mundo. Para apreciar o caráter verdadeiramente radical (o termo em latim remete a uma raiz) dessa afirmação, mostrarei de que maneiras atentar para a complexidade dos solos e da vida vegetal pode nos ensinar sobre a natureza desse enraizamento.

As pessoas não apenas se deslocam *sobre* este mundo, ou *através* dele, mas, em vez disso, movem-se *em meio a* campos vivos, inter-relacionados e simbióticos, que unem lugares, processos e criaturas em uma teia indissolúvel, que o antropólogo Tim Ingold chama de "malha". Esses capítulos fazem o trabalho fundamental de reformular a natureza da vida e o caráter deste mundo. Na terceira parte, *Esta vida sagrada*, dedico capítulos específicos aos motivos pelos quais é importante afirmarmos que este mundo e a vida nele encontrada são sagrados; depois disso, abordo o que significa dizer que o mundo foi criado, que a vida faz parte da criaturalidade, e que as pessoas são chamadas a contribuir criativamente para o desenvolvimento e a preservação de nossa casa e de nossas comunidades. Se uma caracterização da vida como sagrada é inspirada pela experiência de lugares e criaturas como cheios de potencial e valiosos, então o trabalho essencial dos seres humanos é unir sua devoção e suas habilidades ao acolhimento e à educação uns dos outros. Ao fazer coisas úteis e belas, as pessoas demonstram que este mundo e sua vida são dignos de serem apreciados.

Agradecimentos

É com grande prazer que reconheço as muitas pessoas e instituições que caminharam a meu lado e pensaram comigo durante a jornada que se transformou este livro. Vários anos atrás, a Henry Luce III Fellowship, administrada pela Association of Theological Schools [Associação de escolas teológicas], juntamente com uma bolsa sabática do Louisville Institute, deram-me o tempo necessário para que eu começasse a pensar e escrever com seriedade sobre os temas deste livro. É difícil superestimar o valor da dádiva que recebi deles, e estou imensamente grato pelo encorajamento e o apoio recebidos. Muitas pessoas leram os esboços de seções deste livro, ou conversaram comigo sobre suas questões e preocupações centrais: Joe Ananias, Luke Bretherton, Dipesh Chakrabarty, Stanley Hauerwas, Judith Heyhoe, Dwayne Huebner, Tim Ingold, Keith Meador, Luke Olsen, Jed Purdy, Dan Richter e Jim Scott. Beatrice Rehl, editora da Cambridge University Press, defendeu este projeto desde o início e se tornou uma amiga e editora de confiança. Sou especialmente grato a Joe Ananias, pela compilação dos índices deste livro. Somados aos dois revisores anônimos da editora, esses colegas e companheiros expressaram perguntas e ideias que reforçaram um livro que, de outra forma, teria sido ainda mais deficiente. A cada um de vocês, expresso minha gratidão.

PRIMEIRA PARTE
Examinando nossa situação

Capítulo 1

Encarando o Antropoceno

Em uma reunião científica internacional no ano 2000, Paul J. Crutzen, químico atmosférico ganhador do Prêmio Nobel, anunciou que o planeta Terra havia entrado em uma nova época geológica. Nos últimos doze mil anos ou mais, as pessoas viveram no período conhecido como Holoceno. Nesse período de relativa estabilidade climática, as condições ecológicas eram ideais tanto para a agricultura como para o desenvolvimento de grandes civilizações. Crutzen alegou que essas condições já não são mais como eram. A economia humana e as tecnologias implantadas tornaram-se tão vastas e poderosas que não havia mais um lugar na Terra no qual a influência da humanidade não pudesse ser sentida. Não importa para onde os cientistas olhem, de níveis celulares a atmosféricos (e em todas as escalas entre um e outro), ficou claro que os seres humanos se tornaram uma força planetária dominante. Crutzen acreditava que precisávamos de um novo nome para essa época. Chamou-a "Antropoceno", porque o mundo entrou na era da humanidade (*anthropos* é o termo grego para ser humano).[1]

Em muitos aspectos, trata-se de uma evolução surpreendente. Por milênios, a maioria das pessoas viveu com o conhecimento de sua pequenez, fraqueza e ignorância diante dos imensos poderes do mundo natural. Aqueles que afirmavam alguma medida de grandeza para a humanidade colocaram-na no topo da hierarquia terrena; no entanto, compreendiam que as pessoas não eram os *inventores* ou *mestres* da vida, mas os necessitados *destinatários* dela. Eles estavam cientes de que o poder humano era ínfimo em comparação aos poderes do clima, dos terremotos e das doenças. Blaise Pascal,

---

[1] Paul J. Crutzen anunciou o termo "Antropoceno" em 2000 no International Geosphere-Biosphere Programme em Cuernavaca, México. Mais tarde, ele o adicionou por escrito no estudo "Geology of mankind" (*Nature*, 415 [Jan. 3, 2002]: p. 23). Para uma história da implantação e do desenvolvimento (muitas vezes controverso) do termo, consulte *The birth of the Anthropocene* (Berkeley: University of California Press, 2016), em especial o capítulo 2, e *The human planet: how we created the Anthropocene* (New Haven: Yale University Press, 2018), de Simon L. Lewis e Mark S. Maslin, para um panorama claro de boa parte de seus significados.

matemático e físico francês do século 17, falou claramente a favor dessa posição quando observou:

> O homem é apenas um caniço, a coisa mais débil da natureza; entretanto, ele é um caniço pensante. O universo inteiro não precisa se armar para esmagá-lo. Basta um vapor, uma gota de água, para que morra. Se o universo, contudo, o aniquilasse, o homem seria ainda mais nobre do que aquilo que o matou, porque o homem sabe que morre.[2]

Se Pascal os conhecesse, poderia ter acrescentado à sua lista os vírus e qualquer outro dos agentes patogênicos descobertos recentemente. Como a Covid-19 deixou dolorosamente claro, às vezes é preciso muito pouco, algo minúsculo e aparentemente insignificante, para reduzir as ambições humanas e colocar grandes instituições e economias de joelhos. Por que dar nome a uma época geológica em homenagem a uma espécie tão vulnerável?

Algumas pessoas abraçaram o início do Antropoceno como uma oportunidade para criar civilizações prósperas em ambientes controlados. Os signatários de *An ecomodernist manifesto* [Um manifesto ecomodernista], por exemplo, estão convencidos de que "o conhecimento e a tecnologia, combinados com a sabedoria, podem permitir que o Antropoceno seja um período bom, ou até excelente". Eles argumentam que existem poucas evidências de que as pessoas não possam continuar aumentando suas populações e economia, desde que continuem desenvolvendo tecnologias que diminuam a dependência humana dos sistemas naturais. As sociedades podem prosperar indefinidamente rumo ao futuro se aprenderem a desvincular a economia dos impactos ambientais danosos, aumentando a eficiência na produção e ampliando os setores econômicos dos serviços e do conhecimento. "A urbanização, a intensificação agrícola, a energia nuclear, a aquicultura e a dessalinização são todos processos com potencial evidente para reduzir as exigências humanas sobre o ambiente, permitindo mais espaço para as espécies não humanas." É verdade que alguns dos problemas ambientais que os humanos enfrentam agora, como as alterações climáticas e a elevação do nível do mar, exigirão que os cientistas e técnicos façam a geoengenharia do solo, das águas e da atmosfera, mas "os humanos têm refeito o mundo há milênios".[3] Podemos confiar neles para nos conduzir a um grande futuro.

Mas muitas pessoas não estão tão confiantes assim. Para elas, a chegada do Antropoceno é profundamente inquietante porque produz um resultado

---

[2] Blaise Pascal, *Pensees*, #347.
[3] *An ecomodernist manifesto*. Disponível em: www.ecomodernism.org/.

paradoxal: a economia, que tanto fez para facilitar a liberdade e o desenvolvimento humano, é também a responsável pela degradação da terra e dos sistemas de vida dos quais dependem todas as criaturas. Em outras palavras, o exercício das formas de liberdade que maximizam o controle, a conveniência e o conforto para alguns colocou em risco as futuras liberdades de muitos outros. Dipesh Chakrabarty capturou um dos aspectos desse dilema atual de forma sucinta: "A mansão da liberdade moderna está alicerçada em uma base cada vez maior de uso de combustíveis fósseis".[4] Por quanto tempo as pessoas poderão viver nessa mansão se souberem que a queima desses combustíveis está tornando vastas partes do planeta inabitáveis para as criaturas humanas e não humanas?[5] Elevação do nível do mar, secas prolongadas, ondas de calor que duram meses, incêndios devastadores, derretimento do pergelissolo,[6] florestas desmatadas, tempestades cataclísmicas e inundações já estão desalojando milhões de residentes. Até o fim do século, o deslocamento de centenas de milhões de "refugiados climáticos" em busca de alimento, água, abrigo, segurança e estabilidade criará crises humanitárias sem precedentes. A dor e o sofrimento não serão distribuídos de forma igual ou justa. Boa parte dos cientistas argumenta que, se as políticas e práticas que construíram a mansão da liberdade continuarem inabaláveis, até o início da década de 2030 o planeta terá aquecido dois graus, chegando a três graus na década de 2050 e e a quatro em 2075. Acrescente-se a isso a possibilidade de o derretimento do pergelissolo, que libera metano, e é possível que surja um ciclo vicioso de aquecimento no qual, até o final do século, cheguemos a um aumento de cinco ou seis graus. Para colocar isso em perspectiva, nenhuma sociedade humana conhecida sobreviveu em um clima que fosse três graus mais quente do que o atual.[7]

---

[4] Dipesh Chakrabarty, "The climate of history: four theses", *Critical Inquiry* 35 (inverno de 2009), p. 208.
[5] David Wallace-Wells começa seu livro célebre, *The uninhabitable Earth: life after warming* (New York: Tim Duggan Press, 2019) [edição em português: *A terra inabitável* (São Paulo: Cia das Letras, 2019)], com "é pior, muito pior do que você pensa" (p. 3). Seu objetivo não é detalhar a ciência das mudanças climáticas, mas expor seus efeitos (muitas vezes horríveis) no cotidiano das pessoas em todo o mundo. Sua conclusão: "É improvável que as alterações climáticas tornem o planeta verdadeiramente inabitável. Mas, se não fizermos nada em relação às emissões de carbono, se os próximos trinta anos de atividade industrial seguirem o mesmo arco ascendente que os últimos trinta anos, já no fim deste século, regiões inteiras se tornarão inabitáveis segundo qualquer padrão que temos hoje" (p. 15).
[6] O *Permafrost* — também chamado de Pergelissolo — é um tipo de solo da região do Ártico, no extremo norte do planeta. Como sugere sua etimologia (*Perm* = permanente + *frost* = congelado), trata-se de uma espessa camada de solo congelado que, em tese, não derrete. (Fonte: https://mundoeducacao.uol.com.br/geografia/permafrost.htm#:~:text=O%20Permafrost%20%E2%80%93%20tamb%C3%A9m%20chamado%20de,em%20tese%2C%20n%C3%A3o%20se%20derrete.) (N. E.)
[7] Bill McKibben fornece uma descrição resumida dos efeitos prováveis de aumentos variáveis de temperatura em "130 degrees", *The New York Review of Books*, LXVII.13 (Aug. 20, 2020). Ele argumenta que, se a Covid-19 sinaliza uma interrupção maciça dos negócios como de costume, as mudanças climáticas são muito mais severas, pois não há vacina para tanto e não é possível retornar à normalidade. Como ele diz: "A maior parte do ímpeto que destrói a nossa terra é intrínseco aos sistemas que dão as cartas" (p. 10), razão pela qual nosso objetivo deve ser uma mudança nos fundamentos do sistema.

O entendimento de que as pessoas muitas vezes vivem de forma destrutiva na Terra não é nada novo. Décadas antes do anúncio de Crutzen, em 2000, e com os eventos da Segunda Guerra Mundial frescos em sua mente, Aldo Leopold, um dos grandes ecologistas do século 20, observou que as pessoas podem "matar a Terra" antes de aprenderem a "usá-la com amor e respeito". Embora a ciência tenha um enorme potencial para nos ensinar sobre o planeta, até agora não se mostrou especialmente boa em ajudar as pessoas a viver *ao lado* e *com* ela, e não apenas *em cima* dela ou *contra* ela. A tendência dominante, que alimenta várias narrativas de progresso e desenvolvimento, tem sido a de que as pessoas impõem suas intenções à Terra sem antes compreenderem a complexidade da vida e dos processos vitais que funcionam ali. É extremamente comum que nos coloquemos no papel de conquistadores da terra, relegando a terra a uma função de escravidão e serviço. O resultado? Políticas econômicas equivocadas e práticas de gestão da terra que provocaram muito mais dano do que bem. Na falta de um compromisso sério e solidário se colocarem na presença do lugar *em que estão*, e sem uma reflexão sustentada sobre *quem são* como seres pertencentes à terra, as pessoas, muitas vezes sem intenção maliciosa, devastavam o mundo do qual dependiam diariamente. Em sua pressa de melhorar a própria condição, elas caminhavam cegas para o que está realmente acontecendo no mundo, alheias ou desdenhando dos efeitos nocivos de suas ações. A reflexão de Leopold assume um tom pesaroso:

> Um dos castigos de se ter uma educação ecológica é viver sozinho em um mundo de feridas. Grande parte dos danos infligidos sobre a terra é completamente invisível para o leigo. Ou um ecologista endurece a carapaça e finge que as consequências da ciência não lhe dizem respeito, ou precisa agir como o médico que vê as marcas da morte em uma comunidade que acredita estar bem e que não quer ser contrariada. Às vezes, inveja-se a ignorância daqueles que celebram sobre um belo campo em processo de perda da camada superficial do solo, ou afligido por alguma doença degenerativa em seus sistemas de água, fauna ou flora.[8]

Ainda mais cedo, em 1857, Eugene Huzar, crítico francês da industrialização que acontecia à sua volta, especulou: "Dentro de cem ou duzentos anos, atravessado por ferrovias e navios a vapor, coberto de fábricas e oficinas, o mundo emitirá milhares de milhões de metros cúbicos de ácido carbônico

---

[8] Aldo Leopold, "Foreword", com J. Baird Callicott, org., "*A sand county almanac*": *interpretive and critical essays* (Madison: University of Wisconsin Press, 1987), p. 282-8. Esse prefácio, embora não publicado durante a vida de Leopold, foi planejado para o livro que logo seria publicado como *A sand county almanac: sketches here and there* (New York: Oxford University Press, 1949).

e óxido de carbono e, uma vez que as florestas tenham sido destruídas, essas centenas de milhares de milhões de ácido carbônico e óxido de carbono poderão de fato perturbar a harmonia do mundo".[9] Huzar estava escrevendo em uma época na qual o clima era uma preocupação constante na mente de seus concidadãos.[10] Juntamente com as pessoas comuns que viviam vendo e sentindo o odor das fábricas que escureciam o céu, deixavam a água pútrida e o solo envenenado, boa parte das pessoas compreendia que os métodos de produção industrial estavam adoecendo os seres humanos e suas terras.[11] Por isso tantos trabalhadores protestaram contra suas novas condições de trabalho e de vida. Os historiadores recuperaram milhares de petições das primeiras décadas do século 19 que testemunhavam a resistência dos trabalhadores franceses e ingleses às práticas econômicas e laborais que os estavam prejudicando. No entanto, seus protestos não foram páreo para a classe emergente de industrialistas e para o poder financeiro e político que eles exerciam.

A construção da mansão da liberdade moderna nunca se limitou à edificação de uma casa. Envolveu também o advento da infraestrutura — as ferrovias e as estradas, as fábricas e redes de distribuição, as lojas e os armazéns, as minas e os oleodutos, as plantações e as operações de alimentação animal, as redes de transportes e comunicações e (por fim) as redes elétricas e de internet — que alimenta e sustenta essa casa. Para que essa nova mansão e infraestrutura fossem construídas, ficou claro, pelo menos para alguns, que o mundo inteiro deveria ser refeito e as pessoas, reinventadas. Escrevendo na década de 1820, Henri de Saint-Simon, um dos primeiros defensores do industrialismo como sistema econômico e social, argumentou:

---

[9] Citado em Christophe Bonneuil; Jean-Baptiste Fressoz, The shock of the Anthropocene: the Earth, history and us (London: Verso, 2016), p. xii. Bonneuil e Fressoz demonstram que a narrativa comum, que sugere que os cientistas só "descobriram" os efeitos nocivos da economia humana na última parte do século 20, é simplesmente falsa.

[10] Para um tratamento lúcido de como o clima desempenhou papel relevante na história da geopolítica francesa, veja Fabien Locher e Jean-Baptiste Fressoz, "Modernity's frail climate: a climate history of environmental reflexivity", *Critical Inquiry* 38 (primavera de 2012): p. 579-98. Observadores argumentam que a alteração humana das paisagens em larga escala, particularmente o desflorestamento, teve efeitos climáticos. O pensador socialista Charles Fourier, em um texto de 1822 intitulado "Material deterioration of the planet", disse que as raízes da perturbação climática se encontravam em motivos econômicos que refletiam o individualismo desenfreado: "A desordem climática é um vício inerente às culturas civilizadas que perturba tudo por causa da batalha entre o interesse individual e o coletivo" (ibidem, p. 587).

[11] O historiador Eric Hobsbawm definiu a Revolução Industrial como "o acontecimento mais importante da história mundial", em parte porque transformou radicalmente a terra e a vida das pessoas que nela vivem. Os visitantes das cidades industriais ficavam admirados e horrorizados com a escala da transformação, comentando, muitas vezes, a abominável imundície e o fedor que emanavam das práticas de produção industrial e o preço miserável que isso acarretou para a vida em geral. A fumaça negra cobria o céu, de modo que o sol aparecia como um disco sem raios, enquanto a poluição fluía para os córregos e rios, tornando a água preta como tinta. Ao visitar Manchester, em 1835, Alexis de Tocqueville observou que foi "desse ralo sujo [que] o maior fluxo da indústria humana fluiu para fertilizar o mundo inteiro. Desse esgoto imundo, jorra ouro puro. Aqui a humanidade atinge seu desenvolvimento mais completo e mais brutal; aqui a civilização faz seus milagres, e o homem civilizado volta quase a ser um selvagem" (citado em Sven Beckert, *Empire of cotton: a global history* [New York: Vintage Books, 2014], p. 81).

> O objeto da indústria é a exploração do globo, ou seja, a apropriação de seus produtos para as necessidades do homem; e, realizando essa tarefa, modifica o globo e transforma-o, mudando gradualmente as condições de sua existência. O homem participa, de certa forma sem saber, das sucessivas manifestações da divindade, continuando, assim, a obra da Criação. Desse ponto de vista, a indústria se torna religião.[12]

É difícil saber se Saint-Simon poderia ter imaginado a transformação massiva da Terra tal como a conhecemos hoje, ou antevisto os poderes atuais das pessoas para projetar formas de vida vegetal e animal conforme lhes agrade. Os anais da história poderiam tê-lo ensinado a prever a abundante violência futura, já que é claro que a construção e a manutenção de "mansões" — sejam as pirâmides, os latifúndios agrícolas ou as fortalezas de antigamente, sejam os castelos, as enormes fazendas e os condomínios fechados de hoje em dia — dependeram do confisco e da privatização de terras, bem como do recrutamento e da brutalização de milhões de trabalhadores. A história poderia ter mostrado que essas "mansões" foram, principalmente, locais de extração e exclusão, e não de acolhimento e criação.

A ascensão do poder humano no mundo certamente criou melhores condições de vida, bem como níveis sem precedentes de conforto e conveniência para alguns. Entretanto, também criou as condições — como acontecimentos climáticos catastróficos, acidificação dos oceanos, inundações costeiras e erosão do solo, extinção em massa de espécies, derretimento glacial, intoxicação amplamente dispersa (embora de maneira desigual), desmatamento e desertificação, remoção de proprietários de terras, subjugação e desumanização em massa de pessoas, criação de refugiados climáticos, novos vetores de doenças e pandemias, insegurança alimentar e de água doce, e instabilidade política — que ameaçam frustrar esse poder e minar as comunidades de vida sobre as quais ele exerce influência.

A chegada do Antropoceno demanda uma profunda reconsideração sobre o que acreditamos a respeito do mundo em que vivemos. Ele estaria resumido a ser uma enorme zona de mineração e apropriação? Seu principal objetivo é suprir "as necessidades de (alguns) homens"? Além disso, e como seu corolário lógico, nosso contexto antropocênico nos força a perguntar de novo o que *é* um ser humano, e para que *serve* uma vida afinal. Que tipo de criatura é o ser humano que agora define, determina e, de múltiplas maneiras, arruína o futuro da vida multiespécie na Terra? Como a história do passado violento e

---

[12] Citado em Bonneuil; Fressoz, *The shock of the Anthropocene*, p. xii.

destrutivo da humanidade nos posiciona para imaginar e implementar um futuro melhor?

Qual humanidade?

O *anthropos* invocado na palavra Antropoceno não é claro. Quem foram os humanos que desenvolveram esses poderes capazes de determinar o planeta e que nos levaram a esse período recém-nomeado? Certamente, a responsabilidade por uma atmosfera em aquecimento, oceanos esvaziados, terras desmatadas e comunidades exploradas não é de toda a humanidade. Será que a grande diversidade das populações humanas, inclusive os caçadores-coletores, os camponeses, e até vários grupos pobres e marginalizados, deve ser agrupada em uma natureza humana universal e uniforme que se degrada onde quer que esteja? Uma maneira de responder a essas perguntas é determinar quando, onde e em quais condições o Antropoceno teve início. Se pudermos determinar essa data inicial, talvez também possamos identificar exatamente quem e que tipo de compromissos e atividades o trouxeram à tona.[13]

Quando Crutzen anunciou o Antropoceno, ele argumentou que a Revolução Industrial, especificamente a invenção da máquina a vapor por James Watt, em 1784, é a melhor data de início. Seu raciocínio fazia bastante sentido porque a queima de combustíveis fósseis — começando pelo carvão e depois passando para o petróleo e o gás — pôs em movimento a produção das enormes quantidades de dióxido de carbono que agora aquecem nosso planeta. Desde então, a indústria liberou níveis de carbono na atmosfera que não eram vistos há mais de um milhão de anos (o mesmo carbono também acidificou os oceanos em um nível não visto nos últimos trezentos milhões de anos). Além disso, enquanto os métodos industriais de produção se espalharam da Inglaterra para a Europa, e além, seguiram-se múltiplas mudanças na forma pela qual as pessoas trabalhavam e viviam, mudanças que alterariam de forma radical as relações sociais, os ambientes construídos, os hábitos de consumo e as relações humanas com a Terra.[14]

---

[13] Em "Defininng the Anthropocene" (*Nature*, 519 [Mar 12, 2015], p. 171-80), Simon L. Lewis e Mark A. Maslin fornecem uma excelente visão geral das questões científicas e políticas em jogo na determinação da data de início "oficial" do Antropoceno. Eles defendem o ano de 1610, quando a expansão imperial e o movimento transoceânico inauguraram a realocação sem precedentes de espécies vegetais e animais em todo o mundo. Ao fazer essa escolha, Lewis e Maslin entendem que também estão identificando formas econômicas e políticas específicas — nesse caso, o colonialismo e os mercados globais que ele criou — como os principais impulsionadores da mudança antropogênica que altera o mundo.

[14] Em *Industry and empire: the birth of the Industrial Revolution* (New York: The New Press, 1968), Eric Hobsbawm faz um levantamento magistral dessas mudanças. O crescimento econômico maciço gerado pelos métodos industriais dependia de uma transformação radical das práticas econômicas, dos padrões de trabalho e das relações sociais. A produção fabril, refletida sobretudo no algodão, "representava uma nova relação econômica entre os homens, um novo sistema de produção, um novo ritmo de vida, uma nova sociedade, uma nova era histórica, e os contemporâneos estavam conscientes disso quase desde o

Mas, se a Revolução Industrial é a data de início de nosso novo período geológico, por que chamá-lo de Antropoceno, uma vez que é evidente que um número relativamente pequeno de homens britânicos — e não toda a humanidade — foram os principais agentes da mudança? Por isso alguns argumentaram que nosso tempo poderia ser mais bem nomeado de Capitaloceno, especificando na sequência que "o capitalismo foi construído sobre a exclusão da maioria dos *humanos* da Humanidade — povos indígenas, africanos escravizados, quase todas as mulheres, e até mesmo boa parte dos homens de pele branca (eslavos, judeus, irlandeses) [...] Eles eram considerados parte da natureza, como árvores, solo e rios — e tratados como tais".[15] Perceber que apenas noventa corporações são responsáveis por 63% das emissões acumuladas de dióxido de carbono e metano de 1850 até o presente[16] significa que nosso foco não deve estar nos seres humanos em geral, mas naquele grupo muito pequeno de homens que criou, muitas vezes mediante meios violentos, sistemas de produção altamente destrutivos em seus efeitos.

O Capitaloceno é um termo esclarecedor porque chama nossa atenção para as instituições financeiras e para as políticas governamentais que tiveram de ser defendidas e postas em prática para instalar uma economia que seria tão prejudicial. Para citar um exemplo: a Revolução Industrial teria sido impossível sem a produção de carvão, o trabalho fabril, as terras colonizadas e os povos escravizados que forneciam as matérias-primas que alimentavam as fábricas.[17] A transição da energia hídrica (impulsionada pelos rios) para a energia a vapor (alimentada pelo carvão) e o reassentamento dos povos da das regiões rurais e dos vilarejos para as cidades densamente povoadas (impulsionadas pelo cercamento e pela privatização da terra) não eram inevitáveis.[18]

Na época, a energia hídrica era amplamente considerada mais barata, mais eficiente e muito mais segura. Para que a energia a vapor prevalecesse, as fábricas tinham de ser construídas, as máquinas, instaladas, e os trabalhadores urbanos, reunidos — tudo isso criou formas essencialmente novas de relacionamento das pessoas com seus ambientes, seu trabalho e entre si. Para

---

início" (p. 43). Os trabalhadores que "possuíam" nada além de seu trabalho eram muitas vezes reduzidos a autômatos suscetíveis às vicissitudes da busca capitalista do lucro.

[15] Jason W. Moore, "*The rise of cheap nature*", in: *Anthropocene or Capitalocene? Nature, history, and the crisis of capitalism*, ed. Jason W. Moore (Oakland: PM Press, 2016), p. 79 [edição em português: *Antropoceno ou Capitaloceno?* (São Paulo: Elefante, 2022)].

[16] Citado em Bonneuil e Fressoz, *The shock of the Anthropocene*, p. 68.

[17] Em *A short history of progress* (Philadelphia: Da Capo Press, 2004) [edição em português: *Uma breve história do progresso* (São Paulo: Record, 2007)], Ronald Wright observa: "Nossa era foi financiada pela captura de meio-planeta, estendida pela tomada de boa parte da metade restante, e sustentada pelo gasto de novas formas de capital natural, especialmente combustíveis fósseis. No Novo Mundo, o Ocidente atingiu a maior bonança de todos os tempos. E não haverá outra igual" (p. 117).

[18] Para uma descrição lúcida do papel que a propriedade privada, sua aquisição e a crueldade com que foi protegida e mantida desempenharam na transformação da paisagem britânica, veja *The book of trespass: crossing the lines that divide us* (London: Bloomsbury Circus, 2020), de Nick Hayes.

os investidores e proprietários de fábricas, a energia a vapor era atraente porque reunia os trabalhadores e a produção em centros urbanos que podiam ser mais facilmente controlados; mas os agricultores e artesãos das aldeias resistiam a ela porque arruinava a terra e o ar, destruía as estruturas comunitárias, e fazia pouco caso da competência dos trabalhadores. Para que a transição para a energia a vapor fosse bem-sucedida, leis contra a destruição de máquinas e minas de carvão tiveram de ser escritas e aplicadas (muitas vezes instituindo a pena de morte para sua violação). Quando os trabalhadores resistiram a essas novas formas de trabalho e produção, como fizeram quando se revoltavam ou entravam em greve, simplesmente eram esmagados por uma força militar enviada pelo governo. Resumindo seu estudo detalhado sobre o nascimento da economia industrial de combustíveis fósseis, Andreas Malm escreve: "O vapor ganhou porque aumentava o poder de alguns sobre outros".[19]

O Capitaloceno, no entanto, não deve ser reduzido à Revolução Industrial inglesa do século 19. Os sistemas de produção refletidos em moinhos e fábricas tinham suas raízes em um capitalismo mercantil muito anterior, começando por volta de 1450; desde então, há uma transformação na maneira que (algumas) pessoas pensam sobre o trabalho e a terra. Jason Moore argumentou que o que estava em questão era uma reconcepção de toda a teia da vida de forma que a natureza pudesse ser reduzida a um estoque de objetos a serem explorados, mapeados, extraídos e apropriados.[20] Para que essa transformação fosse bem-sucedida, o trabalho realizado por cientistas, economistas e políticos tinha de ser coordenado, a fim de maximizar a acumulação de riqueza. "O trabalho da 'ciência' era tornar a natureza legível à acumulação de capital [...] A função da 'economia' era canalizar essa alienação [como manifesta na propriedade privada] por intermédio da relação monetária. A função do Estado era impor essa relação monetária."[21] A fábrica do século 19, que pressupunha uma nova forma de organizar a vida e o trabalho, foi precedida e acompanhada de novas formas de organizar a Terra. Tanto as pessoas como os locais passaram a ser vistos como "unidades de produção" a serem administrados da forma mais eficiente e rentável possível.

---

[19] Andreas Malm, *Fossil capital: the rise of steam power and the roots of global warming* (London: Verso, 2016), p. 267. O trabalho de Malm mostra como um pequeno grupo de homens britânicos, na verdade, foi para a batalha contra a maioria massiva do povo britânico: "Vapor estacionário foi impingido sobre o resto da sociedade, um dispositivo de energia apoiado pelo poder bélico, sem o qual poderia ter sido destruído completamente" (ibidem).

[20] Em *Capitalism in the web of life: ecology and the accumulation of capital* (London: Verso, 2015), Jason Moore argumenta que o capitalismo é muito mais do que um sistema econômico que opera no mesmo mundo como anteriormente era entendido. É fundamentalmente "uma forma de organizar a natureza" (2), ou seja, na reorganização da natureza segundo uma nova estrutura capitalista de valores, todas as relações, incluindo a econômica e a social, são transformadas com ela.

[21] Moore, "The rise of cheap nature", p. 86.

As plantações coloniais são uma forma de ver como essa transformação de valores estava acontecendo. Na produção de açúcar e algodão, a mudança crucial foi a elevação do valor do trabalho acima do valor da terra. O valor não era mais uma característica do que a terra poderia fornecer (uma medida que honrava a história e a integridade de um lugar), mas, sim, o que o trabalho poderia extrair dali (uma medida derivada de um plano de negócios imposto a um lugar).[22] Povos indígenas foram mortos (por violência ou doença) ou removidos de suas casas para que vastos campos pudessem ser privatizados e transformados em locais de produção. O combustível para esse processo de produção não era carvão, mas, sim, escravos.

Sven Beckert defendeu ser enganoso chamar essa forma anterior de produção de capitalismo mercantil. "Capitalismo de guerra" é um termo muito mais preciso porque, em sua essência, esse sistema era violento, baseado na expropriação da terra e do trabalho. Ele não se baseava em máquinas, trabalho livre ou Estado de direito. Esses viriam mais tarde. Em vez disso, foi construído sobre a brutalização de seres humanos e locais nas mãos de indivíduos específicos. "Os europeus reinventaram o mundo ao embarcarem na agricultura de plantação em larga escala [...] eles vincularam suas fortunas econômicas à escravidão. Esses três movimentos — expansão imperial, expropriação e escravidão — tornaram-se centrais para o modelagem de uma nova ordem econômica global e, por fim, o surgimento do capitalismo."[23] Carl Anthony concorda: "A riqueza sem precedentes das sociedades em que vivemos foi construída sobre a base da escravidão e do trabalho forçado de africanos capturados [...] Desde o início, a escravidão caminhou absolutamente de mãos dadas com a espoliação imprudente dos ecossistemas no Novo Mundo".[24]

Em seu estudo realizado em 1920, *The souls of white folk* [A alma do povo branco], W. E. B. Du Bois diferenciou ainda mais esse período inicial do capitalismo, observando que, mesmo que a degradação de pessoas (e lugares)

---

[22] A valorização da mão de obra sobre a terra se reflete na degradação de vastas extensões de terra que muitas vezes se seguiram às práticas laborais extrativas e exploratórias. Em um relatório de 1603 publicado como Descripción de la villa y minas de Potosí, lemos: "Embora hoje, por causa de todo o trabalho realizado na montanha, não haja sinal de que lá já tenha existido uma floresta, quando foi descoberta, estava totalmente coberta de árvores que eles chamaram de quinoa, cuja madeira eles usaram para construir as primeiras casas daquele assentamento [...] Isso é o mais assustador, porque agora a montanha está coberta de cascalhos soltos, com pouca ou nenhuma terra fértil, atravessada por afloramentos mineralizados estéreis" (citado em ibidem, p. 106-7). O que importava sobre a terra não era a terra em si, mas sua capacidade de ser "destinada ao trabalho" (ibidem) e ao crescimento do capital.

[23] Beckert, *Empire of cotton*, p. 37. "O capitalismo de guerra dependia da capacidade dos europeus ricos e poderosos de dividir o mundo em 'interior' e 'exterior'. O 'interior' abrangia as leis, instituições e costumes do país-mãe, nos quais a ordem imposta pelo Estado governava. O 'exterior', pelo contrário, caracterizava-se pela dominação imperial, pela expropriação de vastos territórios, pela dizimação dos povos indígenas, pelo roubo de seus recursos, pela escravização e pelo domínio de vastas extensões de terra por capitalistas privados e com pouca supervisão eficaz por Estados europeus distantes" (p. 38).

[24] Carl Anthony, *The Earth, the city, and the hidden narrative of race* (New York: New Village Press, 2017), p. 17.

por outras pessoas seja tão antiga quanto a humanidade, o que distingue esse período moderno é a invenção europeia da "linhagem das cores". A ideia de que tudo o que é "grande, bom, eficiente, justo e honrado é 'branco', enquanto tudo o que é maldoso, perverso, errante, enganador e desonroso é 'amarelo', o mau gosto é 'moreno', e o diabo é 'negro', é uma invenção moderna que subscreveu à convicção de que 'a brancura é a detentora da terra para todo o sempre. Amém!'".[25] Quando os europeus foram colonizar o globo, não estavam se comportando de maneira anormal. Eles expressavam aquilo que se tornaria o coração vibrante da cultura europeia. A escravização dos negros e a apropriação de suas terras são "a verdadeira alma da cultura branca", razão pela qual Du Bois argumenta que os projetos de conquista e degradação se transformaram na "distorção e no enredo de nosso pensamento diário com uma meticulosidade que poucos percebem". Embora boa parte esteja interessada em observar as grandes realizações culturais das civilizações europeias, Du Bois insiste que não devemos esquecer que grande parte do "poder e da energia da humanidade moderna" foi dirigida para a escravidão.[26]

Mais recentemente, em seu livro *Critique of black reason* [Crítica da razão negra], o filósofo e teórico político camaronês Achille Mbembe argumentou que a linhagem de cores aplicada às pessoas também foi imposta à própria Terra, de modo que devemos falar do "mundo tornando-se o negro (*Nègre*)". Segundo Mbembe, não podemos compreender a modernidade sem a escravização do povo africano e a escravização da Terra. A ideologia que despojou os africanos de sua humanidade, reduzindo-os a seres inferiores e servis sem futuro ou identidade escolhida por conta própria, transformou-os também em mercadorias que podiam ser compradas, possuídas, vendidas, usadas e eliminadas à vontade por seus senhores. De maneira semelhante a uma paisagem que pode ser pesquisada, classificada, mineirada, apropriada e descartada, devemos compreender como os africanos escravizados foram moldados

---

[25] W. E. B. Du Bois, "*The souls of white folk*", in: *Writings*, ed. Nathan Huggins (New York: The Library of America, 1986), p. 933, 924. Em *The christian imagination: theology and the origins of race* (New Haven: Yale University Press, 2010), Willie James Jennings fornece um tratamento detalhado da cumplicidade do cristianismo europeu no desenvolvimento moderno de tais matizes. Falando das origens do colonialismo nos séculos 15 e 16, Jennings mostra como a invenção do ser racial "é um ato de conferência contínua em que a interdependência mútua não é suspensa, mas colocada em uma trajetória que conduz a uma transformação sem fim organizada em torno de corpos brancos". Em outras palavras, a cultura branca se torna o padrão segundo o qual todas as outras culturas devem ser avaliadas. "Na mente dos colonizadores europeus, a instabilidade da terra e do povo exigia a estabilidade da transição. Os índios nativos, negros, ruivos e todos os não brancos devem ser trazidos do caos para a fé. A terra, as zonas úmidas, os campos e as florestas devem ser desmatados, organizados e introduzidos em uma civilização produtiva. A estabilidade está na transição, mantida unida pela atribuição racial" (p. 61-2).

[26] Em *A billion black anthropocenes or none* (Minneapolis: University of Minnesota Press, 2018), Kathryn Yusoff argumenta que a busca pela origem ("cavilha de ouro") do Antropoceno no registro geológico não pode ser separada de um registro histórico de apropriação violenta de terras e pessoas. As cavilhas douradas postas pelo Antropoceno "empalam a carne" e são "locais de violência promulgados sobre a integridade da subjetividade, corporeidade e territorialidade" (p. 60). Essas histórias revelam a antinegritude que está no centro de múltiplas narrativas do Antropoceno.

como matéria-prima básica para alimentar as ambições de mercado de uma elite rica. "Se, sob a escravidão, a África era o local privilegiado para a extração de minério, o modelo de *plantation* no Novo Mundo foi onde ela foi lançada, e a Europa, onde era convertida em moeda financeira. A progressão do *homem do minério* para o *homem do metal* e, por fim, para o *homem do dinheiro* foi uma dimensão estruturante da fase inicial do capitalismo"[27] — e não apenas uma fase inicial deste modelo. A lógica racial que estava no centro das origens capitalistas continua: "O capitalismo é o poder de captura, influência e polarização, e sempre dependeu de *subsídios raciais* para explorar os recursos do planeta [...] Nunca a perspectiva de um 'mundo tornando-se o negro' apareceu de forma mais clara".[28] O mundo no qual atualmente nos encontramos foi moldado, e continua a ser refeito, por uma ambição colonial de capturar e extrair da terra e de suas comunidades qualquer riqueza que possa ser encontrada.

Essa breve narrativa é suficiente para demonstrar que o termo "Capitaloceno" é, em vários aspectos, um aprimoramento em relação ao Antropoceno porque permite uma análise mais refinada da mudança de contextos políticos, raciais e econômicos que privilegiaram um pequeno grupo de pessoas (brancas) em detrimento de muitos outros. No entanto, o termo é inadequado porque nos condiciona a pensar que a modernidade é o momento em que as pessoas se tornaram agentes capazes de realizar mudanças geologicamente significativas. Dá a impressão de que a destruição generalizada das regiões geográficas e de suas comunidades coincide com um sistema econômico particular que ganhou vida por volta dos séculos 15 e 16. Isso é um equívoco. A alteração provocada pelo homem e a destruição de vastas regiões de terra remetem de forma profunda ao passado.

Pense, por exemplo, no uso humano do fogo para fins de "construção de nicho". Caçadores e coletores que viveram há 400 mil anos atrás usavam o fogo para queimar o que crescia a partir dos pastos e arbustos que já estavam ali e abrir caminho para novos, boa parte deles com sementes comestíveis, frutas e nozes (atraindo, assim, aves e caça para consumo de carne). O fogo também expulsava os animais de seus esconderijos, fazendo com que fossem mais facilmente caçados. Embora o número de seres humanos fosse

---

[27] Achille Mbembe, *Critique of black reason*, trad. Laurent Dubois (Durham: Duke University Press, 2017), p. 40 [edição em português: *Crítica da razão negra* (São Paulo: N-1 Edições, 2022)].
[28] Ibidem, p. 179. Mbembe argumenta que a negritude e a raça, com os múltiplos empreendimentos de escravização, são a base não reconhecida dos projetos modernos de conhecimento e governança. O homem negro perturba a modernidade desde o início, razão pela qual a ameaça de uma revolta de escravos era tão aterrorizante para os senhores. "Uma revolta de escravos sinaliza não apenas a libertação, mas também a transformação radical, se não do próprio sistema de propriedade e trabalho, pelo menos dos mecanismos de sua redistribuição e, portanto, dos fundamentos para a reprodução da própria vida" (p. 37).

relativamente pequeno, o efeito desses incêndios durante vastos períodos foi imenso, especialmente quando se considera que grande parte da flora e da fauna do mundo são espécies adaptadas ao fogo. Portanto, James C. Scott tem boas razões para dizer que "os efeitos do fogo antropogênico são tão fortes que podem ser julgados, em uma narrativa imparcial do impacto humano no mundo natural, como agentes da sobrecarga nas domesticações agrícolas e pecuárias".[29] Já nessa fase bem inicial, os seres humanos eram uma força que alterava o ambiente e as formas de vida.

Quando passamos das sociedades de caçadores-coletores para os primeiros Estados agrários, uma forte modificação topográfica volta a aparecer. Considere estas linhas de *Crítias*, de Platão (111B), escritas por volta de 360 a.C.: "O solo [...] não forma nenhuma pilha de sedimentos que valha a pena mencionar [...] mas continua a deslizar incessantemente e a desaparecer nas profundezas [...] o que resta agora em comparação com o que então existia é como o esqueleto de um homem doente, no qual toda a terra densa e macia foi desperdiçada, e apenas a estrutura nua da terra foi deixada". Platão está mencionando a erosão do solo induzida pelo homem, um problema que estava bem avançado em seu tempo, mas dificilmente confinado à sua terra natal, a Grécia. A erosão não é simplesmente a perda de alguns centímetros de solo superficial. Associada a práticas como o desflorestamento e os projetos de irrigação, a agricultura mal gerida teve o efeito de transformar drasticamente regiões topográficas inteiras e de levar à ruína gloriosas civilizações.

Pense por um momento no outrora produtivo lado oriental do Crescente Fértil que, em pouco tempo, foi reduzido a um deserto. Situada entre os poderosos rios Eufrates e Tigre, essa região semiárida, especialmente os pântanos ao sul, alimentava impérios. No entanto, enquanto as populações sumérias e babilônicas cresciam, também crescia a pressão para cultivar mais alimentos e garantir mais madeira para os projetos de construção. O desflorestamento ao norte fez com que as chuvas transportassem os solos expostos rio abaixo, deixando as encostas estéreis, com muita dificuldade para sustentar algumas espécies de plantas e animais. Entretanto, os projetos de irrigação intensiva mais ao sul elevaram lentamente o lençol freático das terras agrícolas férteis. Não havendo mais drenagem suficiente, essa água salina evaporou, deixando

---

[29] James C. Scott. *Against the grain: a deep history of the earliest states* (New Haven: Yale University Press, 2017), p. 38. "O fogo é, em grande parte, responsável pelo nosso sucesso reprodutivo como o 'invasor' mais bem-sucedido do mundo. Tal como certas árvores, plantas e fungos, somos uma espécie adaptada ao fogo: os pirófitos. Adaptamos nossos hábitos, nossa alimentação e nosso corpo às características do fogo e, tendo-o feito, estamos, por assim dizer, acorrentados a seu cuidado e alimentação [...] Por sinal, ele nos domesticou" (p. 42). Scott também relata que, na América do Norte, o uso indígena do fogo foi tão extenso que a morte em massa dos povos indígenas americanos (por causa de doenças e violência europeias) resultou em uma explosão de crescimento florestal e, consequentemente, na alteração do clima. Alguns estudiosos argumentam que a Pequena Idade do Gelo, de 1500-1850, é um resultado dessa redução drástica no número de produtores agrícolas indígenas que faziam uso do fogo.

um resíduo branco de sal que, na prática, matou o solo. A lógica em jogo nesse desenvolvimento é simples: sem solo, sem comida, sem cultura. A má gestão agrícola aqui descrita não se limitou à Mesopotâmia Central. Aconteceu — e permanece — em toda a bacia do Mediterrâneo e em partes da África, China e Américas do Norte, Central e do Sul.[30]

É importante prestar atenção a essa longa história agrícola porque ela mostra que a mudança dos modos de vida da caça e da coleta para uma vida agrária — muitas vezes tida como indicativo de um avanço na civilização da humanidade, ao suplantar os chamados modos primitivos dos nômades — não foi, nem de longe, benigna. Além de introduzir novas formas sociais e políticas que dependiam fortemente de sistemas de coerção e de servidão, o desenvolvimento da agricultura dependia também de práticas de cultivo que, sistematicamente, saturavam e desperdiçavam a terra, colocando-a em servidão.[31] Isso fez com que a agricultura, além de ser uma técnica de alimentação de populações humanas em crescimento, se transformasse também em uma "doença global" que, se não for devidamente administrada, ameaça a viabilidade de longo prazo das sociedades que se destina a alimentar. Como Wes Jackson relata, a invenção do arado pode muito bem ser "o acontecimento mais significativo e explosivo a surgir na face da Terra, mudando a terra ainda mais rápido do que a origem da vida".[32]

Ao avaliar essa história, não se deve esquecer que os antigos agricultores compreendiam os efeitos destrutivos de suas práticas e sabiam administrá-las melhor. Escritores romanos como Varrão, Catão e Columela, por exemplo, sabiam que a cobertura do solo, os adubos verdes e oriundos de animais, a rotação de cultivos, a construção de esplanadas e a prática de deixar a terra descansar de tempos em tempos eram cruciais para a manutenção

---

[30] Em *The great clod: notes and memoirs on nature and history in East Asia* (Berkeley: Counterpoint, 2016), Gary Snyder, um dos grandes poetas recentes do mundo natural, explora a educação que recebeu ao longo da vida nas tradições literárias e filosóficas asiáticas. Ele foi inicialmente atraído pela poesia e a religião chinesas (especialmente o budismo e o taoísmo) porque pensava que representavam uma civilização que respeitava e estava em sintonia com a natureza. Vivendo na China e no Japão, no entanto, e depois estudando suas histórias de gestão da terra, ele chegou a uma conclusão preocupante: "Grandes sociedades civilizadas inevitavelmente têm um efeito severo sobre o ambiente natural, independentemente de seus valores filosóficos ou religiosos" (p. 20). Os textos que essas culturas produziram e as vidas que muitas vezes inspiraram são claramente belos, mas as forças econômicas e políticas, em grande parte impulsionadas pela busca do poder e do luxo, sobrecarregam-nas regularmente. Yi-Fu Tuan, um dos grandes geógrafos do século 20, concorda com Snyder, argumentando que a caricatura da agressão ocidental e da harmonia oriental em relação ao mundo natural precisa ser resistida. "No jogo de forças que governam o mundo, os ideais estéticos e religiosos raramente têm um papel importante" ("Our treatment of the environment in ideal and actuality", in: *American Scientist* 58.3 [maio/jun. 1970], p. 244). O desmatamento e a erosão do solo, somados à destruição do *habitat* e a extinção de espécies que vieram na sequência, tornaram-se grandes problemas para os chineses enquanto desenvolviam suas economias agrícolas.

[31] Em *Against the grain*, Scott observa que a escravidão, embora não inventada pelos primeiros Estados agrícolas, foi "elaborada e ampliada [...] como um meio essencial para maximizar sua população produtiva e o excedente do qual poderia se apropriar" (p. 155).

[32] Wes Jackson, *New roots for agriculture* (Lincoln: University of Nebraska Press, 1980), p. 2.

da fertilidade do solo e minimizar a erosão. Entretanto, uma vez que fazendas cada vez maiores (latifúndios) eram administradas por proprietários que viviam em cidades, e não em suas próprias terras; considerando que a terra foi "destinada ao trabalho" por legiões de escravos; e sabendo que todo o sistema de produção de alimentos foi decidido conforme necessidades políticas e não biológicas (como, por exemplo, alimentar as necessidades de um império), os recursos do solo foram sendo lenta e inexoravelmente assassinados.[33]

Em resumo, as provas materiais são claras. Muito antes do Capitaloceno ou do advento de tecnologias sofisticadas, um número e uma diversidade consideráveis de seres humanos que viviam em todo o mundo engajaram-se em práticas que reduziram a fertilidade da terra, encolheram sua diversidade e exploraram o trabalho humano como seu combustível. Como Ronald Wright expõe de forma sucinta: "Um mau cheiro de extinção segue o *Homo sapiens* em todo o mundo".[34] Isso não significa que *todas* as pessoas estejam igualmente implicadas nessas formas destrutivas. Tampouco sugere que todas as formas de violência e exploração sejam iguais. Em vez disso, sinaliza que a tentação de ser destrutivo vem de longa data, e tem sido posta em prática de diversas maneiras ao longo dos últimos milênios. Claramente, as tecnologias disponíveis para as sociedades e os combustíveis utilizados para executá-las — escravos, animais, madeira, carvão, petróleo, urânio — variaram muito. Contudo, uma vez que essas tecnologias se desenvolveram, passando do fogo e do arado para os motores de combustão e a biotecnologia, e uma vez que as populações humanas dependentes dessas tecnologias cresceram, é difícil resistir à conclusão de que o Antropoceno há muito tempo tem sido uma possibilidade latente no Holoceno.[35] Talvez, seguindo Scott, devêssemos distinguir entre um "Antropoceno tênue" e um "Antropoceno espesso" e, assim, reconhecer que a intensidade e a profundidade da intervenção humana na Terra variaram ao longo do tempo, conforme as populações humanas cresceram e se tornaram tecnologicamente mais sofisticadas.[36] Entretanto, mesmo reconhecendo essa realidade, a conclusão permanece: as pessoas têm sido, há muito tempo, agentes que alteram a Terra e destroem a vida. O que mudou é que os efeitos do poder humano, antes limitados a regiões específicas e a comunidades particulares de

---

[33] Por volta de 300 a.C., a maior parte da Itália era florestada. Dentro de alguns séculos, as árvores foram cortadas e o solo desnudado para alimentar as necessidades de Roma. Os engenheiros romanos refizeram as paisagens que conquistaram, criando o que Cícero chamou de "um segundo mundo dentro do mundo da natureza". Para uma excelente abordagem das antigas práticas agrícolas e de seus efeitos no solo, veja *Dirt: the erosion of civilizations*, de David R. Montgomery, 2. ed. (Berkeley: University of California Press, 2012) [edição em português: *Erosão: dos solos às civilizações* (São Paulo: EDUSP, 2021)].

[34] Wright, *A short history of progress*, p. 37.

[35] Ao fazer essa sugestão, não nego a legitimidade da busca por cientistas do sistema terrestre por um "Orbis Spike", ou marcador geológico no registro estratigráfico, que indicaria uma data de início evidente para um Antropoceno "oficial".

[36] Scott, *Against the grain*, p. 3.

pessoas, tornaram-se agora planetários em seu alcance, desiguais em sua distribuição, e impossíveis de esconder e ignorar.[37]

O poder da liberdade

Meu argumento até agora é que a ação dos poderes humanos que produzem o Antropoceno, ou, mais exatamente, a lógica que estimula e dirige esses poderes, não é inteiramente nova, mas está sendo reproduzida há muito tempo, embora de formas mais localizadas e menos sofisticadas tecnologicamente. Repetidas vezes, encontramos exemplos de grupos de pessoas que, muitas vezes, em busca de uma vida "melhor" ou de um mundo mais próspero (para alguns), violaram as condições ecológicas e sociais das quais depende o florescimento mútuo no longo prazo. As florestas foram destruídas, os solos, erodidos, as águas, desperdiçadas, as regiões, escavadas por suas riquezas e depois abandonadas, as espécies animais, caçadas até a extinção ou (mais recentemente) entregues à miséria, as comunidades indígenas, extirpadas, as pessoas, escravizadas, e as populações camponesas/rurais/operárias, exploradas, tudo em prol de várias versões de desenvolvimento, progresso, crescimento, ou sucesso. Naturalmente, essa não é toda a história da humanidade; no entanto, é uma característica recorrente e indissociável de grande parte dela. Essas formas de mau desenvolvimento não se limitam ao passado remoto e e pouco esclarecido da humanidade, mas constituem uma característica central dos grandes esquemas modernistas do século 20, um século adequadamente descrito como o mais brutal da história do mundo.[38] Essas formas têm sido mantidas por uma ideologia neoliberal de livre-mercado e de globalização que coloca os lucros das empresas e o crescimento do PIB acima de todo o resto. A respeito dessas histórias, surge uma questão de fundamental importância: como devemos avaliar as expressões de liberdade que estão produzindo um

---

[37] Em *Defiant earth: the fate of humans in the Anthropocene* (Cambridge: Polity, 2017), Clive Hamilton argumenta que o Antropoceno sinaliza uma "ruptura" na relação da humanidade com a Terra, porque o que está em questão não é a alteração de superfícies, paisagens e ambientes da Terra, mas o sistema terrestre como uma totalidade que liga a atmosfera, a hidrosfera, a criosfera, a biosfera e a litosfera. Esse "sistema total" é o novo "objeto" que as pessoas agora precisam entender. Hamilton resiste à ideia de que os seres humanos têm sido uma força planetária desde os primórdios da civilização, porque argumenta que algo "fundamentalmente novo" (p. 15) aconteceu no "projeto humano" que criou o Antropoceno, ou seja, um novo antropocentrismo. O que não está claro no argumento de Hamilton é de que maneiras esse antropocentrismo é verdadeiramente novo, e não apenas uma intensificação e um redirecionamento de vários elementos do antropocentrismo como anteriormente praticado.

[38] Em *Seeing like a state: how certain schemes to improve the human condition have gailed* (New Haven: Yale University Press, 1998), James C. Scott identifica quatro elementos integrantes da alta ideologia modernista: (1) uma ordenação administrativa da natureza e da sociedade que, ao reduzir marcadores e medidas a dados quantificáveis, também simplificou/falsificou grandemente as realidades que pretendia pôr em ordem; (2) uma forma de ver e pensar que é extremamente confiante nos poderes da ciência e da tecnologia para dominar a natureza e as pessoas com o objetivo de maximizar a produção; (3) um Estado autoritário que, muitas vezes sob o pretexto de guerra, revolução, crise econômica, ou alguma outra forma de emergência, usa o poder coercitivo e violento para alcançar seus objetivos; e (4) uma sociedade civil prostrada incapaz de resistir a esses planos (p. 4,5).

mundo ferido e, com base nisso, quais seriam os contornos de uma liberdade cujo objetivo fosse honrar os contextos incorporados, nutritivos e vulneráveis pelos quais as pessoas vivem? Podemos imaginar e criar um mundo compartilhado, preservado para o bem comum e empenhado em honrar a santidade da vida e a dignidade de todas as pessoas?

No passado, quando os lugares eram degradados e desperdiçados, ou as pessoas se mudavam para outros lugares, ou sofriam e morriam. Terras vazias ou descampadas, fronteiras inexploradas, territórios virgens, reservatórios inexplorados de recursos naturais — foi assim que vastas regiões foram identificadas para que pudessem ser utilizadas para o trabalho e refeitas para atender às ambições humanas. Ao longo do caminho, houve considerável resistência dos povos indígenas e dos camponeses comprometidos com seus ambientes, comunidades e modos de vida. Em geral, porém, sua resistência teve efeito pouco duradouro, razão pela qual as populações de todo o mundo, voluntariamente ou não, encontram-se agora no período do Antropoceno. As formas de poder que feriram o mundo e causaram destruição no passado, em conjunto com as concepções de liberdade humana que essas expressões de poder pressupõem, agora ameaçam os processos terrestres e os sistemas de vida de todo o planeta (razão pela qual cientistas como Stephen Hawking argumentaram que devemos nos planejar para colonizar outros planetas). Se há algo de verdadeiramente novo nesse período, talvez seja a constatação de que existem poucos (ou nenhum) lugares abertos e inexplorados na Terra para onde se mudar a fim de que essas formas de poder continuem por muito mais tempo.[39] Já que não temos a opção de ir para outro lugar, resta-nos apenas a opção de sofrer e morrer?

Neste livro exploro outra opção: uma que examina, de forma crítica, as formas de poder social, econômico e tecnológico que nos levaram até onde estamos, e que oferece expressões alternativas de vida fundamentadas em

---

[39] Reconheço que os promotores da tecnologia argumentam que podem ser encontradas soluções que desbloquearão recursos naturais que até agora não estavam disponíveis. O fraturamento hidráulico, ou *fracking*, de depósitos de xisto para recuperar reservas de gás natural é um excelente exemplo. Reconheço também que as previsões de destruição ecológica, como as previsões de "pico petrolífero" e de uma "bomba populacional" feitas por Paul Ehrlich dos anos 1960, são muitas vezes prematuras. Mas também vale a pena notar que, do ponto de vista histórico, o otimismo inebriante de ecomodernistas como Steven Pinker e outros se assemelha à fé cega e à arrogância de pessoas que acreditavam que suas civilizações simplesmente não poderiam entrar em colapso — até que entraram. A questão fundamental não é se as pessoas podem conceber soluções para problemas específicos, mas se qualquer solução proposta dependerá do uso dos poderes acima mencionados, que perpetuam as lógicas de apropriação e exploração. Para dar um exemplo, a ideia de que as pessoas podem intensificar as práticas agrícolas industriais que corroem ainda mais o solo, contaminam e desperdiçam as águas, destroem as espécies polinizadoras, confinam animais, criam superagentes patogênicos, endividam os agricultores e abusam dos trabalhadores agrícolas — tudo em um esforço para aumentar a produção para uma população humana crescente — é, ao mesmo tempo, ingênua e cínica. Um plano agrícola que mantenha a produção alimentar fluindo do jeito que está por mais vinte ou cinquenta anos merece poucos aplausos. A agricultura em prol da qual devemos trabalhar é aquela que promove a saúde e a fertilidade da terra e das criaturas de maneira perene.

uma consciência daquilo que chamo de "condição de *criatura*" da humanidade. O que quero dizer com isso levará algum tempo para ser desenvolvido. Para começar, gostaria de sublinhar de que forma esta vida está *enraizada* em lugares e em comunidades, e como está *sintonizada* com os limites e potencialidades desses locais. Reconhecer sua condição de criatura é afirmar suas própria finitude e necessidade, e respeitar a bondade e a santidade dos semelhantes com quem vive e de quem depende. Em vez de ter a intenção de possuir e dominar a vida e a terra, uma condição de criatura afirma que a vida é uma dádiva a ser recebida com gratidão, respeitada humildemente e com a qual nos envolvemos com responsabilidade. A *liberdade* das criaturas, poderíamos dizer, associa-se, portanto, às práticas de *fidelidade* que ajudam as pessoas a compreender sua necessidade em relação a outras pessoas e torná-las comprometidas com um trabalho que gere sucesso mútuo.

De múltiplas maneiras, os caminhos que nos conduziram a um Período Antropocênico resultam de uma recusa da criaturalidade e de uma dissociação entre a liberdade e a fidelidade. A natureza dessa recusa é complexa e multifacetada em sua expressão, mas um meio de caracterizá-la é observar de que formas a *expansão* do poder humano tem sido historicamente pareado com uma *diminuição* do respeito pelas criaturas e pelos lugares sobre os quais se exerce poder; tal diminuição, argumenta Mbembe, está profundamente ligada à recusa em *ver* onde se está e com quem se está.[40] O desrespeito a que me refiro é facilmente visto na duradoura transformação de pessoas, animais, campos, florestas e bacias hidrográficas em unidades de produção a serem colhidas e exploradas da forma mais barata e eficiente possível. É como se a busca bivalente de controle e apropriação exigisse a extirpação da santidade das vidas, pois as pessoas são reduzidas a escravos, os animais, à carne, os campos, à produção de grãos, as florestas, à extração de madeira, e as bacias hidrográficas, aos fluxos de irrigação. As histórias dominantes mostram que, para alcançar as formas de poder econômico e político que produziram as grandes civilizações do passado e do presente, vidas tiveram de ser *violadas* e regiões, *maltratadas*.

Em suas profundas reflexões sobre as mudanças climáticas, Amitav Ghosh argumenta que nos encontramos em uma crise cultural. O problema não é apenas que fomos treinados para desejar coisas que sabemos serem prejudiciais ao mundo, e que são apenas mínima e temporariamente satisfatórias para nós. O problema é muito mais profundo. Habitamos uma cultura e funcionamos com

---

[40] Mbembe observa que os colonizadores não queriam saber nada sobre os colonizados e compensaram sua falta de conhecimento com o uso violento da força. "O poder na colônia baseia-se, portanto, fundamentalmente no poder de ver ou não ver, de permanecer indiferente, de tornar invisível o que se deseja não ver [...] as pessoas que escolhemos não ver ou ouvir não podem existir ou falar por si" (*Critique of black reason*, p. 111). Caracterizado dessa forma, o empreendimento colonial é um enorme exemplo do fracasso, até mesmo da recusa, de vir à presença de outros.

base em um imaginário incapaz de nos ajudar a apreciar — e muito menos a resolver de forma significativa — os problemas nos quais afundamos. No exato instante em que mais precisamos de formas culturais — na literatura e nas artes, por exemplo — para fornecer uma visão sobre nossa situação, encontramos, em vez disso, as mais profundas ignorância e insensibilidade sobre a natureza de nosso problema. "Possivelmente, então, esta era, que assim se congratula por sua autoconsciência, será conhecida como a Grande Era Disfuncional."[41]

Quando fala de uma "Grande Era Disfuncional", Ghosh tem várias coisas em mente. Ao caracterizar as formas mais dominantes de posicionamento humano no mundo como "arrogância predatória", ele mostra como estamos perseguindo prioridades econômicas e construindo projetos que "sabemos" que não deveríamos construir. É urgente, por exemplo, que se realizem grandes investimentos em objetivos públicos no longo prazo (como, por exemplo, a redução das emissões de carbono), mas os fluxos de capital estão sendo direcionados para ganhos privados em curto prazo. Após entrar em uma época na qual a ação coletiva para nossas crises planetárias se faz necessária, acabamos nos encontrando em mundos nos quais a própria ideia de "coletivo" foi exilada de nossa política, economia e literatura. No que concerne ao pensamento das pessoas em termos políticos, elas não pensam a respeito de bens compartilhados ou de um mundo preservado para o bem comum — e não podem, porque o "político" foi reduzido a uma aventura individual, moral, ou a um caminho interior guiado por uma consciência que busca a autenticidade. A busca de redenção individual dificilmente se aproxima do problema no qual afundamos. Uma "política de sinceridade" simplesmente não será o bastante.[42]

A mudança climática é um desafio tão radical, diz Ghosh, porque põe em questão uma das ideias mais reverenciadas da modernidade: a expansão da liberdade humana. Essa liberdade significa muitas coisas e, naturalmente, assume muitas formas. Seria um erro profundo rejeitar todas as suas formas. Além disso,

---

[41] Amitav Ghosh, *The great derangement: climate change and the unthinkable* (Chicago: The University of Chicago Press, 2016), p. 11.

[42] Se a busca da redenção individual não funcionar, tampouco funcionará a busca pela condenação individual. Em outras palavras, a difamação dos indivíduos em setores da agricultura e da energia, por exemplo, ignora a forma pela qual milhões de consumidores beneficiam e apoiam repetidamente (mediante representantes políticos e de compras) uma economia destrutiva, ou pelo menos são obrigados a participar dela. Da mesma forma, milhões de pessoas de baixa renda não têm escolha a não ser participar da economia de alimentos baratos/*fast food*, que é prejudicial à terra, aos animais, e aos que se alimentam. Eles não devem ser responsabilizados pelo sistema alimentar industrial que temos, tampouco devemos esperar que eles, como indivíduos, definam o sistema corretamente. Embora as escolhas pessoais de comer melhor, consumir menos ou caminhar com mais frequência sejam certamente importantes, nosso foco principal deve ser a transformação das políticas e das estruturas de poder político/financeiro que canalizam comportamentos individuais para caminhos destrutivos; e, para isso, os processos democráticos e os esforços de educação devem ser revigorados para que todos os cidadãos estejam cientes dos desafios que o Antropoceno apresenta. Para um amplo relato das dificuldades e perspectivas inerentes a esse trabalho, veja *After nature: a politics for the Anthropocene*, de Jedediah Purdy (Cambridge: Harvard University Press, 2015), particularmente os capítulos 7 e 8.

os discursos modernos de liberdade muitas vezes abrangem múltiplos objetivos indispensáveis e nobres, como direitos humanos e autogoverno, destacando esses objetivos e trabalhando para corrigir as injustiças do racismo, do sexismo e de várias formas de discriminação e desigualdade. O problema, argumenta o escritor indiano, é que realidades não humanas e geoecológicas raramente aparecem nessas concepções. Aliás, poderíamos argumentar que "ser independente da natureza era considerado uma das características definidoras da própria liberdade. Pensava-se que apenas as pessoas que se livraram dos grilhões de seu ambiente eram dotadas de uma agência histórica".[43] Como os escritores modernos muitas vezes apresentam, aqueles que não tinham esse tipo de agência histórica, pessoas como caçadores-coletores, camponeses, trabalhadores manuais, mulheres e escravos, não conseguiram sequer atingir o status de ser humano.

Essa concepção de liberdade, especialmente moderna, repousa sobre um engano, um afastamento intencional do contexto e até mesmo uma cegueira combativa. Trata-se de uma concepção da imagem dos seres humanos como fundamentalmente desassociados do corpo e da Terra, flutuando separadamente do planeta e nunca realmente dentro dele, razão pela qual as pessoas acreditam que o dano causado ao ambiente não é também um dano provocado a si mesmas. Bruno Latour apoiou a observação de Ghosh, observando que, "embora tenhamos as ciências sociais para modernizar e emancipar os *seres humanos*, não temos a menor ideia de que tipo de ciência social é necessária para os *terráqueos* soterrados na tarefa de explicitar estes adendos recém-descobertos em si mesmos".[44] O que as pessoas precisam perceber é que o exercício do poder individual está sempre enredado em teias e fluxos ecológicos/sociais que enraízam os seres humanos no solo, no céu e em tudo que há entre eles. Ao não reconhecer e honrar essas teias, e ao não perceber que elas importam, as pessoas perderam de vista que múltiplas expressões de liberdade tiveram o efeito de enfraquecer os contextos ecológicos que, literalmente, as alimentam. Como já aprendemos com Chakrabarty, a liberdade moderna e o consumo de combustíveis fósseis estão interligados de maneira indissociável. Teríamos algo parecido com a liberdade que as pessoas (algumas delas) desfrutam se não tivéssemos uma enorme reserva de combustível fóssil para

---

[43] Ghosh, *The great derangement*, p. 119. Ghosh continua: "A liberdade passou a ser vista como uma forma de 'transcender' as restrições da vida material — de explorar novas regiões da mente humana, espírito, emoção, consciência, interioridade: a liberdade tornou-se uma quantidade que residia inteiramente na mente, no corpo e nos desejos dos seres humanos" (p. 120).
[44] Na palestra de Bruno Latour "A plea for earthly sciences", proferida na British Sociological Association, em 2007 (Disponível em: www.bruno-latour.fr/sites/default/files/102-BSA-GB_0.pdf), o termo "explicitação", emprestado do filósofo Peter Sloterdijk, refere-se ao processo pelo qual as pessoas se tornam mais conscientes da fragilidade dos contextos materiais/ecológicos que tornam possível sua existência. Ar, água, terra e todos os processos biofísicos, que antes eram relegados à condição de pano de fundo ou palco, agora vêm à tona e são tornados "explícitos" porque sentimos nossa própria extinção em seu desaparecimento.

implementá-la? Os historiadores J. R. McNeill e Peter Engelke argumentam que a maioria dos ganhos da vida moderna ocorreu no contexto de um regime de combustíveis fósseis incomparável em sua amplitude e intensidade: "Nossa espécie provavelmente usou mais energia desde 1920 do que em toda a história humana até então".[45] À medida que esses combustíveis fósseis se tornam mais difíceis e caros de serem explorados pela via da mineração, e que sua queima constantemente aquece e envenena o mundo, não seria hora de submeter as liberdades que eles possibilitam a um exame bastante minucioso?

Não há dúvida de que o exercício da liberdade, especialmente quando combinado com os avanços da investigação social e científica, trouxe muitos benefícios para nossa espécie: medicamentos modernos, melhoria da higiene, refrigeração, produção sem precedentes de alimentos caloricamente ricos, transporte em massa, redes de comunicação jamais vistas, amplo acesso à educação e ao entretenimento, além de uma diversidade de formas de trabalho (para citar apenas alguns); mas também seria irresponsável negar que esses avanços têm, em vários casos, um custo bastante elevado. Defensores de uma perspectiva de melhoria constante da humanidade parecem incapazes de explicar as práticas industriais de produção de alimentos que degradam a terra e a água, exploram os trabalhadores agrícolas e deixam os consumidores doentes, colocando, desse modo, em risco a segurança e a democracia alimentares no longo prazo. Eles fazem pouco caso de ambientes de trabalho e educação que são cada vez mais precários e estressantes, assim como ignoram o envio de dezenas de milhões de pessoas para favelas localizadas em megacidades em rápido desenvolvimento ou para a existência nômade dos refugiados em busca de asilo e de um lar. É certo que os níveis de riqueza material e conforto (para alguns) nunca foram tão elevados, mas, como nos lembra Terry Eagleton, esse avanço geral "envolveu não somente a pobreza e a desigualdade, mas também uma racionalidade brutalmente instrumental, uma ganância implacável, instabilidade econômica, individualismo egoísta, aventuras militares destrutivas, o enfraquecimento dos laços sociais e cívicos, a banalidade cultural generalizada e a um extermínio ignorante do passado".[46] Quão boa pode ser "uma mansão da liberdade" se ela está localizada em um bairro poluído ou tóxico, sendo habitada e rodeada por pessoas doentes, ansiosas, desesperadas ou entediadas?

A dificuldade na qual as culturas se encontram agora é agravada, pois as disciplinas humanísticas e científicas sociais, particularmente da forma como

---

[45] J. R. McNeill e Peter Engelke, *The great acceleration: an environmental history of the Anthropocene since 1945* (Cambridge: Belknap Press, 2014), p. 9.
[46] Terry Eagleton, *Hope without optimism* (Charlottesville: University of Virginia Press, 2015), p. 16 [edição em português: *Esperança sem otimismo* (São Paulo: UNESP, 2023)].

se desenvolveram ao longo dos últimos 250 anos, parecem incapazes de observar a crise pelo que ela é, propondo soluções fantasiosas ou niilistas. Latour argumenta que as pessoas se tornaram presas de dois caminhos suicidas: o religioso, que promete a seus fanáticos uma vida gloriosa em um mundo posterior inexistente, e o econômico, que promete a seus devotos uma prosperidade inimaginável em um futuro hipotético e perpetuamente postergado. Ambos os caminhos são formas "criminosas de embriaguez pelo porvir" que impedem as pessoas de se *tornarem terrenas*. "Assim, a questão para nós é entender por que os humanos tocados pelo hipermodernismo têm tanta dificuldade em levar a sério que pertencem a esta Terra e, portanto, devem permanecer nos limites que eles continuam empurrando para o além."[47]

Se nosso objetivo é desenvolver os seres humanos como *terráqueos* ou, para usar meu termo preferido, *como criaturas*, teremos de começar por reconhecer que as disciplinas das ciências sociais e humanas que estruturam nosso pensamento sobre os seres humanos são demasiadamente limitadas. Por exemplo, por que deveríamos pensar que as *relações* que constituem nossa humanidade se estendem apenas a outros seres humanos, e às vezes apenas a uma fatia bastante estreita desse grupo de espécies? A questão é urgente porque se o Antropoceno nos ensina alguma coisa é que os anexos que constituem a vida se estendem para muito além das pessoas, incluindo, assim, outras espécies e os múltiplos lugares onde "nós" habitamos juntos. Se a aspiração da modernidade foi vociferar "até que enfim, livre!", um desejo mais honesto e apropriado também diria "até que enfim, anexado!", ou "até que enfim, responsável!".

Para que as disciplinas das ciências sociais e das humanidades nos ajudem nesses esforços, as duradouras divisões entre sociedade e natureza, e entre as pessoas e seus lugares, terão de ser superadas e ter suas distorções reveladas. A vida humana acontece literalmente em termos "coletivos", que nos unem a pessoas, animais, coisas, máquinas, solo, bactérias, ciclos hidrológicos... a lista continua indefinidamente. O "social" que gera um "nós" não é simplesmente um conceito de espécie. É também um lugar e um processo de encontros e emaranhados em que um estonteante número de influências e pressões está constantemente em operação. Uma vez que as pessoas reconhecem que a "natureza" não está mais fora ou além delas, acabarão por perceber

---

[47] Bruno Latour; Christope LeClerq, orgs., *Reset modernity*! (Cambridge: MIT Press/Karlsruhe: ZKM, 2016), p. 11. Em *Facing Gaia: eight lectures on the new climate regime* (Cambridge: Polity Press, 2017) [edição em português: *Diante de Gaia* (São Paulo: Ubu, 2020)], Latour diz que as espiritualidades sobrenaturais contribuíram para legados de negligência e abandono em relação a lugares e comunidades de vida, razão pela qual ele recomenda: "Não outro mundo, mas o mesmo mundo compreendido em um espírito radicalmente novo" (p. 286). Em outras palavras, o objetivo não é descobrir mais um novo mundo, mas aprender as novas práticas e economias de habitar o velho mundo de uma forma que honre sua precária, mas bela, vida.

que as ideias modernas de liberdade e agência precisam ser complementadas com práticas de fidelidade que honrem e nutram as formas de vida que as nutrem de volta. Por quê? Porque o Antropoceno obriga "a total redistribuição de todas os seres dotados de agência que compõem o mundo". É evidente que nem todas as formas de agir são iguais, mas, quando reconhecemos que as ações e manifestações humanas se desenvolvem paralelamente e se edificam sobre a agência de uma infinidade de outras criaturas, fica claro que "a própria noção de 'natureza humana' tem de ser redesenhada".[48]

Agora fica claro porque o Antropoceno é um desafio tão difícil: ele nos coloca sob cuidadosa análise e questiona as aspirações fundamentais que guiaram várias versões de progresso, desenvolvimento e sucesso. Na visão de Ghosh, a mudança climática ameaça desvendar algo profundo em nós, algo "sem o qual inúmeras pessoas não conseguiriam encontrar sentido em sua história e, diga-se de passagem, em sua existência no mundo".[49] Em outras palavras, nosso contexto antropocênico nos obriga a repensar radicalmente os pressupostos e os quadros conceituais que orientaram nosso pensamento sobre o mundo e a humanidade. Para passarmos adiante, não devemos apenas abrir caminho através da "Grande Era Disfuncional" que Ghosh anunciou; precisamos também enfrentar e superar o que poderia ser chamado de "Grande Desincorporação", ou "Grande Desemaranhamento", que se reflete nas divisões natureza/sociedade, pessoa/lugar, e que legitimou o ataque da humanidade contra a Terra. A pessoa e o lugar já não podem mais ser considerados como estando separados entre si. Tampouco o sucesso humano no longo prazo pode estar baseado na degradação dos lugares e processos dos quais as pessoas dependem. Essa é uma das lições básicas que o Antropoceno ensina.

Liberdade humana no limite

Robert Bringhurst, um poeta canadense e tradutor da cultura Haida, argumenta que, ao contrário das narrativas antropocênicas de progresso, desenvolvimento e aceleração em todo o mundo, as tradições indígenas, que contam histórias, enfatizam repetidamente "a insensatez de demandas ilimitadas". Crescendo nessas culturas, os jovens são ensinados a respeitar o local em que se encontram, e não tentar domar ou controlar a natureza. "Suas histórias nos dizem que eles entenderam que a terra tem uma mente própria, que a natureza está no controle de si mesma, com algum espaço dentro dela para os seres humanos, mas que ela não precisa e não pode tolerar a dominação humana."[50]

---

[48] Latour, *Reset modernity!*, p. 168.
[49] Ghosh, *The great derangement*, p. 138.
[50] Robert Bringhurst & Jan Zwicky, *Learning to die: wisdom in the age of climate crisis* (Regina: University of Regina Press, 2018), p. 8, 9.

Se as pessoas escolherem os caminhos da dominação, ou procurarem assumir o controle dos lugares e dos processos naturais que sustentam sua vida, as coisas correrão de forma terrivelmente negativa. Bringhurst argumenta que uma maneira de apresentar o período do Antropoceno é narrá-lo como a rejeição humana da natureza, algo que também poderíamos compreender como uma recusa em confiar nela para cuidar de si mesma e de suas criaturas. Na visão dele, as pessoas precisam aprender, vez após vez, a entrarem na presença da natureza. "A natureza é o único lugar para calibrar sua mente. Realmente não há outro lugar [...] porque foi daí que nasceu a sua mente."[51]

É improvável que esse tipo de recalibração da mente ocorra sem um simultâneo reposicionamento da vida. Bringhurst relata isso como um ser encarnado entrando na presença da natureza, e deixando que ela "forme um poema em sua mente". Com essa feliz expressão (emprestada e alterada do físico Michael Faraday), Bringhurst cogita praticar duas ações: (1) restringir o desejo de fazer as coisas acontecerem, e simplesmente deixá-las acontecer; e (2) ampliar o sentido de quem você é, colocando sua vida no contexto das comunidades e dos ecossistemas.

Para que esse reposicionamento ocorra, as cerimônias desempenham papel crucial, pois, como observou Robin Kimmerer, "a cerimônia concentra a atenção para que ela se torne intenção".[52] Referindo-se às cerimônias da tenda do suor,[53] observa Linda Hogan:

> Os participantes de uma cerimônia dizem as palavras "todas as minhas relações" antes e depois de orarmos; essas palavras criam uma relação com as outras pessoas, com os animais e com a terra. Para ter saúde, é necessário ter em mente todas essas relações. A intenção de uma cerimônia é recompor uma pessoa, reestruturando a mente humana. Essa reorganização é realizada por uma espécie de mapa interior, uma geografia do espírito humano e do restante do mundo. Tornamos inteiros os pedaços quebrados do ego e do mundo. Em nós, reunimos os fragmentos de nossa vida em um ato sagrado de renovação e restabelecemos nossas ligações com os outros. A cerimônia é um ponto de retomada. Leva-nos ao lugar do equilíbrio, ao nosso lugar na comunidade das coisas.[54]

---

[51] Ibidem, p. 31-2.
[52] Robin Kimmerer, *Braiding sweetgrass: indigenous wisdom, scientific knowledge* e *Teachings of plants* (Minneapolis: Milkweed Editions, 2013), p. 249.
[53] Prática xamânica de sociedades indígenas oriundas das Américas (México, Guatemala e América do Norte). Pedras eram aquecidas em uma fogueira e depois levadas para o interior de uma cabana ou tenda. Acredita-se que o ritual sirva para purificação, limpeza e cura da mente. A prática também é conhecida como Temazcal, Inipi ou Sauna Indígena. (N. T.)
[54] Linda Hogan, *Dwellings: a spiritual history of the living world* (New York: W. W. Norton & Company, 1995), p. 40.

O esforço para recalibrar ou reestruturar a mente com a finalidade de restabelecer as ligações vitais com os outros é mais difícil do que parece porque toda tentativa genuína de contextualização nos conduz a relações específicas com outras pessoas, outras criaturas e lugares específicos. Se essas relações tiverem muito foco e profundidade, elas confrontarão as pessoas com *limites*. Por quê? Porque amar uma pessoa específica (e não as pessoas em geral) é apreciar o que essa pessoa pode ou não fazer, mas também o que você pode ou não fazer. Cada pessoa incorpora traços de personalidade, habilidades, ansiedades, inseguranças e ambições de formas específicas. Amar os outros ao longo do tempo é reconhecer que os limites e as possibilidades mudarão e, portanto, exigirão improviso e ajustes constantes à medida que você tenta se conectar e se comprometer com eles. O mesmo se aplica ao amor a determinado lugar. Para cuidar adequadamente dessa parte específica da Terra, é preciso atender às suas necessidades e possibilidades específicas, e não tratá-la como apenas uma manifestação da terra em geral (supondo que exista tal lugar) ou de uma terra distante. Pessoas e lugares são seres diversos, sendo o que são porque se movimentam dentro de limites e possibilidades que se mostram singulares a cada um.

Embora limites pareçam sufocar, e muitas vezes de fato sufoquem, a exploração e a liberdade, também podemos caracterizá-los como marcadores das possibilidades formais em cujos termos os esforços de alguém podem fazer sentido e ser avaliados. Como os artistas experientes bem sabem, para realizar um bom trabalho criativo, deve-se saber o que seu meio permite e o que não permite: um violão com cordas e trastes ilimitados, por exemplo, seria impossível de tocar. Uma história deve terminar em algum momento para que o enredo tenha coerência, assim como um escultor deve terminar sua estátua com o mármore que tem. Da mesma forma, os atletas devem ter algum apreço por seu conjunto de talentos e pelo que está a seu alcance realizar, ou eles vão considerar seu treinamento e suas aspirações uma fonte de bastante infelicidade. É claro que posso estar enganado sobre meus próprios limites ou dos limites de meu contexto e, assim, menosprezar a mim mesmo ou meu contexto e perder alguma oportunidade; mas também posso exagerar meu potencial e me entregar a atividades frustrantes e fúteis. É por isso que marcar os limites e as potencialidades de um lugar ou de uma criatura é algo que se desenvolve por meio de tentativa e erro, e na conversa com os outros. O desejo de ter uma vida sem limites é perigoso porque nela a capacidade de apreciar a *conclusão* ou a *completude* se extingue. Limite e forma caminham juntos. Uma vida que não respeita limites não pode respeitar a *forma* de ser do outro, as próprias características que a tornam o elemento específico que é.

Retornarei à questão dos limites, e à maneira pela qual as pessoas os compreendem e se envolvem com eles nos capítulos seguintes. Neste ponto, é importante destacar que as lógicas da apropriação e da exploração tendem a lidar com limites como se fossem barreiras a serem ultrapassadas.[55] Como já mencionei, as várias atividades de poder e propriedade fizeram com que as particularidades das pessoas e dos lugares — que também podemos descrever como a *integridade* e a *santidade* de pessoas específicas, bem como de bacias hidrográficas, campos agrícolas e comunidades específicos — fossem ignoradas ou violadas a ponto de serem reduzidas a unidades de produção mais ou menos uniformes. Vimos isso na história da agricultura, quando terras e pessoas foram desperdiçadas para maximizar os rendimentos. O desenvolvimento dos latifúndios na Bacia do Mediterrâneo, por exemplo, fez com que partes da região montanhosa da Itália fossem cultivadas sem o intuito de respeitar seus limites. Pouca atenção foi dispensada à qualidade de seu solo, ao ângulo e ao contorno de sua inclinação, ou aos sistemas meteorológicos que recomendavam certos tipos de vegetação. Da mesma forma, as pessoas reduzidas a escravos eram colocadas para trabalhar independentemente de seus talentos específicos, aspirações ou compromissos familiares. Ao não perceber ou respeitar os limites e as potencialidades que especificam as pessoas como os seres diferentes que são, os encontros com os outros são marcados pela violência generalizada que o filósofo Emmanuel Levinas apresentou como a recusa em reconhecer a "face" do outro.[56]

Uma maneira de caracterizar as histórias que alimentam a criação de uma época antropocênica é, portanto, dizer que elas testemunham o desejo por uma vida ilimitada da parte de alguns. A invenção de ferramentas e máquinas específicas, e o desenvolvimento de tipos específicos de mecanismos econômicos e jurídicos, embora sejam claramente benéficos de múltiplas formas, pois facilitam um trabalho e uma produção mais eficientes, podem também levar as pessoas a acreditar que não existem limites que as tecnologias avançadas e os métodos de gestão não possam ultrapassar.[57] Seguir esses caminhos

---

[55] Mbembe diz que a modernidade é "na realidade apenas mais um nome para o projeto europeu de expansão ilimitada" (*Critique of black reason*, p. 54).

[56] Em *Totality and infinity: an essay on exteriority* (trad. Alphonso Lingis [Pittsburgh: Duquesnes University Press, 1969]) [edição em português: *Totalidade e infinito* (Coimbra: Edições 70, 2008)], Emmanuel Levinas argumentou que é sobretudo a "face" de outra pessoa, a qualidade que comunica as suas características singulares, que tem o potencial de questionar os vários processos pelos quais as pessoas são negadas a capacidade de ser e se tornar elas mesmas. Perceber o rosto do outro é, portanto, o primeiro passo para respeitar a santidade de pessoas individualizadas. Embora Levinas restrinja suas análises da face às relações entre as pessoas, pode-se argumentar que criaturas e lugares não humanos também apresentam "faces" que comunicam sua santidade e, assim, suscitam nosso respeito.

[57] Como exemplo, considere a natureza do trabalho como o meio pelo qual as pessoas se envolvem mutuamente e o mundo como um lugar de providência. O trabalho incorporado claramente implica limites, porque cada corpo tem forças, fraquezas e capacidades específicas. Os corpos acabam ficando cansados e, por isso, têm de descansar. Uma máquina, entretanto, pode ser feita para funcionar sem descanso. Ela também pode ser modificada para ser mais poderosa, e pode ser redesenhada para lidar com uma ampla gama de tarefas. Como Karl Marx mostraria mais tarde, as máquinas que foram desenvolvidas para ajudar a vida também podem, quando sob o controle de proprietários e patrões de fábricas, voltar-se contra a vida, privando as pessoas de um trabalho que tenha significado. As máquinas também

é arriscar cair naquilo que Wright chama de "armadilhas do progresso", que surgem quando uma tecnologia benéfica é ampliada e se torna prejudicial. Por exemplo, a tecnologia de caça que permitia que as pessoas matassem de forma mais eficiente também seria fatalmente ampliada e aperfeiçoada a ponto de os caçadores extinguirem as espécies que os alimentavam. Da mesma forma, as tecnologias agrícolas que aumentaram os rendimentos (por um tempo) também seriam ampliadas e aperfeiçoadas; o resultado é que o solo e a água seriam desperdiçados, e os animais e trabalhadores agrícolas, sistematicamente explorados, prejudicando, assim, a viabilidade no longo prazo de todo o sistema. Wright argumenta que, sem restrições e o reconhecimento de limites, as civilizações entrarão em uma armadilha de progresso após outra. "Uma pequena aldeia em boas terras ao lado de um rio é uma boa ideia; mas, quando a aldeia se transforma em uma cidade e se expande sobre as boas terras, torna-se uma má ideia. Embora teria sido fácil prevenir, a cura pode ser impossível: uma cidade não pode ser facilmente deslocada."[58]

Levará algum tempo para explorar a resistência humana aos limites porque o que está em questão não é simplesmente uma avaliação dos tipos de poder que as pessoas aprenderam a exercer umas sobre as outras e sobre seus lugares; as questões mais profundas e fundamentais dizem respeito ao que as pessoas acreditam sobre o que é uma vida, e se elas podem contentar-se com ter o suficiente. A busca incessante por mais, além de comunicar uma ingratidão fundamental em relação ao que se tem, significa que as pessoas provavelmente não terão tempo suficiente para estudar e apreciar onde estão e com quem estão. Por quê? Porque o foco está na aquisição, e não no que é adquirido. Investigar limites é investigar o significado e o valor de ambientes e vidas específicas. É também perguntar sobre o que é adequado ou apropriado que as pessoas realizem em contextos específicos. Para entender como isso acontece, terminarei este primeiro capítulo com uma breve reflexão sobre a relação entre linguagem, limites e amor.

Há muito tempo as pessoas conhecem o poder da linguagem para abrir (ou fechar) um mundo para aqueles que a utilizam. Por isso o ato de dar nomes tem sido tão importante. Nomear alguma coisa ou um lugar em particular não é apenas saber algo sobre o que foi nomeado, mas também se posicionar de

---

podem ser posicionadas contra o próprio mundo, destruindo cada vez mais eficientemente os ecossistemas em busca de sua riqueza. A remoção do topo das montanhas como método de extração de carvão é um excelente exemplo disso. Aqui, as picaretas e pás são substituídas por explosivos e linhas de arrasto, de modo que camadas após camadas de uma montanha são sistematicamente explodidas para remover com mais eficiência as camadas de carvão que elas contêm. O número de oportunidades de trabalho para operários em minas de carvão também é bastante reduzido, uma vez que máquinas cada vez maiores tomam o lugar deles. Tanto as montanhas como as comunidades de mineradores de carvão são, assim, destruídos.

[58] Wright, *A short history of progress*, p. 108.

maneira específica em relação a tal coisa. Nomear alguém como seu amigo ou cônjuge, por exemplo, evoca uma ampla gama de sentimentos, associações e responsabilidades que diferem de outra pessoa que recebe o nome de servente ou empregado. Da mesma forma, dizer que um lugar é um jardim ou um lixão, um terreno baldio ou um paraíso, é suscitar um conjunto de expectativas sobre o que se pode fazer lá. Sem a linguagem, não poderíamos saber o lugar no qual estamos, quem somos, com quem estamos ou o que devemos fazer — mas que tipo de conhecimento o ato de dar nomes possibilita?

Em seu livro *Landmarks* [Pontos de referência], Robert Macfarlane observou que o dicionário *Oxford Junior* excluiu uma série de palavras que seus editores consideravam que não eram mais relevantes para as crianças. Nessa lista havia uma série de palavras para criaturas e lugares naturais, como bolota, nabo, garça, néctar, pastagem e salgueiro. Essas palavras foram substituídas por novas palavras, como *blog*, sala de *chat* e correio de voz, porque as crianças simplesmente não vivem na natureza e nem tem muita experiência com ela. Uma vida cada vez mais urbana, navegada por dispositivos tecnológicos, exige que as crianças conheçam essas novas palavras. Macfarlane se pergunta se a extirpação dessas palavras naturais não resulta também, em certo sentido, na redução do mundo, fazendo com que os jovens não só tenham cada vez mais dificuldade de dizer onde se encontram, mas também de sentir e apreciar o significado do mundo em que vivem e do qual dependem. Se as crianças já não conhecem mais a palavra "pastagem", não ficarão confusas também com a carne que comem porque não conseguem vislumbrar ou imaginar a vaca, o porco ou a ovelha que se alimentam dos pastos? Nessa confusão, carecerão da solidariedade que motiva as pessoas a defenderem as pastagens ameaçadas por um ou mais esforços de exploração de minério ou de construção.

Com a extirpação do termo "pastagem", as crianças ainda têm uma palavra genérica como "terra", que pode ser utilizada. Mas a palavra em seu sentido abstrato, e sem particularizar qualificações, é fundamentalmente inútil quando alguém almeja se envolver com ela de maneira prática e sutil.[59] Por isso Macfarlane se comprometeu com a coleta e o registro dos vocabulários bastante precisos e específicos que as pessoas dedicadas aos seus lugares desenvolveram ao longo de gerações. Conforme as pessoas se tornam mais atentas ao lugar em que se encontram, começam a inventar nomes para atribuir aos lugares significados detalhados e adequados às estações. Enquanto um "pântano" seja apenas uma paisagem monótona ou um "lugar nenhum" para quem o visita pela

---

[59] Scott nos oferece uma ilustração reveladora do problema de uma terminologia geral e abstrata quando observa que "as medidas abstratas modernas de terra por área de superfície — tantos hectares ou acres — são figuras singularmente pouco informativas para uma família que se propõe a ganhar a vida com esses acres. Dizer a um agricultor que está arrendando vinte acres de terra é tão útil quanto dizer a um estudioso que ele comprou seis quilos de livros" (*Seeing like a state*, p. 26).

primeira vez, para os aldeões que trabalharam entre essas formações naturais por anos a fio, mais de 120 termos foram desenvolvidos para captar os meandros das muitas características de um pântano: suas camadas, cores, cheiros, usos práticos, índices de crescimento, texturas, formas, vegetação, prazeres estéticos, e assim por diante. Macfarlane explica:

> A existência de um ancoradouro léxico de tamanho alcance e exatidão é testemunho da longa relação de trabalho entre [por exemplo] os Hébridas e as suas terras, ou seja, constitui, predominantemente, uma linguagem de uso — seu desenvolvimento é uma função da necessidade de dar nome àquilo que se faz e se realiza com uma finalidade. O fato desse léxico também admitir o poético e metafórico dentre suas designações é testemunho da longa relação estética entre os Hébridas e sua terra. Pois essa é também uma linguagem do olhar, tocar e apreciar — e seu desenvolvimento é, em parte, função da necessidade de amar aquilo que está sendo feito com e no objeto.[60]

Uma linguagem precisa vem acompanhada de uma atenção detalhada e de um cuidado e resposta solidários. "Conforme esgotamos ainda mais nossa capacidade de dar nomes, narrar e imaginar aspectos particulares de nossos lugares, igualmente esgotamos nossa capacidadde de imaginar os relacionamentos possíveis com a parte não humana da natureza."[61]

A precisão da linguagem em relação a determinados locais é uma das formas mais fundamentais que temos para estabelecer limites. Esse pântano não é outro pântano porque a linguagem que usamos para dar nome a um não pode ser aplicada da mesma maneira a outro. Dar nomes de forma precisa estabelece um limite para o que é um pântano, reconhecendo que todas as características abstratas possíveis de um pântano não são obtidas aqui. Naturalmente, há um sentido no qual qualquer pântano é inesgotável em suas características detalhadas e em sua profundidade misteriosa, mas, ao especificar um pântano de formas altamente diferenciadas, as pessoas também aprendem a detalhar e a ajustar seu envolvimento com ele. Elas aprendem a discernir quais comportamentos são possíveis, solidários, apropriados e, talvez, até mesmo belos.[62] Aprender as nuances, porém, exige tempo e dedicação, na medida que

---

[60] Robert Macfarlane, *Landmarks* (London: Penguin, 2016), p. 18.
[61] Ibidem, p. 24.
[62] Em *Books and islands in Ojibwe country* (New York: HarperPerennial, 2014), Louise Erdrich acrescenta às possibilidades de nuance linguística, observando que a língua Ojibwemowin é dominada por verbos que podem ser utilizados em inúmeras formas: "As formas verbais não dizem respeito apenas às relações entre as pessoas que conduzem a ação, mas à forma precisa como a ação é conduzida e mesmo sob quais condições físicas" (p. 69). Além da precisão de dar nomes às coisas e aos lugares aos quais Macfarlane se refere, há também a precisão das muitas formas possíveis de se relacionar e ter sentimentos por coisas que têm um nome. O idioma Ojibwemowin permite que as pessoas relatem as muitas atitudes e posturas corporais que podem assumir em relação às coisas que encontram. Minoshin, por exemplo,

as pessoas se comprometem a entrar profundamente nos lugares e a estudar as particularidades de cada um deles. Ao longo do tempo, o envolvimento qualificado e paciente cria as condições nas quais as características únicas dos outros — as mesmas coisas que os tornam preciosos — podem emergir.

A verdade dessas reflexões torna-se evidente no momento em que são transferidas para a esfera interpessoal. Imagine se as pessoas identificassem você como uma instância não especificada da categoria geral da humanidade. Em uma situação desse tipo, nenhuma atenção seria dada às qualidades específicas que fazem de você a pessoa distinta que é. O fato de ter aptidões e talentos, esperanças e sonhos, com preocupações e ansiedades que lhe são exclusivas, seria simplesmente desconsiderado. Qualidades como gênero, etnia, raça ou idade simplesmente não teriam importância; tampouco viriam à tona as histórias específicas de todos os encontros que moldaram você ao longo do caminho da vida. Como uma instância não especificada de uma categoria geral, você pode ser facilmente reduzido a uma unidade de produção ou consumo. Se o objetivo, porém, é que seja amado e cuidado, e que os outros vivam de maneira solidária e carinhosa com você, então a especificidade de quem você é importa ainda mais. Amor genuíno e cuidado adequado dependem do fato de cada um de nós estar adaptado às necessidades e potencialidades específicas das pessoas. Sem atenção detalhada e um alinhamento preciso em relação a isso, o amor se torna, na melhor das hipóteses, sentimental e, na pior das hipóteses, ignorante e prejudicial.

As lógicas da apropriação e da exploração favoreceram as linguagens da abstração e da generalidade porque são usadas para a quantificação e o domínio. São línguas que levaram as pessoas para a cegueira na qual se encontram, silenciando a Terra e suas muitas criaturas no caminho que conduz à subserviência. Como tal, ocultam a força e o caráter exatos da violência praticada sobre os outros.

No entanto, se as pessoas quiserem se encontrar com o mundo mundo e umas com as outras como se fossem dádivas sagradas, elas terão de aprender formas de consideração e engajamento que as atraiam de forma ainda mais profunda para o mistério e a graça inconfundíveis que é a existência de cada criatura. Várias práticas estão disponíveis: estudar, cozinhar, produzir arte, ouvir, construir, ensinar, criar filhos, fazer projetos, caminhar, praticar

---

conta a respeito de uma pessoa que está estática, considerando opções e, em seguida, pronta para fazer determinado movimento. Iskwishin mostra uma postura corporal desconfortável procurando ser mais confortável. Mookegidaazo apresenta a expressão e os movimentos corporais de um bebê antes que ele esteja prestes a explodir em indignação. A expressão usada para nomear a solidão, *kawiin gogo omaa ayasinoon*, também comunica que alguém sente falta de parte do próprio ser. Essa é uma linguagem que permite uma articulação muito mais precisa das emoções que ligam as pessoas às coisas e aos lugares. Além disso, é uma linguagem aberta que permite a livre invenção de palavras para expressar uma delimitação cada vez mais refinada de conexões de alguém com os outros.

jardinagem, caçar, pescar e consertar algo (para citar alguns). Não se trata apenas de encontros estéticos. São também formas sinestésicas ou incorporadas de envolvimento nas quais as pessoas, ao lidarem e trabalharem com coisas, lugares e outras criaturas, percebem suas características singulares. Por toda parte, as pessoas precisarão de um léxico que dê nome àqueles com quem elas se encontram com ternura e admiração. Sem o tipo de devoção e respeito pelos outros aqui referidos, é difícil imaginar um futuro para o mundo ou para os seres humanos que mereça muitos elogios.

Em um estudo em defesa da santidade da vida, o fazendeiro e poeta do Kentucky, Wendell Berry, observa:

> A necessidade humana não é apenas conhecer, mas também valorizar e proteger as coisas que são conhecidas, e conhecer as coisas que somente podem ser descobertas por meio da apreciação. Se quisermos proteger a multiplicidade de lugares e criaturas do mundo, então devemos conhecê-los, não apenas conceitualmente, mas também de forma imaginativa. Eles devem ser lembrados, ativados na memória; devem ser conhecidos com afeto, "do fundo do coração", para que, ao vê-los ou lembrá-los, façamos nosso coração "cantar" uma música de reconhecimento ímpar a cada lugar ou criatura que bem conhecemos [...] Conhecer de forma imaginativa é conhecer com intimidade, minúcia, precisão, gratidão, reverência e afeto.[63]

Acho difícil imaginar uma pessoa que não queira ser conhecida dessa forma. No futuro, deveríamos nos perguntar que diferença faria se uma imaginação desse tipo fosse mais amplamente aplicada aos nossos semelhantes e aos lugares que compartilhamos. Será que as forças que geraram a "era da humanidade" podem ser reformadas e redirecionadas para que a ferida do mundo e o enfraquecimento de sua vida se transformem em valorização de lugares e criaturas?

---

[63] Wendell Berry, *Life is a miracle: an essay against modern superstition* (Washington: Counterpoint, 2000), p. 137-8.

Capítulo 2

O ímpeto transumanista

Natasha Vita-More não deseja morrer, mas, ao contrário da maioria das pessoas, ela está fazendo algo a respeito. Ao lado de seu marido, Max More,[1] e de um número crescente de transumanistas, Vita-More está promovendo a produção de "um corpo de plataforma diversa", que é "mais poderoso, mais livre e mais adaptável [...] e que oferece desempenho prolongado e um estilo moderno".[2] Ela está trabalhando para apoiar o desenvolvimento de uma "prótese de corpo inteiro" que abrigará sua identidade pessoal de maneira indefinida. Se você puder pagar, esse organismo será equipado com características como uma pele protegida pelo sol com possibilidade de mudar a tonalidade e a textura, um metacérebro com armazenamento de memória nanotecnológica e *software* de correção de erros, audição parabólica de frequência mais ampla, sonar e biossensores distribuídos por todo o corpo, um monitor de fluxo e função cardiovascular, além de uma coluna de fibra óptica *in vivo*. Segundo ela, não há razão para que sua mente não possa ser reduzida a um padrão de informação que, no que lhe diz respeito, seja colocada em avatares ilimitados, suspensos em multiversos ainda desconhecidos. Não há razão para que sua identidade seja menosprezada ou limitada por um corpo não cooperativo e imprevisível que eventualmente morre.

O sobrenome de Natasha, tal como o de Max, não é o mesmo de seu nascimento. Ela o modificou para sinalizar a rejeição da finitude e fragilidade de sua vida, lançando-se, assim, a um futuro ilimitado. Quando jovem, Vita-More sofreu uma gravidez ectópica que quase a matou. Seu bebê morreu. Naquele momento, ela percebeu que seu corpo era um mecanismo desnecessariamente vulnerável, destinado à aniquilação. Anos depois, refletindo sobre esse

---

[1] Os nomes de Natasha e Max poderiam ser traduzidos como "Natasha Mais-Vita" e "Máximo Mais" (N. E.).
[2] Meu relato de Natasha Vita-More e Max More deve muito à obra de Mark O'Connel, *To be a machine: adventures among cyborgs, utopians, hackers, and the futurists solving the modest problem of death* (New York: Doubleday, 2017), p. 22-41. Um site essencial, que contém vários *links* para muitos recursos transumanistas e declarações da Vita-More e More, está disponível em: https://humanityplus.org/.

incidente, ela diz: "Nossa personalidade é limitada por esse corpo, essa coisa secreta e desconhecida. Após a minha doença, comecei a ver as coisas de forma diferente. Fiquei muito interessada no aprimoramento humano, na forma que poderíamos nos proteger desse ataque tirânico de doenças e mortalidade".[3]

Vita-More acredita que a morte não tem nada de natural. Para ela, a ideia de que a morte pode acontecer a qualquer momento é desnecessária e inaceitável. "Como transumanista, não tenho consideração pela morte. Estou impaciente e irritada com isso. Somos uma espécie neurótica — isso é em razão de nossa mortalidade, porque a morte está sempre em nosso encalço."[4] Para que os seres humanos prosperem plenamente, devem, portanto, empenhar-se para superar a mortalidade e transformar a vida de nossa espécie. O objetivo não é simplesmente o *prolongamento* da vida, que se restringiria à duração temporal de um corpo, mas a *expansão* da vida, uma otimização radical da consciência, da inteligência e de todas as funções do corpo. Na "Declaração Transumanista" que Vita-More e seu marido ajudaram a redigir em 1998, a primeira declaração afirma: "A humanidade será radicalmente alterada no futuro. Prevemos a viabilidade de redesenhar a condição humana, incluindo parâmetros como inevitabilidade do envelhecimento, limitações ao intelecto humano e artificial, psicologia não eletiva, sofrimento, e nosso confinamento ao planeta Terra".[5] Se as pessoas rejeitam, com razão, as doenças e, por isso, desenvolvem um enorme e caro complexo médico para combatê-las, por que não se deveria empreender esforço semelhante para combater a tirania do envelhecimento e da morte?

Max More compartilha a impaciência de sua esposa em relação à morte, razão pela qual ele agora dirige a Alcor Life Extension Foundation [Fundação Alcor para a Extensão da Vida].[6] Essa é uma unidade de criopreservação localizada nos arredores de Phoenix, Arizona. Nela, a um custo de 200 mil dólares, você pode depositar seu corpo inteiro, ou, de forma mais econômica (por 80 mil dólares), apenas a sua cabeça decepada, para preservação, até que surja uma nova tecnologia para reanimá-lo em um novo corpo, que ainda não foi desenvolvido, mas que certamente será melhor do que o existente. Centenas de clientes já foram congelados ou pagaram para utilizar o serviço no futuro, inclusive o conhecido e conceituado futurista Ray Kurzweil.

[3] O'Connell, *To be a machine*, p. 39.
[4] Ibidem, p. 40.
[5] A Declaração de 1998 pode ser consultada em: https://itp.uni-frankfurt.de/~gros/Mind2010/transhumanDeclaration.pdf. Posteriormente, a Declaração Transumanista foi revista. Sua mais recente formulação diz: "A humanidade será profundamente impactada pela ciência e pela tecnologia no futuro. Prevemos a possibilidade de alargar o potencial humano superando o envelhecimento, as deficiências cognitivas, o sofrimento involuntário e nosso confinamento ao planeta Terra" (disponível em: https://humanityplus.org/philosophy/transhumanist-declaration/).
[6] Informações sobre a Alcor Life Extension Foundation podem ser encontradas em sua página web, disponível em: http:// alcor.org/.

Caso você visite as instalações da Alcor, encontrará vários cilindros de alumínio que contém corpos ou cabeças à espera de serem reanimados. Chamados de *dewars*, esses grandes frascos térmicos são preenchidos com nitrogênio líquido. Cada *dewar* pode conter quatro "pacientes" de corpo inteiro, ou até quarenta e cinco "cefalões" (cabeças decepadas), todos mantidos a uma temperatura de 196 graus Celsius negativos. A chave para a criopreservação ideal é preparar o corpo o mais rápido possível após a morte ser oficialmente reconhecida — ou seja, após o coração ter parado de bater e antes de os tecidos do corpo começarem a se desintegrar. Para tal, o sangue e os líquidos corporais têm de ser eliminados e substituídos por um fluido crioprotetor que proteja contra a formação de cristais de gelo. O objetivo é "vitrificar" o corpo, e não congelá-lo, porque a vitrificação preserva o cérebro tanto quanto possível na condição em que se encontrava no momento da morte. Os melhores pacientes são aqueles que tem uma ideia aproximada de quando vão morrer. O ideal é que se mudem para a região de Phoenix, para que, no momento em que o coração parar de bater, a equipe da Alcor possa entrar em cena para iniciar seu trabalho de preservação. Se mudar de cidade não for uma opção viável, a Alcor oferece a contratação de "equipes de transporte" que vão até onde a pessoa está. O pior cenário é morrer de maneira acidental ou inesperada e, portanto, sem uma equipe de criopreservação por perto.

More não se refere aos criopacientes como cadáveres, porque acredita que a criônica "na verdade é apenas uma extensão da medicina de emergência".[7] A vasta maioria dos médicos, no entanto, rejeitaria completamente essa definição. A ciência não oferece qualquer apoio ao sonho da reanimação. O próprio More admite que a criopreservação é um esforço de longo prazo, razão pela qual ele espera que a investigação sobre a extensão da vida avance tão rapidamente que ele próprio não precise ser preservado. Contudo, sua fé na ideia e sua esperança de uma solução para a extensão da vida permanecem firmes, mesmo quando os cientistas tradicionais pensam que o projeto como um todo beira o charlatanismo. O site da Alcor menciona o esforço de criopreservação da seguinte forma: "Chamar alguém de 'morto' é apenas a maneira de a medicina se desculpar pelos problemas ligados à ressuscitação que ainda não pode resolver. Isso faz com que as pessoas se sintam melhor em abandonar o paciente e fazer a suposição infundada de que ninguém poderia resolver o problema. A criônica, em contraste, é um *cuidado de preservação* que reconhece que a linha real entre a vida e a morte não é clara e, atualmente, não é conhecida. Trata-se de humildade diante do desconhecido. *É a coisa certa a fazer*".

---

[7] Ibidem.

Para More, a conversão ao transumanismo não foi desencadeada por uma experiência de quase-morte. Foi um desprezo fundamental pela condição de criatura da humanidade, caracterizada por finitude, fragilidade e necessidade. Por que aceitar as muitas restrições que o corpo impõe aos indivíduos e à espécie humana? Em "Uma Carta à Mãe-Natureza", após expressar alguma gratidão por este mundo e pela vida que há nele, e após reconhecer que a natureza fez o melhor que pôde, More escreve:

> No entanto, com todo o respeito, temos de dizer que, em muitos aspectos, você fez um mau trabalho com a constituição humana. Você nos tornou vulneráveis a doenças e à degradação. Você nos obriga a envelhecer e morrer — logo quando estamos começando a alcançar a sabedoria. Você foi avarenta na maneira que nos concedeu consciência de nossos processos somáticos, cognitivos e emocionais. Você nos desprestigiou ao dar sentidos mais aguçados aos outros animais. Você nos tornou funcionais apenas em condições ambientais restritas. Você nos deu uma memória limitada, um controle tacanho dos impulsos e ímpetos tribais e xenófobos [...] O que você fez de nós é glorioso, mas profundamente falho [...] Decidimos ser chegada a hora de alterar a constituição humana.[8]

O objetivo dos transumanistas, como diversas vezes afirmou More, deveria ser ultrapassar "as limitações que definem os aspectos menos desejáveis da 'condição humana'. Os seres pós-humanos já não sofreriam de doenças, envelhecimento e com mortes inevitáveis". Assim como sua esposa, Max More acredita que as pessoas devem desfrutar um tempo de vida ilimitado, sem restrições impostas pelos impedimentos do corpo biológico atual. Uma vida sem limites, entretanto, não deve ser confundida com uma vida perfeita, porque a perfeição sugere estagnação e o fim do aprimoramento, com a morte de toda a criatividade e inovação que alimentam o desenvolvimento. Ambos, More e Vita-More, não querem que o aprimoramento termine. Como seus nomes sugerem[9] eles querem mais, e mais, e mais de tudo isso.

Quando criança, More ficou fascinado com a ideia de colonizar o espaço sideral e outros mundos. "Eu simplesmente amei a a ideia de sair deste planeta."[10] Na adolescência, ele flertou com o misticismo e com outras abordagens ao oculto que falavam sobre outros mundos e como chegar neles. Ainda jovem, interessou-se pela criônica e pelo aprimoramento da inteligência humana. Ao terminar um curso de economia na Universidade de Oxford, mudou-se para

---

[8] Max More, "A letter to mother nature", in: *The transhumanist reader: classical and contemporary essays on the science, technology, and philosophy of the human future*, ed. Max More e Natasha Vita-More (Oxford: Wiley-Blackwell, 2013), p. 449
[9] *More* em inglês significa "mais" (N. do T).
[10] O'Connell, *To be a machine*, p. 39.

a Universidade do Sul da Califórnia, onde escreveu uma dissertação de filosofia sobre a natureza da morte e a continuidade do eu ao longo do tempo. Sua orientadora de dissertação achava a ideia de que as pessoas poderiam ser trazidas de volta à vida, embora não censurável por motivos filosóficos, simplesmente medonha. Anos mais tarde, refletindo sobre a reação de sua orientadora, More admite que é difícil saber como responder a essa repulsa. "Medonho em oposição exatamente a quê? Colocar seu corpo no chão e deixá-lo ser digerido lentamente por vermes e bactérias?"[11]

Os transumanistas reconhecem que suas ideias podem ser assustadoras para algumas pessoas. O receio dessas pessoas foi alimentado em parte por histórias e filmes distópicos de ficção científica, que mostraram o que acontece quando as atividades tecnológicas dão terrivelmente errado. Além disso, muitas pessoas simplesmente não têm a imaginação para conceber uma vida diferente daquela na qual se encontram no presente. Elas preferem o conforto de saber que os limites ou expectativas para uma vida estão definidos, mesmo que esses limites e expectativas incluam uma série de limitações e frustrações. O que essas pessoas temerosas não conseguem entender, no entanto, é que os seres humanos têm trabalhado constantemente para melhorar sua condição, eliminando as barreiras que os mantêm fracos, ignorantes e doentes. Os transumanistas adotam e dão continuidade a vários princípios iluministas em seu compromisso com o progresso: confiança na razão, na ciência e na tecnologia para melhorar nossa condição e a rejeição da superstição e da crença religiosa para resolver nossos problemas. Eles são racionalistas convictos, que depositam sua esperança no método científico, no pensamento crítico e no questionamento constante. Se as pessoas conseguirem superar seu medo de "brincar de Deus", aderindo a seu potencial criativo e técnico e se comprometerem com o autoaperfeiçoamento absoluto, perceberão que têm liberdade para serem criadoras de si mesmas. "Ao aplicar a tecnologia de forma cuidadosa e corajosa em nós mesmos, podemos nos tornar algo que não poderia mais ser classificado adequadamente como humano — podemos nos tornar pós-humanos."[12]

Os transumanistas acreditam que o desejo de ser pós-humano é simplesmente a próxima etapa de um longo processo evolutivo. Durante séculos, as pessoas trabalharam para superar as limitações ao crescimento e ao desenvolvimento, melhorando suas capacidades intelectuais, físicas e psicológicas. Agora, com tecnologias muito avançadas, existe a possibilidade de redesenharem e reconstruírem os seres humanos para que possam desfrutar uma vida de liberdade, criatividade e riqueza sem precedentes.

---

[11] Ibidem, p. 35.
[12] Moore, *The philosophy of transhumanism*, p. 4.

O DESCONTENTAMENTO DA HUMANIDADE

Ao descrever a visão de mundo de More e Vita-More, meu objetivo não é trazer um relato completo da vasta gama de compromissos transumanistas defendidos pelos vários expoentes do movimento — tampouco é rejeitar todos os princípios iluministas que eles expandem. Trata-se, em vez disso, de colocar em perspectiva o descontentamento com este mundo e com esta vida que as posições transumanistas representam. Como More afirmou em sua Carta à Mãe-Natureza, as pessoas herdaram um mundo "profundamente imperfeito" e um corpo pessoal desnecessariamente limitado, marcado por muita vulnerabilidade, fraqueza, ignorância, doença e morte. Nosso objetivo deveria ser superar todas essas imperfeições e limites, de modo que pudéssemos viver uma vida aprimorada, ilimitada, e sempre em expansão.

Não é difícil simpatizar com suas aspirações, especialmente se considerarmos o número incontável de pessoas ao longo do tempo que sofreram ou foram dilaceradas por uma vida de miséria, sofrimento e exploração incessantes. É simplesmente compassivo e humano procurar um remédio que cure as pessoas que estão doentes ou sentindo dores. É uma questão de justiça resgatar as pessoas dos contextos e das relações que as exploram. E é compreensível que desejemos que a vida das pessoas que ainda são ativas e criativas não seja interrompida. Perante um mundo ferido e injusto, é perfeitamente correto desejar um mundo melhor e mais justo. Não se trata de aspirações alarmantes. São respostas naturais e cuidadosas a um mundo permeado de dor em demasia. Os desejos transumanistas, em outras palavras, não são novos. Se há alguma coisa de diferente neles são os meios tecnológicos propostos, que visam exceder as condições humanas que causam tal descontentamento.

As raízes desse descontentamento natural aprofundam-se no terreno da experiência humana. Para entendermos o que quero dizer, podemos olhar para a antiga Atenas. Em uma das cenas mais memoráveis da filosofia ocidental, Sócrates está sentado em uma cela de prisão à espera da morte (ele havia sido condenado à morte pelo júri ateniense por, entre outras coisas, impiedade e corrupção da mente dos jovens). Ele não está com medo ou ansioso. Em vez disso, mostra-se calmo e escreve poesia. Seus discípulos, juntamente com inúmeros admiradores recém-chegados, ficam impressionados com sua tranquilidade e coragem. Eles querem saber a fonte de sua força e o raciocínio por trás de sua determinação silenciosa. Como um homem que enfrenta a iminência da própria morte pode estar tão sereno?

Ao interagirem com o filósofo, logo descobrem que seu desdém por seu corpo é o cerne de sua calma. Ele recorda aos seus seguidores que toda a sua vida foi dedicada à desvinculação entre sua mente e seu corpo, porque a mente imaterial — o que ele chama de "pensamento puro" (Fédon, 66a) — é que está aberta à verdade eterna e imutável da realidade.[13] A prática da filosofia, diz Sócrates, é a prática da morte (64a), porque, na morte, a alma é, por fim, libertada das restrições e vulnerabilidades de seu corpo. Esse é um entrave à busca de uma vida boa e abençoada porque nos mantém presos em perseguições fadadas a nos frustrar e nos entristecer, razão pela qual a alma deve, ainda nesta vida, recusar o máximo possível qualquer associação com o corpo. A melhor vida a ser alcançada filosoficamente é aquela separada do corpo. De forma paradoxal, para haver realização na vida, exige-se que as pessoas aprendam a se ressentir e se revoltar com os contextos materiais fisiológicos que tornam sua vida possível, a ponto de querer fugir deles.

Por que esse desprezo pela experiência vivida por meio de um corpo e, de modo mais geral, pela materialidade? Vale a pena citar Sócrates com mais detalhes:

> Enquanto tivermos um corpo e nossa alma estiver fundida com tal mal, nunca alcançaremos adequadamente aquilo que desejamos e que afirmamos ser a verdade. O corpo nos mantém ocupados de mil maneiras em virtude de sua necessidade de sustento. Além disso, se certas doenças recaem sobre o corpo, impedem nossa busca pela verdade. O corpo nos enche de desejos, vontades, medos, todo o tipo de ilusões e muitos absurdos, de modo que, como se diz, na verdade nenhum pensamento de qualquer espécie vem do corpo. Somente o corpo e seus desejos causam guerra, discórdia civil e batalhas, pois todas as guerras se devem ao desejo de adquirir riqueza, e é o corpo e o cuidado dele, aos quais somos escravizados, que nos obrigam a adquirir riqueza, e tudo isso nos torna demasiadamente ocupados para praticar filosofia (66b-d).

Não é difícil sentir a atração que a posição de Sócrates desperta. Os desejos e as dores do corpo são claramente a fonte de muitos problemas — grandes e pequenos. Pense nas milhões de pessoas que sofreram constrangimento, dor e violação porque o corpo delas foi considerado muito gordo, muito magro ou com a forma, a cor, o gênero ou a orientação sexual errada. Pense também na vaidade, na luxúria e na insegurança que muitas vezes levam à violência sexual, à objetificação dos outros, à aquisição inútil de bens ou simplesmente à autorrepulsa. É como se estar em um corpo fosse também estar em um constante estado de vergonha.

---

[13] Trad. G. M. A. Grube, in: Plato — *Five dialogues: euthyphro, apology, crito, meno, phaedo* (Indianapolis: Hackett Publishing Company, 1981).

Além disso, o corpo falha regularmente e nos coloca em apuros. Quanto mais vivemos, mais deparamos com as dores do corpo. O vigor juvenil sucumbe gradualmente à debilidade geriátrica. Um corpo que pode ter sido fértil e viril aos poucos vai desmoranando e se tornando incontinente. Os prazeres da vida podem ser reais, até mesmo intensos, mas também são efêmeros, e muitas vezes são superados pela imensidão de sofrimentos e violências que nos rodeiam. Dada a imensidão da miséria da vida, por que colocar a ênfase e a confiança em um corpo fadado a decepcionar e falhar? Basta uma rápida visita a um hospital, prisão ou lar de idosos para concluir que a vida deve ser melhor em outro lugar e em algum outro estado descorporificado. Por essa razão, o conselho de Sócrates, embora talvez seja seguido apenas por poucas pessoas, tem se mostrado atraente a uma boa parte delas: "Se quisermos ter um conhecimento puro, devemos escapar do corpo e observar as coisas em si mesmas com a própria alma" (66d). Uma vez que o corpo é mortal e está fadado à decadência, estamos muito mais bem servidos se nos esforçarmos e nos concentrarmos em melhorar a alma, que, por sua natureza, é imaterial e imortal.

Desde então, uma grande variedade de espiritualidades tem sido simpática ou influenciada por esse impulso socrático. Sua suposição é que as pessoas, para serem plenamente felizes e alcançarem seu fim, devem escapar da Terra e se desvencilhar do corpo, porque, no fim das contas, ele na verdade não importa. O que realmente importa sobre uma pessoa é a alma. Uma vez que as pessoas se preocupam com o aprimoramento da condição humana, o foco de seu esforço deve ser o aperfeiçoamento da alma. No entendimento de Sócrates, o objetivo da prática da filosofia é libertar as pessoas "das regiões da terra como de uma prisão" e levá-las a "uma morada perfeita", mais bonita do que podemos descrever atualmente (114c). Ele sabe que não pode comprovar definitivamente a existência de uma alma imortal e de um paraíso imaterial, e tampouco explicar a mecânica do transporte da alma para esses lugares (embora tenha empreendido várias tentativas corajosas). Também não pode dar uma descrição pormenorizada de como seria uma existência humana completamente separada do corpo, ou de tudo o que estaria envolvido nisso. Tudo o que ele pode dizer é: "Acho que é apropriado que o homem assuma o risco de crer" (114d).

Sócrates assumiu esse risco. Apostou toda a sua vida nisso. Sua convicção da imortalidade da alma e de sua desvinculação do corpo e da Terra foi a fonte de sua coragem e serenidade diante da morte. Quando chegou a hora de beber o copo de veneno, ele o fez de maneira alegre e silenciosa. Ele instruiu seus amigos que não importava o que eles fizessem com seu cadáver, porque, independentemente do que fosse o corpo, não era ele. O que ele queria que seus discípulos acreditassem é que *Sócrates não morreu*. As fragilidades e o sofrimento do corpo não o derrotaram. Nem mesmo a morte de seu corpo conseguiu impedi-lo. Sócrates vive como uma alma que desfrutará para sempre um estado de contentamento com os deuses.

De qualquer forma, esse é um retrato inspirador de um ser humano que enfrenta as limitações e lutas da vida. Como muitas pessoas antes e depois dele, Sócrates está ciente de que uma vida está saturada de dor e sofrimento, razão pela qual ele anseia por uma existência etérea com os deuses. Sua resposta às vulnerabilidades e aos limites da condição de criatura da humanidade é praticar diariamente a arte filosófica de morrer para que, quando a morte corporal enfim chegar, não haja trepidação ou medo. A morte pode sinalizar o fim da vida de um corpo, mas, para o filósofo, sinaliza o início, ou, mais precisamente (porque a alma preexiste em relação ao corpo no qual reside), a retomada de sua vida eterna. O verdadeiro fim de um ser humano — "fim" sendo sua satisfação e melhor concretização — é escapar completamente de sua condição manifestada no corpo. O objetivo de uma vida é ultrapassar sua finitude, fragilidade, carência e mortalidade de criatura, e viver entre os deuses.

O caminho traçado por Sócrates não é idêntico ao dos transumanistas. Enquanto aquele procurava libertar-se da corporificação e de qualquer tipo de materialidade, estes procuram transformar o corpo biológico que herdaram em ciborgues constituídos por uma mistura de máquina e elementos orgânicos. More chama a capacidade de infundir componentes mecânicos e próteses em um quadro biológico de "liberdade morfológica porque dá às pessoas a liberdade de escolher qual parcela de sua herança biológica que desejam reter (se houver alguma).[14] A materialidade, por si só, não é o problema dos transumanistas — mas, sim, as limitações biológicas. É por isso que eles também anseiam por um planeta redesenhado, que amplie, em grande medida, a gama de ambientes possíveis, criando mundos virtuais e um espaço colonizável. Se Sócrates escapou para um céu etéreo entre os deuses, os transumanistas procuram projetar novos mundos e espécies que possam enriquecer seus "eus" recém-criados. Desse modo, a antiga imortalidade socrática e o pós-humanismo hipermoderno servem como duas pontas de um relato que testemunha a respeito de um desapontamento desesperado e de longa data com os limites e as fragilidades do mundo como nos foi dado.

O desejo de escapar da Terra não se limita às pessoas que se encontram em uma minoria radical. É endossado por cientistas e elites culturais, e está recebendo recursos significativos de governos e investidores. Como argumenta o físico Michio Kaku, ao longo de sua longa história, a Terra se mostrou um

---

[14] More, *Philosophy of transhumanism*, p. 4.

planeta inóspito para os 99,9% das espécies que já foram extintas. É apenas uma questão de tempo até chegar a vez da espécie humana. "A natureza acabará por se voltar contra nós, como aconteceu com todas essas extintas formas de vida."[15] E o que a natureza não fizer conosco, acabaremos por fazer a nós mesmos, poluindo, envenenando, queimando e desperdiçando a Terra. Kaku acredita que as pessoas têm três opções: sair, adaptar-se, ou morrer. A última opção é simplesmente implacável. A segunda é impraticável, porque, mais cedo ou mais tarde, as condições na Terra se tornarão tão difíceis que a adaptação já não será uma opção viável. Isso nos deixa apenas com a primeira opção. "Ou teremos de deixar a Terra, ou pereceremos. Não há outro caminho."[16] A esperança de futuristas como Kaku é que a quarta onda de ciência e tecnologia — centrada em Inteligência Artificial (IA), nanotecnologia e biotecnologia — nos permita redesenhar geneticamente os seres humanos para que sejam capazes de viajar para outros planetas e sobreviver com sucesso ali, ao mesmo tempo que nos permita projetar paisagens planetárias como a de Marte em um novo paraíso adaptado aos seres humanos. Os grandes governos concordam, e é por isso que estão desenvolvendo os meios tecnológicos e trabalhando em acordos políticos — os Acordos de Artêmis, por exemplo — que estipulam de que forma a lua terá seus recursos minerais explorados de forma justa e segura, em preparação para um iminente assentamento em Marte.[17]

Essa visão das viagens interestelares e da colonização de outros planetas claramente alcançou a imaginação de milhões de leitores e cinéfilos. Entretanto, será que ela não repousa sobre uma confusão fundamental sobre o que é um ser humano e a respeito de quais são as condições ecossociais inescapáveis para a vida humana? Será que as pessoas são criaturas solitárias ou singulares, que existem de maneira independente dos lugares e das outras criaturas? Como veremos na segunda parte deste livro, os humanos não podem ser tão facilmente retirados de um bioma do solo ou de constelações de vida orgânica porque ambos circulam sem parar *dentro* e *através* de nosso corpo. As pessoas simplesmente não podem viver ou desempenhar as várias funções de uma vida (como, por exemplo, digerir alimentos ou manter um sistema imunológico) à parte dos trilhões de micro-organismos que residem em seu corpo e no solo.

---

[15] Michio Kaku, *The future of humanity: terraforming mars, interstellar travel, immortality, and our destiny beyond Earth* (New York: Doubleday, 2018), p. 3 [edição em português: *O futuro da humanidade* (São Paulo: Crítica, 2019)]. Kaku, professor de física na City University of New York, reconhece que muitas das ameaças à sobrevivência no longo prazo da humanidade na Terra são autoinfligidas. Mesmo assim, é apenas uma questão de tempo até que algum acontecimento catastrófico (uma explosão vulcânica maciça ou um meteoro, por exemplo) nos atinja.

[16] Ibidem.

[17] Veja o relatório da Reuters, "Trump administration drafts pact for mining the moon" (disponível em: www.theguardian.com/science/2020/may/05/trump-mining-moon-us-artemis-accords). A NASA está investindo dezenas de bilhões de dólares no programa Artemis, na esperança de estabelecer humanos na Lua até 2024.

Pensar que uma pessoa pode ser permanentemente separada e retirada de seu contexto ecológico e, em seguida, transferida para uma lua ou outro planeta sem que também traga consigo *todos* os processos bioquímicos, os micróbios, as plantas, os animais e a atmosfera que enraizaram e sustentaram sua vida durante centenas de milhares de anos é voar nas asas da imaginação. A vida das criaturas está alicerçada no solo desta terra e costurada em um vasto tecido de vida multiespécie entrelaçada como numa malha. Isso quer dizer que a vida é gerada e sustentada diariamente por milhões de anos de processos evolutivos complexos e redes insondavelmente densas de relações e desenvolvimento que produziram a vida que vemos e da qual dependemos.

Kaku admite que "podemos ter de projetar geneticamente nosso corpo para florescer em planetas distantes, com gravidade, composição atmosférica e ecologia diferentes".[18] Não está claro, no entanto, se ele entende o que, de fato, quer. Após longos períodos de estudo científico dos ecossistemas da Terra, ainda nos falta uma compreensão detalhada das maneiras pelas quais o corpo humano é estritamente ajustado e dependente de criaturas grandes e pequenas e de processos biogeoquímicos que operam do solo à atmosfera, e em tudo o que há entre um e outro. Por que deveríamos pensar que os cientistas serão capazes de entender rapidamente os ecossistemas de outro planeta e, em seguida, desenhar e projetar humanos que se encaixem e prosperem dentro dele? A pandemia de Covid-19 é apenas uma dolorosa revelação da arrogância em pensar que as pessoas podem adquirir conhecimento célere ou suficiente para assumir o controle de um ecossistema que facilite o florescimento humano. Se um único vírus foi capaz de pôr a economia global de joelhos e frustrar a capacidade de encontrar um tratamento rápido por parte dos melhores cientistas e médicos do mundo, por que deveríamos pensar que os engenheiros conseguirão projetar, em tempo hábil, um corpo humano que prospere em um ambiente desolado e desprovido de vida orgânica? A dificuldade enfrentada por milhares de cientistas, tecnologicamente equipados mas tendo dificuldades para entender e defender a vida humana contra um agente patogênico recém descoberto, deveria fazer qualquer um refletir um pouco a respeito das reais possibilidades de se construir, em tempo hábil, um paraíso amigável aos seres humanos em um planeta desconhecido. Se Kaku considera inviável que as pessoas se adaptem a uma Terra degradada, mas ainda acolhedora, um planeta ao qual nosso corpo está ajustado, o que o faz pensar que podemos nos adaptar a condições claramente inóspitas em outro lugar?

Além desse problema técnico, grandes questões filosóficas estão inseridas nesse tipo de especulação futurista. Para começar, por que alguém deveria

---

[18] Kaku, *Future of humanity*, p. 14.

pensar que os hábitos de ganância, presunção e exploração que arruinaram a Terra e exigiram nossa fuga dela serão superados simplesmente quando realocarmos pessoas gananciosas, presunçosas e exploradoras para um planeta muito menos acolhedor? Já tendo degradado e destruído um paraíso, não voltarão a fazer o mesmo em outro lugar? Se as pessoas não podem viver de forma justa e sustentável em um planeta que apresenta condições ideais para que vivam de maneira próspera, é extremamente irrealista pensar que viverão bem e de forma responsável em outro planeta que é claramente inadequado à vida. Não seria necessário que as pessoas primeiro passassem por uma profunda transformação moral ou espiritual para que sejam capazes de viver pacificamente em qualquer lugar? Em outras palavras, o foco e o objetivo de nossos esforços não devem ser buscar o *traslado* para outro mundo, mas promover a *transformação* dos desejos e hábitos que estão tornando inabitável o único mundo que temos.[19]

Esse tipo de questionamento pressupõe que o objetivo é permanecer reconhecidamente humano. E se, porém, esse não for o objetivo? E se for tornar-se algo diferente — ou seja, um pós-humano? Tal ser pode não compartilhar todas as características de um ser divino como Sócrates imaginou, mas poderia refletir algumas das qualidades comumente associadas aos deuses, como enorme poder, inteligência incomparável e imunidade ao sofrimento. Como já vimos, os transumanistas acreditam que grande parte da dor e do sofrimento que experimentamos é o resultado de pessoas e lugares não terem sido adequadamente desenhados e projetados. Por isso defendem a reestruturação do ser humano em algo diferente, mais inteligente, mais forte e mais bem preparado, a fim de maximizar o desempenho e minimizar a fragilidade. Se os seres humanos evoluíram de estados primitivos com muito menos inteligência e capacidade, também podem evoluir para algo que tenha muito mais dessas coisas.

Em *Homo Deus: a brief history of tomorrow* [*Homo Deus*: uma breve história do amanhã], o historiador Yuval Noah Harari argumenta que os seres humanos há muito tempo demonstram um desejo irreprimível de conquistar todos os lugares e dominar todas as formas de vida. Embora tenha levado algum tempo para emergir, o Antropoceno era inevitável porque o que as

---

[19] Como ficará claro mais tarde, minha crítica aos futuristas aplica-se também aos crentes religiosos que depositam sua esperança em uma fuga para um céu de outro mundo. Além de ser uma rejeição da própria afirmação de Deus acerca da vida encarnada de uma criatura, e uma negação da "ressurreição do corpo" (que assume uma lógica diretamente oposta à socrática "imortalidade da alma"), o desejo de escapar para outro lugar substitui erroneamente a realocação pela redenção. O ponto de vista da fé, pelo menos o ponto de vista cristão, não é simplesmente chegar a outro lugar, mas participar e experimentar a presença transformadora de Deus em todos os lugares. O céu, em outras palavras, não está "além do azul". É onde quer que o amor de Deus esteja em ação. Para o desenvolvimento dessa ideia, veja minha obra *Way of love: recovering the heart of christianity* (New York: HarperOne, 2016), especialmente a quarta e a quinta partes.

pessoas mais querem é a capacidade de *viver como querem e nos termos que elas mesmas escolheram*. Para atingir esse objetivo, trabalharam para construir e controlar mundos mais confortáveis e convenientes. Mas não apenas mundos. O desenvolvimento da IA, da genética, da nanotecnologia e da biotecnologia demonstra que a próxima fronteira é refazer os próprios seres humanos para serem mais saudáveis, mais fortes e mais inteligentes.[20] O objetivo é a transformação extrema, razão pela qual alguns (embora não todos) futuristas acreditam que a imortalidade deve ser incluída na lista. A morte é o limite final, talvez um "crime contra a humanidade", razão pela qual os cientistas e engenheiros devem travar "uma guerra absoluta contra ela".[21] Na narrativa de Harari a respeito da história da humanidade, a busca do poder criou um mundo no qual as tecnologias e máquinas inventadas para aumentar a prosperidade e o bem-estar exigem que as pessoas abandonem uma infinidade de características até que o resultado não seja mais reconhecidamente humano. Em outras palavras, as conveniências das máquinas e dos dispositivos, bem como suas capacidades para tornar nossa vida mais simples e confortável, significam que estamos lentamente nos tornando em transumanistas funcionais. "Após decifrar as silenciosas leis da física, da química e da biologia, a humanidade agora faz com elas o que lhe apraz [...] Quando a biotecnologia, a nanotecnologia e outros frutos da ciência amadurecerem, o *Homo sapiens* alcançará poderes divinos [...] Os cientistas vão nos transformar em deuses."[22] Se Sócrates confiava nas artes filosóficas do desenvolvimento da alma como o meio para alcançar uma vida divina, aqui vemos a confiança na inovação tecnológica como o meio preferido para um fim divino semelhante.

Para ilustrar de que forma esse processo pode se desdobrar, considere o desenvolvimento da IA. Ao discuti-la, é importante reconhecer diferentes tipos de inteligência das máquinas. "IA fraca" refere-se às tecnologias que já estão largamente implantadas em instrumentos como calculadoras, robôs, jogos de

---

[20] Embora eu não dê muito tratamento ao tema aqui, a edição do genoma humano é outra tecnologia poderosa que está mudando a forma como as pessoas pensam sobre o significado de ser humano. Em seu livro *Altered inheritance: CRISPR and the ethics of human genome editing* (Cambridge: Harvard University Press, 2019), Françoise Baylis apresenta um excelente tratamento dos múltiplos objetivos (que vão do tratamento médico ao melhoramento de características específicas) e as preocupações éticas (que vão desde os riscos à saúde até a desigualdade social) relacionados com a edição do genoma humano. Especialmente útil em sua análise trazer à tona como a mudança da biologia de um ser humano altera mais do que esta ou aquela característica de um indivíduo. As relações humanas também mudam, uma vez que novas formas de perceber e avaliar o que um ser humano deve ser entram em jogo. Baylis também deixa claro que, "com o tempo e a experiência, o objetivo expresso da edição do genoma humano se tornaria a transformação humana" (p. 72).

[21] Yuval Noah Harari, *Homo Deus: a brief history of tomorrow*, p. 21 [edição em português: *Homo Deus: uma breve história do amanhã* (Companhia das Letras, São Paulo, 2016)]. Vale a pena notar que o Google, por meio de sua empresa Calico, e com um grande aporte financeiro, está trabalhando ativamente "para resolver a morte".

[22] Ibidem, p. 97-8.

computador e carros autônomos. Essas tecnologias refinam e melhoram habilidades específicas, como a computação ou a destreza motora. A "IA forte" aparece quando diversas capacidades humanas — computação, raciocínio, memória, planejamento, resolução de problemas, criatividade, aprendizagem com a experiência — são unificadas em uma única máquina ou plataforma coordenada. No entanto, a forma final da IA é a "superinteligência" (SI). Nessa fase, as máquinas, as plataformas e os programas se tornam tão sofisticados que deixam de se assemelhar com qualquer habilidade humana como a vemos hoje. Para chegar a tal patamar, imagine uma máquina de autoaprendizagem e autoaperfeiçoamento que se torna tão sofisticada que agora representa um avanço qualitativo, e não simplesmente quantitativo, sobre o que as pessoas são no presente. Mover-se para o âmbito da SI é caminhar na direção do desconhecido. Não podemos compreender a SI mais do que um rato, com seu nível primitivo de inteligência, pode compreender Albert Einstein.

Até agora, os engenheiros só tiveram sucesso no nível da IA fraca. No entanto, eles estão bastante confiantes de que alguma versão de IA forte será criada em breve, talvez dentro de poucas décadas. O que acontece depois disso é difícil prever. Se for possível desenvolver uma máquina dotada de "autoaperfeiçoamente recursivo", ou seja, a habilidade de aumentar suas capacidades *por conta própria*, é possível que uma espécie de "explosão de inteligência" ocorra, resultando em uma SI. Nick Bostrom, filósofo e diretor fundador do Future of Humanity Institute [Instituto para o Futuro da Humanidade], da Universidade de Oxford, sugere que isso marcaria a origem de uma mente "extremamente estranha" — uma mente que refletirá "arquiteturas cognitivas muito diferentes das inteligências biológicas" e "perfis muito diferentes de pontos fortes e fracos de cognição".[23] Até agora, no entanto, os cientistas estão trabalhando arduamente no desenvolvimento de uma variedade de tecnologias que (espera-se) pelo menos nos levará a uma IA forte. Essas tecnologias incluem: (1) emulação de todo o cérebro, no qual o *software* é desenvolvido para digitalizar e, em seguida, modelar a estrutura computacional de cérebros biológicos ou de partes de cérebros; (2) cognição biológica melhorada mediante o uso de técnicas de aprimoramento de aprendizagem, drogas e manipulação genética; (3) aprimoramentos na conexão cérebro-computador por meio da instalação de *chips*, sensores e processadores em cérebros humanos, criando, assim, ciborgues; e (4) aprimoramento de conexão e organização, para que mentes individuais possam ser conectadas a outras mentes, artefatos e *bots*. Bostrom identifica prós e contras em cada uma dessas tecnologias e reconhece que haverá muitos

---

[23] Nick Bostrom, *Superintelligence: paths, dangers, strategies* (Oxford: Oxford University Press, 2017), p. 35 [edição em potuguês: *Superinteligência* (Itapevi: Darkside, 2018)].

obstáculos, desvios e armadilhas durante o desenvolvimento. Contudo, o que elas apresentam é uma oportunidade para criar capacidades computacionais mais rápidas e complexas, melhorar as capacidades de armazenamento, e proporcionar um funcionamento mais confiável. Além disso, à medida que o *hardware* e o *software* forem se desenvolvendo, haverá várias formas de editar, duplicar e refinar essas capacidades melhoradas.

As buscas por IA e SI são bem atraentes, até mesmo inebriantes, porque com inteligência vem poder. Como disse o popular blogueiro Tim Urban:

> Se nosso fraco cérebro conseguiu inventar o *wifi*, então algo cem, ou mil, ou 1 bilhão de vezes mais inteligente não deveria ter problema algum para controlar o posicionamento de cada átomo no mundo da maneira que queira, a qualquer momento — tudo o que consideramos mágico, todo poder que imaginamos que um Deus supremo tenha, será uma atividade tão comum para a SIA [SI] quanto ligar um interruptor de luz é para nós. Criar a tecnologia para reverter o envelhecimento humano, curar doenças, fome, e até mesmo a mortalidade, reprogramar o clima para proteger o futuro da vida na terra — tudo, de repente, se tornará possível.[24]

A descrição de Urban pode parecer um mundo de ficção científica ou fantasia, mas já em 1959 o físico Richard Feynman, ganhador do Prêmio Nobel, argumentou não há impedimento para que, eventualmente, sejamos capazes de produzir qualquer substância que desejemos. A nanotecnologia, que Feynman imaginou, e agora as impressoras 3D, prometem revolucionar o que entendemos ser o trabalho de criação. Como deuses, os seres humanos estão no limiar da criação e da destruição de formas de vida, da criação e da destruição de mundos.

Muitas pessoas, entre elas cientistas e políticos, manifestaram sérias preocupações com a IA e com a busca pela SI. Uma vez que essas tecnologias forem desenvolvidas, darão aos seus proprietários e controladores enorme vantagem sobre aqueles que não estejam tão tecnologicamente avançados quanto eles. Será que as pessoas destituídas dessas tecnologias serão colocadas no lixo, ou recrutadas para cumprir as ordens daqueles que detêm o poder? Além disso, assim como não podemos antecipar as *capacidades* da SI, também não podemos antecipar suas *motivações* ou seus *objetivos*. Isso pode colocar

---

[24] Tim Urban, "The AI revolution: the road to superintelligence, parts 1 e 2" (disponível em: https://waitbutwhy.com/2015/01/artificial-intelligence-revolution-1.html). Urban acredita que a IA representa uma oportunidade sem precedentes para dar à humanidade o dom de uma "vida eterna e indolor [...] Nada na existência é tão importante quanto corrigir isso". Ele também reconhece que a IA é perigosa porque as inteligências que cientistas e máquinas criam podem não ser benignas, voltando-se contra o florescimento humano e precipitando a morte da humanidade.

em risco a própria vida humana. Será que essas máquinas se voltarão contra nós porque perceberão que as pessoas representam ameaças ou constituem um estoque de recursos materiais a ser explorado? O fato de os seres humanos desempenharem papel relevante no desenvolvimento dessas máquinas (pelo menos até se tornarem capazes de autoaperfeiçoamento) não significa que elas terão preocupação com o bem-estar de outros seres, capacidade de humildade ou abnegação, ou o desejo de alcançar contentamento ou sabedoria. Além disso, a inteligência das máquinas não aumenta todas as capacidades humanas. Até agora, grande parte da pesquisa tem sido centrada no desenvolvimento do que pode ser chamado de formas instrumentais de raciocínio, que se destacam na computação, previsão, análise, resolução de problemas e cálculos de meios e fins. Será que os seres humanos se tornarão um simples meio para os fins escolhidos por uma máquina que tem autonomia para organizar e desenvolver a si mesma?

Bostrom argumenta que os pesquisadores da IA devem adotar "o princípio do bem comum", que diz: "A superinteligência deve ser desenvolvida apenas para o benefício de toda a humanidade e estar a serviço de ideais éticos amplamente compartilhados".[25] Mas esse princípio será realmente seguido? Em sua análise sóbria, Bostrom sugere que as pessoas que trabalham para a SI são como crianças brincando com uma bomba. Atualmente, faltam a essas pessoas a sabedoria e os protocolos para garantir que essas tecnologias sejam, de fato, seguras e não caiam em mãos erradas. Além disso, a pesquisa da IA está se desenvolvendo em um ambiente no qual a maioria ou a totalidade dos incentivos financeiros encorajam a experimentação em vez de atenuarem os riscos. Sem dúvida, os riscos são enormes, especialmente quando entendemos que essas tecnologias permitirão formas de poder diferentes de tudo o que já vimos antes. Uma quantidade cada vez maior de investimento, somada aos avanços constantes na capacidade de engenharia, significa que a bomba acabará por explodir. Nós só não sabemos quando. "As chances de que *todos* nós teremos o bom senso de deixar de lado aquilo que é perigoso são mínimas. Algum idiota está destinado a apertar o detonador só para ver o que vai acontecer."[26] O melhor caminho a seguir seria que os desenvolvedores da IA e os pesquisadores de segurança da IA estivessem do mesmo lado, porque, então, a atração exercida por um poder sem precedentes talvez fosse amenizada pela necessidade de contenção. Bostrom reconhece que a explosão de inteligência da SI talvez ainda esteja a décadas de distância. Nesse ínterim, o desafio que enfrentamos é "manter nossa humanidade: manter nossa

---

[25] Bostrom, *Superintelligence*, p. 312.
[26] Ibidem, p. 319.

firmeza, bom senso e decência de um temperamento centrado, a despeito do problema mais antinatural e desumano. Temos convocar toda a capacidade humana para opinar na solução".[27] Essa é uma admoestação curiosa. Por que trabalhar para "manter nossa humanidade" quando a explosão da SI se trata de exceder essa condição?

Rumo a uma vida livre de atrito

O número de transumanistas declarados é relativamente pequeno. *Humanity+*, o principal fórum on-line para o ensino e a defesa da causa transumanista, tem apenas seis mil seguidores.[28] Contudo, os caminhos do desenvolvimento tecnológico que passam por uma IA fraca e encontram seu clímax nas ideias transumanistas, são povoados por milhares de milhões. Por quê? O conforto, a conveniência e outros benefícios que advêm de nos entregarmos a dispositivos e algoritmos são demasiadamente difíceis de resistir. Se você usa um computador ou *smartphone*, por exemplo, está vivendo uma vida inimaginável para as inúmeras gerações humanas que o precederam. Até então, as pessoas nunca haviam tido tanta informação ao seu alcance, tanto poder e tantas possibilidades de escolha. Se você tem o dinheiro, o clique de um botão pode mobilizar forças em todo o mundo para entregar em sua porta a maioria das coisas — se não todas — que você desejar.[29] O resumo é que as pessoas não precisam professar o transumanismo para compartilhar a ambição de superar vários tipos de limitações por meio do aumento da habilidade cognitiva da humanidade e de seus poderes materiais. Para transumanistas funcionais desse tipo, o impulso pode não ser acumular os poderes de um deus, mas simplesmente tornar a vida o mais amena possível.

---

[27] Ibidem, p. 320. Em "Why I want to be posthuman when I grow up", de Nick Bostrom, in: *The transhumanist reader*, p. 28-53), Bostrom argumenta que pode haver continuidade de identidade no movimento do humano para o pós-humano porque memórias, objetivos e habilidades serão retidos. Mas por que pensar que os desejos e as disposições básicas serão levados adiante, especialmente se um ser SI "existe" em um corpo de plataforma menos biológico, ou inteiramente mecânico, que agora traça o próprio futuro?

[28] Humanity+, disponível em: https://humanityplus.org/about/.

[29] Peter Sloterdijk argumenta que "o fato principal da era moderna não é que a Terra gira em torno do sol, mas que o dinheiro gira em torno da Terra" (Em *The world interior of capital: for a philosophical theory of globalization* [Cambridge: Polity, 2013], p. 46). Isso ocorre porque surgiu uma nova economia monetária que usou mecanismos de dívida, investimento e seguro para criar uma era imperial de exploração e desenvolvimento global que tornaria os diversos lugares e criaturas do mundo disponíveis à compra. O dinheiro se torna o poder mediador que negocia o acesso e o gozo da vida de uma pessoa: "Somos os primeiros a ter acesso a lugares primordialmente como compradores de títulos de transporte; somos os primeiros a ter acesso a dados como usuários de meios de comunicação; somos os primeiros a ter acesso a bens materiais como proprietários de meios de pagamento; e interagir com outras pessoas depende predominantemente de nossa capacidade de pagarmos pelo acesso aos locais em que podemos nos encontrar com elas. Essas parecem ser observações simples; mas a memória — que agora é escassa — de tempos nos quais o dinheiro ainda não era um fator onipresente prova que essas não são ideias triviais. Em condições definidas em termos pré-monetários, praticamente todo o acesso às pessoas e às coisas dependia do pertencimento a um grupo e das coisas do contexto desse grupo; antes da modernidade, o preço do mundo era o pertencimento" (p. 207-8). Em outras palavras, ser privado de dinheiro é ser privado de todos os meios tecnológicos que intermedeiam cada vez mais os diversos pontos de acesso à vida.

Mas isso não é uma observação banal? Não olharíamos desconfiados para as pessoas que não quiseram melhorar sua condição por qualquer meio tecnológico possível?

Depende do que as pessoas querem dizer com o termo "melhorar". Para entender o que quero dizer, considere o ponto de vista de Nicholas Carr, que argumenta que vários dos dispositivos e aplicativos tecnológicos recém-desenvolvidos eliminam de nossos conjuntos de habilidades exatamente aquilo que nos tornam humanos, habilidades como lutar com um mundo complexo e ambíguo ou navegar em relações pessoais complicadas. Alguns exemplos: os sistemas de posicionamento global (GPS) permitem que as pessoas cheguem praticamente a qualquer lugar sem saber onde estão; aplicativos diversos dão acesso a informações sobre todos os tipos de plantas ou animais sem que você tenha de se comprometer com um processo de observação e descoberta; Mark Zuckerberg defende um mundo de "compartilhamento sem atrito" no Facebook, eliminando o máximo possível do esforço, da tensão, da frustração e dos problemas de socialização; e um *software* arquitetônico pode criar um projeto para sua casa sem que você entenda a física ou a mecânica do que está projetando. Essas invenções não são, em si mesmas, perversas, mas mostram que, "como indivíduos [...], quase sempre buscamos eficiência e conveniência quando decidimos qual aplicativo ou dispositivo de computação devemos usar. Escolhemos o programa ou dispositivo que alivia nossa carga e libera nosso tempo, não aquele que nos faz trabalhar mais e por mais tempo. As empresas de tecnologia satisfazem naturalmente a esses desejos quando concebem seus produtos. Elas competem ferozmente para oferecer o produto que requer o mínimo esforço e pensamento para ser usado". Como Alan Eagle, executivo do Google, disse certa vez: "Nós fazemos com que a tecnologia seja o mais descerebrada e fácil de usar quanto possível."[30]

A questão não é simplesmente que a adoção de algumas tecnologias possa criar uma impressão simplificada e superficial do mundo em que acreditamos habitar. Elas também podem ter o efeito de alterar o que acreditamos sobre nós mesmos (revelando, em parte, o que as empresas de tecnologia acreditam sobre nós). "Assumindo uma visão misantrópica da automação, o Google passou a ver a cognição humana como antiquada e inexata, um processo biológico desajeitado que é melhor executado por um computador." Ray Kurzweil, diretor de engenharia do Google e um dos principais transumanistas, declarou: "Imagino, daqui a alguns anos, que a maioria das pesquisas na internet será respondida sem que você precise sequer perguntar", porque o Google vai "simplesmente saber que isso é algo que você vai querer ver". O objetivo

---

[30] Nicholas Carr, *The glass cage: automation and us* (New York: W. W. Norton & Company, 2014), p. 176.

da empresa, diz Carr, é "automatizar totalmente o ato de pesquisar, para tirar a vontade humana de cena".[31] Essa forma de falar pressupõe que a cognição e a volição humanas devem operar apenas de maneira linear e lógica, porque desse modo as pessoas serão padronizadas e previsíveis. Há pouca consideração ou paciência com impulsos por vezes caóticos, por vezes contraditórios, que estão em ação na vida interior de uma pessoa. O que filósofos como Blaise Pascal e Søren Kierkegaard chamaram de "razões do coração" é simplesmente extirpado do pensamento. A automatização da vida humana caminha de mãos dadas com a eliminação da liberdade.

Será que a vida humana é "melhorada" por inovações tecnológicas que corroem ou apagam as capacidades que nos tornam humanos e que apenas podem ser desenvolvidas *no exercício* de habilidades como querer, pensar, compadecer-se, decidir, cuidar e fazer? Será que uma dependência crescente nas máquinas tem o efeito de reduzir a vida a uma existência mecânica, enquanto o que se deseja — e o que se faz — é cada vez mais determinado pelos profissionais de *marketing*, que promovem os dispositivos e algoritmos com os quais esses aparelhos funcionam? À medida que cada vez mais pessoas se mudam para "ambientes inteligentes" povoados por aparelhos e sistemas de segurança conectados, monitores de saúde e boa forma, carros autônomos, comércio varejista e ambientes de trabalho sempre atentos, mais aumenta o risco de as máquinas inventadas para nos servir virarem o jogo, fazendo com que nós as sirvamos, ou pelo menos sirvamos às empresas que as comercializam e aos diretores que as implementam. Nas palavras de Brett Frischmann e Evan Selinger, "enquanto corremos coletivamente na estrada que leva em direção a sistemas tecnossociais inteligentes que governam nossa vida com uma eficiência cada vez maior, corremos o risco de nos perder ao longo do caminho. Corremos o risco de nos tornar cada vez mais previsíveis e, pior ainda, programáveis, como meras engrenagens em uma máquina".[32]

Para entender como isso funciona, considere o popular dispositivo Echo, um alto-falante inteligente da Amazon, já na segunda geração. A empresa comercializa esse dispositivo em seu site como "um alto-falante *hands-free*[33] que você controla com sua voz. O Echo conecta-se ao serviço de voz Alexa para reproduzir músicas, fazer perguntas, realizar chamadas, enviar e receber mensagens, fornecer informações, notícias, resultados esportivos, dados sobre

---

[31] Ibidem, p. 181.
[32] Brett Frischmann e Evan Selinger, *Re-engineering humanity* (New York: Cambridge University Press, 2018), p. 1.
[33] Literalmente, "mãos livres". É uma palavra que descreve equipamentos eletrônicos que podem ser operados sem o uso das mãos (por exemplo, por meio de comandos de voz) ou, em um sentido mais amplo, equipamentos cujos controles são posicionados de forma que as mãos sejam capaz de se ocupar com outra tarefa, como, por exemplo, dirigir. (Fonte: https://en.wikipedia.org/wiki/Handsfree.) (N. E.)

o clima e muito mais — de forma instantânea. Tudo o que você tem de fazer é perguntar".[34] Quando você vive em uma casa inteligente, com vários aparelhos eletrodomésticos e sistemas de aquecimento/refrigeração/iluminação interligados uns aos outros, você pode acender lâmpadas e ligar máquinas de café, trancar portas, ligar o carro, ajustar a temperatura ambiente, "tudo sem levantar um dedo". Você pode jogar videogames, separar um momento para meditação, ou fazer uma chamada via Skype com os amigos em qualquer lugar do mundo simplesmente dando o comando. Falar com Echo é criar um eco de sua voz de comando, gerando um mundo reorganizado e mobilizado para cumprir suas ordens. Além disso, o Echo está programado para se autoaprimorar constantemente, pois o sistema Alexa "se adapta aos seus padrões de fala, seu vocabulário e suas preferências pessoais". Como esse dispositivo está ligado à Internet das Coisas (IDC), as informações são constantemente coletadas para monitorar os lugares que você frequenta, o que costuma fazer, quais os alimentos gosta de comer, o que você comprou e quando, ou se está pensando em comprar algo (com base em seus padrões de navegação/pesquisa).[35]

Não é difícil ver por que esses alto-falantes inteligentes são tão populares (quase um quarto das famílias nos Estados Unidos tem algum tipo de alto-falante inteligente em casa, e tanto o Google quanto a Apple oferecem versões concorrentes). Eles dão aos seus usuários uma espécie de poder e conveniência que teria sido inimaginável para as pessoas uma geração para trás. Basta dar um comando de voz e produzir o efeito desejado. O poder que antes era reservado a um deus está agora à disposição de qualquer pessoa que possa pagar a módica quantia de U$39,99.[36] Igualmente significativo, porém, é o poder que um Echo confere à Amazon. Em 2014, a empresa adquiriu uma patente para "frete antecipado", um sistema que, ao reunir dados sobre o que você talvez compre — o Echo está constantemente monitorando suas preferências e o que você faz —, antecipa sua próxima compra e envia antes mesmo que você coloque ela no carrinho. Isso faz do Echo, e também boa parte dos dispositivos que povoam a IDC, uma ferramenta crucial para o desenvolvimento do que a professora de negócios de Harvard, Shoshana Zuboff, chama de "capitalismo de

---

[34] Disponível em: https://amzn.to/32P3iNr.
[35] Em *The internet of things* (Cambridge: MIT Press, 2015), Samuel Greengard deixa claro que o objetivo da IDC é ligar tudo com todo o restante. "A Internet das coisas introduzirá novos produtos e serviços, e tornará muitas das ofertas atuais completamente obsoletas. A tecnologia eliminará postos de trabalho, mas introduzirá novas linhas de trabalho. Os sistemas conectados se multiplicarão na educação, no governo e nos negócios, fundamentalmente remapeando e reorganizando as ações, os comportamentos e as normas sociais. A tecnologia influenciará tudo, desde a forma que as pessoas votam até a forma pela qual comemos em restaurantes e tiramos férias" (p. xv). Por isso alguns comentaristas acreditam que a IDC é uma Revolução Industrial 2.0 porque, como a primeira, essa segunda Revolução alterará fundamentalmente a maneira pela qual as pessoas se relacionam entre si e com seu mundo.
[36] O primeiro relato bíblico da Criação em Gênesis 1 narra Deus criando o mundo mediante a fala: "e Deus disse: 'Haja'" e a luz, o céu, a terra seca, as águas, as plantas, os animais e os seres humanos são criados.

vigilância". Se as formas anteriores de capitalismo foram bem-sucedidas por meio da exploração da natureza, o capitalismo de vigilância será bem-sucedido pela exploração da natureza humana.

> O capitalismo de vigilância reivindica unilateralmente a experiência humana como matéria-prima gratuita para a tradução em dados comportamentais. Embora alguns desses dados sejam aplicados à melhoria de produtos ou serviços, o restante é declarado como um *excedente comportamental* exclusivo, usado em processos de fabricação avançados conhecidos como "inteligência das máquinas" e fabricado em *produtos de previsão* que antecipam o que você fará agora, em breve e mais tarde. Por fim, esses produtos de previsão são negociados em um novo tipo de mercado de previsões comportamentais, que eu chamo de *mercados futuros de comportamento*. Os capitalistas da vigilância enriqueceram imensamente com essas operações comerciais pois muitas empresas estão ansiosas por apostar em nosso comportamento futuro.[37]

Zuboff é clara quando diz que o objetivo da invenção dessa tecnologia não é simplesmente saber mais sobre as pessoas, mas também moldar seu comportamento, adaptando anúncios, promoções e oportunidades a cada comprador específico. Imagine caminhar por um corredor de supermercado equipado com "prateleiras inteligentes" que oferecem aos compradores uma análise instantânea de preços e, em seguida, um cupom de desconto para um item, simplesmente porque você parou por tempo suficiente para olhar para ele. Como já está acontecendo, visualizar um produto *on-line* significa que você receberá um fluxo constante de ofertas de preços para esse produto ao visitar outros sites. Esse é um mundo no qual os compradores, sempre monitorados, estão sendo lentamente programados como um meio para os fins comerciais de outros.[38]

A IDC baseia-se na coleta e na transmissão massiva de dados. No entanto, para ligar máquinas e dispositivos, ela também precisa reduzir tudo o que encontra a um fluxo de *bits* digitalizados. Como relata Samuel Greengard,

> a Internet das Coisas [IDC] não se trata apenas de localizar objetos e usá-los para perceber o ambiente ao redor — ou executar tarefas automatizadas. É uma forma

---

[37] Shoshana Zuboff, *The age of surveillance capitalism: the fight for a human future at the new frontier of power* (New York: Public Affairs, 2019), p. 8 [edição em português: *A era do capitalismo de vigilância* (São Paulo: Intrínseca, 2021)].
[38] "O capitalismo de vigilância opera por intermédio de assimetrias sem precedentes no conhecimento, bem como no poder que se acumula no próprio conhecimento. Os capitalistas de vigilância sabem tudo sobre nós, ao passo que suas operações são concebidas para que sejamos incapazes de conhecê-las. Eles acumulam vastos domínios de novos conhecimentos *sobre* nós, mas não *para* nós. Eles preveem nosso futuro para o benefício de outros, não para o nosso" (ibidem, p. 11).

de monitorar, medir e compreender o movimento perpétuo do mundo e as coisas que fazemos. A capacidade de perscrutar os espaços entre objetos, pessoas e outras coisas é tão profunda quanto os próprios objetos. Os dados gerados pela IDC oferecerão percepções profundas sobre as relações corporais, o comportamento humano e até mesmo a física de nosso planeta e do universo. O monitoramento em tempo real de máquinas, de pessoas e do meio ambiente cria um modelo para reagir às mudanças nas condições e nos relacionamentos — de forma mais rápida, melhor e mais inteligente.[39]

É um mundo no qual as pessoas são registradas como padrões de informação e como um conjunto de dados interagindo com outros conjuntos semelhantes. Capacidades como pensar, querer e amar, que organizam a vida de uma pessoa, são pouco diferentes dos algoritmos que organizam e dirigem fluxos de dados. Como um conjunto de dados orientado por algoritmos, sua vida e seus relacionamentos perdem suas qualidades exclusivas e a coerência formal que distingue você de outra pessoa. Sua vida não é boa ou má, nobre ou degradante, importante ou trivial. Ao ser reduzido ao fluxo de várias funções, seu objetivo principal, quando visto de uma perspectiva quantitativa, é alargar e aumentar o fluxo: fazer mais, ter mais e viver mais. Uma pessoa está, portanto, sempre descontente e querendo algo, porque há pouca capacidade de imaginar o que pode ser uma vida completa ou integral, que respeite os limites e possa estar satisfeita com o que é *suficiente*. Em um quadro estritamente quantitativo, as pessoas têm grande dificuldade em determinar o que constitui uma vida boa ou decente, uma vez que bondade e decência são termos qualitativos e avaliativos dependentes do respeito pela forma assumida por uma vida particular. De acordo com formas quantitativas de pensar, a morte não pode ser entendida como um fim adequado para uma vida bem vivida. É um inimigo que deve ser combatido, a qualquer custo e por quaisquer meios, o máximo de tempo possível. Aqui, podemos ver como a busca por uma vida ilimitada, ou dedicada à maximização do fluxo, dissolve a forma que dá a cada vida sua coerência.

Em um mundo inteligente, a vida também perde sua espontaneidade e seu mistério — todas as características que antes eram atribuídas à liberdade de uma pessoa — pois o efeito da coleta de dados é apresentar pessoas como coisas simples, uniformes e previsíveis, confundindo, assim, as linhas entre o humano e a máquina, e entre a realidade física e a virtual. Se você não é livre, então não pode realmente ser uma pessoa individual, capaz de agir de maneira responsável em direção a si ou a outros. Todas as ações são moralmente equivalentes ou, de forma mais precisa, moralmente irrelevantes,

---

[39] Greengard, *Internet of things*, p. 169.

porque as métricas para o tratamento dos dados são todas numéricas. Distinções de qualidade que nos permitem falar de pessoas, lugares e coisas relativamente a seu valor estético, moral ou espiritual não fazem sentido.[40] Os poetas, os filósofos e os líderes religiosos podem continuar a usar uma linguagem de valor, mas, ao verbalizá-la, enganam-se a si próprios e aos outros.

Wendell Berry argumenta que o que está fundamentalmente em jogo nessa redução das pessoas aos fluxos de dados é a erosão da dignidade humana e a extirpação da natureza milagrosa da vida. Querer tornar as pessoas plenamente compreensíveis e previsíveis é fazê-las conformar-se a um conjunto geral, privando-as de suas características singulares. "O ponto prático é que, *se* eu acredito que a vida é um milagre, vou conceder a ela um respeito e uma deferência que eu não concederia a outra coisa. Se acredito que a vida é um milagre, então não posso acreditar que sou superior a ela, ou que a entendo, ou que posso me tornar o dono dela."[41]

As iscas que atraem as pessoas para ambientes inteligentes e as obrigam a se entregar aos algoritmos são fortes e, em vários casos, convincentes. Não se trata apenas da facilidade e da conveniência que eles prometem. Também é verdade que máquinas e programas sofisticados são muito mais inteligentes que as pessoas, e realizam um trabalho mais preciso, especializado e eficiente. Pode-se argumentar que evitar esses dispositivos por completo é ser irresponsável. Por que, por exemplo, confiar no julgamento de um único médico falível se, usando ou tendo inserido os sensores apropriados, você pode conectar seu corpo e sua mente a bancos de dados médicos (constantemente atualizados) que armazenam informações sobre todas as doenças e tratamentos e, em seguida, fazer com que os algoritmos elaborem um diagnóstico e um tratamento? Se você e os membros de sua família, juntamente com seus vizinhos, estão alimentando a máquina quando enviam suas informações genéticas, seu histórico médico, seus hábitos alimentares e de exercícios diários, e as viagens recentes, então, no momento em que você se sentir um pouco doente, poderá

---

[40] Em um memorando interno, Andrew Bosworth, executivo do Facebook, escreveu aos seus colegas dizendo que o sucesso do site depende da recusa da distinção entre conexões boas e más. O que importa para o sucesso do Facebook é conectar pessoas, independentemente do tipo de conexão resultante. "Talvez custe uma vida ao expor alguém a seus agressores. Talvez alguém morra em um ataque terrorista coordenado com as nossas ferramentas. E, ainda assim, nós conectamos pessoas. A verdade feia é essa [...] qualquer coisa que nos permita ligar mais pessoas com mais frequência é boa. Naquilo que nos diz respeito, esta talvez seja a única área em que as métricas contam a verdadeira história" (citado em *The age of surveillance capitalism* de Zuboff, p. 505-6).

[41] Wendell Berry, "*Is life a miracle?*" in: *Citizenship papers* (Washington: Shoemaker & Hoard, 2003), p. 183. Como veremos, o reconhecimento de que a vida é um milagre implica o cultivo do que Berry chama de "mente simpatética", que honra e trabalha dentro dos limites das criaturas. "A mente simpatética, como a mente de nossa criaturalidade, aceita a vida neste mundo pelo que ela é: mortal, falível, complexamente dependente, implicando muitas responsabilidades para com nós mesmos, nossos lugares e nossos semelhantes. Acima de tudo, entendendo a si mesma como limitada. Ela conhece sem constrangimento sua própria e irredutível ignorância, especialmente acerca do futuro" ("Two minds", in: *Citizenship papers*, p. 100).

ter acesso a um processo de diagnóstico mais completo e preciso do que jamais visto. Além disso, não há razão para que esse processo de diagnóstico superior se limite às decisões médicas. Ao alimentar o registro de dados com informações suficientes, os algoritmos também podem ser confiáveis para escolher amigos, cônjuges e professores melhores, além de indicar também os melhores lugares para morar, trabalhar e passar férias.

Naomi Klein argumenta que, além da conveniência e do poder, crises como a pandemia de Covid-19 estão sendo usadas para adicionar a segurança pública e pessoal à lista de atrativos.[42] Levando em conta o receio generalizado sobre a forma como esse vírus infecta as pessoas e as torna portadoras da doença, a implicação é clara: os seres humanos são potenciais riscos biológicos, algo que as máquinas não são. Portanto, para tornar as pessoas o mais seguras possível é imperativo que as sociedades instalem, o mais rápido possível, uma infraestrutura tecnológica sem seres humanos e sem o toque físico. Por isso alguns bilionários da tecnologia, como Eric Schmidt, do Google, e Bill Gates, da Microsoft, pressionaram as autoridades por enormes investimentos governamentais para que pudessem instalar suas tecnologias, torná-las indispensáveis, e construir uma infraestrutura voltada ao aprendizado on-line, à automação expandida, ao vasto desenvolvimento de biotecnologia e IA e à telemedicina nas principais instituições da sociedade. Esses esforços, não é preciso dizer, enriquecem grandemente as empresas privadas do Vale do Silício que Schmidt e Gates representam. Isso também reforça a ideia misantrópica de que, quando comparados às máquinas, professores, médicos, contadores, trabalhadores manuais, músicos e cozinheiros são insuficientes, ineficientes, caros, não confiáveis, ou dispensáveis.

Carr observa que "há algo de repugnante em aplicar os ideais burocráticos de velocidade, produtividade e padronização às nossas relações".[43] Isso não quer dizer que todo dispositivo tecnológico seja mau. É para nos advertir que uma busca incondicional da utopia tecnológica arrisca reduzir as pessoas a máquinas neurobiológicas, o que é uma maneira de dizer que a própria humanidade é algo a ser desprezado e deixado para trás.

Seria impreciso descrever os objetivos por trás da construção de ambientes inteligentes como se fossem totalmente sombrios. Os dados recolhidos pelos inúmeros sensores podem dar às pessoas informações mais detalhadas e precisas sobre os locais em que trabalham, de modo que um agricultor, por exemplo, possa minimizar o desperdício de água ao irrigar campos, um gestor possa saber mais exatamente quanta procura existe para determinado produto ou

---

[42] Naomi Klein, "Screen new deal", in: *The intercept*, 8 maio. 2020, disponível em: https://theintercept.com/2020/05/08/andrew-cuomo-eric-schmidt-coronavirus-tech-shock-doctrine/.
[43] Carr, *Glass cage*, p. 181.

serviço, ou um meteorologista possa fornecer previsões mais precisas dos sistemas meteorológicos. A introdução de robôs também pode remover formas de estafa ocasionada pelo trabalho e evitar que as pessoas tenham de trabalhar em ambientes perigosos. Mesmo assim, é importante refletir nas maneiras como a IDC altera a forma pela qual as pessoas vivem no mundo e como certas classes de pessoas serão tratadas.

Esse é um futuro no qual, para os privilegiados, quase tudo é entregue em casa, seja virtualmente, por meio da tecnologia do *streaming* e da "nuvem", ou fisicamente, mediante um veículo sem condutor ou um drone, e então "compartilhado" em uma tela por meio de uma plataforma. É um futuro que emprega muito menos professores, médicos e motoristas. Que não aceita dinheiro ou cartões de crédito (sob o pretexto de controle de contaminação viral), tem um sistema de transporte público esquelético e oferece muito menos arte executada ao vivo. Trata-se de um futuro que afirma girar por meio da "inteligência artificial", mas que, na verdade, é mantido por dezenas de milhões de trabalhadores anônimos escondidos em armazéns, centros de dados, fábricas de moderação de conteúdo, indústrias eletrônicas exploratórias, minas de lítio, fazendas industriais, fábricas de processamento de carne e prisões, nos quais estão sujeitos a doenças e à hiperexploração. É um futuro em que todos os nossos movimentos, nossas palavras e nossas relações são investigáveis, rastreáveis e exploráveis por dados, por intermédio de uma colaboração sem precedentes entre o governo e os gigantes da tecnologia.[44]

Na visão de Harari, entramos em uma nova fase religiosa, chamada "religião de dados", que promete salvação mediante algoritmos e engenharias, em vez de líderes religiosos e deuses. Nessa religião, não se pode confiar nas pessoas para lidar com o imenso volume de dados que estão sendo coletados e transformá-los em informações úteis (muitas vezes, vendáveis). Por isso computadores e algoritmos sofisticados precisam assumir o controle. Do ponto de vista do dataísmo,[45] os seres humanos são superiores às galinhas porque têm sistemas de processamento mais sofisticados. Considerando que já foram inventados algoritmos muito mais sofisticados, o tempo da superioridade humana chegou ao fim. "Segundo o dataísmo, as experiências humanas não são sagradas e o *Homo sapiens* não é o ápice da criação [...] Os seres humanos são apenas ferramentas para criar a internet de todas as coisas, que

---

[44] Klein, "*Screen new deal*".
[45] Dataísmo é um termo que tem sido utilizado para descrever o modo de pensar ou a filosofia criada pela emergente importância da Big Data. Foi utilizado pela primeira vez por David Brooks, do *New York Times*, em 2013. Mais recentemente, o significado do termo foi ampliado para incluir aquilo que o historiador Yuval Noah Harari chama de ideologia emergente, ou mesmo de uma nova forma de religião, na qual "o fluxo de informação" é o "valor supremo". (Fonte: https://pt.wikipedia.org/wiki/Data%-C3%ADsmo.) (N. E.)

podem, por fim, espalhar-se a partir do planeta Terra e permear toda a galáxia, e até mesmo todo o universo. Esse sistema cósmico de processamento de dados será como Deus. Ele estará em toda parte e controlará tudo, e os humanos estão destinados a se tornar um com ele."[46] Os dataístas acreditam no livre fluxo de dados. O valor de uma experiência é que ela pode ser destilada, gravada, carregada em mídia digital e compartilhada. Sua existência individual não importa. O que importa é que você faz parte de algo muito maior, ou seja, um algoritmo abrangente que organiza tudo.

A religião dos dados postula uma salvação estranha porque o clímax da engenhosidade humana resulta na dissolução dos próprios seres aos quais ela se destina. Harari descreve o paradoxo da seguinte forma: "Estamos nos esforçando para projetar a internet de todas as coisas na esperança de que ela nos torne saudáveis, felizes e poderosos. No entanto, uma vez que essa internet esteja em funcionamento, os seres humanos podem ser reduzidos de engenheiros a *chips*, depois a dados e, por fim, podemos nos dissolver na torrente de dados como um aglomerado de terra em um rio caudaloso".[47] Se a pós-humanidade das aspirações transumanistas mantém alguma expectativa de continuidade da identidade pessoal, ela é apagada pela religião dos dados. O que resta é a torrente interminável de dados.

As pessoas devem investir em um projeto que, no fim (e necessariamente?), elimina os seres humanos, a quem aspirava tornar mais saudáveis, felizes e poderosos?

Zuboff argumenta que a IDC e o capitalismo de vigilância corroem o direito de uma pessoa a um tempo futuro, ou seja, seu direito de imaginar e implementar um futuro à sua escolha. Sua vida não é mais necessariamente sua. É um fluxo de dados a ser administrado e coletado por outra pessoa. Matthew Crawford fala do direito de concentrar a própria atenção. Cada vez mais os espaços públicos e privados da vida das pessoas estão saturados por meios de comunicação que querem a sua atenção: vejam isto, comprem isto, votem a favor disto, fiquem indignados com isto, "ouviram isso?", "não querem ser assim?" Mesmo quando sozinho, você ainda está sendo "colonizado por importunações" enquanto está conectado em seu telefone ou *tablet*. É preciso ter muita energia e determinação para fugir do fluxo de notificações que estão constantemente vindo em sua direção. Isso coloca as pessoas em um modo perpetuamente reativo e distraído. "Sem a capacidade de direcionar nossa atenção para onde quisermos, nos tornamos mais receptivos àqueles que dirigem nossa atenção para onde *eles* quiserem [...]

---

[46] Harari, *Homo Deus*, p. 386.
[47] Ibidem, p. 400.

À medida que o poder de concentração é amplamente atenuado, também se atenua o poder de autorregulação."[48]

Assim como as pessoas precisam de ar puro para respirar, também precisam de um espaço livre e silencioso para pensar e se engajar com a complexa vida interior que elas têm. Para que as pessoas se desenvolvam nos seres singulares que podem vir a ser, e sejam mais do que engrenagens em uma máquina ou meios para os fins comerciais de outra pessoa, precisam resistir aos modos e mundos de distração disponíveis, com a conveniência e a facilidade que prometem, e se concentrar em desenvolver as disciplinas que promovem encontros genuínos e engajamento com os outros. O encontro genuíno depende de uma atenção paciente e constante ao longo do tempo, para que os pormenores e as complexidades daquilo a que tenho chamado "forma" possam ser claramente visíveis. O envolvimento genuíno pressupõe as competências refinadas que permitem às pessoas saber a melhor forma de se encontrar com outras pessoas em modos de descoberta e de ajuda. O trabalho *interior* de autodesenvolvimento e de autocompreensão, em outras palavras, não pode realmente acontecer sem levar em consideração esse profundo envolvimento em um mundo *exterior*. Conforme as pessoas trabalham com outras em vários projetos de investigação, criação, conserto e nutrição, a profundidade do mundo e as perspectivas de desenvolvimento do caráter nos indivíduos podem vir à tona.

Quanto mais as pessoas se entregarem à IDC, mais arriscam se envolver de forma superficial com o mundo e uns com os outros. Em vez de ressaltar a atenção e o desenvolvimento de habilidades, ou promover as artes do questionamento e da reflexão aprofundam as pessoas nos mistérios da existência, o objetivo dos ambientes inteligentes, ao que parece, é tornar a vida mais simples e menos exigente, entregando decisões e tarefas a algoritmos. O objetivo é criar um mundo no qual os pontos de atrito, que podem levar as pessoas a sentir dor, perplexidade, frustração, descontentamento ou retrocesso, sejam removidos. "Ensolarada, tranquila, limpa: com o Vale do Silício no comando, nossa vida se tornará uma longa rodovia da Califórnia", é a descrição apresentada por Evgeny Morozov.[49] Por que lidar com um mundo que impõe resistência se é possível recorrer a dispositivos e aplicativos que pintam, bloqueiam ou

---

[48] Matthew B. Crawford, *The world beyond your head: on becoming an individual in an age of distraction* (New York: Farrar, Straus and Giroux, 2015), p. 16.
[49] Evgeny Morozov, "The perils of perfection", in: *The New York Times Sunday Review*, 2 mar. 2013, disponível em: www.nytimes.com/2013/03/03/opinion/sunday/the-perils-of-perfection.html. Em *To save everything, click here: the folly of technological solutionism* (New York: Public Affairs, 2013), Morozov desenvolve sua hipótese contra a ideia de que, para todo problema humano, existe uma solução tecnológica. A questão fundamental que está em jogo é a natureza de nossa humanidade. "A imperfeição, a ambiguidade, a opacidade, a desordem e a oportunidade de errar, de pecar, de fazer a coisa errada: tudo isso é constitutivo da liberdade humana, e qualquer tentativa concentrada de erradicá-los também erradicará a própria liberdade" (p. xii).

redesenham um mundo *virtual* mais a seu gosto?[50] Uma resposta possível: os contextos de luta, dificuldade e confusão são terreno fértil para o crescimento do discernimento, da apreciação e da sabedoria. Em outras palavras, responder à complexidade do mundo e lutar com o mistério da vida que há nele são pré-requisitos para descobrir a santidade de ambos.

Minha intenção não é negar os diversos benefícios para a saúde humana e para o desempenho que os engenheiros do Vale do Silício nos proporcionaram. Em vez disso, gostaria de perguntar se uma coisa que é ótima também não traz prejuízos significativos. Embora não seja exatamente um exemplo da "armadilha do progresso" que Ronald Wright menciona, em que algo que é uma boa ideia em determinada escala (arco e flecha, por exemplo) acaba por ser uma ideia terrível quando intensificada (um míssil nuclear), será que a proposta sensata de remover algumas frustrações e pontos de atrito da vida (dores ou doenças específicas) não se torna uma má ideia quando aplicada de maneira mais extensa ou indiscriminada (por exemplo, para superar a morte)?

Para que você entenda o que quero dizer, considere como a aplicação da regra de ouro — faça aos outros o que gostaria que eles lhe fizessem — lança uma luz relevante sobre nossa situação. Imagine que, ao se relacionarem com você, as pessoas dissessem querer ter o mínimo de atrito possível. A intenção delas é ir embora no momento em que você agir de maneira frustrante, confusa, pouco cooperativa ou inesperada; ou quando fizer perguntas demais, revelando uma complexidade com a qual elas não conseguem lidar, ou caso você simplesmente se torne um problema para elas. Sua resposta legítima seria dizer que o amor não apenas aceita os outros como eles são, mas também se compromete a explorar e aprender todas as coisas que os tornam seres singulares. Uma das evidências do amor genuíno não é o fato de uma pessoa poder ser amada e abraçada em toda a sua complexidade, limitação e mistério? Se os indivíduos querem ser tratados com amor e respeito, e se almejam um engajamento paciente e solidário, eles não deveriam tratar os outros da mesma forma?

Pedir uma relação livre de atrito é, na verdade, escolher uma superficialidade que beira a falsificação, e não o encontro genuíno. Relacionamentos

---

[50] O desenvolvimento das tecnologias de mundos virtuais explodiu nos últimos anos. Em *Experience on demand: what virtual reality is, how it works, and what it can do* (New York: W. W. Norton & Company, 2018), Jeremy Bailenson, professor de comunicação e diretor do laboratório Virtual Human Interaction da Universidade de Stanford, descreve os diversos benefícios de treinamento, terapêuticos, e de entretenimento que essas tecnologias oferecem, e alguns de seus perigos, como o vício em ficções sedutoras ou mundos violentos, e o risco mais corriqueiro de as pessoas trombarem nas paredes enquanto usam fones de ouvido. "É um meio inteiramente novo, com suas próprias características e efeitos psicológicos singulares, e mudará completamente a forma pela qual interagimos com o mundo (real) ao nosso redor e com outras pessoas [...] A realidade virtual dos consumidores está chegando como um trem de carga. Pode levar dois anos, talvez até dez anos, mas a adoção em massa da tecnologia de realidade virtual (RV), acessível e poderosa, combinada com um investimento vigoroso em conteúdo, vai desencadear uma torrente de aplicativos que tocarão todos os aspectos de nossa vida." (p. 11-2).

profundos exigem tempo e esforço. Exigem atenção pormenorizada e compromisso impassível. À medida que as relações vão se desenvolvendo, torna-se evidente que as pessoas não são apenas instâncias de uma categoria geral, ou engrenagens de uma máquina. Cada uma delas é um ser diferente e em desenvolvimento, que está constantemente navegando seus próprios limites e potencialidades. Uma vez que as pessoas renunciam a essa maneira de construir relacionamentos, é provável que também percam o profundo apreço pelas pessoas com quem convivem. Elas provavelmente serão incapazes de respeitar quem você é porque querem que você seja outra coisa, algo menos frustrante, mais previsível, ou, quem sabe, perfeito.

A perspectiva de criar um mundo "livre de atrito" no qual a fraqueza, a resistência, o atraso e a ambiguidade são removidos é bem atraente. Contudo, e se os compromissos "livres de atrito" com pessoas, coisas e lugares enfraquecerem, e não fortalecerem, nossas relações? E se o desejo compreensível por comodidade e conforto tiver o efeito de reduzir de tal forma a complexidade e o mistério das coisas que passemos a tratá-las sem empatia e, portanto, sem considerá-las dignas de valor?

SEGUNDA PARTE
Voltando aos fundamentos

CAPÍTULO 3

Uma vida enraizada

Na primeira parte deste livro, argumentei que a construção do Antropoceno e o anseio por um futuro transumanista refletem uma profunda insatisfação com a concepção do mundo e de nossa vida. Daí a necessidade de reimaginar e remodelar ambos. Meu objetivo não foi argumentar contra todos os esforços para o aperfeiçoamento do mundo e de si mesmo; em vez disso, foi sugerir que esses esforços, quando não são devidamente considerados e avaliados, podem ter o efeito de violar e minar as realidades que pretendem melhorar. O resultado é um mundo ferido que se torna inabitável, ou seja, um mundo no qual os defeituosos seres humanos se tornam obsoletos.

Neste capítulo e no próximo, volto minha atenção para articular o caráter inescapavelmente corporificado e simbiótico da vida, e para apresentar os complexos contextos ecológicos e sociais que devem direcionar quaisquer tentativas de aperfeiçoamento que façamos. Os esforços para melhorar a vida estão equivocados e se tornam perigosos quando não se atentam nem respeitam as condições de possibilidade que tornam viável nossa vida compartilhada. Quando pensamos em aperfeiçoamento, devemos, portanto, considerar também de que forma esse esforço influencia os contextos mais amplos nos quais ele será realizado. É claro que é impossível antecipar todos os efeitos de nossas ações, tanto os benéficos como os prejudiciais. Na maioria das vezes, isso se deve ao fato de as parcerias da vida serem muito mais complexas do que qualquer um de nós pode imaginar. Também nos faltam a visão panóptica,[1] as empatias selvagens e acolhedoras, e o conhecimento onisciente que uma compreensão mais ampla exige. Mesmo assim, devemos pelo menos tentar ser conscientes e atenciosos aos lugares e às vidas que estão implicados em qualquer uma de nossas decisões. Para fazer isso da forma correta, é necessário voltar, vez após vez, para as condições fundamentais que geram e integram a vida humana. Essas condições são importantes de entender não apenas porque

---

[1] Visão que permite ver todos os elementos ou todas as partes de alguma coisa. (N. T.)

iluminam e corrigem nosso pensamento sobre este mundo e a nossa vida. Como veremos, elas nos abrem novas dimensões da vida nas quais uma sensibilidade religiosa encontra ecos.

Criado a partir do solo

De acordo com uma antiga história judaica, a fórmula para a criação de um ser humano é relativamente simples: solo + sopro divino = um ser humano. Há um contexto mais amplo que inclui um jardim, um Deus que cuida desse jardim, o fluir de rios, a chuva, e (por fim) várias plantas e animais. Mas a imagem relevante para ter em mente é que um ser humano é uma variação divinamente gerada da vida do solo. Eis aqui como a história começa:

> Quando o Senhor Deus fez a terra e os céus, ainda não havia brotado nenhum arbusto no campo, e nenhuma planta havia germinado, porque o Senhor Deus ainda não tinha feito chover sobre a terra, e também não havia humano para cultivar o solo. Todavia, brotava água da terra e irrigava toda a superfície do solo. Então, do humus da terra o Senhor Deus formou o humano e soprou em suas narinas o fôlego de vida, e o humano se tornou um ser vivente. Ora, o Senhor Deus tinha plantado um jardim no Éden, para os lados do leste; e ali colocou o humano que formara (Gênesis 2:4b–8).[2]

Nessa cena elementar, um Deus jardineiro — joelhos no chão e mãos na terra — junta e molda o solo em uma forma humana reconhecível, aproxima-o do rosto e então lhe condede ânimo de vida com a respiração divina, boca a boca, narina a narina.

Por que o escritor da história escolheu esse cenário de jardim específico como o lugar para a criação de um ser humano?

A inserção dessa história já no início das Escrituras judaicas e cristãs, e sua designação como uma história da *Criação*, sinalizam sua importância como a definição do contexto para as muitas histórias e os muitos ensinamentos que se seguem. Aqui, os leitores são apresentados aos *poderes primordiais* que colocam e mantêm o mundo em movimento. Aqui, eles são direcionados para algumas das *relações essenciais*, o que poderíamos também descrever como as dependências fundamentais e os contextos inescapáveis que constituem a vida de cada pessoa. Uma vez que as pessoas estudem essa história fundamental e contemplem seus elementos e movimentos — essa é a aposta subjacente —,

---

[2] Robert Alter, *The five books of Moses: a translation with commentary* (New York: W. W. Norton & Company, 2004), p. 21.

terão sua vida iluminada. Outras histórias se desenvolveram em relação a esta, e as pessoas foram aconselhadas a voltar a ela repetidas vezes porque os judeus antigos e as gerações seguintes acreditavam que ela continha percepções essenciais para o modo pelo qual as pessoas deveriam tentar viver.

Devemos acreditar neles? Depende muito do que imaginamos que essa história da Criação está tentando transmitir. Ela existe como um relato de testemunha ocular a respeito de "onde tudo começou", ou é uma descrição científica de "como tudo começou"? Por diversas razões, ambas as abordagens fazem pouco sentido. Para começar, é impossível que um ser humano observe e reconte os eventos do surgimento da humanidade. Se uma pessoa pudesse fazer isso, ela existiria antes mesmo que viesse a existir. Além disso, o objetivo das histórias da Criação não pode ser descrever a mecânica por meio da qual as criaturas surgiram porque o que está em jogo é a possibilidade da própria atividade mecânica em si. Por isso, teólogos como Agostinho argumentaram que a "ação" criativa de Deus é eterna, "antes" e "além" de qualquer tempo, lugar ou processo em particular.[3] Enquanto a criatividade humana depende da modificação de criaturas e lugares já existentes, a criatividade de Deus é fundamentalmente diferente pois diz respeito a estabelecer as condições nas quais as criaturas podem efetuar qualquer coisa. Como elaborarei na terceira parte deste livro, Deus não é simplesmente uma causa inicial em uma série de relações de causa e efeito, nem uma causa especial dentro deste esquema, uma vez que isso o reduziria a um ser finito. Deus não é mais um item — não importa quão grande e poderoso — dentro no mundo que ele cria. É melhor pensarmos nele como o "poder" primordial e inescrutável que abre o tempo e o espaço para que a vida diversa, fértil e fecunda das criaturas possa surgir e se desenvolver.

Isso significa que, em vez de ser uma descrição jornalística ou científica de uma série de acontecimentos ocorridos há muito tempo, essa história da Criação é mais bem interpretada para comunicar o significado e o valor deste mundo presente e da vida nele contida. Embora as histórias da Criação costumem falar de origens, a origem cronológica não é a mais importante. Em vez disso, as histórias levam os leitores e ouvintes para as condições originárias e em curso, o que também poderíamos chamar de fontes nutritivas e conexões vitais, que diariamente inspiram e sustentam a vida. Caracterizadas dessa

---

[3] No livro XI de Confissões, Agostinho enfatiza que a criatividade de Deus é totalmente diferente da nossa porque nós agimos dentro do tempo e do espaço, enquanto Deus não está restrito a eles. Como criador do tempo, Deus não exerce a criação das coisas dentro de um fluxo temporal de acontecimentos. Da mesma forma, como criador de todos os lugares, Deus não exerce o ato de criação ao manipular os elementos que são encontrados em lugares específicos. "A maneira, ó Deus, que fizeste o céu e a Terra não é que os fizeste no céu ou na terra [...] Tampouco fizeste o universo dentro da estrutura do universo. Não havia lugar onde fosse feito antes que tu o trouxesses à existência" (XI, p. 7, 225).

forma, essas histórias são de grande relevância contínua e prática porque lembram as pessoas, em formas narrativas sucintas e memoráveis, dos processos e relações essenciais da vida. As histórias da Criação são importantes porque ajudam as pessoas a discernir se a vida delas é importante, e de que maneira.

O que, então, essa história da Criação judaica quer que as pessoas conheçam e lembrem? Em *primeiro* lugar, embora os seres humanos sejam livres para se deslocar e ser a sua espécie de criatura, eles não deixam de ser nascidos do solo e a ele ligados. As criaturas emergem da terra, tiram dela seu alimento diário e, após a morte, voltam a ela: "Com o suor do seu rosto, você comerá o seu pão, até que volte à terra, visto que dela foi tirado; porque você é pó e ao pó voltará" (Gênesis 3:19). As pessoas, poderíamos dizer, são basicamente uma variação do solo que se move nas formas específicas que identificamos como humanos. Em *segundo* lugar, os seres humanos não se relacionam com o solo apenas de vez em quando, ou conforme seja (esporadicamente) necessário. Eles *são* solos moldados para ter as formas e os poderes que definem uma vida humana. Como tal, a vida do solo é algo que continua a circular dentro deles. Na língua hebraica, essa verdade está imbuída no termo que define um ser humano (*adam*) e no termo que define a terra (*adamah*). Embora a experiência da locomoção predisponha as pessoas a pensar que estão acima ou separadas do solo, sentidos como o tato e o paladar lembram-lhes que nunca podem se separar totalmente ou presumir uma existência única ou independente do solo. O ser humano depende sempre, para sua vida, da fertilidade e da fecundidade da terra, a qual, por sua vez, depende do sopro de Deus para seu surgimento. *Terceiro*, o ser humano não é simplesmente colocado no jardim por Deus. *Adão* também é instruído a "cuidar dele e cultivá-lo" (Gênesis 2:15), sugerindo que o trabalho de cuidar do jardim, além de contribuir para a alimentação humana e para o prazer estético, é essencial para a compreensão de si mesmo e do mundo. É por meio do estudo da vida do solo, de suas vulnerabilidades e possibilidades, e da atenção à vida e à morte que dela entram e saem, que os seres humanos sabem quem são, onde estão e *como* devem viver.[4]

Longe de ser antropocêntrica, trata-se de uma história em que o solo é o meio central mediante o qual a diversificada vida vegetal e animal vem à existência e é regulamente nutrida. Assim como os seres humanos são formados a partir do solo, também Deus capacita o solo para que dele nasça "todo tipo de

---

[4] Em *Scripture, culture and agriculture: an agrarian reading of the Bible* (New York: Cambridge University Press, 2009), Ellen F. Davis fornece uma correção necessária para a afirmação de que essa história é antropocêntrica. Não. Sendo um povo agrário, os judeus antigos entendiam que a terra vem em primeiro lugar. Por isso Davis argumenta que devemos traduzir Gênesis 2:15 desta forma: "e YHWH Deus tomou o humano e o colocou no Jardim do Éden para trabalhar e servi-lo, para preservá-lo e observá-lo" (p. 30). As pessoas têm de servir às necessidades do solo, porque, na saúde e na prosperidade deste, as pessoas encontram as próprias saúde e prosperidade. No entanto, não podem servi-lo adequadamente se não tiverem aprendido primeiro a ser aprendizes que o observam e o estudam cuidadosamente.

árvores agradáveis aos olhos e boas para alimento. E no meio do jardim estavam a árvore da vida e a árvore do conhecimento do bem e do mal" (Gênesis 2:9). A vida não é um poder ou uma propriedade interna dos seres humanos. Em vez disso, é algo que eles devem receber e alimentar diariamente. Eles devem olhar para as árvores, aproximar-se delas, provar e digerir seus frutos, e lembrar que a fonte de sua vida está profundamente enraizada no solo.[5] As árvores, poderíamos dizer, são as regulares lembranças visuais, táteis, olfativas, auditivas e nutritivas de um enraizamento compartilhado no solo e de uma dependência compartilhada no poder divino que gera tudo.

O que dizer acerca dos animais? Eles também são criados a partir do solo: "Depois que formou da terra todos os animais do campo e todas as aves do céu, o Senhor Deus os trouxe ao homem para ver como este lhes chamaria; e o nome que o homem desse a cada ser vivo, esse seria o seu nome" (Gênesis 2:19). Deus não cria animais para que *Adão* tenha algo para olhar ou controlar. Os animais são criados porque o ser humano não pode viver uma vida plena sozinho.[6] Eles são criados com o potencial de estar com os seres humanos, de forma que apoiem e fortaleçam a vida deles. "Então o Senhor Deus declarou: 'Não é bom que o homem esteja só; farei para ele alguém que o auxilie e lhe corresponda'" (Gênesis 2:18). É tentador pensar que dar nomes aos animais é a maneira de *Adão* dominá-los. Não. Nomear é a maneira de *Adão* discernir a melhor forma de se relacionar com cada animal. Este animal, em particular, será um "amigo" ou "inimigo", "estranho" ou "familiar"? A única maneira do ser humano conhecer é entrar em relação com algo, pois, a partir dessa experiência, ele pode descobrir as características e a maneira de ser desse algo. No decurso do estudo e do envolvimento, *Adão* discernirá se algum deles será um valioso "ajudante" ou "parceiro" (traduções alternativas de *'ezer kenegdo*), talvez até mesmo um "aliado" para a vida. Antes que o parentesco

---

[5] William Bryant Logan argumentou que "houve apenas duas versões do mundo: o mundo feito com madeira e o mundo feito com carvão e petróleo. Um durou entre doze e quinze milênios; o outro durou cerca de 250 anos até agora". A maioria das pessoas que vivem neste último esqueceu-se da importância das árvores para o funcionamento cotidiano das sociedades humanas. "Tudo o que significa ser humano foi definido em madeira e por meio dela: a casa e a cidade, o vagão e o arado, o navio e a camisa, os correios e a pista de dança, a caneta e a janela, a banheira e o barril, a garrafa de vinho e o cálice, os reinos de deuses e demônios, os símbolos da fertilidade e de morte" (*Oak: the frame of civilization* [New York: W. W. Norton & Company, 2005], p. 21). Mas não é apenas seu uso para os seres humanos que importa. As árvores e as plantas, por si sós, testemunham uma complexidade e uma profundidade de vida que as pessoas mal começam a compreender agora. Em seu romance *The overstory* (New York: W. W. Norton & Company, 2018), Richard Powers abre sua maravilhosa exploração do significado das árvores com as seguintes palavras: "*Esse é o problema com as pessoas, o problema-raiz. A vida passa ao lado delas, e elas não veem. Bem perto, bem ao lado. A vida gera o solo. Gera o ciclo da água. Faz o intercâmbio de nutrientes. Produz o clima. Constrói a atmosfera. Alimenta, cura e abriga mais tipos de criaturas do que as pessoas podem contar*". Se as árvores pudessem falar, diriam: "Se a tua mente fosse apenas uma coisa ligeiramente mais verde, te afogaríamos em significado" (itálico original, p. 4).

[6] As Escrituras hebraicas são claras ao afirmar que os animais não existem apenas para aliviar a solidão humana. Como um exemplo, Jó aprende em um longo discurso de Deus (Jó 38—41) que o Senhor se deleita na integridade e beleza de todos os animais, selvagens e domésticos, e até mesmo aqueles que podem prejudicar as pessoas.

com outros seres humanos seja alcançado, ou mesmo apresentado como uma possibilidade, *Adão* deve primeiro explorar as possibilidades de afinidade com os animais.

O desenrolar dessa história, seu cenário e elenco visa claramente situar as pessoas em uma vasta e dinâmica comunidade de vida. Esse grupo desafia uma descrição precisa ou completa. Hans Jenny, um dos grandes cientistas do solo do século 20, acreditava que nos faltavam os conceitos para dar nomes e explicar o que se passa no solo sob nossos pés. Onde, por exemplo, termina o abiótico e começa o biótico? O solo é algum tipo de organismo, ou apenas um recipiente para organismos? Após décadas de estudo, ele concluiu que as atitudes adequadas são a humildade e a reverência perante ele. Mais recentemente, Dan Richter e Dan Yallon argumentaram que o estudo dos solos requer uma grande mudança de paradigma, porque o conceito dos solos e a forma pela qual eles alcançam as características variáveis que exibem não podem ser reduzidos a alguns centímetros de profundidade superficial. Devem-se considerar os estratos que atingem profundamente a subsuperfície do solo, juntamente com as longas histórias de vida vegetal e do clima ficam acima dele. Quando a habitação animal e humana é adicionada como ingredientes-chave em uma mistura de solo, a complexidade é impossível de ser administrada na prática.[7]

Estar em um jardim — grande ou pequeno, rural ou urbano — enraizado no solo, com plantas e animais, não é simplesmente habitar um lugar organizado ou pitoresco. Antes, é estar diante de lugares e processos que muitas vezes desafiam nossa compreensão. É também ser lembrado regularmente que um ser humano é auto*in*suficiente e, em boa parte dos casos, impotente e impaciente. As pessoas precisam de cuidados e ajuda. Precisam oferecer ajuda aos outros; precisam estar *com* os outros nos diferentes modos de plantar, capinar, nutrir, proteger, cozinhar, desenvolver e comer, se quiserem saber quem são e o que devem fazer com sua vida. Por isso os jardins são cenários fundamentais para compreender o que é um ser humano.

A história do Jardim do Éden tem o objetivo de fazer com que as pessoas olhem para baixo e ao redor, e não para cima e para longe; e também que se ocupem de compreender e sustentar as fontes de vida que as sustentam. Conforme a história continua (no tempo da construção da Torre de Babel), torna-se claro que um de seus principais objetivos é alertar as pessoas para a tentação de querer subir aos céus, acima de uma vida interdependente e ligada ao solo, e assumir uma existência autônoma e etérea que se distancia do solo. Os seres humanos não são deuses, mas criaturas, o que quer dizer que as fontes

---

[7] Dan Richter & Dan Yallon, "The changing model of soil' revisited", *Soil Science Society of America Journal*, 76 (maio 2012), p. 766-78.

da vida deles não lhes são internas, mas vêm de fora, como dádivas. As pessoas são seres enraizados, finitos, carentes e dependentes, e extraem sua inspiração, seu sustento e sua realização do poder divino e gerador que se move por meio do solo e em toda a criação. Repudiar essa vida enraizada, recusar-se a lhe oferecer a devida atenção e o cuidado necessário, ou ansiar por fugir dos limites e possibilidades do solo, é fazer um convite às múltiplas formas de *des*graça. Trata-se, quem sabe, de se precipitar a uma espécie de morte.

Alicerçado na terra

A sensibilidade e a solidariedade que estão em jogo nessa história não são exclusivas dos antigos judeus de origem agrária. As sociedades indígenas e agrícolas em todo o mundo e pertencentes a diversos períodos compreenderam, já faz muito tempo, que os elementos materiais necessários para uma vida — alimentos sólidos e líquidos, medicamentos, fibras, energia, materiais de construção — provêm da terra e dos múltiplos biomas que ela abriga. Por isso as diretrizes práticas do cotidiano de caçadores, coletores, pescadores e agricultores estão constantemente ligadas ao solo. Os caçadores devem ajustar seu corpo aos *habitats* e movimentos dos animais que esperam caçar.[8] Os coletores devem ter conhecimento detalhado das estações e dos ciclos de vida das plantas se quiserem encontrar os frutos da terra antes que outras criaturas o façam. E os agricultores devem ajustar suas expectativas ao que é recomendado pela terra, desenvolvendo as competências para trabalhar com essa terra e suas criaturas, se quiserem cultivar um local durante muito tempo. A falta de uma compreensão meticulosa de como e quando a terra produz não é apenas um convite à fome e ao sofrimento pessoais. Também pode acelerar o colapso de uma cultura, como, por exemplo, quando civilizações antigas degradaram as terras das quais suas economias dependiam. A terra não é simplesmente um território; é a fonte diária e direta de subsistência, razão pela qual faz sentido caracterizar os seres humanos como nascidos do solo e ligados ao solo.[9]

---

[8] Em *Affluence without abundance: the disappearing world of the bushmen* (New York: Bloomsbury, 2017), James Suzman refere-se às práticas de caça de um homem da floresta Kalahari chamado /l!ae como um diálogo contínuo e detalhado com o lugar e seus animais. Para obter sucesso, /l!ae tinha de conhecer as idiossincrasias de cada animal, sua dieta, hábitos, comportamentos e formas de criar seus filhotes. Ele tinha de saber "ler os sinais e inferir sua disposição, as circunstâncias e as intenções de seu criador" para rastrear um animal (p. 167). /l!ae tornou-se tão íntimo de seu lugar que, onde Suzman via apenas alguns sinais indefinidos, /l!ae poderia fornecer descrições detalhadas dos movimentos e motivações de um animal. "Ele explicava para onde eles estavam indo e a razão, o que estavam fazendo e onde estavam. Dizia-me o sexo, o tamanho e se estavam saudáveis, famintos, nervosos ou agitados" (p. 169).

[9] Ao destacar a relevância da terra, minha intenção não é negar a importância dos oceanos para o florescimento humano, tampouco desconsiderar o papel que os oceanos desempenharam e continuam desempenhando na autocompreensão de uma cultura. Sylvia Earle é uma das várias biólogas marinhas pioneiras que defendeu maior consciência da importância dos oceanos. Veja mais sobre isso em *The world is blue: how our fate and the ocean's are one* (New York: National Geographic, 2010) [edição em português: *A Terra é azul* (São Paulo: SESI, 2017)].

Ser nascido do solo e estar a ele ligado significam que as pessoas não vivem simplesmente *sobre* a terra, como se fossem itens sobre uma mesa. As relações são mais íntimas e mais essenciais que isso, porque a terra constitui e se move constantemente através delas, em diferentes formas de energia e nutrição. Falando do povo ojibwe, que vivia na região dos lagos ao norte de Minnesota e ao sul de Ontário, Louise Erdrich escreve: "Ao mesmo tempo, todos os que viviam perto do lago eram essencialmente feitos do lago. Uma vez que as pessoas dependiam dos peixes, dos animais, da água do lago e das plantas aquáticas para tratamentos medicinais, eram literalmente, célula por célula, compostas pelo lago e pelas ilhas do lago". Como tal, o povo ojibwe não entendia estar vivendo no lago, mas, como os ancestrais da tribo descreviam, via a si mesmo *"como sendo as próprias ondas no lago"*.[10] Ao falarem dessa forma, essas pessoas comunicam de forma poderosa que sua identidade, com as condições favoráveis para quaisquer possibilidades que realizem na vida, estão inextricavelmente unidas aos movimentos do lago. A vida do lago e a vida do povo estavam inextricavelmente interligadas, e os muitos pontos de interconexão eram diariamente reforçados enquanto as pessoas colhiam arroz, pescavam esturjão, caçavam, colhiam ervas e navegavam em canoas de uma região para outra.

Em seu ensaio "A native hill" [Uma montanha nativa], Wendell Berry nos concede outra descrição do que significa viver *da* terra e *a partir da* terra, e não apenas *na superfície* da terra. Para contemplar a diferença, deve-se distinguir entre uma relação concomitante com a terra e uma relação de compromisso com ela. De forma concomitante, um lugar funciona principalmente como uma plataforma ou um palco para as pessoas realizarem seus sonhos. A terra em si não é percebida como a condição necessária para a própria vida. Como tal, é menos provável que seja vista como preciosa ou sagrada, tampouco provavelmente suscitará a atenção e o cuidado necessários à sua sustentação, razão pela qual os agricultores e colonizadores, depois de explorarem e gastarem mal um campo ou uma floresta, eram capazes de simplesmente se mudar para outro lugar. A maioria dos europeus não veio a essa "nova" terra para estudá-la e dedicar-se a cuidar dela. Com demasiada frequência, eles vieram atrás de minério e exploravam-na para seu enriquecimento, recorrendo, muitas vezes, a meios destrutivos e violentos. A história mostra que não é necessário ser maldoso para danificar um lugar. A falta de sabedoria e moderação, ou a falta de atenção e empatia, costumam ser suficientes.

Tudo muda, no entanto, quando um indivíduo se compromete a ser um membro provedor de um lugar, trazendo dedicação, afeto e destreza para

---

[10] Louise Erdrich, *Books and islands in Ojibwe country* (New York: HarperPerennial, 2014), p. 27.

o trabalho de promover a fertilidade e a fecundidade que já existem ali. O segredo, diz Berry, é querer ser nativo de um lugar, trabalhando para entender onde se está, e, mediante esse entendimento, chegar ao reconhecimento dos limites e possibilidades de um lugar e das suas próprias dependências e responsabilidades, pois é apenas nas bases da intimidade que as pessoas podem desenvolver o conhecimento profundo de que precisam para viver no lugar no qual se encontram sem destruí-lo.

Quando Berry decidiu dedicar o resto de sua vida à própria localidade, houve uma mudança profunda em sua percepção e em seu sentimento:

> Agora, comecei a ver as verdadeiras abundância e riqueza desse lugar. Percebi ser inesgotável em sua história, nas particularidades de sua existência, em suas potencialidades. Passei por esse lugar olhando-o, ouvindo-o, cheirando-o e tocando-o, e senti-me vivo como nunca. Ouvi atentamente, como nunca, o que diziam meus familiares e vizinhos, compenetrado no conhecimento deles acerca do lugar e na qualidade e intensidade do que diziam. Mergulhei no aprendizado do nome das coisas — as plantas e os animais selvagens, os processos naturais, os lugares específicos — e na articulação de minhas observações e memórias. Minha linguagem aumentou e se fortaleceu, e levou minha mente para dentro do lugar como um sistema vivo de raízes.[11]

Ouvindo a história de sua localidade, aprendendo o nome das criaturas, observando e servindo à terra — todas essas disciplinas em conjunto enraizaram Berry no solo para que ele pudesse agora dizer: "Passei a me ver crescendo a partir da terra como os outros animais e plantas nativas. Vi meu corpo e meus movimentos diários como breves articulações coerentes da energia do lugar, que voltariam a cair nele como folhas no outono".[12] Essa não é uma conclusão romântica, porque Berry entende que as energias de um lugar incluem histórias de violência e sofrimento. Mas é uma consciência essencial que abre a inusitada possibilidade de estar em paz com o lugar onde ele se encontra.[13]

---

[11] Wendell Berry, "A native hill", in: *The art of the commonplace: the agrarian essays of Wendell Berry*, org. Norman Wirzba (Washington: Counterpoint, 2002), p. 7.
[12] Ibidem.
[13] "Às vezes já não consigo mais pensar na casa, no jardim ou nos campos limpos. Eles têm demasiada semelhança com nossa história humana fracassada — digo isso porque ela nos conduziu a esse presente humano, que é amargura e sofrimento. E então eu vou para a floresta [...] Sinto que a minha vida toma seu lugar entre as muitas vidas — as árvores, as plantas de época, os animais e as aves, a vida de todos os vivos e dos mortos — que são e foram necessários para fazer a vida da terra. Sou menos importante do que pensava; a raça humana é menos importante do que pensava. Alegro-me com isso. Minha mente perde seus ímpetos, sente a própria natureza e se liberta. A floresta cresceu aqui no próprio tempo, e por isso vou viver, sofrer e regozijar-me, e morrer em meu próprio tempo. Não há nada que eu possa esperar decentemente que eu não possa obter tanto pela paciência como pela ansiedade [...] Desejo ser tão pacífico quanto minha terra, que não pratica violência, embora tenha sido palco e vítima de violência." (ibidem, p. 24-5).

Relativamente poucas pessoas hoje podem afirmar que têm uma identificação de trabalho com a terra.[14] Em parte, isso ocorre porque a maioria das pessoas agora compra as necessidades da vida. As pessoas não têm, por exemplo, uma relação direta ou diária com a caça, a colheita ou o cultivo de seus alimentos e, portanto, não têm uma admiração minuciosa dos processos biológicos que associam, de maneira radical, aquilo que comem e o seu próprio corpo ao solo. Também não precisam refletir muito sobre a energia e as matérias-primas que financiam suas empresas. Hoje, lojas, sites, concessionárias de água e luz, trabalhadores migrantes e braçais, centros de distribuição, cabos e oleodutos subterrâneos, acordos comerciais internacionais, cadeias globais de abastecimento — todas as etapas da economia anônima que esconde a história que fundamenta aquilo que se concretiza em existência —, tudo isso fornece as necessidades da vida de forma ilimitada e fácil. Os sistemas de entrega, além de trazerem à porta praticamente tudo o que se precisa para viver, também tornaram a vida mais conveniente que nunca. O resultado disso? Uma vez que as pessoas abandonaram as formas de trabalho físico que antes ajustavam o corpo delas aos ritmos da vida do solo, das plantas e dos animais, as necessidades do corpo e as conexões com a terra, embora *essenciais e invariáveis*, foram obscurecidas e esquecidas.

Não é necessário ver tudo isso como um desenvolvimento sombrio. O crescimento das economias globais de consumo e industriais claramente produziu múltiplos benefícios para muitas pessoas: melhoria dos cuidados de saúde, aumento das escolhas dos consumidores, maiores oportunidades educacionais, aumento da produção alimentar, uma infraestrutura energética bastante confiável, oportunidades de viagens e os múltiplos confortos e conveniências para a casa. Também não devemos caracterizar como maliciosas as pessoas que vivem uma vida menos enraizada, especialmente quando reconhecemos a maneira pela qual os sistemas educacionais, os locais de trabalho e os ambientes construídos promovem várias formas de distanciamento da terra. As pessoas, em sua maioria, simplesmente têm pouca necessidade prática de cavar, produzir pastagem para o gado, fertilizar, regar, remover ervas daninhas, podar, colher, observar ou proteger a terra em que se encontram. Sem que haja culpa pessoal ou escolha própria, as telas de computador, televisão e telefone substituíram a terra como o meio pelo qual muitas pessoas agora produzem, navegam e ganham a vida. Mas e se as pessoas cavassem a terra para estudar minuciosamente o que há nela, o que aprenderiam?

---

[14] É importante destacar que a questão essencial não é a localização física, mas os hábitos do ser. Não se deve presumir, por exemplo, que, se alguém vive no campo, essa pessoa tem uma identificação de trabalho com a terra e que, se alguém vive na cidade, não tem tal identificação. Hortas em casas e apartamentos, desenvolvimento de espaços verdes e jardins comunitários ou em terraços são apenas alguns dos sinais de uma agricultura urbana vibrante que permite às pessoas fomentar a imaginação agrária, mesmo estando longe dos campos e das fazendas.

Os recentes desenvolvimentos científicos revelam que a dependência humana da terra é ainda mais crucial do que se pensava anteriormente. Os geomorfologistas e os agrônomos, por exemplo, estão nos ajudando a ver que não é ingênuo ou supersticioso afirmar que os seres humanos são uma variação da vida do solo. Por quê? Porque o solo é muito mais complexo e profundo do que a maioria das pessoas imagina. Em vez de ser simplesmente uma superfície ou plataforma sobre a qual as pessoas encenam os muitos dramas da vida pessoal e social, o solo penetra íntima e profundamente na fisiologia de cada corpo vegetal e animal. O solo não é terra inerte. É um entrelaçamento em malha indescritivelmente complexo de comunidades microbiológicas que, em suas interações com minerais, água, matéria orgânica e ar, produzem as condições para a vida terrestre. As pessoas não se alimentam simplesmente *do* solo, como se escolhessem itens de uma prateleira de loja. Uma descrição mais precisa é dizer que as pessoas encontram sustento *dentro* do solo, sendo alimentadas *por* ele, porque as comunidades microbiológicas dentro do solo também estão dentro de nosso corpo, promovendo a digestão, o crescimento, o reparo dos tecidos e a defesa imunológica. No momento em que as pessoas deixam de participar dos processos microbiológicos que se originam no solo e se estendem por todo o corpo vivo, elas morrem. Em outras palavras, nossa participação na vida complexa do solo não é facultativa nem esporádica, mas necessária e contínua.

Uma vez que entendemos a vida como nossa participação em um mundo microbiológico insondavelmente vasto, surge uma imagem radicalmente diferente do que é um ser humano. Nas palavras do geomorfólogo David Montgomery e da bióloga Anne Biklé:

> O corpo humano é um ecossistema vasto. Na verdade, é mais como um planeta inteiro com uma rica paleta de ecossistemas [...] Do ponto de vista de um micróbio, é como se eu fosse uma treliça viva e duradoura — por dentro e por fora — na qual inúmeros desses microorganismosse agarram, escalam e se desenvolvem. Para cada uma de minhas células, tenho pelo menos três células bacterianas. Elas vivem por toda parte e dentro de mim — em minha pele, nos pulmões, na genitália, nos dedos dos pés, cotovelos, orelhas, olhos e intestino. Eu sou a pátria delas [...] Não sou quem eu pensava ser. E você também não é. Somos todos um conjunto de ecossistemas para outras criaturas.[15]

Alguns cientistas pensam que a descoberta da vida microbiológica prenuncia uma revolução na compreensão do indivíduo e do mundo que rivaliza com as

---

[15] David R. Montgomery; Anne Biklé, *The hidden half of nature: the microbial roots of life and health* (New York: Norton & Company, 2016), p. 126.

descobertas de Charles Darwin. Se Darwin claramente nos ajudou a entender que a vida de nossa espécie está profundamente enraizada e é o efeito de longos processos evolutivos, os pesquisadores de microbiomas estão nos ajudando a entender que a intensidade e a intimidade das relações simbióticas que envolvem humanos e outras criaturas excedem nossa imaginação mais criativa. Os cientistas estimam que os micróbios representam metade do peso da vida na Terra, sendo essenciais para quase todos os processos vitais que conhecemos. Contudo, foi necessária a invenção relativamente recente dos microscópios para sabermos que eles existem. O que os micróbios nos ensinam é que a visão darwiniana de que a evolução desenvolve a espécie por meio da competição entre os indivíduos está longe de ser correta. Muito mais fundamentais são as relações de cooperação e coexistência, um processo que Lynn Margulis chamou de "simbiogênese" e que está no cerne de qualquer forma de vida. Nenhuma criatura viva é uma coisa única e individual. Para que qualquer criatura "seja", deve sempre "tornar-se algo com" os outros e, assim, perpassar caminhos simbióticos que sempre se miscigenam em um complexo estonteante de criaturas, grandes e pequenas, por todos os lados.

A simbiogênese revela um mundo no qual é muito mais difícil sustentar a ideia de que os seres humanos são tipos de seres claramente diferentes, independentes e dissociáveis. Embora possamos reivindicar para nós um senso de individualidade, a verdade fundamental sobre qualquer corpo vivo é que ele já é uma comunidade de seres ou, mais exatamente, várias comunidades de seres de que participamos, ao mesmo tempo que outros participam de nós. Essa constatação problematiza os esforços para isolar ordenadamente as criaturas em categorias diferentes. Margulis argumenta: "Os seres vivos desafiam a definição purista. Lutam, alimentam-se, dançam, acasalam, morrem. No alicerce de toda a diversidade das grandes formas de vida que conhecemos, é a simbiose que gera a novidade".[16] Formas conhecidas da vida multicelular se desenvolveram quando as células fixaram residência em outras e não morreram nesse processo. Eles aprenderam a viver entre si e dentro deles, principalmente alimentando-se uns dos outros sem se destruírem no processo. Com o tempo, a coabitação tornou-se cada vez mais complexa, gerando a diversidade de criaturas que vemos hoje. Os "indivíduos" que surgiram, no entanto, nunca permanecem sozinhos. Eles vivem apenas porque se movem em um mundo simbiótico e participam de processos indescritivelmente complexos de simbiogênese.

Quando indagada sobre uma definição de vida, Margulis diz que "a vida é bactéria", porque cada organismo, se não é ele próprio uma bactéria viva,

---

[16] Lynn Margulis, *Symbiotic planet: a new look at evolution* (New York: Basic Books, 1998), p. 9 [edição em português: *Planeta Simbiótico* (Rio de Janeiro: Rocco, 2001)].

é oriundo de bactérias e de suas várias fusões. "As bactérias povoaram inicialmente o planeta e nunca abriram mão de seu domínio."[17] Todos os seres vivos dependem do trabalho de metabolização que as bactérias realizam. Sem bactérias, os vários processos de crescimento e decomposição que circulam constantemente pelo solo, incluindo fotossíntese, ciclo de carbono, digestão e decomposição, não poderiam ter existido. Essa não é uma imagem pura e organizada da vida. Ela é confusa, muitas vezes incompreensível e perturbadora, porque boa parte depende da luta e do conflito, de comer ou ser o alimento. Como apresentam Montgomery e Biklé, o trabalho que as comunidades microbiológicas realizam no solo para gerar fertilidade e fecundidade "emana do solo para as plantas e os animais, que, após a morte, tornam-se a base para um mundo microbiológico próspero. A vida no solo é o *yin* subterrâneo ao *yang* acima do solo".[18]

Em outras palavras, o que é costumeiro no solo também costumeiro em nosso corpo. Cientistas que trabalham no Human Microbiome Project [Projeto Microbioma Humano], um projeto dedicado a identificar as espécies microbiológicas que vivem em um corpo humano saudável, descobriram que centenas de trilhões de bactérias, com toda a diversidade genética que elas representam, residem dentro de cada um de nós: cem trilhões apenas no trato digestivo! Apenas recentemente, descobrimos que a maioria das bactérias no intestino compartilham uma genealogia semelhante à das bactérias no solo. É por essa razão que Montgomery e Biklé argumentam que faz sentido ver o solo e o intestino como universos paralelos, com fios de vida microbiológica que ligam os dois.

> Se virássemos a raiz de uma planta do avesso, a rizosfera e os demais elementos, veríamos que é como o trato digestivo [...] A biologia e os processos que ligam o solo, as raízes e a rizosfera refletem os do revestimento da mucosa do intestino e do tecido do sistema imunológico [...] Mas o fio condutor que liga o intestino e a raiz é ainda mais profundo. Nossos dentes fazem o trabalho de detritívoros[19] do solo, triturando e mastigando a matéria orgânica para torná-la menor, o que permite que outros organismos continuem o processo de decomposição. Os ácidos do estômago funcionam como os ácidos fúngicos no solo, dividindo os alimentos em moléculas absorvíveis. O intestino delgado absorve nutrientes da mesma forma que as raízes das plantas com os nutrientes dissolvidos em água. E o interior do intestino delgado é atapetado com pequenas projeções semelhantes a fios chamados

---

[17] Lynn Margulis; Dorion Sagan, *What is life?* (Berkeley: University of California Press, 1995), p. 90 [edição em português: *O que é vida?* (São Paulo: Zahar, 2002)].
[18] Montgomery; Biklé, *Hidden half of nature*, p. 93.
[19] Segundo o dicionário *Priberam*, é o animal que se alimenta de restos animais ou vegetais. (N. E.)

microvilosidades que aumentam, em muitas vezes, a área de superfície, ampliando consideravelmente a absorção de nutrientes — tal como os pelos radiculares no solo. Na esfera do cólon, como na rizosfera, os micróbios produzem alguns dos metabólitos e compostos mais fundamentais de que seu hospedeiro necessita.[20]

Talvez, no fim das contas, a antiga correlação judaica entre *Adão* e *adamah* não esteja tão longe do alvo. Talvez as pessoas sejam realmente uma variação da vida do solo.

Alguns considerarão inquietante essa caracterização microbiológica dos seres humanos ligada ao solo, especialmente se tiverem sido ensinados e se comprometido com a ideia de que os seres humanos são indivíduos autônomos. Se as pessoas não podem ser o que são sem uma presença microbiológica diversa e saudável, torna-se ainda mais importante salientar as profundezas da insuficiência humana e da dependência de outros. Os seres humanos são permeáveis e vulneráveis, dependendo sempre de outros seres vivos que, inevitavelmente, já habitam dentro de nós. Essa é uma descoberta que gera humildade. Também pode ser aterrorizante porque torna as pessoas suscetíveis a influências que nem sempre são bem-vindas.

O quadro científico da coexistência das criaturas, brevemente descrito aqui, aprofunda o antigo quadro judaico que abriu este capítulo. A vida é sempre *vida em conjunto com* outras criaturas, grandes e pequenas. As pessoas não são deuses independentes que flutuam acima do solo e que, esporadicamente, conectam-se com ele. Em vez disso, são criaturas sempre alicerçadas e enredadas em um número desconcertante de caminhos de simbiogênese. As pessoas têm alguma autonomia sobre a forma pela qual agem dentro desses emaranhados, mas não podem optar por excluí-los por completo. Viver uma vida simbiótica é compreender que o nosso *ser* é sempre uma *existência* caracterizada por dar e receber, tocar e ser tocado, ser aquele que come ou que é digerido por alguém, influenciar ou ser influenciado.

Veja os lírios

Os evangelhos apresentam Jesus como alguém que claramente conhecia e se importava com as plantas. Quando ele procurou maneiras de mostrar o que é e para que serve a vida, falou sobre sementes e videiras. O melhor mundo possível, no qual o amor de Deus é o único poder que gera tudo, é como um pequeno grão de mostarda que, quando plantado, se transforma em uma árvore que pode ser um lar para as aves e seus filhotes (Lucas 13:18,19).

---
[20] Ibidem, p. 244.

Quanto mais cresce, mais acolhedora se torna. Ele também se compara a uma videira na qual as pessoas devem enxertar-se, pois, estando tão intimamente ligadas a ela, elas experimentarão a alegria de viver em seu amor (João 15:1-17). O poder da vida que flui por intermédio dele também deve fluir por meio de seus seguidores porque, quando isso acontecer, fragrância de flores e frutos deliciosos serão o resultado desse processo. Ao demonstrar a importância do cultivo e dos contextos de promoção da vida, Jesus diz que as pessoas são como uma semente que cai no chão. Se o solo for árduo e inóspito, elas não germinarão. Em vez disso, os pássaros virão e as consumirão. Mas, se caírem em solo fértil, bem regado e bem cultivado, não apenas germinarão, mas também produzirão uma abundância de frutos que serão alimento para os outros, e uma profusão de sementes que garantirão a continuação da vida (Mateus 13:1-9). Jesus acreditava que as pessoas não vivem verdadeiramente até aprender a dar a si mesmas ao serviço dos outros e a abandonar o apego ansioso que tenta garantir a vida como um bem em benefício próprio. Para narrar esse movimento desinteressado e autoabnegado, ele escolheu como exemplo a germinação de uma semente: "Digo-lhes verdadeiramente que, se o grão de trigo não cair na terra e não morrer, continuará ele só. Mas, se morrer, dará muito fruto" (João 12:24).

Jesus voltou-se para as plantas porque acreditava que a vida delas ilumina não apenas a nossa vida, mas também, e de um modo um tanto surpreendente, os próprios modos que Deus usa para criar a existência. As plantas não são coisas triviais. Elas são criaturas amadas e abençoadas por Deus, o que significa que não são apenas os *objetos* da atenção e do cuidado de Deus, mas também um *meio* pelo qual Deus cultiva, sustenta o solo e cria a atmosfera com o mundo. As pessoas devem notá-las, até mesmo aprender com elas, porque elas manifestam, em sua existência frutífera e florescente, aspectos da vida divina que pulsa por meio delas.

Algo assim poderia estar passando pela mente de Jesus quando ele disse a seus seguidores:

> Por que vocês se preocupam com roupas? Vejam como crescem os lírios do campo. Eles não trabalham nem tecem. Contudo, eu lhes digo que nem Salomão, em todo o seu esplendor, vestiu-se como um deles. Se Deus veste assim a erva do campo, que hoje existe e amanhã é lançada ao fogo, não vestirá muito mais a vocês, homens de pequena fé? Portanto, não se preocupem (Mateus 6:28-31).

Aparentemente, as pessoas podem ser tão dominadas pela vaidade e a preocupação que se tornam desordenadas e desorientadas, de modo que esquecem quem são em relação a Deus. Ao não confiarem na provisão de

Deus, perdem também a capacidade de viver de forma caridosa e construtiva no lugar em que se encontram e com quem estão. Deixam de se tornar os seres belos e aromáticos que poderiam ser, porque não crescem de um modo que testemunhe o poder de Deus que nelas opera. Em vez de estarem enraizadas em um lugar, extraindo e contribuindo para a vida que existe, assim como as plantas, tornam-se sem raízes e inquietas, muitas vezes prejudicando os lugares e as comunidades dos quais dependem.

A ideia de que as pessoas devem "[olhar] os lírios do campo" e, assim, aprender com as plantas algo sobre o significado de ser humano, provavelmente parecerá ridícula. Por exemplo, se você é moldado pela metafísica e a ciência ocidentais, e se está comprometido com a imagem hierárquica da realidade comunicada na Grande Cadeia do Ser, então é óbvio que as plantas são criaturas humildes, de sofisticação limitada. Elas podem ter capacidades rudimentares de vida, como crescimento e reprodução, mas não exibem poderes animais mais elevados, como a locomoção, e as muitas dimensões do sentimento e do pensamento que distinguem e elevam os seres humanos acima de outras formas de vida.[21] Elas podem nos ensinar pouco sobre nossa humanidade enquanto tal, ou sobre como as pessoas podem viver melhor onde estão.[22]

Devemos rever esse sentimento. Não se trata simplesmente de os cientistas terem concluído que a vida das plantas é muito mais sofisticada do que fomos ensinados a pensar, como, por exemplo, quando respondem à mudança de luz, solo, temperatura e condições químicas e predatórias.[23] Tampouco é apenas uma questão de aprender a apreciar quanto precisamos que as plantas exalem oxigênio, ajudem-nos na produção de produtos farmacêuticos e forneçam

---

[21] Em *On the soul (de anima)*, Aristóteles deu expressão à ideia de que existe uma hierarquia entre os seres vivos baseada nos tipos de poder que exercem. As plantas estão na base, seguidas dos animais e, no topo, os humanos, os quais têm essa posição exaltada porque podem exercer funções vegetais e animais, como crescimento, reprodução, locomoção e algumas formas elementares de cognição, acrescentados os poderes da razão (moral e científica) e da contemplação. Os seres humanos são, portanto, de uma ordem decididamente superior das criaturas. Minha preocupação é a seguinte: se pensarmos que os membros superiores da hierarquia contêm ou abrangem os poderes dos membros inferiores, o que acontece quando esses chamados seres superiores desprezam os inferiores? A "vida" dos seres superiores estará comprometida ou distorcida se os poderes mais fundamentais, como germinação e crescimento, forem esquecidos? Deve-se notar também que Aristóteles instalou uma hierarquia dentro da própria humanidade que elevou os homens gregos/atenienses acima de mulheres, crianças, bárbaros e escravos. Seu esquema hierárquico humano foi rejeitado por muitas pessoas, mas a hierarquia entre os tipos de criaturas requer um novo exame.

[22] Em *Plant theory: biopower & vegetal life* (Stanford: Stanford University Press, 2016), Jeffrey T. Nealon mostra como a recente mudança para o "biopoder" nos discursos filosóficos se estendeu aos animais, mas permaneceu em silêncio sobre as plantas. Há múltiplas razões para esse silêncio, como, por exemplo, a ameaça percebida à soberania humana se as plantas forem levadas a sério; outra é a preocupação de que o posicionamento da humanidade no mundo se torne profundamente problemático se as plantas forem incorporadas na comunidade moral. "Que festivais de expiação, que jogos sagrados teremos que inventar, se o *buffet* de saladas não puder mais funcionar como refúgio ético do resto do cardápio da churrascaria?" (p. 27).

[23] Veja o fascinante tratamento científico dessa questão por Daniel Chamovitz, *What a plant knows: a field guide to the senses* (New York: Scientific American/Farrar, Straus, and Giroux, 2012). Veja também *Brilliant green: the surprising history and science of plant intelligence*, de Stefano Mancuso & Alessandra Viola (Washington: Island Press, 2015).

vários serviços ecossistêmicos, como a estabilização da temperatura, a retenção de água e a captação de carbono.[24] A razão é mais profunda: a partir das plantas, as pessoas podem aprender muito sobre o que significa ser um indivíduo enraizado em um lugar. "A vida vegetal é a vida como exposição completa, em absoluta continuidade e comunhão com o meio ambiente [...] Sua ausência de movimento nada mais é do que a imagem espelhada de sua completa adesão ao que acontece a ela e a seu ambiente [...] As plantas incorporam a conexão mais direta e elementar que a vida pode estabelecer com o mundo."[25] Em outras palavras, as plantas podem nos ensinar coisas essenciais sobre o caráter do mundo no qual se prolifera a vida das coisas criadas e, em sua continuidade e comunhão com o lugar nas quais se encontram, podem nos mostrar como se dá uma existência fértil e vivificante.

Meu objetivo não é reduzir a vida humana à vida vegetal, tampouco negar que os seres humanos apresentam qualidades diferentes das outras espécies. Quero, em vez disso, pedir que abandonemos a arrogância de longa data que domina as pessoas ao afirmar compreender a vida humana sem se referir a outras formas de vida. Em *Braiding sweetgrass* [A maravilhosa trama das coisas], Robin Kimmerer, bióloga e membro da nação potawatomi, apresenta aquela que é a questão primordial do contexto antropocênico atual: o que seria necessário para imaginar um mundo no qual o ser humano e a terra sejam bons remédios um para o outro? O conselho de Robin é que devemos nos voltar para as plantas e os animais, porque, em comparação a eles, somos apenas irmãos mais novos.

> Dizemos que os seres humanos têm menos experiência em relação à forma de viver e, portanto, mais a aprender — devemos procurar professores de outras espécies para nos guiar. Sua sabedoria é evidente na maneira que vivem. Eles nos ensinam por meio do exemplo. Eles estão na terra há muito mais tempo que nós e tiveram tempo de compreender melhor as coisas. Eles vivem acima e abaixo do solo.[26]

Para boa parte das pessoas, esse conselho é quase incompreensível porque a educação ocidental pouco nos encoraja a pensar nas plantas como nossas irmãs, muito menos como irmãs mais velhas e mais experientes, com muito

---

[24] Para um tratamento aprofundado desses serviços, veja *Natural capital: theory and practice of mapping ecosystem services*, org. Peter Kareiva et al. (New York: Oxford University Press, 2011).
[25] Emanuele Coccia, *The life of plants: a metaphysics of mixture* (Cambridge: Polity, 2019), p. 5 [edição em português: *A vida das plantas* (Florianópolis: Cultura e Barbárie, 2018)].
[26] Robin Kimmerer, *Braiding sweetgrass: indigenous wisdom, scientific knowledge, and the teachings of plants* (Minneapolis: Milkweed, 2013), p. 9, 10 [edição em português: *A maravilhosa trama das coisas* (São Paulo: Intrínseca, 2023)].

a nos ensinar. Entretanto, para Kimmerer, rejeitar o parentesco e se recusar a aprender com nossos parentes não humanos estão no cerne da arrogância de espécie que colocou a humanidade e o planeta em tamanho perigo. Nosso orgulho nos tornou cegos para o mundo e para seus processos biológicos, incapazes de perceber as verdades mais básicas sobre a vida. Não deveríamos ficar perplexos e adotar uma postura humilde pelo fato de as plantas (sem custo algum) produzirem alimentos e medicamentos utilizando a luz solar e a água, enquanto nossos métodos industriais (a grande custo) dependem de venenos e da queima de combustíveis fósseis? Não deveríamos ser gratos pelo fato de as plantas floríferas criarem atmosferas perfumadas e frescas, ao passo que muitas de nossas práticas de produção intoxicam e sujam nosso ar? Quando as pessoas pensam que as plantas não merecem uma consideração séria, e depois recusam sua instrução, elas se tornam "deslocadas", solitárias e doentes, incapazes de se sentirem em casa neste mundo e mal preparadas para "fazer crescer o ciclo da cura", que é nossa tarefa mais fundamental.[27]

No primeiro capítulo, argumentei que muitas das culturas dominantes do mundo não têm tido grande sucesso em ensinar sua população a viver de maneira que as pessoas possam nutrir umas às outras. Em vários casos, elas não precisavam porque a mobilidade muitas vezes era uma opção. Por consequência, os sentimentos e habilidades para o *enraizamento* raramente eram cultivados. Embora alguns possam ter permanecido em lugares específicos por um tempo, a história da colonização humana demonstra que, quando as pessoas esgotavam ou degradavam uma região, simplesmente passavam para "pastagens mais verdes" ou para um "território virgem". Os anciãos indígenas eram conhecidos por dizerem que os colonizadores nunca plantaram os dois pés no chão que ocuparam. Eles mantiveram um pé no barco, prontos para passar para o próximo lugar. Não escolheram a perspectiva mais exigente, permanecer em um lugar, resistir à inquietação e trabalhar *com* a terra, aprendendo suas potencialidades e seus limites. Além disso, e de várias formas, as pessoas foram treinadas para celebrar a mobilidade como um sinal de sofisticação cosmopolita. "Ficar parado" é entendido como a exemplificação de um espírito estagnado e provinciano, ou uma recusa acovardada de explorar, experimentar e incorporar o mundo.

---

[27] Ibidem, 212. Kimmerer argumenta que grande parte do nosso adoecimento neste mundo decorre de nossa incapacidade de sentir e expressar amor. Ela nos pede, por exemplo, que consideremos um jardim como um lugar no qual a terra expressa amor por nós, e o trabalho de jardinagem como a forma pela qual as pessoas dão seu amor em retribuição. "Saber que você ama a Terra muda quem você é, e o leva a defender, proteger e celebrar. Mas, quando você sente que a terra o ama em troca, esse sentimento transforma o relacionamento de uma via de mão única em um vínculo sagrado [...] Pergunto-me se boa parte do que aflige nossa sociedade decorre do fato de termos nos deixado separar do amor e da terra. É um remédio para terras destruídas e corações vazios" (p. 124–6).

O contexto atual do Antropoceno nos obriga a reavaliar a falta de enraizamento. Claramente, nem todas as formas de mobilidade são inadequadas, mas, em um mundo mais (humanamente) lotado, no qual não há mais terras "abertas" ou "vazias" para conquistar, as comunidades precisam desesperadamente descobrir como viver de forma harmoniosa e de formas que promovam a fertilidade onde estão. É necessário que compreendam como o imediato endosso à mobilidade, somado ao abandono e a negligência que muitas vezes vem à tiracolo, são um desastre para a Terra e uma diminuição de nossa humanidade, uma vez que impediram as pessoas de adquirir os hábitos de atenção e as competências de cuidado essenciais para viver em um lugar a longo prazo. Em uma época de terras degradadas e comunidades negligenciadas, é essencial manter-se firme e criar raízes e, assim, aprender a viver em lugares de formas mutuamente benéficas para todos os que lá estão. Para esse trabalho doméstico, temos muito a aprender com as plantas e com outras criaturas "selvagens".[28]

Johann Wolfgang von Goethe, o grande escritor e cientista alemão, certa vez chamou as pessoas para uma "imaginação sensorial exata", pois ele acreditava que as conexões profundas entre as pessoas e os organismos do mundo, os tipos de conexões que as motivam a admirar e cuidar do que encontram, estavam se perdendo.[29] As faculdades de percepção tornaram-se obscuras e superficiais no turbilhão da vida moderna. Em vez de prestar atenção aos organismos com paciência e cuidado pormenorizado, as pessoas se apressam em deixá-los para trás, contentes em aceitar as caracterizações empacotadas das coisas que os outros fornecem. A velocidade com que as pessoas se deslocavam pelo mundo tornava muito mais difícil estabelecer uma sintonia empática e um apego às coisas. O resultado: uma coisa costuma ser mais ou menos aquilo que as pessoas esperam ou querem que seja. Quando, porém, isso acontece, há pouca esperança de que ficaremos maravilhados com elas, que sentiremos sua integridade e existência milagrosa, ou que desejaremos cuidar delas.[30]

---

[28] Coloquei "selvagens" entre aspas porque, em vários aspectos, são os humanos que agem de forma selvagem e destrutiva. Wendell Berry deixa isso claro quando escreve: "Quanto a 'selvagens', agora penso que a palavra foi mal utilizada. Quanto mais tempo vivi e trabalhei entre as criaturas não comerciais dos bosques e campos, menos fui capaz de concebê-las como selvagens. Elas estão claramente vivendo sua vida doméstica, encontrando ou fazendo abrigo, recolhendo alimentos, cuidando da sua saúde, criando seus jovens, sempre bem adaptadas aos seus lugares. Elas são muito melhores em domesticidade do que nós, seres humanos industriais. Também, para mim, ficou claro que nos consideram selvagens, e elas têm razão. Nós é que não somos domesticados; somos bárbaros, desenfreados, desordenados, extravagantes e estamos fora de controle. As criaturas são nossos professores naturais, e aprendemos muito pouco com elas. A própria floresta, convencionalmente considerada "selvagem", é, por sinal, pensada e usada como lar pelas criaturas que nela são domesticadas." (Extraído da introdução de *This day: collected and new Sabbath poems* [Berkeley: Counterpoint, 2013], p. xxv.)

[29] Johann Wolfgang von Goethe, *The scientific studies*, The collected Works, vol. 12, org. Douglas Miller, (Princeton: Princeton University Press, 1995), v. 12, p. 46.

[30] Para uma articulação detalhada e profundamente filosófica do que pode ser aprendido pela atenção paciente e comprometida ao lugar — nesse caso, um metro quadrado de floresta antiga —, veja *The forest*

Um dos obstáculos típicos de uma imaginação sensorial exata é a limitação da percepção à superfície das coisas. No caso de uma planta, olha-se para ela por um momento, e não durante toda a sua vida. Desse modo, a única coisa visível é que ela tem uma forma particular que pode ser mais ou menos interessante, e qualidades que podem ser mais ou menos úteis ou saborosas. Quando as plantas são reduzidas a funcionar (se forem mais ou menos bonitas) como cenários ou mobília no mundo, sua capacidade de alegrar e embasar a imaginação se dissipa. Como tal, elas não podem ser o tipo de criatura que merece muito respeito. Sua importância é facilmente redutível à forma pela qual podem ser controladas e adaptadas às economias que as pessoas determinam, ou seja, as próprias plantas — sua integridade e todas as características e propriedades que as tornam seres singulares e vivos — foram ofuscadas.[31]

O encontro genuíno tem início quando as pessoas se abrem à vida e ao mundo de uma planta, mesmo de uma planta doméstica, e permitem que ela tome uma forma complexa na imaginação humana. Trata-se de um exercício paciente que requer atenção intencional e detalhada, que permanece em uma planta por um longo período, para que as muitas formas e processos de sua vida possam ser vistos. Seguindo John Ruskin, devemos dizer que "a verdadeira botânica não é tanto a descrição das plantas, mas, sim, sua biografia".[32] Em um sentido importante, aprender profundamente o que é uma planta requer que uma pessoa se torne um *participante* de sua vida e de seu mundo e, assim, supere a distância e a separação que, de outra forma, a manteriam em um nível de objeto ou abstração. O primeiro movimento nessa posição participativa é o silêncio, pois, como Luce Irigaray observou, "o silêncio é crucial para o ser participante, sem dominação ou sujeição. É a primeira habitação para coexistir em diferença. É, ou cria, um lugar em que, finalmente, podemos ouvir o outro".[33]

Abrir-se a uma planta é perceber que não fomos bem municiados para caracterizá-la como um substantivo-objeto. Elas não são coisas estáticas que existem em bolhas de retroalimentação. São muito mais como locais dinâmicos, ativos e permeáveis para o desenrolar dramático de múltiplos processos de desenvolvimento. Se alguém começa a observar uma semente, perceberá que a vida vegetal tem início no momento em que o invólucro é quebrado e as

---

unseen: a year's watch in nature de David George Haskell (New York: Penguin Books, 2012).
[31] A recente engenharia de instalações para fins agrícolas e farmacêuticos é um excelente exemplo dessa redução utilitária. A concepção das plantas tem mais relação com a satisfação de um objetivo econômico — aparência uniforme, transportabilidade, vida útil — do que com a percepção de características botânicas como aroma e alimento.
[32] John Ruskin, "Proserpina", in: *John Ruskin: selected writings* (Oxford: Oxford University Press, 2004), p. 254.
[33] Luce Irigaray; Michael Marder, *Through vegetal being: two philosophical perspectives* (New York: Columbia University Press, 2016), p. 50.

conexões são feitas com a vida complexa do solo. A semente deve sair de sua casca para que as raízes possam se enterrar profundamente no solo, e os brotos alcançarem o céu. O que se segue é um movimento progressivamente externo, exploratório, de tato, em que as relações com água, minerais, fungos, bactérias, dióxido de carbono, raios de sol e polinizadores podem se desenvolver. O crescimento e a deterioração contínuos da planta, bem como as qualidades que definirão sua vida específica, dependem inteiramente da intimidade, profundidade, amplitude e qualidade das relações que ela consegue desenvolver.

Porque boa parte desse trabalho acontece no subsolo, longe da visão imediata, é fácil subestimar a extensão dessa interação — por intermédio das raízes — entre uma planta e seu solo. James B. Nardi observa que uma única planta de centeio, após apenas quatro meses de crescimento, terá desenvolvido quinze milhões de raízes, e que o comprimento total dessas raízes se estenderá a cerca de 611 quilômetros. A área de superfície do solo que essas raízes tocam é de 237 metros quadrados. Se somarmos a isso os pelos que cobrem cada raiz, então o comprimento total se estende a 11.263 quilômetros.[34] É evidente que a saúde e o florescimento dessa planta de centeio estão correlacionados com a vasta gama de relações e interações bioquímicas que ela pode ter com o solo. Quanto mais a planta se envolver com o solo, mais resiliente será. Quanto mais se abre e se expõe ao solo e ao sol, aos insetos e à atmosfera, aos fungos e aos micróbios, mais se alimenta e mais ajuda pode receber.[35] O enraizamento não indica confinamento. É o meio indispensável mediante o qual a exploração e a descoberta ocorrem, e é a base para a resiliência e a saúde da planta. Uma vez que as raízes se aprofundam, a planta não se limita a extrair do solo. Também dá ao solo em troca, enviando nutrientes que alimentam a vida microbiológica abaixo. Nessa alimentação mútua, a saúde do solo e das plantas é promovida.[36]

Pensar nesse sentido transitivo e verbal nos permite compreender que uma planta viva, muito mais do que *estar em um mundo*, somente pode ser o que é — sem considerar crescimento, reprodução e frutificação — se o mundo à sua volta *já estiver dentro dela*. Com efeito, a forma e as qualidades diferentes de cada planta são reflexo direto do contexto em que se encontra: um solo

---

[34] James B. Nardi, *Life in the soil: a guide for naturalists and gardeners* (Chicago: The University of Chicago Press, 2007), p. 18.
[35] "A folha é a forma paradigmática de abertura: uma vida capaz de ser perpassada pelo mundo sem ser destruída por ele. Contudo, é também o laboratório climático por excelência, o forno que produz oxigênio e o libera para o espaço, o elemento que torna possível a vida, a presença e a mistura de uma variedade infinita de sujeitos, corpos, histórias e seres do mundo" (Coccia, *Life of plants*, p. 28).
[36] "O resultado final é que as interações entre as plantas e a vida no solo — especialmente as bactérias e os fungos das micorrizas — são muito mais complexas do que se imaginava anteriormente. As plantas empurram ativamente os nutrientes para a rizosfera para alimentar micróbios específicos que ajudam a proteger as plantas de agentes patogênicos ou introduzem nutrientes essenciais em suas raízes. Na verdade, todo o microbioma da planta funciona como uma farmácia ecológica para seu hospedeiro, ajudando a manter a corrente da vida em circulação" (Montgomery; Biklé, *Hidden half of nature*, p. 106).

vibrante e saudável refletirá em uma vida vegetal muito mais vigorosa, o que significa que um observador atento pode determinar muito sobre uma biorregião ao examinar a vitalidade de sua vida vegetal. Planta e mundo se interpenetram completamente, e é por isso que, no momento em que se dá o término da relação entre uma planta e seu mundo, a planta morre. Craig Holdrege descreve da seguinte forma:

> Como a planta é um ser aberto e interativo, o mundo com o qual interage também se torna corporificado na forma e na função da planta. Ao se abrir ao que lhe vem do ambiente e se expandir para esse ambiente, ela assume uma relação ativa com o entorno, que depois se torna o ambiente da planta. Lugar não é apenas a "localização" [...] O lugar para uma planta é uma teia de relações que se manifesta por intermédio da vida, da substância e da forma da planta.[37]

Pensar em uma planta mais como um processo (verbo) do que como um objeto (substantivo) não significa que a planta tenha desaparecido. Cada planta tem uma transformação diferente, corporificando estruturas materiais e processos inteligentes que lhe conferem integridade, ou mesmo agência (como, por exemplo, quando emite produtos químicos para se defender de predadores).[38] No entanto, o que temos de compreender é o dinamismo inerente aos seres vivos. As plantas mudam e exibem diferentes formas e funções no decurso de seu desenvolvimento, totalmente determinado pelas relações que mantêm com o solo, o sol e os outros seres que as alimentam. A natureza precisa de seu desenvolvimento, e o fato de as plantas se desenvolverem de formas únicas, fala da plasticidade das próprias plantas (sua constituição interna flexível e aberta, que lhes permite responder e crescer em contextos de mudança) *e* da variabilidade dos contextos ecológicos (que é uma característica do solo, da umidade, da vida microbiológica, das condições meteorológicas etc.).

As plantas nos ajudam a ver que falar de um ser vivo é necessariamente usar termos relacionais. A transformação das plantas é sempre uma coexistência com os solos e com boa parte dos microrganismos que as hospedam: "Cada coisa ou entidade é uma força única e dinâmica de relações, sendo o que é em virtude de tais relações [...] Nesse sentido, cada coisa é, simultaneamente, ela

---

[37] Craig Holdrege, *Thinking like a plant: a living science for life* (Great Barrington: Lindisfarne Press, 2013), p. 42. Holdrege identifica as seguintes características-chave da vida de uma planta: incorpora-se em um lugar; abre-se a seu lugar; transforma-se à medida que vai se desenvolvendo, mantendo, concomitantemente, a coerência global; exibe plasticidade, uma vez que pode se desenvolver e adaptar às mudanças das condições; incorpora seu ambiente em sua forma e função; e se estende para além de si mesma como um corpo limitado, juntando-se a um contexto vivo mais amplo (p. 42,43).

[38] Coccia observa: "As operações que a semente é capaz de realizar não podem ser explicadas a menos que admitamos que ela está dotada de uma forma de conhecimento, uma *expertise*, um programa de ação, um padrão que não existe no caminho da consciência, mas permite realizar sem erro tudo o que se engaja em fazer" (*Life of plants*, p. 106).

mesma e outra que não ela mesma. Há distinção e, no entanto, não há separação".[39] Em outras palavras, a vida vegetal é uma vida dialógica. Suas conversações podem não ser conduzidas em palavras, mas certamente são realizadas na transmissão de milhares de elementos químicos. Sua vida se caracteriza pelo movimento de vaivém e pela abertura genuína que acolhe o outro dentro de si, mas também se projeta para envolver o outro: o outro nele e ele no outro. Em uma boa conversa, os participantes são modificados pelas contribuições dos outros, tornam-se mais empáticos, são mutuamente inspirados e crescem pela interação.

Quando as plantas são entendidas nos termos de suas relações dinâmicas e dialógicas com o solo, mais se torna evidente que uma caracterização do mundo como um globo ou reservatório, e do solo como uma superfície sobre a qual as coisas acontecem, é fundamentalmente errada. O solo é uma comunidade complexa de parcerias e associações — o que descreverei no próximo capítulo como uma "malha" — em que as fronteiras entre o orgânico e o inorgânico estão sendo constantemente desvirtuadas. O solo é o lar de comedores de algas, bactérias radiculares, coprófagos (organismos que comem excrementos e esterco), decompositores, parasitas, predadores (como ácaros e centopeias), herbívoros, escavadores (que facilitam a circulação de nutrientes) e fungos... para citar apenas alguns de seus membros. Como um casamento entre o orgânico e o inorgânico, o solo é uma associação repleta de parcerias nas quais os atributos de cada parceiro são reforçados pela presença do outro. As plantas são vitais para essa associação.[40]

Em *The songs of trees* [As canções das árvores], o biólogo David Haskell argumenta que um compromisso de longa data com um relato atomístico da vida, como algo inerente aos organismos individuais, impede-nos de compreender a inteligência vegetal como uma capacidade vasta, comunitária e acústica, que é ampla e simpaticamente sintonizada aos membros e movimentos que acontecem ao redor. Acreditando que a inteligência depende de um sistema nervoso e de um cérebro — algo que as plantas claramente não têm —, a conclusão de que as plantas não pensam é o que prontamente se sugere. Por que, porém, devemos limitar e localizar a inteligência nos *indivíduos* animais quando as *comunidades* vegetais demonstram claramente atividades responsivas, adaptativas e intencionais que maximizam a vitalidade? E

---

[39] Holdrege, *Thinking like a plant*, p. 119.
[40] Para uma descrição lúcida das comunidades e dos processos do solo, veja *Life in the soil*, de Nardi, especialmente a primeira parte. Para um exemplo de como as plantas contribuem para a vida do solo, considere a associação de uma raiz com os fungos: "Uma vez que os finos filamentos fúngicos também podem crescer em espaços do solo menores que as raízes das plantas, os fungos podem explorar recursos que, de outra forma, são inacessíveis às raízes, enviando água e uma variedade de minerais para a planta. E a planta retribui compartilhando com os fungos a energia da luz solar, bem como os açúcares que produz com essa energia" (p. 11). Um bom negócio!

se os fundamentos da inteligência forem muito mais comuns do que os relatos convencionais pressupõem? Haskell faz parte de um número crescente de biólogos que argumentam que a complexidade e a profundidade da inteligência são diminuídas quando fazemos da humanidade seu parâmetro. "Parte da inteligência de uma planta não existe no corpo, mas em relação a outras espécies. As pontas das raízes, em particular, interagem com espécies de toda a comunidade da vida, especialmente com bactérias e fungos. Essas trocas químicas situam a tomada de decisões na comunidade ecológica, não em uma espécie separada." Uma vez que as raízes e as folhas interagem com bactérias e fungos e trocam nutrientes, também aprendem o que está acontecendo naquela região. Isso faz do solo algo como um "mercado de rua", no qual as raízes podem ouvir as "ofertas do bairro".[41] Dizer que uma floresta "pensa" não é antropomorfizar. Trata-se, em vez disso, de pôr em perspectiva a ideia de que o pensamento é uma capacidade limitada aos indivíduos animais. É argumentar que qualquer ação que os indivíduos pensantes realizem depende de contextos comunitários que, se ignorados, empobrecem severamente e, sem dúvida, distorcem o pensamento que acontece em um nível "superior".

Uma percepção crucial que emerge dessas observações é que a vida não se resume, de maneira simples ou mesmo principal, a um processo de autorreplicação e autoperpetuação, características que foram tradicionalmente enfatizadas como a marca registrada de um organismo vivo. De acordo com essa caracterização amplamente adotada, as rochas estão mortas porque não têm o *poder interno* para fortalecer sua existência ou se reproduzir. Contudo, e se a vida for relacional antes de ser atomística? Ou seja, e se qualquer vida individual que possa ser mencionada deva ser ligada e alimentada por uma comunidade ecológica em primeiro lugar? Se for esse o caso, então devemos dizer que "a vida não é apenas interligada; é uma rede". A característica primária e essencial que permite que a vida continue não é a sobrevivência deste ou daquele organismo individual, mas a regeneração da rede. Essa observação não nega o valor dos indivíduos. Em vez disso, contextualiza a vida individual para não

---

[41] David George Haskell, *The songs of trees: stories from nature's great connectors* (New York: Penguin Books, 2017), p. 37-8. Suzanne Simard, ecologista florestal da University of British Columbia, concorda e oferece a imagem de uma "wood-wide-web" [rede mundial de madeira] para comunicar essa abordagem comunitária à inteligência. Michael Pollan apresenta suas ideias desta forma: "Essa 'rede mundial de madeira' [...] permite que dezenas de árvores em uma floresta transmitam avisos de ataques de insetos e também forneçam carbono, nitrogênio e água às árvores em dificuldades [...] O padrão de tráfego de nutrientes mostrou como as 'árvores-mãe' estavam usando a rede para nutrir mudas sombreadas, incluindo seus rebentos — que as árvores, aparentemente, podem reconhecer como parentes — até que sejam altas o suficiente para alcançar a luz. E, em um exemplo notável de cooperação interespécie, Simard descobriu que os pinheiros estavam usando a teia fúngica para comutar nutrientes com bétulas conforme as estações passavam. As espécies de folhas perenes passarão por cima da decídua quando tiverem açúcares de sobra e, então, pagarão a dívida mais tarde. Para a comunidade florestal, o valor dessa economia subterrânea cooperativa parece gerar, sobretudo, mais saúde, mais fotossíntese total e maior resiliência diante da interferência" (Michael Pollan, "The intelligent plant", *The New Yorker*, 23 dez. 2013, disponível em: www.newyorker.com/magazine/2013/12/23/the-intelligent-plant).

perdermos de vista o que é mais fundamental e inevitável: *a vida é um fenômeno enraizado e comunitário.*

Para ver de que forma isso acontece, considere o que significa a morte de uma árvore quando compreendida tendo em vista uma comunidade florestal. Quando uma árvore morre, há uma perda genuína, tanto para a própria árvore como para a imensidão de criaturas que dependem daquela vida para a própria existência. Para que essas criaturas dependentes sobrevivam, devem encontrar outra árvore viva com a qual devem se relacionar. Mesmo assim, na morte da árvore, surgem novas ligações e nova vida: "Ao redor e dentro da árvore, a morte produz milhares de interações, cada qual explorando oportunidades ecológicas. Dessa multidão não administrada e não controlada, surge a próxima floresta, composta de novos conhecimentos corporificados em novas relações". O fato de as criaturas "saberem" chegar a essa árvore morta e em decomposição é um reflexo da inteligência florestal comunitária e distribuída. Haskell observa que nossa linguagem "não é capaz de reconhecer essa vida que nasce da morte das árvores. Apodrecimento, decomposição, liteira, serapilheira, biomassa florestal: são palavras superficiais para um processo tão vital". O que torna esse processo tão vital é que, sem ele, a vida comunitária e individual ficaria paralisada. Faz mais sentido dizer que "o apodrecimento causa uma explosão de possibilidades. A *de*composição é uma composição renovada pelas comunidades vivas".[42]

Se uma árvore não morre sozinha, também não nasce nem cresce sozinha. Isso porque o movimento da vida e da morte dela é sempre uma característica de sua participação no movimento de uma comunidade. Para compreender adequadamente as árvores, devemos, portanto, expandir nossa atenção para as comunidades diversas e para as dinâmicas fundamentais em tudo o que fazem e se tornam. Compreendendo essas comunidades, também começamos a entender como nosso pensamento sobre a vida de forma mais geral, e até mesmo a vida do ser humano, depende de estarmos enraizados em um lugar e respondermos ao potencial que existe ali. O enraizamento não restringe a vida, mas é sua condição prévia. O enraizamento torna possíveis as relações que constroem a fertilidade, a fecundidade e a diversidade. O que é tão notável sobre as plantas é que elas *se nutrem alimentando os lugares em que crescem*. Retomando a pergunta de Kimmerer, o que seria necessário para que víssemos uma economia que nutrisse os lugares que lhe permitem crescer?

Seria equivocado pensar que a atenção às comunidades vegetais pode alcançar uma ética plena. As plantas não podem resolver nossos dilemas éticos

---

[42] Ibidem, p. 45, 97.

mais profundos, mas também seria um erro pensar que elas são irrelevantes para a deliberação moral. Se por deliberação moral queremos dizer algo como o cultivo das capacidades que promovem uma vida boa e louvável, então é da maior importância que nossas suposições sobre a vida e o que ela requer de nós não sejam míopes e equivocadas. Se a vida é um fenômeno relacional e enraizado, e se a continuidade e a vitalidade da vida dependem da comunhão com os ambientes e os semelhantes, então podemos saber, desde já, que uma ética que preza pelo desenvolvimento e o sucesso individual está equivocada. Como Haskell apresenta, tal ética opera com a estética atomística equivocada. Uma estética ecologicamente esclarecida pressupõe o pertencimento e a participação de um organismo em um vasto conjunto de vida, em que os membros estão em sintonia entre si, respondendo de forma recíproca e de maneira constante. Os sons que produz nem sempre soam harmoniosos aos nossos ouvidos. Mas, uma vez que as pessoas se harmonizam com os processos de relacionamento e coexistência fundamentais para qualquer vida que existe, coerência e beleza, mas também quebrantamento e dor, podem ser sentidos e reconhecidos. Graças ao fato de que ninguém consegue compreender a complexidade e a profundidade de todas as relações que alimentam a existência de um organismo, muitas vezes teremos de refrear o desejo de proferir um juízo definitivo sobre a bondade do que está acontecendo. No entanto, um resultado importante é alcançado: começamos a compreender como o "altruísmo" é crucial para o andamento da vida.

É importante dizer que por "altruísmo" não me refiro a autodepreciação ou a autodestruição. Em vez disso, tenho em mente uma disposição de abertura espontânea, que está atenta e permanece harmoniosa com as muitas maneiras pelas quais as criaturas e os processos ao nosso redor estão se desenvolvendo em nosso corpo e em nossa vida. "Nós nos transformamos em pássaros, árvores, vermes, parasitas e, mais cedo ou mais tarde, em solo; além das espécies e dos indivíduos, abrimo-nos para a comunidade da qual somos feitos."[43] Como a imagem desenvolvida por Jesus, da semente que se abre e morre no solo, essa é uma concepção de vida nascida de uma estética de relações profundas e de pertencimento intrínseco. É preciso haver disciplina e habilidade, com longos períodos de concentração e compromisso, para que as pessoas diferenciem onde a beleza e a vitalidade estão acontecendo e quais são as condições que aceleram a fragmentação e a destruição desnecessária. Com esse discernimento, as pessoas têm a oportunidade de descobrir como se dá o *pertencimento* delas à sua localidade, como são abençoadas por ela e podem, no que lhe concerne, ser uma bênção para esse lugar.

---

[43] Ibidem, p. 150.

As pessoas precisam dos ensinamentos das plantas porque os movimentos traiçoeiros dos seres humanos, o que poderíamos chamar de sua inquietação e desenraizamento perpétuos, mas também a tendência de localizar o poder da vida dentro de si, movem-se no contexto de seu comportamento negligente e destrutivo. A história mostra que os padrões de resolução humanos estão muito longe de apresentar uma solução real. Quando o tédio se instala ou o dano é gerado, a tentação é se mudar para outro lugar. Essa estratégia já não está disponível para nós. É precisamente o fato de as plantas não terem a opção do abandono que lhes permitiu desenvolver capacidades diversas para responder e contribuir para a fecundidade dos locais em que se encontram. As plantas cultivam fibras, produzem alimentos, remédios, sombra e oxigênio, além de fornecer um lar para inúmeras outras criaturas. E fazem tudo isso no lugar em que se encontram![44]

Michael Marder observou que "as plantas excedem em muito os animais e os seres humanos em sua atenção ao que está acontecendo a seu redor, no que diz respeito aos níveis de luz, calor, umidade, movimento, vibração [...] Elas estão constantemente em contato com os elementos".[45] Como a vida e o crescimento das plantas são inseparáveis de sua atenção ao local no qual se encontram, faz sentido dizer: "As plantas existem em conjunto com aquilo que interagem, e seu ser está em conjunto com o ar, a umidade, o solo, o calor e a luz solar. Em sua atenção aos elementos, elas se tornam os próprios elementos".[46] As plantas são nossos transmissores de conhecimento indispensáveis porque nos mostram em que medida nos enganamos quando, erroneamente, pensamos acerca do mundo em que estamos. Mostram-nos que *não há existência sem coexistência*. Se nosso objetivo é tentar estabelecer e desenvolver as práticas que nos levarão, de forma mais profunda e mais benéfica, ao lugar ao qual pertencemos, é difícil imaginar um ensino mais indispensável.

É impossível saber de maneira exata e completa o que Jesus tinha em mente quando pediu aos seus seguidores que "[olhassem] os lírios do campo". Uma propensão humana à vaidade e à preocupação — ambas levando ao autoconfinamento e ao autoisolamento — claramente estavam na mente de Jesus. É possível, porém, que ele estivesse também pensando mais profundamente sobre o potencial humano, que é mais bem colocado em prática quando a vaidade e a preocupação são postas de lado, e nos tornamos um lugar de

---

[44] Kimmerer observa: "Às vezes eu gostaria de poder fotossintetizar de tal modo que apenas ficasse ali, vislumbrando a margem da campina ou planando preguiçosamente em um lago, que eu estivesse fazendo o trabalho do mundo, em silêncio, ao sol. As cicutas sombreadas e as gramíneas ondulantes estão movimentando moléculas de açúcar e passando-as para bocas e mandíbulas famintas o tempo todo, ouvindo os rouxinóis e observando a luz dançar na água" (*Braiding sweetgrass*, p.176).
[45] Irigary; Marder, *Through vegetal being*, p. 155.
[46] Ibidem, p.158.

incorporação, onde o poder divino vivificante e nutritivo ativo no mundo pode ser recebido e compartilhado. Coccia observa que uma das contribuições mais importantes das plantas é que elas fazem com que o sol viva na terra: "Elas transformam a respiração do sol — sua energia, sua luz, seus raios — nos próprios corpos que habitam o planeta, fazem da carne viva de todos os órgãos terrestres uma matéria solar. Graças às plantas, o sol se torna a pele da Terra".[47] Nesse trabalho fotossintético, as plantas criam uma atmosfera e um ambiente em que as criaturas podem respirar e se desenvolver. "A atmosfera é nosso primeiro mundo, o contexto no qual estamos totalmente imersos: a esfera da respiração [...] A atmosfera não é apenas uma parte do mundo diferente e separada das outras, mas o princípio por meio do qual o mundo se torna habitável, abrindo-se ao nosso sopro e tornando-se o sopro das coisas."[48] Seria, porventura, tarefa essencial dos seres humanos a obra, análoga à fotossíntese e ao cuidado solar, de receber o espírito/sopro de Deus, capaz de criar a vida, e depois o encarnar em localidades e economias dedicadas ao florescimento das criaturas?

---

[47] Coccia, *Life of plants*, p. 87.
[48] Ibidem, p. 49.

CAPÍTULO 4 | Um mundo entrelaçado

Em que tipo de mundo habitamos? Não há uma resposta óbvia porque a forma pela qual as pessoas caracterizam seus ambientes tem variado de maneira considerável ao longo do tempo. Para entender o que quero dizer, considere uma antiga maneira israelita de narrar a natureza da realidade.

Do ponto de vista das Escrituras, o mundo não é mudo, mas está saturado de um som ressonante, uma vez que as criaturas vivem em relações empáticas e sinfônicas entre si. O salmista percebe que as criaturas irrompem em cantoria espontânea quando vivem em sintonia, beneficiando-se das relações que surgem em contextos de parentesco e comunidade.

> Fartura vertem as pastagens do deserto,
>   e as colinas se vestem de alegria.
> Os campos se revestem de rebanhos
>   e os vales se cobrem de trigo;
>   eles exultam e cantam de alegria! (Salmos 65:12,13).

Água potável e saudável, campos e florestas férteis e colheita abundante não são acontecimentos banais. Eles indicam um mundo no qual as criaturas e os ambientes estão em constante comunicação entre si e com Deus, na qualidade de seu Criador e Sustentador. Isso significa que a vida das criaturas não é um tema solitário, ou que se feche em si. Em vez disso, caracteriza-se por uma espécie de abertura e posicionamento que está constantemente recebendo e devolvendo aos poderes da vida que circulam ao seu redor e por meio dela. Como os girassóis que procuram o sol e sondam o solo, as criaturas a todo instante se colocam em posições que pendem ou se inclinam umas sobre as outras, porque ouvir e harmonizar — o que poderíamos descrever como o chamado rítmico da vida e o movimento de resposta — são a forma mais fundamental de existir.

A resposta das criaturas nem sempre é alegre. Diante das injustiças que degradam a terra e a tornam um lugar de desolação, o canto jubiloso é substituído por música de luto e lamento. Não é apenas o povo da terra que lamenta. A própria terra também o faz, dizem os profetas Isaías (33:7) e Oseias (4:3), enquanto testemunham derramamento de sangue e perecimento de animais selvagens, pássaros e peixes. Os animais das fazendas, que dependem de pastagens e campos bem cuidados, simplesmente gemem quando os agricultores e os pastores se comportam de forma negligente ou exploratória. "Como está mugindo o gado! As manadas andam agitadas porque não têm pasto; até os rebanhos de ovelhas estão sendo castigados" (Joel 1:18).

Os sons de luto, porém, por mais frequentes, difundidos ou necessários que sejam, não são os mais fundamentais. A urgência deles deriva da atitude de louvor mais primordial da criação, sendo essa atitude também sua premissa. O louvor é o som mais elementar e profundo, porque, em sua atuação, as criaturas e os lugares reconhecem a bondade e a beleza que infundem e iluminam sua vida. Sem esse reconhecimento, o luto perde seu poder e sentido. Como observa o filósofo Jean-Louis Chrétien, na ação de louvor, as criaturas respondem à afirmação de Deus de um mundo maravilhosamente vivo. Citando o poema da criação em Gênesis 1—2:4, no qual Deus, de maneira uniforme, termina os dias da criação declarando a bondade das coisas, os teólogos notaram que Deus cria e sustenta o mundo nos modos de amor e deleite.[1] O mundo não é monótono ou tedioso. É um reino diverso e dinâmico, fértil e florido, acalentado e abençoado por Deus. O louvor é a forma criativa de acolher e testemunhar um mundo onde Deus sempre abre espaço para que uma nova vida surja e prospere. "Em sua essência, o discurso de louvor é receptivo, pois teve primeiro um olhar receptivo: dá voz dentro de si à polifonia do mundo. Longe de examinar o que canta a partir de uma posição elevada, deixa-se mover e ser influenciado por ele."[2]

Se o louvor é a forma mais fundamental de responder a um mundo bom e belo, não devemos nos surpreender ao ver que criaturas de todos os tipos — nos diferentes modos de existência e fecundidade — participem dessa atividade, ou são encorajadas a fazê-lo. O salmista apresenta uma lista extensa:

---

[1] David Bentley Hart argumenta que, "para o pensamento cristão, então, o deleite é a premissa de qualquer epistemologia sólida: é ele que constitui a criação e, portanto, apenas o deleite pode compreendê-la, vê-la de maneira correta e entender sua gramática. Somente amando a beleza da criação — apenas quando vemos que a criação é verdadeiramente uma coisa bela — é que se apreende o que ela é" (*The beauty of the infinite: the aesthetics of christian truth* [Grand Rapids: William B. Eerdmans Publishing Company, 2003], p. 253).

[2] Jean-Louis Chrétien, *The ark of speech* (London: Routledge, 2003), p. 139. Chrétien argumenta que a fala humana em geral se baseia na ação de louvor quando diz: "O louvor que responde à doação divina é a essência do discurso humano. É no discurso que se recebe o dom e que podemos dar algo nosso, ou seja, nós mesmos" (p. 123).

Louvem o Senhor [...]
Louvem-no sol e lua,
    louvem-no todas as estrelas cintilantes [...]

Louvem o Senhor, vocês que estão na terra,
    serpentes marinhas e todas as profundezas,
relâmpagos e granizo, neve e neblina,
    vendavais que cumprem o que ele determina,
todas as montanhas e colinas,
    árvores frutíferas e todos os cedros,
todos os animais selvagens
    e os rebanhos domésticos,
    todos os demais seres vivos e as aves (Salmos 148:1,3,7-10).

E para que nada seja esquecido,

Tudo o que tem vida louve o Senhor! (Salmos 150:6).

O louvor surge em contextos comunitários nos quais o sopro divino que se move por intermédio do solo e em cada criatura é reconhecido como um sopro compartilhado. A inspiração e a expiração, o ouvir e o falar, o receber e o dar são os movimentos fundamentais da vida.

A ideia de que os ambientes estão saturados de sons ressonantes não se limita às Escrituras hebraicas. Filósofos antigos e teólogos cristãos primitivos falavam com frequência desse mundo em matéria de harmonia cósmica ou *harmonia mundi*. É importante recordar que o mundo parecia, aos gregos antigos, como um *cosmo*, um todo organizado e integrado que pode ser entendido por analogia com uma obra de arte. A natureza, como argumentou Aristóteles, é um artista sábio que ordena o mundo de maneira racional, que exibe proporção, simetria, harmonia e coesão. Se fosse desordenada em sua essência, as pessoas teriam grande dificuldade para compreendê-la. Uma maneira poderosa de descrever a *relação*, proporcionalidade e ordem naturais era mediante a música, porque, como Pitágoras havia descoberto, existe uma relação entre o tom musical e o comprimento das linhas vibrando. Os intervalos musicais, como a oitava, seguem uma relação intervalar estrita de 2/1. O que a música demonstra é que a proliferação de sons que ouvimos, bem como a proliferação de corpos que vemos, tem significado e sentido porque expressam uma ordem imaterial e eterna que pode ser descrita em termos matemáticos. Para os antigos gregos, o verdadeiro valor da música depende "da capacidade de nos afastarmos de sua presença concreta e da percepção dos sentidos e de nos voltarmos para a beleza imaterial do número e da forma".³ A harmonia musical que experimentamos nesta vida, em outras palavras, abre-nos à harmonia cósmica, que ordena e integra o mundo. Quando reformulada em um registro teológico, abre-nos para a mente divina que criou o mundo: "A aritmética dirige a mente para verdades imutáveis, não afetadas pelas contingências do tempo e do espaço. A música, porém, avança ainda mais [...] uma inserção no próprio coração da ordenação das coisas pela providência".⁴

Quando cristãos como Boécio e Basílio de Cesareia desenvolveram essa ideia, ressaltaram o poder harmonizador que une e integra o mundo como poder do amor de Deus. É Deus quem cria, sustenta e ordena um mundo belo e fecundo. Em um de seus sermões sobre a criação, *Homelia hexameron* (2.2), Basílio diz: "Deus uniu o mundo inteiro, composto de muitas partes, pela lei da amizade indissolúvel, em comunhão e harmonia, de modo que as coisas mais distantes parecem estar unidas por uma mesma empatia".⁵ As características desse poder de união, argumentavam alguns cristãos, foram reveladas sobretudo nos ministérios de provisão, cura, perdão e reconciliação de Jesus Cristo. Esses ministérios são a expressão corporificada e prática do poder divino, que não somente cria e sustenta as criaturas, mas também as orienta sobre as maneiras de viver com empatia. Comentando sobre o hino cristológico em Colossenses 1, Teodoro de Mopsuéstia escreveu: "Em Cristo será 'preservada, a partir deste momento, uma ligação harmoniosa, pacífica e universal (*connexio*)'. Ele preservará o 'vínculo perfeito (*copulatio*) de todas as coisas' e impedirá qualquer dissolução adicional".⁶ A tarefa dos seres humanos é entrar na vida com Deus e expandir esse poder harmonizador nas próprias interações entre si e com o mundo, para que a grande diversidade de lugares e formas de vida, agora sintonizadas com harmonia entre si, crie um movimento sinfônico.⁷

---

3   Wayne D. Bowman, *Philosophical perspectives on music* (Oxford: Oxford University Press, 1998), p. 62.
4   Ibidem, p. 64. Bowman está aqui citando Henry Chadwick, eminente historiador da igreja.
5   Andrew Hicks conta que, para os escritores medievais, Deus não é o único ouvinte dessa harmonia. O cosmo se ouve e ama a concordância no que foi ouvido. "O equilíbrio e a ordem do mundo, suas estruturas proporcionadas, recebem amor porque são belos, e o reconhecimento dessa beleza coloca o amante e o amado em relação, em proporção, em concordância, e o ciclo recomeça" (*Composing the world: harmony in the medieval platonic cosmos* [Oxford: Oxford University Press, 2017], p. 18).
6   Como citado por David Grumett em *Material eucharist* (Oxford: Oxford University Press, 2016), p. 114.
7   Hart tem o cuidado de observar que harmonizar não significa apagar a diferença, banalizar o sofrimento ou se apressar para obter um resultado totalizante. A harmonia não é nada que se imponha ao mundo a partir do exterior, pois isso equivaleria a um gesto coercitivo e violador, ou por parte das pessoas, uma vez que seus pontos de vista são demasiadamente limitados e falíveis. Em vez disso, o poder que se harmoniza segue os caminhos do amor divino. Harmonizar é uma atividade improvisada e imperfeita, na qual as criaturas aprendem a se encontrar e a se envolver de forma cada vez mais receptiva. Hart afirma que Johann Sebastian Bach é o maior teólogo do cristianismo porque mostra como um tema musical pode "desdobrar-se inexoravelmente mediante a diferença, permanecendo contínuo em cada momento de repetição, sobre uma superfície com potencial infinito de repetição variada [...] cada nota é um suplemento não forçado, injustificado e, no entanto, totalmente adequado, mesmo quando a adequação é adiada por meio de dissonâncias maciças e das mediações de contrapontos mais intrincadas" (*Beauty of the infinite*, p. 283).

Proclamar que o mundo é um lugar de harmonia não é negar que a tensão, a discórdia e a violação ocorram. Tampouco é sustentar que o mundo inteiro está sendo orquestrado "de cima", pois essa caracterização negaria a liberdade das criaturas de desenvolver sua voz ou seu som, e reduziria sua capacidade de improvisar a própria vida. Como vários teólogos reconheceram, o poder do pecado pode se tornar generalizado, agindo como uma força irracional que provoca desarmonia desnecessária, degradação e morte. O pecado é um poder discordante e dissonante que se coloca em oposição aos caminhos de cura, nutrição, perdão e reconciliação de Jesus com o mundo.[8] Se o amor procura uma sintonia harmônica entre as criaturas, as modalidades do pecado refletem o tipo de individualização divergente que fragmenta e viola as relações que ligam as criaturas umas às outras. Contudo, o pecado não é primário nem originário. É uma realidade derivada e distorcida que pressupõe a bondade, a beleza e a ordem racional primordiais do mundo. Sem essa ordem, seria muito difícil explicar a fertilidade, o crescimento e o florescimento da vida.

Daniel Chua argumenta que, como a música foi "naturalizada" na modernidade, também perdeu seu lar e orientação em uma ordem sagrada. Com base no trabalho de Max Weber, Chua mostra como a música foi reduzida a um fato acústico suscetível à experimentação e à manipulação pelos seres humanos. A modernidade é marcada pelo desencantamento e pela dessacralização, de modo que as coisas são experimentadas como fragmentos e sem valor duradouro, significado ou propósito, independentemente do sujeito dominador que as controla. Em vez de ser uma imitação ou testemunha da harmonia cósmica, a música é reduzida a uma produção humana. Qualquer razão ou relação na música é reflexo do cálculo humano. Ao ouvir música, o que se ouve é pouco mais que as experiências de um compositor contingente.[9]

Se nos voltarmos de maneira breve a Vincenzo Galilei, o pai de Galileu, podemos aprender a desvendar o processo de desencantamento. Em uma série de experimentos sobre o som realizados na década de 1580, Galilei mostrou como o som instrumental pode ser submetido aos controles da ciência empírica. A música não é uma corporificação sonora de uma ordem eterna. Em vez disso, os sons são emitidos a partir de corpos particulares

---

[8] Máximo, o Confessor, argumentou que Jesus Cristo é o *logos* eterno que realiza a ordem e a beleza deste mundo por intermédio do poder do amor divino. O pecado é um estado desordenado que deforma e destrói a vida mediante os poderes da inveja, do ódio, da ganância e assim por diante. "Jesus [...] é o criador e provedor de tudo, e por meio de si converge em um aquilo que está dividido, e põe fim à guerra entre as coisas, e liga tudo em amizade pacífica e harmonia indivisível" (Ambigua: 41:1313b, in: *Maximus the Confessor de Andrew Louth* [New York: Routledge, 1996], p. 161-2).

[9] Julian Johnson dispensou um tratamento magistral a esses temas em *Out of time: music and the making of modernity* (Oxford: Oxford University Press, 2015).

que, em suas configurações e proporções materiais, determinam o caráter do som. Corpos imperfeitos produzem proporções imperfeitas. Isso significa que "não há números sonoros perfeitos e imutáveis que estabilizem a música; apenas a variabilidade de cordas, superfícies, elementos sólidos, aço, cobre".[10] Mesmo um som uníssono é apenas a união acidental de corpos materiais, ou um artifício de um compositor humano exercendo sua vontade sobre um instrumento. Aqui "a harmonia das esferas" é comprimida na "canção do eu".[11]

Em seus experimentos musicais, Galilei estava refletindo uma profunda mudança de sensibilidade que acabaria por definir grande parte da ciência moderna. É a mudança de uma abordagem *perceptiva*, que compreende a ordem das coisas em relação a um todo maior e harmonioso, para uma abordagem *instrumental*, que revela as causas em ação nas coisas (de modo que otimize sua manipulação). Nesta última abordagem, a ideia de que as coisas refletem e se enquadram em uma ordem cósmica ou intenção divina desaparece, sendo substituída pela ideia de que essa ordem será decidida por nós, não importando qual seja a finalidade das coisas. A análise contemplativa, podemos dizer, é substituída pela análise funcional.

O efeito dessa mudança é imenso porque, quando a função ofusca a contemplação, as pessoas, para tomar emprestada a imagem memorável de Jakob von Uexküll, começam "a lidar com o mundo da mesma forma que uma pessoa surda lida com um realejo.[12] O giro da manivela, a vibração das vozes e as ondas aéreas, essas coisas que ele pode compreender — mas a melodia permanece escondida".[13] Uma vez que as pessoas são apanhadas nas garras dessa posição científica, podem perceber uma grande variedade de coisas, compreender suas ligações causais e conseguir usar esse conhecimento em benefício próprio por meio de impressionantes proezas artísticas e de engenharia. O que se perderá, no entanto, é o canto da própria vida, a sensação de que os vários sons do mundo têm outra coisa além de um significado efêmero e acidental. Para adaptar uma afirmação em *Macbeth*, de Shakespeare, este é o mundo que produz notas cantadas por um idiota, cheias de som e fúria, mas que na verdade não significam nada.

---

[10] Daniel K. L. Chua, "Vincenzo Galilei, modernity and the division of nature", in: *Music theory and natural order from the renaissance to the early twentieth century*, org. Suzannah Clark; Alexander Rehding (Cambridge: Cambridge University Press, 2006), p. 23.
[11] Ibidem, p. 28.
[12] Realejo é um instrumento musical, uma espécie de órgão mecânico portátil que tem um ou vários foles e funciona por meio de uma manivela que aciona, ao mesmo tempo, os foles e um cilindro dentado munido de pontas de bronze que abrem as válvulas dos tubos do órgão, para a produção das diferentes notas. (Fonte: https://pt.wikipedia.org/wiki/Realejo.) (N. E.)
[13] Jakob von Uexküll, "The new concept of umwelt: a link between science and the humanities", *Semiotica*, 134 (2001): p. 111-23, 114 (citado em *Composing the world* de Hicks, p. 13-4).

Vivendo em um *logos*

Iniciei este capítulo com uma descrição do planeta como uma *harmonia mundi* porque isso demonstra que, embora todas as pessoas vivam em um mundo, os mundos em que acreditam habitar podem variar muito. É essa distinção básica entre o mundo material e a compreensão popular, que está por trás da afirmação de Robert Pogue Harrison, de que "a linguagem é o 'lugar' definitivo da habitação humana. Antes de habitarmos nesta ou naquela localidade, nesta ou naquela província, nesta ou naquela cidade ou nação, habitamos no *logos*". De forma mais sucinta, "*logos* é o *oikos* [lar] da humanidade".[14] Harrison não está dizendo que as pessoas vivem em um estado etéreo e descorporificado. Pelo contrário, ele está observando que ninguém vem ao mundo em estado bruto, ou de maneiras que não sejam também intermediadas de forma simbólica e cultural. Desde muito jovem, como quando você tenta percorrer distâncias pela primeira vez, onde quer que esteja, já está sendo encorajado a perceber seu lugar e a se envolver com ele de maneiras específicas, que determinam o significado e o valor de onde você se encontra. "Esse lugar é perigoso. Não vá lá!"; "Venha aqui e me dê um abraço!"; "Este lugar não é simplesmente encantador?" Essas formas de falar comunicam à criança o significado e a importância — um *logos* — de onde se encontram. Com um *logos* em vista, a criança cresce percebendo seu mundo, ou alguns segmentos dele, como belo, feio, desafiador, traiçoeiro, desinteressante, reconfortante, valioso, bom ou mau (para listar apenas algumas possibilidades).

O termo grego *logos* foi traduzido de muitas maneiras e empregado de diversas formas. Razão, fala, discurso, opinião, relato ou palavra estão entre as formas pelas quais o *logos* foi traduzido. Para alguns, um *logos* referia-se ao princípio da inteligibilidade que permite que uma coisa seja e que faça as coisas específicas que consegue fazer. Como tal, o termo dá nome a algo como a essência de uma coisa. Para outros, um *logos* tem alcance mais amplo, expressando a ordem *entre as* coisas, bem como *nas* coisas. Para os primeiros cristãos, por exemplo, *logos* poderia se referir ao poder divino criador e ordenador, que mantém unida a vida das criaturas e as transforma em uma sinfonia sagrada. O Evangelho de João inicia da seguinte forma: "No princípio era aquele que é a Palavra (*Logos*). Ele estava com Deus, e era Deus. Ele estava com Deus no princípio. Todas as coisas foram feitas por intermédio dele; sem ele, nada do que existe teria sido feito" (João 1:1-3). Nesse caso particular, o *logos* não é um princípio ou uma ideia abstrata porque "aquele que é

---

[14] Robert Pogue Harrison, *Forests: the shadow of civilization* (Chicago: The University of Chicago Press, 1992), p. 200-1. Ao falar dessa forma, Harrison está se baseando no trabalho de Martin Heidegger, que, de forma notória, declarou em sua "Letter on humanism" que "a linguagem é a casa do ser".

a Palavra tornou-se carne" na pessoa de Jesus Cristo (João 1:14). Isso significa que a razão, ou a inteligibilidade que *compreendem* o mundo, e que concede a cada criatura e lugar seu signficado sagrado, é de caráter pessoal. Os cristãos acreditam que, para saber o que são as coisas e o que significam, é preciso olhar para Jesus, e não para uma ideia abstrata, porque ele, por intermédio de seus modos pessoais de estar com os outros, revela o que é bom e importante acerca deles.

Uma maneira de notar a importância de um *logos* é observar como ele permite que as pessoas nomeiem e categorizem o mundo de maneira específica. Por exemplo, se eu chamar uma planta de "flor" ou de "erva daninha", significados, sentimentos e formas de resposta muito diferentes começam a atuar. Como as flores são definidas como amáveis e perfumadas, elas convidam as pessoas a se aproximarem, mas também a contemplá-las com apreciação e deleite. Contudo, quando as plantas são caracterizadas como ervas daninhas, normalmente são tidas como invasivas e repulsivas. É o tipo de planta que as pessoas procuram erradicar porque impactam aquelas que um jardineiro ou um agricultor mais desejam cultivar. Naturalmente, atos específicos de dar nomes em geral decorrem de estruturas de categorização ou classificação muito mais amplas, que organizam as coisas em tipos. Essas estruturas não são preconcebidas ou eternamente estabelecidas. Elas foram criadas por pessoas ao longo do tempo para dar ordem ao significado das coisas e estabelecer onde elas se encaixam em um esquema maior (muitas vezes organizado hierarquicamente). Como exemplo, pense no cientista sueco Carl Linnaeus, que, no século 18, concebeu um sistema da natureza (*Systema naturae*) que dividiu a diversidade de criaturas em espécies vegetais e animais. Embora de considerável utilidade para gerações de cientistas e leigos, seu esquema classificatório, com sua ideia de espécies estabelecidas, tornou bastante difícil nomear e entender um mundo microbiológico que resiste a limites específicos e fixos.[15] Seu sistema classificatório foi certamente eficaz. Entretanto, também estabeleceu as condições sob as quais as criaturas, em toda a sua grande diversidade, recebem nomenclatura, são compreendidas, envolvidas e até mesmo conhecidas. Seu *logos* estabeleceu as condições para o significado e o sentido das criaturas. Essa classificação detinha o duplo poder de tornar algumas coisas visíveis e inteligíveis, enquanto outras se tornavam invisíveis e sem sentido.

---

[15] Em *The hidden half of nature: the microbial roots of life and health* (New York: W. W. Norton & Company, 2016), David R. Montgomery e Anne Biklé notam que os micróbios permaneceram um mistério para Linnaeus ao longo de sua vida porque ele não conseguiu encontrar uma maneira de incluí-los nas categorias vegetal ou animal. "Na opinião de Linnaeus, não fazia sentido classificar as pequenas criaturas. Elas eram muito difíceis de ver e muito parecidas [...] Em edições posteriores do *Systema naturae*, Linnaeus agrupou todos os micróbios em um grupo comumente chamado de *infusórios*, atribuindo bactérias ao gênero *chaos*" (p. 37).

Um *logos* não deve ser reduzido a um sistema cognitivo ou linguístico. Para entender o que quero dizer, considere a invenção do Global Positioning System [Sistema de Posicionamento Global] (GPS). Esses sistemas, agora tornados universais por meio de vários aplicativos instalados em *smartphones*, tornam muito fácil para as pessoas irem de um local a outro. Basta digitar o local ao qual deseja ir, e um algoritmo definirá o caminho mais curto ou mais eficiente, levando em consideração o tempo para que você chegue aonde quer. Ele lhe dirá até mesmo a que distância está a próxima curva. Ele lhe dirá se há um acidente à frente que pode atrasar seu percurso. Ele lhe dirá quais restaurantes, serviços ou outras paradas relevantes podem aparecer ao longo do trajeto. O GPS se tornou tão popular porque, como o Google Maps anuncia, "nenhum ser humano tem de se sentir perdido de novo".

Um dispositivo GPS organiza e enquadra o mundo para seu usuário. Também ensina as pessoas a pensar no significado de estarem em um lugar de maneiras diferentes, identificando um viajante com um ponto azul que se move por uma rota preestabelecida. Usando o GPS, os viajantes não são incentivados a fazer desvios ou simplesmente passear ao longo do caminho. Também não há oportunidade para os usuários, ou para as pessoas mais familiarizadas com um local, indicarem e mostrarem a importância do local nos quais se encontram. Em outras palavras, os viajantes pensam em si como se estivessem se movendo *através dos* lugares, e não como se estivessem *adentrando* um lugar. Como tal, são privados de um contexto mais amplo e de um encontro significativo. Nicholas Carr diz: "Um dispositivo GPS simplesmente nos coloca no centro dos mapas e, em seguida, faz o mundo circular ao nosso redor [...] podemos dar uma volta sem precisar saber onde estamos, onde estivemos ou em que direção estamos indo". As pessoas podem muito bem chegar ao local de destino, mas isso não significa que não se percam de uma forma mais profunda, porque "nunca confrontar a possibilidade de se perder é viver em um estado perpétuo de deslocamento. Se você nunca tem de se preocupar em não saber onde está, então nunca tem de saber onde está".[16] Ao nos posicionar e orientar no mundo de uma forma específica, um dispositivo GPS também interpreta esse mundo para nós. Abre e impede caminhos para que possamos ver, encontrar e descobrir o significado e o valor de onde estamos.

Claro, antes dos dispositivos GPS havia mapas. Esses documentos também funcionavam claramente como um *logos*, porque estabeleciam onde as pessoas estavam, para onde podiam ir, e como elas pensam a respeito de ambos. A cartografia é uma atividade de importância mundial. Nela, está em jogo muito mais do que a precisão da representação. Os mapas comunicam uma visão de

---

[16] Nicholas Carr, *The glass cage: automation and us* (New York: W. W. Norton & Company, 2014), p. 129-33.

como é o mundo e de como deve ser organizado e ordenado — e eles servem aos interesses do poder. Para entender isso, basta refletir brevemente sobre os contextos em que os mapas foram encomendados e criados: exploração, assentamento, guerra, alocação de propriedades, e estabelecimento de territórios e fronteiras (para citar apenas alguns). Dependendo do período histórico, é possível ver a cartografia como uma "arma intelectual" que consolida o poder de alguns mediante a ordenação do espaço.[17]

Peter Sloterdijk argumentou que a aquisição e o controle do espaço sempre exigiram algum tipo de documentação. Aquilo que é desconhecido ou distante é retirado de seu estado oculto quando, em um mapa, é possível mostrar graficamente que está enquadrado na esfera de controle da pessoa. O mapa, além de representar um lugar, representa a reivindicação de uma pessoa ou de uma nação sobre ele. A forma pela qual esse processo funciona se tornou evidente na era dos descobrimentos.

> A descoberta visa a aquisição: isso deu à cartografia sua função histórica mundial. Os mapas são o instrumento universal para proteger o que foi descoberto, uma vez que se destina a ser registado "no globo" e dado como um achado seguro. Durante toda uma era, os mapas bidimensionais da terra e do mar — além do globo — forneceram a ferramenta mais importante para localizar os pontos no espaço da terra dos quais o véu de ocultação tinha sido levantado.[18]

Como Sloterdijk descreve, a "descoberta" da terra incluiu vários atos simultâneos: observação, chegada, apropriação, designação, mapeamento e a certificação do direito ou da legitimidade de alguém em fazer todas essas coisas. O objetivo primordial era a conquista e a aquisição por meio da instauração de nomes para os lugares. O que Michel de Montaigne disse sobre a aquisição de coisas — "quem tem a intenção de tomar não tem mais o que tomou" — poderia muito bem ser dito sobre a aquisição de lugares.[19] A era dos descobrimentos pôs em prática um *modus vivendi* descrito por Sloterdijk como "acampamento global". Nessa modalidade, as pessoas não são nativas de um lugar. São turistas, sempre dispostos a ir para outro lado.

---

[17] J. B. Harley, "Maps, knowledge, and power", in: *The iconography of landscape: essays on the symbolic representation, design and use of past environments*, org. Denis Cosgrove; Stephen Daniels (Cambridge: Cambridge University Press, 1988). Harley assinala: "Tanto quanto armas e navios de guerra, os mapas têm sido as armas do imperialismo. Uma vez que os mapas eram usados na promoção colonial e as terras eram reivindicadas no papel antes de serem ocupadas de maneira efetiva, os mapas antecipavam o que viria a ser o Império. Agrimensores marcharam ao lado de soldados, inicialmente mapeando para reconhecimento, depois para informações gerais e, por fim, como uma ferramenta de pacificação, civilização e exploração nas colônias definidas" (p. 282).

[18] Peter Sloterdijk, *In the world interior of capital* (Cambridge: Polity Press, 2013), p. 99.

[19] Michel de Montaigne, "Of coaches", v. III, p. 6, in: *Essays*, trad. para o inglês Donald Frame (New York: Alfred A. Knopf, 2003), p. 837 [edição em português: *Ensaios* (São Paulo: 34, 2016)].

A cartografia na era imperial realizou duas coisas aparentemente contraditórias. Por um lado, aproximava lugares que antes eram desconhecidos e distantes. Por outro lado, porém, apresentava os lugares de maneira abstrata e reduzida, tendo tornado um lugar dinâmico e tridimensional (quadridimensional, se acrescentarmos tempo à mistura) em um plano estático e bidimensional no qual ninguém vive de fato. Assim, o que se pretendia para superar o distanciamento surtiu o efeito de instalar a separação. Isso pode ser visto na forma pela qual os lugares descobertos foram nomeados. Enquanto os povos nativos em geral davam nomes aos lugares de maneiras que refletiam sua história e suas características particulares, os exploradores europeus e seus descendentes muitas vezes davam nomes aos lugares para refletir o poder das pessoas envolvidas na conquista.

Além de formas cognitivas, linguísticas, pessoais, tecnológicas e cartográficas, um ambiente construído também pode funcionar como um *logos* que enquadra e interpreta o mundo em que as pessoas vivem. Os agricultores tradicionais, por exemplo, pensam e compreendem os lugares onde se encontram de formas muitas vezes incompreensíveis para os habitantes urbanos, e vice-versa. Isso ocorre porque as fazendas são ambientes construídos de maneira muito diferente das cidades. Trabalhar do lado de fora com terra, água, plantas, e animais significa que as expectativas dos agricultores para o dia, ou para o ano, serão bem diferentes das de um morador da cidade. Uma pessoa que vive mais em ambientes fechados e em edifícios com clima e som controlados provavelmente terá uma apreciação muito mais limitada quanto ao significado de realidades como solo, germinação e morte. Elas experimentarão e avaliarão a importância do clima de maneira diferente, porque não dependem da chuva e do sol para cultivar suas plantações, como ocorre com os agricultores. As plantas têm um significado diferente para as pessoas quando elas sabem que seus meios de subsistência dependem ser sermos bem-sucedidos no crescimento e na colheita de um vegetal.

Além disso, os padrões de vida nas cidades também predispõem as pessoas a perceberem o mundo de formas particulares. Os automóveis e os sistemas de transporte de massa comunicam a mobilidade de uma forma que os cavalos e os tratores não comunicam. O trabalho com máquinas e telas pode ter o efeito de tornar as pessoas cegas e ignorantes quanto às bases orgânicas e sazonais da vida. Os centros comerciais, no que lhes concerne, comunicam um mundo disponível para compra de uma forma que os campos, galinheiros e jardins simplesmente não o fazem. Meu objetivo não é vilipendiar as cidades, uma vez que as formas urbanas também abrem formas de sentir e valorizar a natureza da vida comunitária. Em vez disso, quero mostrar como os ambientes construídos, além de dar às pessoas um local para existirem, também dão às pessoas um *logos* para interpretar onde se encontram, quem são, o que é importante e, portanto, também como podem viver. Ambientes construídos, da mesma forma que os mapas e as estruturas classificatórias, posicionam as pessoas em seus lugares e também as orientam a se mover da maneira apropriada.

Um mundo invólucro

Uma das melhores formas de discernir o *logos* ou a estrutura de significado que está moldando a forma segundo a qual um grupo de pessoas vive é prestar atenção às imagens e metáforas que povoam o vocabulário das pessoas acerca de um lugar. Nas tradições ocidentais, duas imagens em particular, uma antiga e outra mais recente, foram bem importantes. São as imagens do mundo como um "recipiente" e como um "globo".

A ideia de que os lugares são como recipientes encontrou expressão inicial e muito influente no pensamento de Aristóteles. Em sua *Physics* [Física], ele escreveu: "Lugar é o que contém *essencialmente* cada corpo".[20] O mundo é como um imenso recipiente ou vaso que "contém" seus vários habitantes. Uma vez que o mundo é muito maior do que qualquer pessoa pode perceber ou imaginar, é possível distinguir um macrorrecipiente que contém uma série de microrrecipientes locais. Enquanto recipientes, os ambientes fornecem espaço ou lugar para que as coisas sejam e se tornem o que são. Os recipientes fornecem os *limites* que conferem definição e extensão ao espaço, e fornecem um *local* para que, dentro deles, as coisas ocupem um espaço e ali permaneçam.

Segundo Aristóteles, um recipiente não é em si mesmo um fator significativo na constituição ou na realidade das coisas que contém: "O recipiente não faz parte do que está nele (o que contém em sentido *estrito* é diferente do que está contido)" (210b27-30). Os lugares, em outras palavras, não são determinantes para as coisas que que eles contém porque são entendidos apenas como "invólucros". Eles não adentram ou *constituem* "aquilo" que envolvem e detêm. Embora as coisas existam necessariamente em lugares (aqui, Aristóteles seguia a máxima de Arquitas, seu contemporâneo mais velho, que dizia que "ser é estar em um lugar"), elas têm sua realidade independente dos lugares em que estão. O seixo que está no recipiente tem seu próprio significado e não necessita do recipiente para fundamentar sua realidade. Seria a mesma coisa em qualquer outro lugar.[21]

---

[20] Aristóteles, *Physics*, Bk. v. IV (209b1), in: *The basic works of Aristotle*, org. Richard McKeon (New York: Random House, 1941), p. 271.
[21] Meu tratamento do significado do lugar em Aristóteles e em seu contexto grego foi muito ajudado pelo livro *The fate of place: a philosophical history*, de Edward S. Casey (Berkeley: University of California

Essa imagem do mundo como um recipiente de coisas tem sido bastante influente. Ela pressupõe um mundo pré-formado e preexistente em relação às coisas que contém, assim como mais ou menos estático (Aristóteles sustentou que um lugar é um "limite imutável/limite imóvel (*peras*)" [212a20-21]). Além disso, ela pressupõe que não existe uma relação intrínseca e mutuamente constitutiva entre o recipiente e as coisas que ele contém porque as coisas são o que são independentemente dos lugares que as situam. Os limites ou paredes de um recipiente são como uma superfície dura e impermeável que envolve e contém objetos que são, da mesma forma, impermeáveis e independentes.

Dadas essas suposições, é fácil ver como os filósofos posteriores descreveriam o mundo como um "palco" que comporta diversas peças de mobiliário, que podem ser movidas para atender às necessidades dos vários dramas humanos que estão sendo encenados sobre ele, ou como uma "plataforma de produção" que suporta as várias atividades extrativas e construtivas da invenção humana, ou como uma "loja" ou um "depósito" que contém as várias mercadorias que existem e estão prontas para a escolha do consumidor. Cada uma dessas metáforas — palco, plataforma de produção, loja — simplesmente estende a imagem do recipiente e, assim, reforça a ideia de que as pessoas podem se mover livremente de um palco ou de uma loja para o próximo palco ou loja.

Com esse conjunto de imagens, as pessoas estão "no" mundo como um objeto em um recipiente, mas estão, no entanto, separadas ou "fora" dele, porque não dependem dele para sua constituição e identidade. Moldadas como turistas perpétuas, as pessoas estão dentro do lugar, mas não pertencem a ele. Com certeza, as pessoas usam o mundo para satisfazer às suas necessidades e aos seus desejos, mas, em seu uso, comunicam sua transcendência acima dele. O mundo é um lugar que nos dá uma localização — um lugar para ficar, mover, descobrir, manipular, explorar e comprar —, mas que não nos atrai profundamente para si, e tampouco se aprofunda em nós e nos molda por dentro.

O poder das imagens dos recipientes ainda está conosco, e pode ser visto na forma pela qual moldou o movimento ambientalista americano, gerado pelo duplo desejo de "proteger" a natureza e, ao mesmo tempo, "ligar" as pessoas a ela. Como é sabido, o ambientalismo contemporâneo foi inspirado por cientistas como Rachel Carson e Aldo Leopold, que revelaram os efeitos destrutivos das práticas econômicas industriais. A aplicação generalizada de venenos (para o controle de ervas daninhas e insetos), a poluição das terras, das vias fluviais e do ar (efeitos dos processos industriais), e a perda do *habitat*

Press, 1997). Casey resume o que dizia Aristóteles da seguinte forma: "Como um vaso contém água ou ar nele, um lugar contém um corpo ou corpos em seu interior, em um encaixe ajustado" (p. 55).

e de suas espécies (para dar lugar ao desenvolvimento econômico), indicavam que as pessoas estavam fazendo coisas terríveis aos seus ambientes. Daí o repetido chamado dos ativistas para "proteger", "conservar" ou "salvar" o meio ambiente, que encontrou uma potente resposta legal no USA Wilderness Preservation Act of 1964 [Lei americana de preservação das áreas silvestres de 1964]. Esse ato criou o National Wilderness Preservation System [Sistema nacional de preservação de áreas silvestres], que definiu "área silvestre" como "aquela na qual a terra e sua comunidade de vida não foram prejudicadas pelo homem, em que o próprio homem é um visitante que não permanece". Até o momento, cerca de 106 milhões de acres (43 milhões de hectares) de terras públicas foram preservadas para a proteção das áreas silvestres, grande parte em parques nacionais.

As origens da consciência ambiental nos Estados Unidos pressupõem que, para proteger a natureza, tornou-se necessário remover as pessoas dela, ou pelo menos reduzir, de forma significativa, as atividades que poderiam realizar nela. Por quê? Porque a natureza em sua forma primitiva é intocada pelas pessoas.[22] Para que a entrada de pessoas em um parque seja permitida, elas devem, portanto, primeiro abandonar os comportamentos econômicos convencionais e adotar a posição de visitantes ou turistas. Embora as pessoas sejam convidadas a "se relacionar" com a natureza, e até mesmo a ter um tipo de experiência transformadora, elas devem, enquanto estiverem ali, deixar de serem elas mesmas ou de tirar seu sustento da natureza. Como várias regras de "não retirar" comunicam de maneira clara, as áreas silvestres não devem entrar de forma material nas vidas cotidianas dos turistas.

A proteção das áreas silvestres reflete a compreensão de um ambiente que "envolve" as pessoas. Seus contextos podem variar, como, por exemplo, quando um "ambiente natural" é apreciado por suas oportunidades recreativas ou tem seus recursos naturais extraídos. Existem também "ambientes domésticos", que facilitam as práticas de domesticação, e "ambientes construídos", como complexos de escritórios e centros comerciais, que facilitam o trabalho e as compras. Como esses exemplos mostram, os ambientes são vistos como essencialmente *separados* das pessoas. Eles estão "fora". Entramos neles em momentos diferentes para fazer coisas diferentes, presumindo, assim, que nossa entrada é opcional ou esporádica, ou talvez um reflexo da

---

[22] Dado o fato de que essa experiência americana em matéria de proteção de áreas silvestres foi exportada para outras partes do mundo, é precisamente a ideia de que os povos nativos devem primeiro ser retirados do parque designado que encontrou resistência. Claramente, de acordo com outras culturas, e para os povos nativos em geral, os lugares não são tão somente recipientes que abrigam pessoas que poderiam viver bem em outro lugar. Em vez disso, os lugares se infiltram e constituem pessoas de tal forma que suas identidades e seus entendimentos de vida não fazem sentido para além dos lugares em que elas se movem. Em outras palavras, para os povos nativos, a concepção ocidental de lugar, inspirada em Aristóteles, faz pouco sentido.

escolha pessoal. Poderíamos, da mesma forma, optar por abandonar determinado ambiente e optar por outro. Os ambientes são, portanto, como sapatos. As pessoas os usam para se deslocar. Elas podem experimentar diferentes pares e ficar com os que mais gostam ou consideram mais confortáveis.

Por que essa maneira de imaginar o lugar da humanidade no mundo tem tanto poder? Em parte, essa sensibilidade reflete a maneira pela qual as pessoas muitas vezes experimentam a vida. Seus modos práticos de habitação podem dificultar que estabeleçam uma ligação profunda com os lugares nos quais se encontram — o tipo de ligação que permite às pessoas sentirem como um lugar constitui seu ser a partir do interior —, porque muitos moderadores estão no caminho. Para entender o que quero dizer, considere a seguinte descrição de uma casa contemporânea bem valorizada:

> Aqueles de nós que são suficientemente ricos para viver em um apartamento espaçoso ou uma casa com localização privilegiada, equipados com todas as conveniências modernas, tendem a imaginar que a habitação pode ser algo contingenciado. Vivemos em um mundo extrínseco — o que chamarei de mundo invertido — no qual tudo o que se move e cresce, brilha, queima ou faz barulho foi reconstruído no interior como um simulacro ou uma imagem do exterior. Animais vivos reais, de ratos a aranhas, são banidos ou erradicados para dar lugar às suas contrapartes esculturais; plantas ornamentais são colocadas em vasos; janelas panorâmicas oferecem uma visão similar àquela projetada em uma tela de televisão; a luz artificial é colocada para simular os raios do sol; aquecedores ocultos emitem calor de fontes invisíveis, enquanto um fogo que emula uma lareira, ligado na eletricidade, queima na grelha; e alto-falantes, instalados com muito bom gosto ao redor das paredes, emitem sons gravados que podem ser desde um vento soprando nas árvores até ondas quebrando na costa de algum lugar [...] Só Deus sabe onde está a terra — em algum lugar profundo, sobre o qual preferimos não pensar, acessível apenas aos pedreiros e encanadores, que entram em ação quando as defesas que mantêm nossa vida sob controle são violadas.[23]

É claro que nem todas as pessoas vivem assim. Contudo, para muitas, em especial para aquele número crescente de pessoas que gastam cerca de 90% de suas horas trabalhando, se divertindo, dormindo, estudando, se exercitando e comendo em casa, a experiência atual de urbanização reforça regularmente uma concepção do mundo natural como algo externo. Os ambientes construídos, e as muitas conveniências que eles oferecem, são projetados para que as

---

[23] Tim Ingold, *The life of lines* (London: Routledge, 2015), p. 41 [edição em português: *Linhas: uma breve história* (São Paulo: Vozes, 2022)]. As referências seguintes a esse livro (abreviado como LL) serão incluídas diretamente no texto.

pessoas não precisem se relacionar de forma direta com as fontes de energia ou com os alimentos que as energizam e alimentam. A economia é anônima, o que significa que os contextos e as histórias que produzem os bens que queremos estão escondidos atrás de uma nuvem de ignorância. Esse é um mundo em que nossos compromissos com os lugares são mediados por interruptores, botões, cartões de crédito, e telas, tudo a partir do conforto de escritórios e residências climatizadas. Em ambientes como esses, as esferas nas quais as pessoas estão inseridas são principalmente "internas".[24]

A imagem da pessoa que emerge desse modo de vida é a de um indivíduo que se posiciona acima e de maneria contrária a seu ambiente. Lugares são como palcos sobre os quais externalizamos os desejos e as intenções que temos interiormente. Os lugares são exteriores à vida interior que constitui nossa humanidade. Embora possamos admitir de pronto que os ambientes influenciam (às vezes de forma poderosa, às vezes com certa violência) a vida que as pessoas levam, uma suposição fundamental permanece: as pessoas são definidas, para o bem ou para o mal, pelo que "fazem" com seus ambientes. Ser vítima passiva de um ambiente é ter sua humanidade diminuída. É ser um peão de xadrez, e não uma pessoa real.

Se nos voltarmos agora para a segunda imagem, que tem sido muito influente em nosso pensamento sobre o lugar — dessa vez, a imagem do mundo como um "globo" —, surge um enquadramento semelhante no qual as pessoas estão separadas e fora do mundo em que vivem.

Se alguém procurasse uma imagem emblemática tanto do movimento ambientalista moderno e quanto do espírito do Antropoceno, não seria necessário ir além da imagem #AS17-148-22727 da NASA. Também conhecida como "mármore azul", essa fotografia impressionante foi tirada pelos astronautas da Apollo 13 em 7 de dezembro de 1972. Considerada a imagem mais reproduzida da história, a fotografia mostra o planeta Terra em toda a sua beleza e vulnerabilidade, totalmente iluminado pelo sol. Olhando para ela, é impossível não ser dominado pelos tons azuis profundos do oceano, pela porção de nuvens brancas que se erguem acima dela, e pelas faixas de terra marrom da África, da Península Arábica e de Madagascar, que surgem em destaque. Não é à toa que essa fotografia logo apareceu na capa da revista *Whole Earth Catalogue* e se tornou a imagem favorita das celebrações do dia da Terra.

---

[24] Em *Is staying in staying safe?* (The New Yorker, september 7, 2020), Jill Lepore observa mudanças no desenho estrutural de residências e escritórios, com a adaptação de edifícios e espaços de trabalho para maximizar a saúde, o desempenho e o conforto pessoais. O mundo exterior, especialmente em tempos de pandemia, é muitas vezes caracterizado como perigoso, ou simplesmente desconfortável. Ao mesmo tempo, as pessoas estão notando os efeitos nocivos para a saúde de estarem "confinadas" em casa e, por isso, querem a experiência do exterior, mesmo que ela tenha de assumir a forma de uma decoração de parede ou de vídeos e sons da natureza.

Essa imagem comunicava, de maneira clara e simultânea, o esplendor e a fragilidade da Terra. Suspenso como um pequeno globo em um vazio imenso, frio, e escuro, as pessoas deveriam entender que este planeta solitário é o único que temos. Elas também deveriam apreciar o poder e a sofisticação tecnológica que permitiram aos seres humanos viajar para tão longe (cerca de 29 mil quilômetros) e, assim, capturar a imagem. Embora as pessoas estivessem fazendo muita coisa para destruir a Terra, também teriam o conhecimento científico e a habilidade gerencial para "salvar o planeta" se dedicassem seu dinheiro e sua mente nessa tarefa.

Essa imagem alcançou uma relevância icônica. No entanto, o fato de ter sido abraçada por ambientalistas pode ser motivo de preocupação, porque essa imagem da Terra como globo pressupõe e amplia a separação das pessoas do lugar, instaurado pelo imaginário mais antigo que apresenta os lugares como recipientes. Em vez de caracterizar a Terra como uma superfície que nos rodeia em suas paredes de contenção, essa imagem do globo como uma esfera derrubou as paredes de contenção para que, agora, as pessoas pudessem ficar por cima e se mover livremente sobre a superfície da Terra, e até mesmo além dela. As pessoas não estão dentro de lugares; elas estão acima deles, prontas para decolar para o espaço. Desde então, bilhões de dólares foram gastos na suposição de que as pessoas podem viver em outro lugar que não a Terra.

Durante séculos, os seres humanos compreenderam que viviam *dentro* e *a partir de* um mundo que todo dia os alimentava e supria suas necessidades. O pensamento de que alguém poderia se elevar acima da terra, ou existir em um estado suspenso longe dela, teria sido absurdo. Por quê? Porque tudo o que possibilita a vida humana — micróbios, comida, água, energia, ar — está aqui. Uma vez que as pessoas são seres corporificados, elas também estão necessariamente envolvidas com outros corpos, os quais fazem da Terra seu lar. O envolvimento e o enraizamento são cruciais. Estar dissociado e desenraizado por muito tempo é estar morto.

Naturalmente, essa constatação não exclui a possibilidade de desejarem se separar por um período ou alcançar alguma distância para ter outra percepção. Com efeito, essa atitude pode ser útil se a observação for a habilidade que se cogita desenvolver. Existem, no entanto, vários perigos em ação nesse posicionamento: (1) o perigo de pensar que é possível viver continuamente na posição de observador ou espectador; (2) o perigo de acreditar que o conhecimento que vem da observação é superior àquele que vem da participação; (3) o perigo de pensar que o mundo é algo a ser observado; e (4) o perigo de acreditar que o lugar de alguém está *sobre* a terra, e não *enraizado* em e *interligado* a ela.

Tim Ingold argumentou, de forma convincente, que a imagem da Terra como um globo a ser observado e conhecido a distância está no cerne da incapacidade humana de viver em lugares de forma integrada ou harmoniosa. Ele reconhece que o conhecimento derivado de uma posição observacional tem sido muito útil. Ele permitiu, por exemplo, que uma espécie de imagem completa do mundo emergisse, capacitando as pessoas a mapear, localizar e atribuir o significado de tudo e o lugar de todas as coisas. No entanto, não deveríamos ver nessa caracterização uma atitude colonial em sua essência, segundo a qual o mundo inteiro espera ser controlado, povoado e civilizado? Uma posição de observador ou espectador pressupõe que "não pertencemos ao mundo, tampouco participamos de sua essência, ou nos identificamos com seus ciclos e ritmos. Pelo contrário, uma vez que nossa própria humanidade é fundamentada, em essência, na transcendência da natureza física, o mundo é que nos pertence. Imagens associadas à posse são abundantes".[25] Dito sucintamente, o que alguém pensa de si e de seu lugar muda, de forma drástica, a depender da maneira como interagimos com ele: se plantamos *nele*, se coletamos *dele*, se caminhamos *sobre* ele, se dirigimos *através* dele, ou se voamos 30 mil pés *acima* dele.

Ao avaliar imagens de um recipiente ou de um globo, ou um termo mais genérico como "ambiente", é importante perceber que a sensibilidade da separação que elas expressam não é necessariamente inevitável ou dispensável. Entre os povos nativos e as sociedades de caçadores-coletores, por exemplo, a ideia do deserto como um lugar separado das pessoas é estranha e faz pouco sentido, porque florestas, pastagens, montanhas, selvas, riachos e tundra são os lugares de habitação e, portanto, aqueles aos quais as pessoas pertencem. A terra não é um lugar que as pessoas às vezes visitam; é, antes, onde a vida e a identidade pessoal são elaboradas. É, literalmente, o lugar no qual as pessoas são alimentadas e sustentadas. Estar separado da terra é estar desprovido de sentido e significado. Uma vez que as atitudes e os pensamentos são elaborados no que se refere a compromissos práticos com a terra, essas atitudes e compromissos se tornam indissociáveis da identidade pessoal. O contemporâneo líder canadense de ascendência *cree*, Matthew Coon Come, expressa isso de forma clara:

> Nossa terra é nossa memória, por isso ela é tão importante para nós [...] quase todas as árvores têm um nome, quase todas as rochas. Algo aconteceu aqui, algo aconteceu ali, alguém matou seu primeiro alce naquela montanha. Sabemos onde estão as tocas dos ursos, os campos dos alces, o castor, a lontra, o visom. Tudo tem uma história, e essas são as histórias que nos sustentam.[26]

---

[25] Tim Ingold, "Globes and spheres: the topology of environmentalism", in: *The perception of the environment: essays on livelihood, dwelling and skill* (London: Routledge, 2000), p. 214.
[26] Hans M. Carlson, *Home is the hunter: the James Bay cree and their land* (Vancouver: University of British Columbia Press, 2008), p. 30.

As coisas que o líder Coon Come considera mais importantes não apareceram em nenhum mapa imperial.

Em sua essência, essa forma de falar comunica uma identificação pessoal com um lugar, narrada nas histórias sobre aquele ambiente. As histórias sobre as quais o líder Coon Come fala não *representam* simplesmente um mundo externo; em vez disso, comunicam as relações que existem *entre* pessoas e lugares, entre pessoas e criaturas não humanas, de modo que *envolvem* e atraem pessoas para os lugares aos quais as histórias se referem. Essas relações nos levam à terceira e à quarta dimensões desconhecidas pela superfície horizontal (mapa) e pela esfera (globo). Conhecer um território de alces, onde eles se encontram e o que acontece ali é também saber a maneira pela qual a própria vida se encaixa nesse território, sendo beneficiada por aquilo que aconteceu nesses lugares. Como tal, essas histórias *ligam* as pessoas a seus lugares, lembrando-as das maneiras pelas quais elas dependem e se movem em vastas redes de relacionamentos que inspiram, nutrem e completam sua vida. As histórias posicionam as pessoas em seu mundo para que cada lugar possa ser uma fonte de nutrição, instrução e celebração. Ao recontar histórias, as pessoas apreciam o significado e o sentido de lugares específicos. Elas discernem por que os lugares e as coisas são importantes e como se entrecruzam, beneficiando suas próprias vidas. E descobrem sua identidade e sua vocação ao participarem dessas interseções.[27]

Considere também os *tlingit*, uma tribo nativa localizada na região sudeste do Alasca. Nessa tribo, os nomes dos clãs têm relação direta com os nomes dos lugares. Seu nome, em vez de garantir uma identidade singular e independente, localiza e coloca sua vida dentro de uma história e de uma região. Como tal, cada nome comunica um modo de vida que liga as pessoas e os lugares entre si, em vez de separá-los. Ao contrário dos exploradores europeus, que carimbaram seu nome em uma montanha ou em um lago (alheios à história e ao significado de um lugar), os *tlingit* fizeram o oposto: eles retiraram o nome deles do que acontece nos lugares, porque entendem a existência com base nesses locais, e nos diversos processos dinâmicos de caça, alimentação, abrigo e criação que neles acontecem, e que faz com que eles possam sobreviver. O antropólogo Thomas Thornton descreve dessa forma:

> Os *tlingits*, que entendem as conexões entre pessoa, estrutura social e lugar mediante o conhecimento ecológico e sociológico tradicional, têm uma tecnologia poderosa à sua disposição. É algo semelhante a um sistema de posicionamento geográfico

---

[27] A experiência que aqui relato não se limita aos povos nativos ou às primeiras nações. Considere o poder que os bairros têm de moldar as identidades dos moradores urbanos e suburbanos. O que torna um bairro — suas avenidas, lojas, restaurantes, parques, calçadas e casas — tão especial e importante é que ele pode ser um lugar no qual o desenvolvimento e a compreensão pessoais acontecem.

moderno, exceto por ser mais adaptável, porque coordena a posição ao longo dos terrenos físicos, ecológicos e sociológicos. Com esse conhecimento, é possível reconhecer não apenas seu lugar no mapa, mas também seu lugar e tempo na estrutura social multidimensional que rege essa paisagem [...] Com essa tecnologia, é possível encontrar uma resposta não apenas à pergunta: onde estou?, mas também à questão de igual modo crítica aos *tlingit*: como pertenço a este lugar?[28]

Nessa cultura, perder o nome é perder um modo de vida. É ser incapaz de avaliar o significado e o sentido de quem a pessoa é e onde está. Como o nome dos lugares comunica os processos de vida e morte que aí ocorrem, conhecer e prestar atenção ao nome de um lugar é possibilitar sua participação benéfica neste. O nome deve corresponder aos modos de atividade adequados que contribuem para o pertencimento e para a subsistência de uma pessoa. O nome, em outras palavras, não é simplesmente uma localização em um mapa. É também — e o que é mais importante — um sinal que orienta as pessoas para formas significativas de participarem em um lugar.

Esse breve exame de povos nativos nos ajuda a ver que a ideia de um ambiente que nos cerca e que pode ser separado de nós é dispensável e pode ser evitada. Além disso, essa é uma ideia distorcida e destrutiva porque (como veremos em breve) adultera as múltiplas maneiras pelas quais todas as pessoas, *por meio do próprio corpo, que manifesta desejos e necessidades*, estão, obrigatória e favoravelmente, interligadas com os lugares. Afirmar que "nossa terra é nossa memória" também implica afirmar que um ambiente assim, que, em essência, é "exterior", não existe. Para os povos nativos, a terra e suas criaturas estão "dentro", inspirando e moldando seus desejos, ações e expectativas para a vida. Para eles, o mundo não pode ser reduzido a um recipiente, a um globo, ou ao ambiente que nos cerca. Seus envolvimentos corporais e suas relações simbióticas com criaturas grandes e pequenas demonstram que a ideia de um lugar como uma superfície dura e impermeável é enganosa.

Preparando uma mudança de ideia

Se a Terra não é um recipiente, nem um globo, o que será, então? Existe uma forma melhor de apresentar o mundo e nossa existência nele, com o termo

---

[28] Thomas F. Thornton, *Being and place among the tlingit* (Seattle: University of Washington Press, 2008), p. 66-7. É por causa dessa estreita identificação entre as pessoas e seus lugares que Thornton observa: "Os povos nativos cujas conexões de moradia com as terras ancestrais foram diminuídas ou perdidas, e cujas estruturas culturais de colocação foram enfraquecidas, muitas vezes sofrem crises de saúde, mesmo que gozem um nível comparável ou até mais elevado de segurança material — comida, abrigo e renda — do que no passado. Isso é especialmente verdadeiro para aqueles grupos que foram removidos à força de sua terra e proibidos de falar sua língua, estruturar sua vida social, colher seus alimentos, e praticar seus rituais (p. 192).

"melhor" indicando uma caracterização que explica as interações variadas, detalhadas e íntimas de um corpo vivo em um mundo dinâmico e diferenciado que promove e estimula a vida?

Em vários estudos, o antropólogo britânico Tim Ingold propôs que pensássemos no mundo entrelaçado como uma "malha". Como veremos, essa é uma caracterização que ressoa fortemente com as formas nativas de estar no mundo e com a imagem de uma *harmonia mundi* que mencionei no início deste capítulo. Além disso, ela também é congruente com as culturas nativas e agrárias, que treinam as pessoas em habilidades manuais, a fim de tirar seu sustento da terra. É importante recuperar essas concepções de mundo, e do lugar da humanidade nele, porque elas podem nos ajudar a entender a diferença que nos leva de "ontologias de desapego" para "ontologias de envolvimento". O envolvimento é importante porque traz à consciência formas de participação que nos ajudam a *sentir* (em níveis viscerais: pés, entranhas, narinas e línguas) nossa necessidade mútua e nossa dependência dos ambientes.

O conceito de malha é uma noção complexa, que desafia o núcleo das imagens de recipientes/globos que temos considerado até então. Seria mais preciso não se referir à "uma" malha, pois, estritamente falando, uma malha não é uma entidade diferente, autossuficiente ou fechada em si. Como uma junção temporal de múltiplas linhas de desenvolvimento, a ideia de uma fronteira diferente deixa de fazer sentido porque as linhas estão, a todo instante, estendendo-se em todas as direções. No momento em que se pensa ter chegado ao fim de uma linha ou ao limite de uma malha, descobre-se que a linha está enredada em outra, a qual, então, leva a outro lugar. O desafio é conceituar um campo de interação e desenvolvimento dinâmico que não se fecha em si, mas permanece *aberto*:

> Em um mundo verdadeiramente aberto, não existem objetos isolados. Pois o objeto, ao se fechar em si, vira as costas para o mundo, afastando-se dos caminhos pelos quais surgiu, e apresenta apenas suas superfícies exteriores congeladas para averiguação. O mundo aberto [...] não tem esses limites, nem interiores nem exteriores; apenas idas e vindas. Esses movimentos produtivos podem gerar formações, inchaços, crescimentos, protuberâncias, e ocorrências, mas não objetos.[29]

A chave para pensar a malha é pensar com verbos.

Com a malha, é preciso abandonar a ideia de mundo como uma coletânea de entidades delimitadas e diversas, que podem ser classificadas de maneira

---

[29] Tim Ingold, *Being alive: essays on movement, knowledge and description* (London: Routledge, 2011), p. 117 [edição em português: *Estar vivo* (São Paulo: Vozes, 2015)]. Referências seguintes a esse livro (abreviado como BA) serão incluídas de maneira direta no texto.

ordenada e categorizada. Isso é difícil de compreender, dada a longa influência das formas aristotélicas de compreensão das coisas. Em sua ontologia da substância, por exemplo, ele argumenta que a maneira de caracterizar algo é diferenciá-lo das outras coisas para compreender sua particularidade. Uma coisa ou substância é o que é porque não é outra coisa. A diferenciação e os limites diversos são, portanto, fundamentais para estabelecer a definição das coisas. O mundo se fundamenta em uma coleção de substâncias caracterizadas com nomes próprios (substâncias primárias) e substantivos comuns (substâncias secundárias). Aquelas são exemplos particulares de uma substância secundária ou classe geral de coisas, como, por exemplo, quando se pode dizer que você ou eu somos um exemplo particular da espécie chamada humanidade.

A genialidade do pensamento de Aristóteles é que ele possibilitou os esquemas classificatórios que nos permitem ordenar e organizar um mundo de grande diversidade. A classificação é importante porque nosso saber a respeito das demais coisas é, na maioria das vezes, determinado pelo tipo coisa que nós consideramos que elas sejam. Lembre-se do meu exemplo anterior, no qual as pessoas tratam as "flores" de forma diferente da forma que tratam as "ervas daninhas". No entanto, posto de maneira bastante rasteira, o problema é que a ontologia das substâncias induz as pessoas a verem o mundo como uma coleção de substantivos, e não como um campo de verbos. A coleção, bem como um recipiente de objetos, enfatiza as distinções entre as coisas e reduz os seres vivos a objetos compenetrados em si mesmos. Já o campo de verbos enfatiza o envolvimento dos modos de vida abertos que, em seu desenvolvimento, desafiam, mudam e penetram continuamente nas "fronteiras" que mantêm os elementos separados. A ideia de entrelaçamento em malha não exige que abandonemos por completo os substantivos, mas problematiza a forma pela qual pensamos neles.

Para chegar a essa caracterização de um mundo entrelaçado, Ingold foi ajudado pelos povos nativos e pelas formas como eles entendiam o mundo em que estavam inseridos. Para a tribo *koyukon*, do Alasca, por exemplo, o mundo não é povoado por objetos. Embora a cultura *koyukon* use nomes para se referir aos animais, o nome indica as atividades do animal porque, para eles, um animal *é* o que o animal *faz*, e o que um animal faz atrai a si próprio e àqueles que o envolvem para um vasto mundo de desenvolvimento relacional. Os animais não existem de forma isolada, mas dependem e vivem por intermédio de outras criaturas, condições meteorológicas e processos ecossistêmicos. Ingold tira esta importante conclusão:

> Se nada existe em si e para si, mas é apenas a corporificação mais ou menos efêmera de uma atividade em relação aos outros, então todo o projeto de classificação — que agrupa e divide as coisas segundo seus atributos estabelecidos — torna-se

impossível. Não pode haver substantivos comuns. Além disso, não pode haver nomes próprios como entendidos no sentido convencional. Pois as pessoas não são seres que se movem, mas são seus movimentos. É nos próprios padrões de atividade que reside sua presença. E os ambientes não são locais que se conectam tanto quanto são formações que surgem em um processo de movimento, como redemoinhos em um rio. Em suma, em tal mundo, os nomes não são substantivos, mas verbos: cada um narra um acontecimento (BA, p. 168).

Robin Kimmerer, cientista e membro da nação *potawatomi*, observou que as línguas nativas, quando comparadas ao inglês, têm muito mais verbos do que substantivos. Consequentemente, o *logos* que molda os imaginários nativos está muito mais sintonizado com a vitalidade das coisas, mostrando-se sensível à vida que pulsa por todos os lugares e coisas. "Água, terra e até mesmo um dia, a língua é um espelho para ver a tendência animal do mundo, a vida que pulsa mediante todas as coisas, por meio de pinheiros, pássaros e cogumelos. Essa é a linguagem que ouço na floresta; essa é a linguagem que nos permite falar do que brota à nossa volta." Essa língua com predominância verbal relembra seus falantes que nada é um "isso" ou um objeto, mas, sim, um membro de uma comunidade compartilhada de vida — um parentesco. Se quisermos aprender a nos sentir em casa neste mundo, Kimmerer argumenta que temos de aprender "a falar a gramática das coisas vivas".[30]

É tentador pensar que essa caracterização da nomenclatura e a ontologia relacional que ela subscreve são restritas aos povos nativos e, portanto, não se aplicam mais ao mundo urbano de hoje. Isso seria um erro. Como veremos, a natureza da vida corporificada — onde quer que aconteça — e os envolvimentos dinâmicos e de longo alcance com outros corpos e processos que ela pressupõe, obrigam-nos a adotar formas de pensar e imaginar em malha; mas, para chegar lá, os hábitos de pensamento e as formas de imaginação precisam mudar, porque nossos hábitos perderam, literalmente, o contato com o mundo.

Para mudar esses hábitos, é preciso repensar os processos de formação e educação. Pense primeiro em alunos em uma sala de aula, ouvindo de forma obediente e fazendo anotações. Eles estão muitas vezes do lado de dentro, e longe das realidades que lhes são ensinadas. O conhecimento é tipicamente enquadrado e transmitido como um conjunto de fatos. Essa é uma caricatura, claro, porque muitos professores contestarão dizendo que não pensam na mente dos estudantes como lousas em branco sobre as quais devem imprimir

---

[30] Robin Kimmerer, *Braiding sweetgrass: indigenous wisdom, scientific knowledge, and the teachings of plants* (Minneapolis: Milkweed, 2013), p. 55-8 [edição em português: *A maravilhosa trama das coisas* (Rio de Janeiro: Intrínseca, 2023].

informações; eles estão treinando os alunos para se envolver no trabalho de análise e crítica, tudo o que envolve de maneira ativa a mente para que eles não sejam simplesmente recipientes passivos de dados brutos ou objetivos. Já os estudantes conhecem bem a ideia de que a objetividade é impossível, porque cada representação dos outros pressupõe uma hermenêutica cultural que dispõe as pessoas a ver, interpretar e compreender por meio de pontos de vista particulares, tendeciosos e inevitavelmente limitados. Ninguém vê ou compreende tudo. Ninguém detém "a verdade" ou o esquema classificatório correto. Uma das características de uma pessoa bem-educada é, portanto, conseguir acolher, engajar e avaliar vários pontos de vista. O objetivo global da educação pode variar. Para alguns, é para provar a exatidão ou a veracidade de seu ponto de vista em comparação com outros. Para outros, é se tornar mais solidário com as perspectivas dos outros e, por meio de conversas e engajamento constantes, por fim chegar a um entendimento mais amplo e abrangente. Para outros, trata-se tão somente de celebrar a diversidade de pontos de vista.

Com base no trabalho de Jan Masschelein, filósofo da educação, Ingold quer que percebamos que modelos de educação hermeneuticamente sofisticados e que concedem perspectivas multiculturais diversas ainda mantêm as pessoas em modos representativos de consciência. A explicação disso é o compromisso fundamental com a ideia de que a ação da mente é fotografar o mundo e, em seguida, comunicar-se com outras fotos. Podemos contestar a clareza e a cor das imagens, seu enquadramento, ou talvez seu ponto de vista limitado — é isso que a "boa" educação prepara os estudantes para fazer — mas o que não é posto em discussão é a ideia de que é isso que a mente faz, ou se deveria atuar assim. Acaso a mente é algo compenetrado em si, separada do mundo como uma câmera está separada de seu objeto?[31]

Com frequência, imaginamos que as mentes estão confinadas a um crânio, como um processador está atrelado à estrutura de um computador. Ingold sugere uma concepção diferente: "A mente se estende ao longo dos caminhos ou linhas de crescimento da existência humana, assim como as raízes terrosas e a folhagem alta. Assim, o fundamento do conhecimento [...] não é um substrato neural interno que se *assemelha* ao solo exterior, mas *é o próprio* solo em que caminhamos, no qual a terra e o céu são equilibrados na produção contínua de vida" (LL, p. 48,49). Com essa concepção, Ingold dirige nossa atenção

---

[31] Em *The world beyond your head: on becoming an individual in an age of distraction* (New York: Farrar, Straus and Giroux, 2015), Matthew Crawford argumenta que um enquadramento representativo da consciência falha em apreciar o caráter corporificado da aprendizagem que atrai as pessoas para um mundo dinâmico. "A fotografia estática se revela uma metáfora pobre para compreender a percepção visual, pela simples razão de que o mundo não está parado, nem nós estamos imóveis em relação a ele" (p. 49).

para um segundo modelo de educação, que se baseia no latim *educere*, que significa "liderar". Em vez de incutir conhecimento na mente dos estudantes, aqui a tarefa educativa essencial é levar a mente a uma jornada para o mundo, pois é precisamente nessa jornada que os estudantes podem perceber que o conhecimento não se refere a tomar uma posição ou montar um ponto de vista, mas, sim, aprender várias formas de atenção e sintonia com aquilo que encontram. Caminhar nos liberta de nossa fixação a um ponto de vista, para podermos ser mais sensíveis aos outros e aos lugares conforme estes se desenvolvem. "A atenção do caminhante não vem de ter chegado a uma posição, mas de ter sido afastado dela, de haver se deslocado" (LL, 135). Ao levar a mente para uma jornada, torna-se provável que a inteligência, da forma descrita no capítulo anterior, seja compreendida como uma realidade comunitária, espalhada e acústica.

O deslocamento é fundamental para o saber porque significa uma quebra dos limites que nos mantêm trancados dentro de nós. Entendida dessa forma, a tarefa que requer atenção é permanecer em um mundo sempre em movimento e sempre interativo, que nunca está em repouso. Caminhar exige das pessoas que aprendam a se tornar disponíveis e a responder a um mundo dinâmico e sempre constante, porque, sem essa disposição cuidadosa, elas distorcerão o mundo, dividindo-o em coisas que existem de forma isolada. A cognição não deve ser separada da locomoção, porque nosso conhecimento de um mundo vivo é uma característica das coisas que se movem dentro dele. O pensamento é, portanto, uma forma de fidelidade não apenas às coisas, mas também às coisas em seu desenvolvimento, conforme elas se envolvem com outras. Esquecer o movimento de algo é perder a própria coisa. O redemoinho rodopiante desaparece no momento em que se tenta removê-lo das correntes do rio. Ou, para usar uma analogia diferente, concentrar-se em objetos separados de seu fluxo nas correntes da vida seria como interromper um orador para tratar de cada palavra de forma isolada, ou parar um músico para que se possa analisar cada nota. O falante deixa de ser entendido porque o significado da fala é comunicado no fluxo das palavras. A canção desaparece se o fluxo de notas for interrompido. O pensamento acompanha o fluxo porque é aí que se encontram o significado e a melodia.

Com essa concepção, o trabalho de um professor não é simplesmente transmitir um corpo de conhecimentos; em vez disso, os professores trabalham para ajudar os alunos a entender como eles estão enraizados em seus lugares.[32] Eles são auxiliadores dos estudantes, tirando-os da posição sen-

---

[32] Em seu ensaio "Land as pedagogy" (in: *As we have always been, indigenous freedom through radical resistance* [Minneapolis: University of Minnesota Press, 2017]), Leanne Betasamosake Simpson mostra como uma educação *nishnaabeg* trabalha para abrir a percepção das pessoas ao espírito da terra, para que

tada (observando que uma "sociedade sentada" é um fenômeno dos últimos duzentos anos), conduzindo-os pela mão, e fazendo com que se envolvam fisicamente com seu mundo, para poder cultivar as empatias, os hábitos e as aptidões adequadas que honram o que está acontecendo.[33] Por essa razão, a medida das pessoas bem-educadas não é a quantidade de fatos que memorizaram, mas, sim, se podem ou não dizer de que maneiras suas próprias vidas, e as vidas dos outros, emergem das inter-relações com os outros, são dependentes dessas inter-relações e, portanto, possuem também alguma medida de responsabilidade por essas vidas. A boa educação ensina às pessoas que sua tarefa essencial é se encaixar harmoniosamente em um mundo e colocar seus movimentos em alinhamento empático com os movimentos da vida que se desenrolam ao redor — uma tarefa para a qual precisam de comunidades de percepção e memória.[34] O bom trabalho suscita e inspira as disciplinas práticas que permitem que as pessoas contribuam para seus lugares de um modo que honre as criaturas das quais elas mesmas dependem e com as quais convivem.

Essa forma de falar de educação exige que repensemos aquilo que acreditamos ser o conhecimento. A mente que caminha para o entendimento do mundo não está diante de uma série de fatos prontos que existem, à espera de serem recolhidos como elementos em uma coleção. Em vez disso, ela descobre as coisas em seus acontecimentos. Nada está isolado. Se a fidelidade aos processos de desenvolvimento é crucial para perceber o que existe, então o conhecimento, mesmo o científico, deve ter uma dimensão narrativa em seu núcleo, porque esta, em comparação com os dados brutos, pode comunicar melhor o movimento pelo qual as *coisas*, e não simplesmente os *acontecimentos*,

---

criaturas e ambientes sejam encontrados como sujeitos a serem respeitados e cuidados. A educação, diz ela, "vem das raízes. Vem de estar envolvido pela terra. A relação íntima do indivíduo com os elementos físicos e espirituais da criação está no centro de um percurso de aprendizagem que dura toda a vida" (p. 154).

[33] Cadeiras não entraram em uso generalizado até a vinda do século 16. Ingold também nos lembra que caminhar, longe de ser apenas uma atividade de lazer e estética, tem sido, aliás, o modo de ser mais imediato e prático para a maioria das pessoas ao longo da história. Além disso, um vez que as pessoas andavam descalças, seus pés constituíam um importante ponto de contato e de percepção do mundo. Os calçados, literalmente, privam as pessoas da capacidade de pensar com os pés, e não simplesmente sobre seus pés. "Ao passo que o calçado [...] priva os usuários da possibilidade de pensar com os pés, a cadeira permite que os que estão sentados pensem sem que tenham de envolver os pés no processo. Entre eles, o calçado e a cadeira estabelecem uma base tecnológica para a separação do pensamento da ação e da mente do corpo — ou seja, para a falta de fundamento essencial que é tão característica da habitação metropolitana moderna" (BA, p. 39).

[34] Wendell Berry fala da mesma forma quando escreve: "Provavelmente teremos de aprender de novo a julgar a inteligência de uma pessoa, não pela capacidade de recitar fatos, mas pela boa ordem ou harmonia de seu entorno. Devemos suspeitar que qualquer justificação estatística de feiura e violência é uma revelação de estupidez" (no estudo "People, land, and community", in: *The art of the commonplace: the agrarian essays of wendell berry*, org. Norman Wirzba [Washington: Counterpoint, 2002], p. 192-3). A visão de Berry pressupõe que uma vida humana está aninhada em padrões sociais e ecológicos de relacionamento que combinam entre si: "Ecossistema, fazenda, campo, colheita, cavalo, agricultor, família e comunidade são, em certos aspectos fundamentais, algo recíproco. Todos eles estão, por exemplo, relacionados com a saúde, a fertilidade ou a reprodutividade da mesma forma. A saúde e a fertilidade de cada um envolvem e estão envolvidas na saúde e na fertilidade de todos" (p. 190-1).

ocorrem. Aqui é importante lembrar que a ideia de dados brutos ou de fato objetivo reflete a ontologia da substância que encontramos em Aristóteles: as coisas são o que são ao serem distinguidas de tudo o mais. Essa imagem das coisas (erroneamente) pressupõe que as relações entre as coisas ocorrem *após o fato* e não são vitais para a constituição das próprias coisas. Essa visão não percebe que aquilo que uma coisa é decorre da história de relações que trouxe aquela coisa à existência e a mantém existindo. As coisas não são fatos a serem tabelados como dados quaisquer. Em vez disso, elas devem ser narradas como histórias, para podermos acompanhar seu processo de vir à existência como os efeitos de seu entrelaçamento com os outros:

> As propriedades dos materiais, consideradas constituintes de um ambiente, não podem ser identificadas como atributos determinados e essenciais das coisas, mas, antes, são processuais e relacionais. Não são nem objetivamente determinados, nem subjetivamente imaginados, mas experimentados de forma empírica. Nesse sentido, toda propriedade é uma história condensada. Descrever as propriedades das matérias é contar as histórias do que lhes acontece à medida que fluem, misturam-se, e sofrem mutações (BA, p. 30).

Até mesmo uma pedra se desenvolve e passa a existir se adotarmos uma estrutura de tempo suficientemente longa.

Se saber é ser fiel ao que está acontecendo e ao que é encontrado, então *dizer* o mundo tem precedência sobre representá-lo e classificá-lo. "Dizer" é conseguir conduzir o outro aos caminhos e processos em curso e ajudá-lo a perceber o significado do que está acontecendo. Não se trata simplesmente de apontar as coisas, mas de convidar o ouvinte a assistir e acompanhar os percursos entrelaçados que permitem que as coisas se tornem aquilo que são. "Em suma, perceber o ambiente não é olhar para trás, para as coisas que nele se encontram, ou discernir suas formas e estruturas congeladas, mas se juntar a isso tudo nos fluxos e movimentos materiais que contribuem para sua — e para nossa — formação contínua" (BA, p. 88). O saber genuíno é, portanto, uma forma de *testemunho* que atesta as formas como a vida de alguém está implicada e se torna possível pela vida dos outros.[35] E pensar é uma forma de

---

[35] Testemunhar pressupõe um envolvimento autocomprometido por parte da testemunha. Como tal, ela testifica o pertencimento e a necessidade dos outros, e implica o compromisso de se colocar à disposição deles. O testemunho pressupõe, portanto, humildade, porque põe de lado o ego para que o significado daquilo que é testemunhado possa brilhar e receber a atenção de que necessita. Gabriel Marcel, um dos poucos filósofos que pensou de maneira rigorosa sobre a estrutura de uma consciência de testemunho, argumenta que testemunhar vai ao cerne do que significa ser humano, porque, nessa posição, uma pessoa comunica sua responsabilidade com e para a vida dos outros. Como testemunha, ela reconhece a vida como o efeito de uma graça a todo momento recebida (mesmo que nem sempre seja compreendida). As pessoas não são observadores independentes do mundo, mas pertencem e se movem intimamente nele. Por essa razão, ser testemunha é "o ponto essencial de nossa vida" e a forma que melhor comunicamos nosso pertencimento

agradecimento que visa manter em mente de maneira constante as correntes e as criaturas que fluem para a própria vida, reposicionando, assim, o pensador no mundo, para que ele seja uma presença hospitaleira.[36]

Ingold não se opõe à observação científica. Ele simplesmente quer nos lembrar que, antes de alguém observar um mundo, sempre e de antemão, é um participante dele, "imerso com todo o nosso ser nas correntes de um mundo em formação [...] A participação não se opõe à observação, mas é uma condição para ela, assim como a luz é uma condição para observar as coisas, o som para ouvi-las e o sentimento para tocá-las" (BA, p. 129). Quando esquecemos a participação, é bem mais provável que representemos o mundo como um conjunto de objetos do que como um campo dinâmico de envolvimentos inter-relacionado e gerador de vida. Um mundo de objetos que se fecha em si é um mundo inerte em essência, desconectado e atomístico, no qual nenhuma vida, nem mesmo a dos cientistas, pode emergir. Sem dúvida, isso complica o que entendemos sobre o conhecimento, porque o dinamismo e o desenvolvimento contínuo do mundo sempre questionam todas as pretensões de termos um mundo encaixotado.

> [M]ente e vida não são entidades fechadas que podem ser enumeradas e somadas; são processos abertos cuja característica mais marcante é que elas *seguem adiante*. E, ao prosseguirem, envolvem-se entre si, como os muitos fios de uma corda. Um todo constituído por partes individuais é uma totalidade na qual tudo se articula ou se une. Contudo, a corda está sempre tecendo, sempre em processo, e — como a própria vida social — nunca termina (LL, p. 11).

Lugares entrelaçados

O caminho, e não o lugar, é a condição primária do ser, ou melhor, do vir à existência (BA, p. 12).

Ao prosseguir ao longo de um caminho, cada habitante estabelece um rastro. Onde os habitantes se encontram, os rastros se entrelaçam, à medida que a vida

---

aos outros (veja *The philosophy of existencialism*, de Gabriel Marcel [New York: Citadel Press, 1961], p. 97). Usando a linguagem de Ingold, recusar-se a testemunhar é o mesmo que virar as costas ao mundo. É se fechar em si e presumir que se pode ficar sozinho e, talvez, viver fora de si mesmo.

[36] Em *What is called thinking*, Martin Heidegger expandiu a expressão alemã *denken ist danken* (pensar é agradecer). Em vez de ser a habilidade pela qual as pessoas representam e manipulam o mundo, Heidegger acreditava que a essência do pensamento é se concentrar nas coisas que nos ligam aos outros e que se cruzam com nossa vida, e que, em sua intersecção, tornam nossa vida possível. Pensar é, portanto, um ato de devoção, no qual nos lembramos e carregamos em nosso ser "a reunião de tudo o que nos interessa, nos preocupa e nos toca uma vez que existimos como seres humanos" (*What is called thinking* [New York: Harper & Row, 1968], p. 144). É significativo que, para Heidegger, o pensamento grato coloque os pensadores no mundo como aqueles que pertencem ao local em que se encontram.

de cada um se liga à do outro. Cada entrelaçamento é um nó e, quanto mais as linhas de vida estão entrelaçadas, maior é a densidade do nó. Os lugares, portanto, são como nós, e os fios a partir dos quais estão amarrados são linhas de passagem [...] Juntas [as linhas], compõem o que chamei de *malha* (BA, p. 148,149).

Ingold argumenta que a linguagem da "habitação" é inadequada para a tarefa de estar no mundo. Por quê? Porque "carrega uma aura de localidade confortável e bem embrulhada, que parece estar desafinada com uma ênfase na primazia do movimento" (BA, p. 12). É possível argumentar que a habitação não precisa carregar essa aura, mas a preocupação de Ingold permanece: situar as pessoas em seus lugares de tal forma que seu ser não seja tão somente uma característica de sua localização, mas, sim, seu envolvimento ativo com os semelhantes, e seu movimento ao longo de processos geradores de vida. Por isso ele diz que o caminho é mais primário do que o lugar (embora os lugares, falando de maneira técnica, venham antes dos caminhos e sejam pressupostos pelos caminhos). A própria natureza de um caminho é o fato de incitar o movimento. E o trabalho da habitação não é simplesmente ocupar uma estrutura pré-formada e terminada, mas apreciar a estruturação e a construção de casas como processos que tecem de forma mais profunda os lugares específicos, com todas as suas diversas criaturas. Ser humano é estar envolvido em atividades de criação da vida que nutrem as necessidades fisiológicas, estéticas e espirituais do corpo vivo.[37]

Para captar a importância de um movimento de improvisação engajado, Ingold sugere que adotemos a linguagem do "andarilho" para indicar o modo fundamental pelo qual as pessoas habitam a Terra. Um andarilho se move entre outras criaturas e se envolve ativamente com suas linhas de desenvolvimento. Ele não apenas vai de um lugar ao outro, como um turista

> O caminhante está sempre em movimento. De maneira mais estrita, ele *é* seu movimento [...] Os transportes, pelo contrário, são essencialmente orientados ao destino. Não é tanto o desenvolvimento *ao longo* de um modo de vida, mas o transporte *por meio dela*, de local para local, de pessoas e bens, de forma que deixem suas naturezas básicas inalteradas. Pois, no transporte, o próprio viajante não se move. Em vez disso, ele é movido, tornando-se um passageiro no próprio corpo, se não em algum veículo que possa expandir ou substituir os poderes de propulsão do corpo (BA, p. 150).

---

[37] Em *The old ways: a journey on foot* (New York: Penguin Books, 2012), Robert Macfarlane realiza uma descrição abrangente e filosoficamente enriquecedora dos papéis que os caminhos desempenham no sentimento, no conhecimento e no pensamento humanos.

Quando as pessoas caminham, é bem provável que sintam seu mundo não como uma coleção de pontos/localizações/destinos em um mapa, mas como um campo de caminhos que se cruzam e que, em sua união, formam uma malha. Elas sentirão como sua vida surge e se torna possível graças aos lugares pelos quais se deslocam. Os andarilhos não utilizam GPS.

Para entender a malha, devemos distingui-la de uma "rede", uma ideia que se tornou popular entre ecologistas, sociólogos e cientistas da computação, porque insiste em entender as coisas do ponto de vista de suas relações com os outros. O pensamento em rede pressupõe que nenhuma coisa particular pode ser entendida em si mesma porque está *conectada* a outras coisas que a influenciam e moldam de maneiras importantes. Um lugar é, portanto, um campo de pontos interligados.

Ingold não está satisfeito com essa forma de pensamento relacional porque tal pensamento se mantém refém do que ele chama de "lógica da inversão". De acordo com essa lógica bem estabelecida e arraigada, a vida das coisas é inerente a elas. Ao observar um ser vivo, o que vemos no nível da superfície é um poder ou uma essência interna — o poder da vida — que se desenvolve. Pense aqui na imagem memorável de Sócrates: a mão invisível e viva (alma) movendo a luva visível e morta (corpo). Quando a vida é caracterizada como um poder inerente às coisas, então é evidente que as relações que ligam os seres vivos entre si, embora se mostrem importantes, não são constitutivas. O conceito de ser vivo pode ser pensado sem as conexões nas quais se encontra: "O estabelecimento de relações entre esses elementos — sejam organismos, pessoas ou coisas de qualquer outro tipo — exige necessariamente que cada um seja transformado em si antes de sua integração na rede. E isso pressupõe uma operação de inversão" (BA, p. 70). A inversão funciona transformando um ser vivo "nele próprio, de modo que suas linhas e movimentos de crescimento se tornem limites de contenção" (LL, p. 74). Entende-se, assim, que as pessoas vivem no corpo porque a vida está contida nos limites de sua pele. O que o pensamento em rede faz é argumentar que o corpo independente não existe de maneira isolada.

O pensamento em malha desfaz a inversão, dizendo que as *coisas são suas relações*. Elas não têm existência, nem vida, nem sentido sem as relações que os enredam em um conjunto desconcertante de linhas de codesenvolvimento. Em vez de serem autossuficientes como círculos ou bolhas e, em seguida, entrarem em relacionamento, as coisas são mais como linhas abertas que, a todo instante, se conectam com outras, que estão igualmente se desenvolvendo, e se apegam a elas. "Organismos e pessoas, portanto, não são simplesmente pontos de contato em uma rede, mas, sim, nós em uma malha entrelaçada, cujos fios se transformam em uma malha à medida que se amarram a outros e formam novos nós" (BA, p. 70). Sem esse entrelaçamento e sem essa amarração — feitos especialmente viscerais toda vez que as criaturas comem, bebem e respiram —, seria impossível que qualquer coisa vivesse.

De acordo com o pensamento em malha, a vida não é uma propriedade ou um poder inerente a um corpo; é, antes, um poder que se move por intermédio de corpos em seus vários entrelaçamentos entre si. As coisas só podem estar vivas uma vez que se *incorporem* e *fluam dentro* de campos de entrelaçamento. De acordo com Ingold, essa é a visão fundamental do animismo.

O animismo é facilmente mal compreendido, e talvez até mesmo rejeitado de forma muito rápida, como reflexo de uma sensibilidade primitiva.[38] Muitas vezes caracterizado como atribuição de vida, espírito, alma ou agência a objetos que, de outra forma, acreditamos ser inertes, Ingold sugere que pensemos de outra forma. Em sua opinião, o animismo não se trata de acrescentar às coisas "uma pitada de agência, mas de restaurá-las aos fluxos geradores do mundo, das matérias em que elas surgem e continuam a subsistir" (BA, p. 29). Em outras palavras, a rejeição do animismo reflete a lógica da inversão que pressupõe que a vida está dentro das coisas, e não as coisas dentro da vida.

> As coisas estão vivas e ativas não porque tenham espírito — seja *da* matéria ou *na* matéria —, mas porque as substâncias de que são compostas continuam a ser arrastadas pelas circulações dos meios de comunicação circundantes, que, alternadamente, prenunciam sua dissolução ou — de forma característica com os seres gerados — asseguram sua regeneração. O espírito é o poder regenerativo desses fluxos circulatórios que, nos organismos vivos, estão ligados em feixes ou tecidos fortemente entrelaçados de extraordinária complexidade (BA, p. 29).

Essa maneira de falar é intrigante para as pessoas que adotaram uma modalidade de observação que ressalta a diferenciação dos objetos no espaço. Essa modalidade é, na maioria das vezes, alheia ao campo das relações nas quais as coisas em sua ação e em seu desenvolvimento estão, a todo momento, levando os outros a diferentes estágios de existência. Entretanto, se compreendermos que as coisas — visivelmente geradas ou não — tornam-se o que são por causa de uma história de entrelaçamento com os outros e com os processos de desenvolvimento, fica evidente que a vivacidade é anterior a qualquer diferenciação em coisas que decorre de tal entrelaçamento: "A vida na ontologia anímica não é uma emanação, mas uma geração de ser em um mundo que

---

[38] É importante notar que o animismo assumiu múltiplas formas, sendo descrito de diversas maneiras. Para uma exploração muito útil de suas formas históricas e recentes, veja *The handbook of contemporary animism*, org. Graham Harvey (London: Routledge, 2014). O meu relato será embasado na formulação de Ingold.

não é preordenado, mas incipiente, sempre à beira do real" (BA, p. 69). Com base no trabalho de Maurice Merleau-Ponty, um crítico incisivo das noções descorporificadas de percepção, Ingold argumenta que um ser de sensações aguçadas e corporificado é costurado ao mundo de tal forma que não poderia estar vivo se o próprio mundo estivesse morto.

Isso significa que, para entender a vida, é preciso prestar atenção ao movimento de entrelaçamento. Isso não é o mesmo que interligar. Com efeito, as estruturas mecânicas do pensamento podem dificultar a apreciação da natureza do vínculo e do entrelaçamento. Por exemplo, é possível se sentir tentado a pensar que um nó não é muito diferente de uma corrente ou de um conjunto de blocos de construção. Não. O problema com a metáfora da corrente é que seus elos, embora ligados a outros, são rígidos e não contêm memória de sua formação, tendo em vista os outros elos. Uma metáfora dos blocos de construção também erra o alvo porque cada bloco, embora íntimo de outro por contato imediato, não está de forma intrínseca relacionado com seu vizinho. Ambos, elos e blocos, podem ser desmontados e remontados para se ajustar a outras peças e, no processo, não deixar de ser o que são. Além disso, eles permanecem existindo e funcionando, mesmo quando estão sozinhos. As imagens interligadas refletem, assim, a separação e a individualização que se pressupõem quando as superfícies apenas se tocam. Isso indica um mundo morto de máquinas.

A união que faz um nó não é simplesmente um ato mecânico. Não pode ser reduzida a algo que está simplesmente ao lado de outra coisa, porque, dessa forma, somente as exterioridades superficiais se tocam. A união de linhas ou fios que formam um nó é muito mais íntima do que isso. Para transmitir essa intimidade, é necessário adotar a linguagem da empatia. "Como linhas de música polifônica, cuja harmonia reside em sua tensão e na resolução alternadas, as partes têm uma sensação interior umas das outras e não estão apenas ligadas por exterioridades" (LL, p. 23). Em uma relação de empatia, os membros não podem ser o que são separados uns dos outros porque essa é uma característica do processo de vir à existência *em sua união*. Em seu ser, carregam a memória de todos os outros que se intersseccionaram e contribuíram para o próprio desenvolvimento. Separadas de uma união contínua, as coisas não têm futuro. Uma maneira de entender a questão é contrastar um corpo vivo com um cadáver. Este retém todas as partes de um corpo vivo. Ele ainda mantém as peças em sua localização adequada. O que falta, no entanto, é a empatia das partes de tal forma que cada uma contribua e receba ajuda das outras. As partes, em outras palavras, deixaram de ser membros entre si, dependentes entre si, cada qual dando e recebendo constantemente dos outros.

Se essa maneira de falar é correta, então a vida não acontece em um corpo depositado em recipientes localizados em um palco. A vida acontece como um movimento de peregrinação ao longo de caminhos que se deslocam para baixo, para cima e para os lados, uma vez que as criaturas entrelaçam as histórias e os padrões de sua vida com as histórias e os padrões da vida dos outros. O biólogo evolucionista Theodosius Dobzhansky gostava de dizer que a vida é um processo de tatear, uma "impregnação de tudo a fim de tentar tudo, e [uma] tentativa [de] tudo para encontrar tudo". Ingold concorda: "A vida não se limitará a formas limitadas, mas percorrerá seu caminho por meio do mundo ao longo da infinidade das linhas de suas relações, sondando cada fenda ou gruta que, potencialmente, venha a permitir o crescimento e o movimento" (BA, p. 124). Um andarilho não se desloca simplesmente entre ambientes ou entre outros seres, como alguém que quer se transportar para locais selecionados; antes, o andarilho é *constituído* por seu próprio movimento dentro de entrelaçamentos que estão sempre em movimento. Uma vida desentrelaçada, em outras palavras, é uma contradição em termos.

O pensamento "em malha" nos dá a oportunidade de reabilitar a ideia da Terra como *harmonia mundi*. O entrelaçamento que gera um nó não é um ato mecânico de pedaços interligados, que poderia muito bem ocorrer de forma isolada. O entrelaçamento pressupõe uma sintonia empática de uma forma não diferente do que um som harmonioso pressupõe ouvir atentamente e aprender a complementar outras vozes. Cantar em um coral é abandonar a ideia de ser a única voz que importa. Quanto mais alguém aprende a harmonizar, participando de uma respiração compartilhada, mais o som produzido se torna polifônico. A ressonância na música, tal como a ressonância na vida, pressupõe que o ser está aberto e inclinado aos outros. Com frequência, o trabalho de sintonia é um assunto hesitante e imperfeito, produzindo dissonância, e não consonância. A improvisação exige prática e bons ouvidos, mas, quando acontece de forma bela, os indivíduos se acham em um lugar de pertencimento, recebendo e retribuindo aos muitos membros que os mantêm em movimento e que dão algum sentido à vida deles.

TERCEIRA PARTE
Esta vida sagrada

Capítulo 5

Por que algo tem de ser sagrado?

Em seu magistral livro *A secular age* [Uma era secular], Chales Taylor descreveu em detalhes as variadas e complexas maneiras pelas quais as pessoas deixaram de se voltar para Deus para encontrar sentido para o mundo e para suas vidas. Ao longo dos últimos séculos e de muitas formas, Deus se tornou uma hipótese desnecessária porque as pessoas passaram a confiar na ciência, para desvendar os mistérios da vida, e nos técnicos, para projetar e construir melhores condições de vida. Em um mundo secular, as pessoas não dependem de sacerdotes para descobrir o sentido da vida ou receber instruções sobre como viver. Elas recorrem a economistas e políticos, ou a poetas e filósofos, para lançar uma visão sobre a vida e o que ela pode ser. Sem dúvida, esse desdobramento secular e seu empenho em melhorar as condições de vida fizeram muito bem.

Meu objetivo neste capítulo não é dissecar e analisar as muitas formas de secularização que Taylor e outros descreveram. Tampouco se trata de negar o mérito das diversas críticas à religião articuladas por pensadores iluministas radicais, hegelianos de esquerda, e teóricos críticos de vários tipos que se concentraram, por exemplo, nos abusos clericais e eclesiásticos, na motivação e na aprovação religiosas de projetos coloniais; na defesa teológica acerca da escravidão, do racismo, do sexismo e do ódio étnico; nas recomendações ao silêncio em face das injustiças, no ódio ensinado à corporificação e na promoção da fuga para um céu de outro mundo descorporificado. De muitas formas, essas críticas não são apenas legítimas, mas também necessárias, porque nos ajudam a compreender o que está em pauta na ideia de que este mundo e a vida nele inserida são sagrados. Mais especificamente, elas nos ajudam a compreender como uma imaginação religiosa pode ficar distorcida e doente quando deixa de perceber essa vida como uma dádiva boa e graciosa.

Como Taylor, "o que me interessa é como nosso sentido das coisas, nosso imaginário cósmico, em outras palavras, toda a nossa compreensão e sensação de contexto do mundo foram transformadas" pelas variadas manifestações da secularização.[1] O que quero descrever é a maneira pela qual nosso pensamento e nosso envolvimento com os lugares e outras criaturas mudam quando já não acreditamos mais que a vida tem origem em Deus e é por ele sustentada. O que acontece com o sentido e a sensação da vida quando ela já não depende mais de um criador transcendente?

Uma maneira de abordar essa questão é ver o que pode acontecer quando as pessoas reduzem a realidade a uma perspectiva exclusivamente imanente. Essa perspectiva pode ser definida como um quadro filosófico que dispensa o apelo a uma ordem transcendente, pessoal, ou sobrenatural, postulando que as explicações materiais, impessoais e naturais são os únicos meios legítimos para dar sentido à nossa experiência. Para ver como funciona uma estrutura imanente, podemos recorrer a Julien Offray de La Mettrie, um filósofo e médico francês do século 18 que, em seu tratado, *Man a machine* [Homem, uma máquina], declarou: "O corpo humano é uma máquina que faz girar as próprias nascentes". Se, em tempos anteriores, as pessoas podem ter invocado o conceito de "alma" para denotar a relação de alguém com um reino cósmico e divino, La Mettrie transforma a ideia de uma alma divinamente relacionada em um elemento material localizado em um corpo de máquina:

> A alma é, portanto, apenas uma palavra vazia, da qual ninguém tem nenhuma ideia, e que um homem esclarecido deve usar apenas para significar a parte pensante em nós. Dado o mínimo princípio de movimento, os corpos gerados terão tudo o que é necessário para se mover, sentir, pensar, arrepender-se ou, em uma palavra, para se comportar na esfera física e moral que dela dependem.[2]

Tudo o que diz respeito ao ser e à existência de uma pessoa é reduzido a um plano de causas e efeitos materiais.

Como devemos avaliar esse plano que situa e move um corpo humano? Somos simplesmente os efeitos de átomos aleatórios colidindo uns com os outros no vazio, como supunha Demócrito, o antigo filósofo grego? Será que algumas causas que se desenvolvem sobre um corpo devem ser consideradas impróprias, talvez até mesmo transgressoras? Quando um efeito é belo, como saberíamos medir essa beleza?

---

[1] Charles Taylor, *A secular age* (Cambridge: Belknap Press, 2007), p. 325 [edição em português: *Uma era secular* (São Leopoldo: Unisinos, 2010)].
[2] Julien Offray de La Mettrie, *Man a machine* (1748), disponível em: http://bactra.org/LaMettrie/Machine/. Alguém poderia perguntar sobre o "menor princípio de movimento" que La Mettrie adota, mas não elabora, uma vez que é neste ponto em que passamos a refletir a respeito do simples fato de que *as coisas são e se movem*, e, ao pensar nisso, chegamos a ponto de perguntar onde Deus encontrou inspiração para sua gramática.

É difícil responder a essas perguntas se adotarmos uma imagem estritamente materialista e mecânica dos corpos. Por quê? Porque o valor de uma máquina não é interno nem intrínseco a ela. Qualquer valor que uma máquina tenha depende do valor que um fabricante lhe *atribui*, razão pela qual faz sentido dizer que uma máquina em si não pode ser violada, mas o interesse de um fabricante ou de um usuário dela certamente pode. Ficarei, por exemplo, zangado se alguém golpear meu *smartphone* com um martelo, não porque o próprio telefone tenha sido injustiçado, mas porque terei perdido o uso que faço dele e aquilo que investi para adquiri-lo. Contudo, quando pressupomos que o mundo inteiro é um mecanismo massivo, e também adotamos a visão de que não há nenhum criador (divino), como determinar o valor das muitas máquinas que povoam nosso mundo? Não causa surpresa que formas instrumentais e utilitárias de raciocínio venham dominando essa imagem mecânica da vida. O valor não desaparece por completo. Em vez disso, ele agora está localizado principalmente nas pessoas que, transformando as coisas em meios para um fim externo a elas, *decidem* acerca de seus benefícios e usos. Em outras palavras, a fonte do significado e do valor da matéria não é intrínseca ou inerente a ela (algo que a afirmação de um criador divino deve comunicar); está nas pessoas que a utilizam.[3] Dito mais precisamente (falarei mais sobre isso no próximo capítulo), o valor de um mecanismo, humano ou não, não é instalado e inerente a esse ser desde o início, mas vem a ele mais tarde e externamente, nas diferentes formas de apropriação e (ab)uso. A realocação da fonte de valor do ser interno para aquilo que é externo às coisas é uma transformação de grande importância porque nela vemos tanto a objetificação das criaturas como a sua redução a coisas suscetíveis a uma infinidade de manipulações por outras pessoas.[4]

Não posso abordar aqui as muitas questões filosóficas e teológicas em questão nessa redução da vida e do mundo a um registro material e mecânico. Em vez disso, desvendarei e seguirei um tema nesse emaranhado de questões: o tema do fragmento desconectado. Em seu ensaio perspicaz "The shadow of

---

[3] Em *From nature to creation: a christian vision for understanding and loving our world* (Grand Rapids: Baker Academic, 2015), mostro como a rejeição de Deus como fonte da vida das criaturas reflete uma atitude idólatra no mundo. A idolatria não é simplesmente a adoração de um falso deus; é, antes, e mais fundamentalmente, a instalação de si mesmo como um deus que agora determina o valor e o significado das coisas. Visto teologicamente, o problema central da idolatria é que, inevitavelmente, conduz à exploração daquilo que se defende, porque tudo o que é defendido é feito para servir às ordens daquele que idolatra.

[4] Em *Sources of the self: the making of the modern identity* (Cambridge: Harvard University Press, 1989) [edição em português: *As fontes do self* (São Paulo: Loyola, 1997)], Charles Taylor descreve como as formas instrumentais e utilitárias modernas de raciocínio não apenas encorajaram uma mudança de noções substantivas do bem (que têm uma reivindicação moral sobre nós) para etapas processuais sobre a maximização do poder de cálculo, mas que os projetos epistemológicos muitas vezes esvaziaram as coisas de sua força moral. "Ter como objetivo um domínio específico implica privá-lo de sua força normativa para nós" (p. 160).

the whole: the romantic fragmente" [A sombra do todo: o fragmento romântico], o escritor húngaro László Földényi argumenta que um número crescente de pessoas perdeu a confiança e rejeitou a ideia de que este mundo encontra sua fonte e seu sustento em Deus. Para eles, o mundo deixou de exibir uma intenção divina ou um poder divino que busca a prosperidade das criaturas. Em vez disso, as pessoas começaram a se perguntar se este mundo e sua vida, saturados como estão com tanto sofrimento e tanta violência, não estaria fundamentado em fragmentos não relacionados que agora dependem dos seres humanos para juntá-los e lhes dar sentido. O poeta alemão do século 19, Heinrich Heine, em seu *Book of songs* [Livro das canções], expõe desta maneira:

> Este mundo, esta vida, são fragmentos não ligados,
>
> Mas eu, um professor alemão, selecionei;
> Os fragmentos dispersos que ele igualmente identifica,
> Em uma combinação compreensível:
> E vestido em trajes da noite, e com os panos de sua coroa noturna,
> Tapa todos os buracos e completa a criação.[5]

Heine claramente tinha alguma confiança na capacidade das pessoas de "completar a criação". Contudo, por que devemos segui-lo nessa confiança, especialmente se atentarmos para os terrores e a destruição que marcam as histórias dos séculos 19 e 20? Se os seres humanos são, eles próprios, os efeitos aleatórios de um universo acidental e incoerente, podemos confiar neles para "tapar todos os buracos" que perfuram nosso mundo?

Földényi defende que foi o Marquês de Sade (1740-1814) que — talvez melhor que a maioria — compreendeu as implicações que se seguem quando vivemos em um mundo caracterizado como uma massa de fragmentos não relacionados e incoerentes. Se as coisas não se manifestam ou dependem de uma fonte e de um todo que lhes dão sentido, mas subsistem apenas em si mesmas e por meio de si mesmas, então é inevitável que cada ser autocentrado exerça seus poderes da maneira que julgar conveniente. Simplesmente não há necessidade de considerar o que poderíamos chamar de integridade, ou santidade, de outro alguém, porque toda essa conversa é uma ilusão. Mais

---

[5] Citado em László Földényi, "The shadow of the whole: the romantic fragment", in: *Dostoevsky reads hegel in siberia and bursts into tears*, trad. para o inglês por Ottilie Mulzet (New Haven: Yale University Press, 2020), p. 123. A rejeição do mundo cósmico e, portanto, também ordenado e belo não é um fenômeno recente ou moderno. Já no mundo antigo, os atomistas gregos caracterizavam o movimento material como acidental e desprovido de bom senso ou mente. Para um tratamento detalhado da história da ideia do mundo como cosmo, veja Rémi Brague *The wisdom of the world: the human experience of the universe in western thought* (Chicago: The University of Chicago Press, 2003).

radicalmente ainda, não há razão para que um poder destrutivo e violador dirigido a outro alguém não seja também dirigido a si mesmo em uma orgia de aniquilação do eu e do mundo. Em seu romance *120 days of Sodom* [120 dias de Sodoma], por exemplo, o Marquês de Sade nos apresenta um universo surreal: "Um sodomita arranca os intestinos de um menino e de uma menina, coloca os do menino dentro da menina, insere os da menina no corpo do menino, costura as incisões, amarra os corpos de um de costas para o outro a um pilar que os sustenta e os observa enquanto morrem".[6]

É tentador descartar essa representação como uma fantasia extrema. Isso seria um erro, especialmente se prestarmos atenção às histórias de atrocidades, quando os donos de mineradoras, os proprietários de escravos, os políticos, os chefes, os líderes militares, os financiadores e os traficantes sexuais exerceram uma violência meticulosa sobre as pessoas que se encontravam debaixo de seu controle. A violência descrita pelo Marquês nunca pôde ser contida apropriadamente. Essa violência derramou sangue sobre as terras nas quais essas pessoas deveriam viver e de onde deveriam obter seu sustento. Uma vez estabelecido um cálculo estritamente instrumental e utilitário, a destruição e a morte que advém disso podem ser facilmente justificadas. Para entender o que quero dizer, basta viajar para lugares como os campos de petróleo em Belridge, Califórnia, ou os aterros sanitários de Dandora, em Nairóbi, Quênia, explorados no passado e ainda hoje, por causa de sua riqueza.[7] Esses são lugares que foram extirpados, envenenados, erodidos, queimados e explodidos, tudo em nome de servir aos interesses (em geral, financeiros) de alguém.

Em seu perspicaz ensaio intitulado *Sade: the invention of the libertine body* [Sade: a invenção do corpo libertino], Marcel Hénaff concorda com Földényi e argumenta que os textos do Marquês de Sade não elaboram uma fantasia imaginativa, mas expressam as dimensões subterrâneas da razão de sua época, que estavam em pleno funcionamento, mas também escondidas de uma visão civilizada. A razão era bem conhecida por exercer "domínio técnico impiedoso" sobre o mundo. Estabeleceu também "o rigor universal do conhecimento, a garantia do progresso, a ordem do direito, e a base dos contratos". Quando a razão se desvinculou da sabedoria e da compaixão, o que poderíamos também apresentar como uma noção substantiva do bem que está dentro das coisas e, em vez disso, foi aliada aos empreendimentos de cálculo e técnica, havia pouco a ser feito para impedir que ela se tornasse um amparo para uma violência

---

[6] Citado em Földényi, "Shadow of the whole", p. 134. O protagonista do Marquês de Sade, Curval, não mede palavras: "Quantas vezes não quis eu aproveitar o sol, destruir o universo ou o mundo inteiro?".
[7] O fotógrafo canadense Ed Burtynsky retrata locais de exploração de minérios há décadas. Nesses lugares, ele não apenas testemunha a destruição ambiental que as operações de mineração causam, mas também evoca em nós o prazer sombrio que as pessoas podem sentir ao ver esses lugares e achá-los fascinantes, até mesmo bonitos. Muitas de suas fotografias podem ser encontradas em: www.edwardburtynsky.com/.

cada vez mais refinada. "Ele mostrou a razão de que aquilo que era apresentado como sendo o oposto dela, como irracional e mau, era um monstro que estava sendo continuamente gerado por ela [...] Ele fez reconhecer que o horror não é o oposto da razão, mas, sim, seu resultado mais substancial".[8]

O que me preocupa nessas histórias de violação é a lógica do fragmento desconexo e incoerente que elas refletem. Creio que Földényi está certo quando diz: "Se o corpo se torna dessacralizado, então é apenas uma questão de ponto de vista se vemos o mesmo corpo como belo ou como um prenúncio de cessação, desintegração ou fragmentação".[9] Em outras palavras, se um corpo vivo é simplesmente o conjunto de partes materiais não relacionadas, desconectadas de um todo significativo ou de um sagrado maior, há algo acerca do corpo que deva compelir nossa consideração e atenção? O que poderia impedir ou restringir as pessoas de organizar e afetar o mundo conforme queiram? Para responder a essas perguntas, podemos recorrer a Mary Shelley, em seu famoso romance *Frankenstein*, de 1818; ou *The modern Promoetheus* [O Prometeu moderno], que imagina como seria se um ser humano pudesse criar outro ser humano.

Antes de escrever *Frankenstein*, sabemos que Shelley estava em constante diálogo com Percy Shelley e Lord Byron sobre a natureza e o princípio da vida. É bem provável que ela conhecesse esforços para criar um ser humano artificial, algo semelhante ao humano mecânico de La Mettrie, que funciona de acordo com princípios inerentes a ele. Conforme a história se desenrola, somos apresentados a Victor Frankenstein, que, quando jovem, era fascinado pelas artes da alquimia. Ele queria descobrir "a pedra filosofal e o elixir da vida", para que pudesse "banir a doença da estrutura humana e tornar o homem invulnerável a qualquer morte violenta".[10] Ao iniciar sua educação formal em ciências naturais, logo descobre que a busca do alquimista era uma tarefa insensata. Mesmo assim, ele não desiste da ideia de que poderia descobrir o princípio da vida e depois vivificar a matéria sem vida. Ele então se dedica ao estudo da anatomia humana e argumenta que, "para examinar as causas da vida, devemos primeiro recorrer à morte" (p. 36).[11] Acima de tudo,

---

[8] Marcel Hénaff, *Sade: the invention of the libertine body* (Minneapolis: University of Minnesota Press, 1999), p. 285-87.
[9] Földényi, "Shadow of the whole", p. 144.
[10] Mary Shelley, *Frankenstein* (New York: Bantam Books, 1967), p. 26 [multiplas edições em português, sob o título *Frankenstein, ou o prometeu moderno*].
[11] Em *The anticipatory corpse: medicine, power, and the care of the dying* (Notre Dame: University of Notre Dame Press, 2011), Jeffrey Bishop menciona a metafísica da medicina moderna como uma metafísica de causalidade material e eficiente, mas sem causa final. Em outras palavras, o corpo não tem outro objetivo ou propósito além de funcionar da maneiras como funciona. Isso significa que a principal tarefa da medicina é intervir para a maximizar a duração do funcionamento do organismo e manter a morte a distância. "Para a medicina propriamente dita, um *telos* é substituído por um término, e o cadáver é sempre previsto. No fim da vida, se a única coisa que mantém o corpo vivo é a decisão prévia de intervir em um mecanismo falho, já não há nenhum sentido na integridade do corpo vivo. A medicina deu origem à mentalidade da vida a todo custo, mesmo que apenas por máquinas que administram fluidos e nutrição ou mantêm o sangue oxigenado e circulando" (p. 279-80). A morte, caracterizada como a cessação

nenhum poder sobrenatural deve ser invocado como tendo algo relacionado com a vida de um corpo humano.

Após "trabalho e fadiga intensos", Frankenstein consegue "descobrir a causa e a geração da vida" (p. 37). Então, começa a trabalhar na montagem de um corpo humano a partir de partes — ossos, fibras, músculos e veias — coletadas da sala de dissecação e do matadouro. Imaginava que seu trabalho resultaria em uma nova espécie, que "me abençoaria como seu criador e fonte; muitas criaturas de natureza feliz e excelente deveriam a mim sua existência" (p. 39). Em uma noite triste de novembro, Frankenstein, por fim, viu seu produto finalizado. Não era o que ele esperava ou queria. A visão de seu ser miserável o encheu de horror e desgosto, pois o que ele criou não era uma pessoa boa e bonita, mas um miserável "cadáver demoníaco" que, no fim, causaria estrago e destruição às pessoas que Frankenstein mais amava.

O que me interessa nessa história não é a plausibilidade da construção do monstro; é o que o monstro pensava de si mesmo. Sua compreensão pessoal foi forjada em seu encontro com seu criador quando Frankenstein, ao vê-lo pela primeira vez, expressou horror e total rejeição. Quando o monstro estendeu a mão para Frankenstein, foi desprezado e recusado. Aonde quer que fosse, sentia-se segregado e condenado ao ostracismo: um fragmento desconexo. Como ele mais tarde diria a respeito de si mesmo, "minha pessoa era hedionda, e minha estatura, gigantesca. O que isso significava? Quem era eu? O que eu era? De onde vim? Qual era meu destino? Essas questões se repetiam continuamente, mas eu não consegui resolvê-las" (p. 113). Após aprender a ler *Paradise lost* [Paraíso perdido], de John Milton, o monstro se compara a Adão, uma criatura perfeita, feliz e próspera. Em contrapartida, o monstro se declara miserável, indefeso e sozinho. "Muitas vezes considerei Satanás o símbolo mais apto de minha condição" (p. 114). Não é difícil entender o porquê, uma vez que ele sabia que seu criador, Frankenstein, era um mestre que o havia declarado um "escravo" destinado à destruição (p. 152). Em nenhum momento o monstro sente que seu criador se agrada dele, ou que o abençoa. O monstro, em vez de ser um "filho de Deus", amado e afirmado como bom e belo, é um mecanismo miserável e desprezado.

O romance de Shelley explora um mundo que opera sob a lógica do fragmento desconectado. Nesse mundo, há movimento, e até mesmo invenção, mas há pouca confiança de que o poder que dá vida a esse movimento é divino ou diz respeito ao florescimento da criatura. Será que esse poder também, e com razão, não poderia se voltar para a destruição e a morte? É instrutivo que

---

da função, opera como a marca pela qual se compreende uma vida. Como veremos no próximo capítulo, um foco na causalidade material e eficiente também ignora o que podemos chamar de causa ontológica de uma criatura, uma "causa" imaterial que aborda a existência de uma criatura. O mistério da vida não se trata principalmente de *como* as criaturas vêm à existência de maneiras diferentes, mas tão somente que elas *vêm* à existência.

Shelley tenha escolhido *Paradise lost*, de Milton (livro 5: p. 743-5), como epígrafe para seu romance: "Pedi-te, criador, desde meu barro/ para me moldar homem, pedi-te/ desde as trevas para me exaltar?". Aqui Adão, como o monstro de Frankenstein, lamenta ter que viver no que ele acredita ser um mundo amaldiçoado e abandonado, um mundo de perdas e problemas sem-fim, e repreende seu criador. Földényi se refere ao monstro de Frankenstein como "a sombra característica do homem da era moderna, aquele que perdeu a confiança no criador, que já não conta mais com [...] qualquer tipo de ligação metafísica à qual possa confiar sua existência".[12]

A lógica do fragmento desconexo, que impulsiona o romance de Shelly e foi sentida por boa parte de seus contemporâneos, levanta uma questão de profunda importância: a realidade se apresenta, e poderia ser afirmada, como boa e bela, e, portanto, como digna de nosso cuidado e apreciação? A questão é perene e dolorosa, especialmente para as pessoas atentas às enormes quantidades de sofrimento e violência que tanto fazem parte dos mundos que construímos e habitamos. A questão principal quando se pergunta sobre a bondade e a beleza de uma criatura não é se as pessoas são capazes de localizar com precisão e depois conectar cada criatura a um todo cósmico, algo que está muito além da capacidade de qualquer ser humano fazer. Trata-se, antes, de conseguir perceber as criaturas como se movendo em um contexto maior (bastante incompreensível, mas ainda significativo) que sustenta e gera vida, expressando uma intenção divina que afirma a bondade e a beleza do ser. Em vez de serem fragmentos desconectados, isolados e insignificantes, as criaturas divinamente criadas são seres amados desde o início, sendo colocados em uma comunidade de vida que, apesar de seus mistérios e dores, gera possibilidades, crescimento e liberdade. Dito teologicamente, é dizer de *todo* ser humano que ele é um "filho de Deus" e, portanto, também um membro bem-vindo à casa de Deus.[13] Significa afirmar que os diversos lugares deste mundo, com suas muitas criaturas, são dádivas sagradas.

O SIGNIFICADO DA HISTÓRIA

Além de avaliar o significado de uma vida humana, também podemos refletir na questão mais ampla de avaliar os contextos históricos nos quais as pessoas

---

[12] Földényi, "Shadow of the whole", p. 128.
[13] É comum que os defensores dos direitos humanos associem a dignidade humana ao fato de serem feitos à imagem de Deus. Destaco "filho de Deus" sobre "imagem de Deus" porque o primeiro descreve melhor a afirmação divina fundamental e permanente acerca de cada vida humana. Esta última caracterização foi demasiadamente usada em debates sobre quais as capacidades (como o raciocínio ou a linguagem) melhor comunicam a imagem divina, capacidades que, então, foram utilizadas contra algumas pessoas para excluí-las ou marginalizá-las da participação plena na família de Deus.

vivem. Como as pessoas dão sentido aos acontecimentos se estão vivendo em uma estrutura imanente? É evidente que o desdobramento de alguns acontecimentos deve ter preeminência acima de outros, mas em quais bases devem ser tomadas as decisões? Podemos falar de uma "chave" hermenêutica que abre os sentidos dos acontecimentos? O tempo é *cronológico* de maneira indiscriminada (apenas um acontecimento após o outro), ou pode ser também *kairológico*, comunicando, assim, momentos de importância decisiva que esclarecem e transformam o tempo no qual as pessoas vivem?

Em suas "Theses on the philosophy of history" [Teses sobre filosofia da história], compostas em 1940, enquanto fugia da barbárie e da violência do regime nazista, o filósofo Walter Benjamin contou a história da invenção de uma máquina chamada "O Turco", que, como um autômato (aparente), poderia ganhar um jogo de xadrez contra um oponente humano. Inventado em 1770 por Wolfgang von Kempeln, esse "homem mecânico" encantou o público na Europa e nos Estados Unidos por sua capacidade de enganar jogadores experientes. Ele era tão atraente porque, como várias outras máquinas que estavam sendo inventadas na época, sugeria que poderíamos, talvez, descrever este mundo e sua vida como um mecanismo. Se lugares, organismos e sistemas — como sociedades e economias — são máquinas autorreguladoras, então todos os apelos a uma base ou autorização religiosa se tornam supérfluos. A maneira como Benjamin encarava a invenção perguntava se a máquina de jogar xadrez não exigia algum agente interno e não mecânico escondido, guiando as mãos da máquina, um agente que, em certo sentido, requer uma referência teológica.[14] Existe algum tipo de "poder" transcendente, não mecânico, talvez até mesmo providencial, que se move através e dentro da história que, se não guia o desdobramento do tempo, pelo menos ajuda as pessoas a discernir o significado do tempo em que estão?

Do ponto de vista de Benjamin, não se tratava simplesmente de uma questão acadêmica, porque o que está em questão é saber se a barbárie dos acontecimentos passados pode ou não ser redimida, ou mesmo, de maneira mais fundamental, devidamente caracterizada e denunciada como *barbárie*.[15] Em uma de suas teses, Benjamin recomenda que tomemos o ponto de vista de um "anjo da história":

---

[14] Walter Benjamin, "Theses on the philosophy of history", in: *Illuminations: essays and reflections*, org. Hannah Arendt (New York: Schocken Books, 1968). Na primeira tese, Benjamin aponta ao "pequeno corcunda", um mestre do xadrez que estava escondido dentro do autômato, o qual guiava seus movimentos e, assim, questionava a possibilidade de uma máquina totalmente autorregulada. Pergunta-se então se alguém pode dizer ou alguma coisa ou alguém se move na história, dando aos acontecimentos um significado ou um sentido que, de outra forma, não teriam. Ele observa que o "materialismo histórico", descrito pelos marxistas, foi feito para servir a esse papel, e que essa "força", embora enquadrada de maneira secular, "alista os serviços da teologia", serviços que se tornaram desagradáveis para muitas pessoas e, portanto, devem ser mantidos fora do campo de observação (p. 253).

[15] Na sétima tese, Benjamin observou: "Não há nenhum documento de civilização que não seja, ao mesmo tempo, um documento de barbárie" (ibidem, p. 256).

Seu rosto voltado para o passado. Onde percebemos uma cadeia de acontecimentos, ele vê uma única catástrofe que continua a empilhar destroços sobre destroços e a arremessá-los diante de seus pés. O anjo gostaria de ficar, despertar os mortos e restaurar o que foi esmagado. Mas uma tempestade está soprando do Paraíso; atingiu suas asas com tanta violência que o anjo não pode mais fechá-las. Essa tempestade o impulsiona irresistivelmente rumo ao futuro, para o qual ele está de costas, enquanto a pilha de destroços à sua frente cresce em direção ao céu. Essa tempestade é o que chamamos de progresso.[16]

Nessa tese, não vemos apenas a possibilidade de que a história seja uma pilha indiscriminada de detritos ou, como sugeriu G. W. F. Hegel, uma enorme bancada de abate. Também descobrimos que, salvo por algum tipo de perspectiva transcendente — o ponto de vista de um anjo na descrição de Benjamin —, as pessoas acharão bem difícil julgar os acontecimentos históricos como algo além de uma cadeia incessante de eventos.[17] Para dar sentido ao tempo histórico, parece que é necessário outro tempo, o que Benjamin chamou de "tempo messiânico". Em outras palavras, se cada acontecimento é apenas um fragmento de tempo, quando as coisas acontecem, as pessoas provavelmente não conseguirão descrever seu valor ou significado permanente. Porque eles não têm, ou rejeitam, uma história cósmica ou sagrada superior, não saberão de que maneira o ocorrido e aquilo que eles realizaram contribuem para uma estrutura narrativa maior de significado e propósito, uma narrativa que expressa por que a consubstanciação das coisas é importante e para quais fins ou objetivos ela deve ser direcionada. Embora os acontecimentos possam ser recrutados por alguns para servir a um objetivo como a marcha do progresso, separadamente de uma posição transcendente, é difícil saber por que razão uma versão do progresso é mais louvável que outra, ou por que razão uma época deveria inspirar alegria, e não lamento. O escritor ou o vencedor *decidem*.

Quando Benjamin enviou suas "teses" a Gretel Adorno, em Nova Iorque, ele não achou que elas fossem uma interpretação definitiva dos

---

[16] Nona tese (ibidem, 257-8).
[17] Em *On the natural history of destruction* (trad. para o inglês por Anthea Bell [New York: Random House, 2003]), W. G. Sebald narra várias dificuldades de chegar a um julgamento histórico. Em particular, ele se concentra na incapacidade dos alemães, tanto durante a guerra como nas décadas seguintes, de ver com honestidade e descrever com sinceridade os horrores que causaram e experimentaram. A questão não era apenas o volume da desinformação sobre o que estava acontecendo; era também a prontidão das pessoas para apelarem a clichês e convenções literárias que tinham o efeito de neutralizar e encobrir a enormidade do que estava sendo feito e experimentado. Mesmo os relatos de testemunhas oculares eram apenas de valor qualificado: "A morte de uma cidade inteira pelo fogo em poucas horas, com todos os edifícios e suas árvores, seus habitantes, seus animais domésticos, seus acessórios e utensílios de todos os tipos, deve ter inevitavelmente levado à sobrecarga, à paralisia da capacidade de pensar e sentir naqueles que conseguiram escapar" (p. 25). Múltiplos fatores estão em questão aqui, incluindo os enormes pânico e culpa que algumas pessoas sentiram diante do horror, mas também a enorme escala e profundidade da destruição, que deixou algumas testemunhas vagando por ruas bombardeadas, como se fossem zumbis, exibindo uma "vida sem vida".

acontecimentos.[18] A razão para isso era porque ele mesmo não ocupava uma posição transcendente, algo como o ponto de vista de Deus, que tal interpretação exigiria. Em vez disso, as teses representam a tentativa de Benjamin de expressar sua objeção a uma posição historicista que justificaria o vasto sofrimento que estava se desencadeando sobre o mundo, e que legitimaria a capitulação das nações ocidentais à barbárie de Hitler. Embora reconhecendo quão perigoso e arrogante é procurar significado em meio ao sofrimento, como se alguém tivesse uma visão sinótica capaz de compreender acontecimentos específicos relativamente a seu significado eterno ou duradouro, Benjamin percebeu que, se nenhuma redenção de qualquer tipo é possível, então o escopo e o curso da vida correm o risco de se tornar inúteis. Não é suficiente *narrar* o que acontece e, assim, fornecer um relato mais ou menos preciso de uma sequência cronológica. As pessoas precisam ter acesso a uma dimensão *kairológica* do tempo, que as ajude a compreender o significado não arbitrário do tempo no qual se encontram e sua importância. É isso que representa a figura do Messias.

Em *Migrants in the profane: critical theory and the question of secularization* [Migrantes no profano: teoria crítica e a questão da secularização], Peter Gordon faz um excelente trabalho desvendando várias das muitas dificuldades incorporadas nas tentativas de averiguar o significado da história. Ele relata como Walter Benjamin, Max Horkheimer e Theodore Adorno (cada um dos principais membros da Escola de Teoria Crítica de Frankfurt) lutaram com as tradições iluministas, que procuravam banir o dogma religioso como se fosse algo prejudicial à prosperidade humana, e com a tradição hegeliana-marxista de crítica social imanente. De acordo com essa corrente de pensamento, a crítica racional por si só, e não qualquer tipo de apelo a uma fonte de outro mundo ou teológica, deve decidir o curso futuro das sociedades humanas. Independentemente da normatividade que exista, sejam quais forem os juízos sobre o bem e a beleza que devam ser feitos, eles precisam estar baseados na capacidade da humanidade de pensar sobre isso por conta própria.

Gordon reconhece que "hoje, nossa confiança nos recursos normativos da modernidade foi abalada — e com razão".[19] Muita destruição e muita violência

---

[18] Para uma descrição da composição dessas "teses" e seu lugar no pensamento geral da história de Benjamin, veja *Walter Benjamin: A critical life*, de Howard Eiland; Michael J. Jennings (Cambridge: Belknap Press, 2014), p. 659-62.

[19] Peter E. Gordon, *Migrants in the profane: critical theory and the question of secularization* (New Haven: Yale University Press, 2020), p. 16. Gordon relata que, já em 1965, Adorno insistia no valor duradouro da crítica social imanente, dizendo ser uma falácia metafísica "acreditar que, porque a cultura falhou; porque não cumpriu sua promessa, porque negou aos seres humanos a liberdade, a individualidade, a verdadeira universalidade; porque não cumpriu o próprio conceito, ela deve, portanto, ser lançada na pilha de descarte e alegremente substituída pelo estabelecimento cínico de relações de poder imediatas" (p. 15-6). A teoria crítica não deve ser rejeitada porque não cumpre o que promete Devemos perguntar, no entanto, se a insistência de Adorno expressa um artigo de fé, talvez até mesmo um dogma, dada a

ocorreram sob a vigilância e com o total apoio de pensadores e líderes "esclarecidos", razão pela qual o crítico literário George Steiner argumenta que boa parte dos escritores modernos é assombrada pela "chantagem da transcendência".[20] Contudo, Gordon está também, com toda a razão, preocupado com o fato de que um simples regresso à autoridade religiosa corra o risco de reinstalar ideologias dogmáticas e preconceitos opressivos que desfaçam os ganhos emancipatórios obtidos nas últimas décadas. Corre-se o risco de reinstalar o que Marx apresentou como a felicidade ilusória proporcionada pela religião, uma forma de felicidade que, de múltiplas formas, isenta as pessoas de terem de lidar com este mundo e com os problemas como eles se apresentam atualmente. Cada uma das figuras da Escola de Frankfurt negociou essa problemática de maneiras diferentes, com Benjamin argumentando que as fontes religiosas de significado, valor e propósito não podem simplesmente ser dissolvidas, devendo, em vez disso, ser redirecionadas e reaproveitadas para servir a fins seculares. Por isso ele terminou sua *Theses on the philosophy of history* com a afirmação de que "cada segundo era a porta estreita pela qual o Messias poderia entrar".[21]

É possível uma concepção deste mundo e desta vida *como sendo sagrados* abrir caminho para avaliar o significado da história? Meu objetivo não é restabelecer as formas de religião que direcionam a atenção humana para longe deste mundo, de modo que alcancemos algum êxtase de outro mundo. Também não é sugerir que qualquer pessoa, religiosa ou não, possa alegar conhecer em detalhes a história (sagrada) abrangente que lhes permite pronunciar um juízo sobre o significado de cada evento conforme eles acontecem. É, antes, argumentar que a ideia da vida como divinamente criada e, portanto, comunicando, a contento, uma intenção divina que afirma a bondade deste mundo gerado oferece um meio para avaliarmos certos eventos como catástrofes

---

quantidade de evidências históricas que tornam duvidoso o exercício da crítica racional. Sua admoestação "para manter a fé" parece notavelmente com a de líderes religiosos que pedem a seus seguidores que "continuem acreditando", apesar de uma história sórdida ou conturbada de fracasso, e vivam conforme os ideais da tradição.

[20] Em *In Bluebeard's castle: some notes toward the redefinition of culture* (New Haven: Yale University Press, 1971), George Steiner descreve como as tradições monoteístas, com seu compromisso com um paraíso divinamente criado (como no Jardim do Éden), mas também em sua invocação de um reino celestial, criaram a experiência da "chantagem da transcendência" (p. 44). Essa é uma experiência na qual as pessoas são assombradas por um julgamento divino por meio da criação de um inferno na terra, e não de um paraíso. Em outras palavras, sem uma visão transcendente de como a vida poderia ser o paraíso, podemos ao menos fazer o julgamento de que viver é o inferno? Falar dessa forma requer que as noções do paraíso como fuga deste mundo sejam rejeitadas. Como veremos, o paraíso é melhor caracterizado precisamente como a redenção desta vida e deste mundo e, portanto, também como a transformação do tempo.

[21] "Theses on the philosophy of history", p. 264. Horkheimer estava, como Benjamin, consternado diante da perspectiva de um mundo completamente secular, e argumentou que o desencanto weberiano nos trouxe formas sem precedentes de desastre, e a fé iluminista, um mundo sem redenção. A teoria crítica "substituiu a teologia, mas não encontrou um novo paraíso para o qual pudesse apontar, nem mesmo um céu na terra" (citado em: Gordon, *Migrants in the profane*, p. 75).

e como um chamado para que as pessoas trabalhem pela emancipação e a expansão da criação. Os acontecimentos são catastróficos quando violam ou destroem a capacidade dos lugares e das criaturas de viverem e realizarem seu potencial. E são louváveis quando honram a vida e celebram sua fertilidade, fecundidade e diversidade. Assim descritos, os juízos normativos sobre os acontecimentos estão de fato embasados em uma afirmação permanente e fundamental do mundo como criado e amado por Deus.[22]

Referindo-se ao trabalho de Adorno, Gordon faz a observação de que, "se alguém pode fabricar o sagrado ou, de alguma forma, fazer com que apareça, então, por definição, ele não é o que finge ser".[23] Concordo com essa afirmação. O ponto a ser ressaltado, no entanto, é que, ao invocar uma presença sagrada, o que está sendo invocado não é necessariamente algo que é *fabricado* por nós. Em razão do fato de que o sagrado nos remete a uma "realidade" transcendente que excede todas as capacidades humanas de fazer, representar ou compreender essa realidade, é mais correto dizer que as pessoas são apenas *testemunhas*.[24] Como testemunhas do sagrado, o que as pessoas fazem é *testemunhar* uma realidade que as oprime com sua gratuidade e graça — o vasto conjunto de capacidades e possibilidades que jamais se repetirão e que se manifestam em cada vida particular das criaturas — o que poderíamos também chamar de milagre da essência do ser, e que, assim, também as chama para uma relação definida pela admiração e pela capacidade responsiva. Se assim for, então devemos alterar a última tese de Benjamin para dizer que o Messias está potencialmente abrindo caminho não somente por intermédio de todos os *tempos*, mas também de todos os *lugares, criaturas e movimentos*. Sejam quais forem o tempo ou o lugar de existência das pessoas, elas encontram criaturas

---

[22] Ao fazer essa afirmação, estou em desacordo fundamental com a afirmação de Martin Hägglund, de que a fé religiosa pressupõe uma "desvalorização de nossa vida finita como uma forma inferior de ser" (*This life: secular faith and spiritual freedom* [New York: Pantheon Books, 2019], p. 6 [edição em português: *Esta vida* (Lisboa: Temas e Debates, 2022)]). *This life* é um livro excelente, e estou de acordo com boa parte de seus objetivos sociais e políticos. Além disso, a crítica da religião por Hägglund tem um peso adequado, porque muitas pessoas de mentalidade religiosa subscrevem a uma fé que nega o mundo. Por conseguinte, meu desacordo com o senhor Hägglund é também com os religiosos que pensam que Deus e a criação estão em concorrência ou em desacordo entre si e que, para que Deus seja honrado, esta vida deve ser desvalorizada ou mesmo desprezada. Como direi, é exatamente o oposto. É precisamente a afirmação de Deus das criaturas e o compromisso divino permanente em assegurar seu florescimento nesta vida que podem servir de inspiração para nosso próprio compromisso de participar da cura deste mundo ferido.
[23] Gordon, *Migrants in the profane*, p. 101.
[24] Em *Otherwise than being, or beyond essence* (trad. para o inglês por Alphonso Lingis [The Hague: Martinus Nijhoff Publishers, 1981]), Emmanuel Levinas argumenta que "a transcendência deve a si mesma a interrupção de sua própria demonstração" (p. 152). Seu objetivo não é negar a possibilidade de uma realidade transcendente; é, antes, advertir-nos dos perigos de um impulso idólatra que instala uma divindade imaginada, em geral egoísta, que depois é invocada para causar violência sobre os outros. A verdadeira transcendência acontece em um encontro ético em que as pessoas autosseguras e autolegisladoras são colocadas em questão por uma alteridade que excede sua compreensão e seu controle. Nesse interrogatório, as pessoas são reposicionadas não como senhores, mas como testemunhas da "glória do infinito", e chamadas a uma vida de responsabilidade pelos outros. Para o tratamento da ligação entre transcendência e testemunho, veja o ensaio de Paul Ricoeur, "Emmanuel Levinas: thinker of testimony", in: *Figuring the sacred: religion, narrative, and imagination*, org. Mark I. Wallace (Minneapolis: Fortress Press, 1995).

que comunicam o milagre de sua dádiva, aquilo a que chamo de santidade própria. A primeira (e duradoura) questão que surge nesse encontro é se essas criaturas serão ou não acolhidas e honradas. Como testemunhas da santidade da vida, elas são chamadas repetidas vezes a articular o fato de serem beneficiárias de uma generosidade primordial do ser, e depois a refletir sobre o que significa essa generosidade para o cuidado recíproco.[25]

Invocar a linguagem das pessoas como testemunhas do sagrado, e não fabricantes dele, é lançar uma luz radicalmente nova sobre os projetos de raciocínio crítico e crítica imanente. Ao contrário do tema transcendental kantiano, que determina de antemão e controla as condições sob as quais o saber e o significado devem ser determinados — um procedimento que torna a reflexão um assunto inteiramente imanente —, é melhor pensarmos no projeto crítico como um processo de transpiração da maneira descrita por Emmanuel Levinas: diante do "rosto" de outra pessoa, encontramos uma profundidade, uma santidade e um mistério que desafiam a compreensão, e que põem em questão nossas suposições acerca do saber e do controle. Caracterizada dessa forma, a reflexão genuinamente crítica depende da possibilidade de um sujeito conhecedor não ser um chefe de si mesmo autossuficiente, mas que se abra e se responsabilize perante uma presença que não controla nem compreende. Como disse sucintamente Levinas, "a liberdade que é capaz de se envergonhar de si mesma encontra a verdade".[26] Isso significa que a reflexão crítica sem a possibilidade de um encontro com outro transcendente arrisca se transformar em um processo de violação em que a alteridade, a integridade e a santidade dos outros são negadas ou degradadas. Em outras palavras, é precisamente a interrupção pela transcendência — o reconhecimento de que aquilo que se tenta conhecer engloba uma santidade que não criamos e não podemos simplesmente criar com qualquer coisa que queiramos — que possibilita uma crítica genuína. Sem transcendência, as expressões instrumentais e utilitárias da razão que infligiram tanto dano ao mundo são simplesmente deixadas livres para seguir qualquer caminho que seus súditos soberanos decidam.[27]

---

[25] Tradicionalmente, diversas culturas destacam a importância da hospitalidade para com os estrangeiros porque esta exprime, de uma forma muito prática, a honra da santidade da vida alheia. Como descrito em Gênesis 18, Abraão, por exemplo, ao encontrar três viajantes, faz de tudo para lhes oferecer renovo e descanso. Ele e sua esposa, Sara, tiram de suas provisões para garantir que seus convidados sejam bem alimentados, pois, como o narrador conta, ao cuidar desses estrangeiros, eles também cuidam de Deus. Da mesma forma, em Mateus 25, Jesus instrui seus seguidores que, quando eles acolhem e cuidam dos famintos, doentes e necessitados, estão acolhendo a Deus. O estrangeiro, podemos dizer, não é um ser acidental ou aleatório, mas uma manifestação corporificada da presença divina. O rosto de outra pessoa comunica uma presença sagrada.

[26] Emmanuel Levinas, *Totality and infinity: an essay on exteriority*, trad. para o inglês por Alphonso Lingis (Pittsburgh: Duquesne University Press, 1969), p. 83 [edição em português: *Totalidade e Infinito* (São Paulo: Edições 70, 2008)]

[27] Gordon e outros têm razão ao constatar que a invocação do "sagrado" não constitui uma garantia contra abusos. Ao longo da história, as pessoas o utilizaram como um meio de excluir ou explorar outras pessoas. Transformaram-no em uma arma que operacionaliza ambições imperiais ou nacionalistas. Essa

É importante destacar que o rosto de outro humano nos abre a uma transcendência que não está *além* do mundo — espacialmente compreendido —, mas, sim, profundamente estabelecida nele, sustentando e desenvolvendo sua aparência e seus movimentos. A transcendência não se opõe à imanência, mas vem à mente e ao coração na revelação de uma dimensão de profundidade, em relação às coisas e aos lugares, que nos surpreende e impressiona, e que nos convida a honrar e respeitar aquilo que encontramos. Trata-se de uma transcendência ontológica que se move dentro e por meio das criaturas, comunicando o caráter misterioso e milagroso de sua existência e, nessa comunicação, reposiciona e reorienta as pessoas em seu mundo. Falar do sagrado é falar de uma dimensão profunda que chama as pessoas a ter atitudes de gratidão que reconhecem o dom da vida, inspirando-as a práticas de cuidado e de criação como a resposta mais adequada aos dons recebidos. Sentir o sagrado no outro é querer celebrar, em contrapartida, sua vida mediante uma dádiva generosa.

São poucos os que falam sobre o sagrado dessa maneira mais abstrata e filosófica. Mesmo assim, o que poderíamos chamar de lógica do sagrado é de suprema importância prática, porque permite às pessoas identificar e trabalhar contra a degradação das criaturas. Tem o potencial de orientá-las na construção de um mundo mais justo e acolhedor. Para ver como isso pode funcionar, considere a situação de milhões de pessoas que foram e continuam sendo privadas de uma casa. Em vez de encontrar seus lugares como locais de acolhimento e criação, os refugiados experimentam seus mundos como contextos de traição, rejeição ou agressão. Eles sentem seus lugares não apenas como algo no qual são "lançados" (como disse Martin Heidegger), mas também como realidades contundentes e brutalizantes que comunicam que eles não pertencem àquele lugar e que não têm valor.

Em seu notável livro de memórias *No friend but the mountains*, o jornalista curdistão Behrouz Boochani detalha os múltiplos horrores que precipitaram e acompanharam sua fuga de sua terra natal e a busca por uma vida melhor. Tanto nas mãos do capitão de um navio, como nas de um guarda penitenciário, sua vida foi reduzida a uma bagagem descartável e a uma unidade de encarceramento. Nenhum lugar foi acolhedor ou comunicou que ele poderia pertencer àquele espaço. Aqueles que viajavam com ele estavam tão aterrorizados e receosos que mal podiam enxergar uns aos outros como vidas dignas de proteção e valor. Os abusos e as violações incessantes o levaram a pensar que este mundo é um absurdo e que qualquer esforço aqui é fútil. Ele escreve

---

concepção do sagrado, no entanto, é falsa e idólatra porque não tem transcendência. É um sagrado falso e fabricado, que é possuído, controlado e implantado para maximizar o poder de um grupo. O que torna genuíno o encontro com o sagrado é que ele causa nas pessoas disposições como respeito, humildade, responsabilidade, gratidão e generosidade.

sobre investigar seu inconsciente e sondar as profundezas de sua mente e de sua alma, em busca de algum deus — ou força metafísica — que dê forma à sua existência, mas não consegue encontrar nada.[28] Sentado em sua cela de prisão, reconhece que "as únicas pessoas que podem vencer e sobreviver a todo o sofrimento infligido pela prisão são as que exercitam a criatividade. Ou seja, aquelas que podem traçar os contornos da esperança usando o zumbido melódico e as visões além das grades da prisão e das colmeias nas quais vivemos".[29]

O fato de Boochani identificar a criatividade como uma atividade vivificante, talvez até mesmo salvadora, é importante porque é no ato de imaginar e implementar uma nova realidade que as pessoas reconhecem — apesar dos horrores vividos ao longo da vida — a bondade e a beleza primordiais da dádiva das coisas. Em diversas atividades criativas, essa bondade e beleza atuam nas graciosas raízes geradoras da realidade, dando a elas uma nova expressão por meio das novas coisas criadas. Em outras palavras, o esforço para criar um mundo melhor, intercalado por gentileza e beleza, e não por abandono e abuso, exige que as pessoas encontrem sua inspiração e força no que tenho chamado de santidade da vida, e no que Boochani chama de "o zumbido melódico e as visões além das grades da prisão". A criatividade comunica que o encarceramento e a brutalização não são a verdade primordial do ser — mas, sim, a entrega, graciosidade, generatividade, e bondade. A tarefa fundamental de nossa humanidade, poderíamos dizer, reside em testemunhar a vida sagrada que pulsa em todos os lugares e em todas as pessoas, e com esse testemunho criativo, nos comprometermos com a libertação, a educação e a celebração uns dos outros. A criatividade, em outras palavras, nasce e é suportada por meio de uma afirmação primordial (embora nem sempre claramente compreendida) da realidade. Ela se expressa em diversos atos de desígnio e criação que buscam corporificar essa afirmação para os outros.

Patrick Chamoiseau argumenta que, com as migrações em massa de milhões de pessoas fugindo de violência, perseguição e catástrofes ecológicas, como inundações e secas, e se deparando com indiferença, desconfiança, ódio ou muros, a humanidade agora se arrisca a passar da maldade para a *ausência de humanidade*. "Na desumanidade, o próprio princípio da humanidade está ameaçado por uma entidade sistemática. Uma robotização assassina e fria, sem as limitações do afeto. A sentença de morte, a célebre sentença de morte, ressoa sobre todos, mas, na falta de um público humano, permanece

---

[28] Behrouz Boochani, *No friend but the mountains: writing from Manus prison*, trad. para o inglês por Omid Tofighian (Toronto: House of Anansi Press, 2019), p. 28-9 [edição em português: *Sozinho nas montanhas, escrito da prisão de Manus* (São Caetano do Sul: Casa das Letras, 2019)]

[29] Ibidem, p. 128.

inaudível."[30] O que Chamouiseau está descrevendo com o cenário máquina-frieza-violência é não somente o ataque contínuo contra a dignidade humana — como testemunhado nas forças de segurança, nos centros de detenção e nos acampamentos que se estão transformando em instalações permanentes na geografia de boa parte dos países —, mas também a extirpação da capacidade de dizer o que é a dignidade humana. O público humano que daria a sentença desapareceu junto com a própria capacidade de julgar.

Chamoiseau acredita que precisamos de uma *"política global de hospitalidade que declare, de uma vez por todas, em nome de todos, e para todos, que em nenhum lugar deste mundo, por qualquer motivo, haverá um estrangeiro".*[31] Há um sentido em que as pessoas podem se sentir um pouco estrangeiras, mesmo em lugares conhecidos e bastante amados — há uma selvageria irredutível e uma profundidade misteriosa, mesmo em lugares conhecidos —, mas o ponto que Chamoiseau está levantando é fundamental porque o que está em questão é se as pessoas perceberão ou não seus mundos como lugares nos quais são bem-vindas e aos quais pertencem, e se vamos ou não trabalhar juntos para construir comunidades não apenas habitáveis, mas também hospitaleiras. Essa *política global de hospitalidade* contrasta fortemente com o que Georg Lukács, em 1916, descreveu como "falta de moradia transcendental".[32] É compreensível que ele tenha caracterizado a condição humana como marcada por uma falta de moradia fundamental ou ontológica, especialmente levando em consideração os contextos sociais constituídos por formas variadas de alienação (de lugares, pessoas, trabalho e significado), e dadas as culturas "iluminadas" que acabavam de se comprometer com a guerra total. Entretanto, esses mundos construídos por mãos humanas e que dão início a um inferno na terra não são fundamentais, tampouco expressam o que é a verdade da realidade para aqueles que afirmam o sagrado: a saber, que, em cada lugar e em cada criatura, existe uma dimensão que é graciosa e geradora de seu ser. Essa dimensão sagrada pode ser distorcida e obliterada. Pode até mesmo ser mobilizada para inspirar projetos variados que danificam e destroem o mundo. Contudo, a fertilidade e a fecundidade em curso no mundo — o caráter milagroso de sua natalidade sempre fresca — são a demonstração diária de que a dimensão sagrada não pode ser totalmente extinta.

Invocar uma dimensão sagrada como o centro propulsor de lugares e acontecimentos nos permite pensar que não é a "falta de moradia transcendental"

---

[30] Patrick Chamoiseau, *Migrant Bodies: A poet's declaration of human dignity*, trad. para o inglês por Matthew Amos; Frederick Rönnbäck (New Haven: Yale University Press, 2018), p. xv, xvi.
[31] Ibidem, p. XVIII.
[32] Georg Lukács, *The theory of the novel* (publicado em 1916, citado em Gordon, *Migrants in the profane*, p. 110).

que constitui nosso mundo e nosso lugar nele; ao contrário, devemos falar de uma "generosidade transcendental", ou de uma "hospitalidade transcendental", como a verdade da vida. Essa, eu diria, é a verdade que os exilados e os refugiados desejam e anseiam ver concretizada. Reconheço que a linguagem metafísica dos "transcendentais" pode ser estranha à maioria das pessoas, mas a ideia em si não é. Afinal, os transcendentais representam o que as pessoas acreditam ser a essência ou o caráter fundamental da realidade. A existência de criaturas é fundamentalmente boa e bela? Podemos confiar neste mundo não apenas para acomodar, mas também para acolher a proliferação da vida? Todas as pessoas adotam algum tipo de metafísica, mesmo que não costumem colocá-la em palavras. Essas suposições surgem quando as pessoas perguntam sobre o tipo de mundo que pensam que habitam, ou, talvez mais honestamente, quando examinam as histórias, economias, políticas e os ambientes construídos que criaram.

O fato de muitas de nossas paisagens do Antropoceno serem povoadas por lixões tóxicos, favelas miseráveis, montanhas explodidas, instalações de encarceramento, águas poluídas, bairros negligenciados ou abandonados, terras florestais desmatadas, e solos desnudados sugere que os poderes que definem nosso tempo rejeitaram por completo o sagrado. A seu ver, este mundo é fundamentalmente um local a ser apropriado, explorado e mercantilizado, e não um lar para nutrir e valorizar toda vida que é recebida por ele. Recordemos que viver no Antropoceno é encarar dois fatos fundamentais. Em primeiro lugar, os seres humanos, pelas economias e tecnologias que desenvolveram, tornaram-se tão poderosos que agora influenciam os sistemas da terra e da vida, do nível celular ao atmosférico. E, em segundo lugar, o mundo em que as pessoas exercem esse poder ficou tão degradado e danificado por causa das pessoas (algumas delas), que se tornou inabitável para o futuro da vida multiespécie. Diante desses dois fatos, o que as pessoas devem fazer?

Em *Defiant earth: the fate of humans in the Anthropocene* [Desafiando a terra: o destino dos humanos no Antropoceno], o proeminente filósofo e estudioso do Antropoceno Clive Hamilton argumenta que as pessoas estão em uma situação inédita, porque precisam encontrar maneiras de viver na Terra de forma que não a destruam, mas não tem as ferramentas éticas necessárias para a tarefa. Elas já não podem mais recorrer a tradições religiosas ou espirituais que afirmam o valor sagrado da vida, uma vez que essas tradições perderam sua autoridade persuasiva ou foram amplamente desacreditadas. Elas não podem esperar muito de um autointeresse secular consciente, e nem de um amor romântico pela natureza, uma vez que ambos se provaram ineficazes em face do individualismo neoliberal. Tudo o que temos disponível, diz ele, é o desejo de autopreservação e, de forma menos negativa, "um novo sentido cosmológico enraizado no profundo significado da humanidade no arco da Terra".[33]

A pergunta urgente a ser feita é por que alguém deveria perceber e afirmar "o significado profundo da humanidade" se as criaturas e os lugares do mundo dos quais ela depende não são, em certo sentido, sagrados? O desejo de preservar a própria vida não depende também de algum tipo de afirmação da santidade da vida que cada pessoa partilha? Defender um relato da realidade em que não há transcendência alguma — um mundo arbitrário, como nos lembra Hamilton — é negar a lógica do sagrado e reduzir tudo à lógica dos fragmentos, que não pode avaliar uma expressão de poder como sendo moralmente melhor que outra. Embora Hamilton afirme que "a única resposta às ameaças do Antropoceno é algo coletivo: *a política*", é difícil ver o que motivará as pessoas a agir de forma diferente em um mundo descrito por ele como inconstante.[34] Meu argumento, até agora, é que somos mais bem servidos pela observação de Amitav Ghosh, outro escritor importante em nosso momento do Antropoceno, que diz: "É impossível ver qualquer saída dessa crise sem uma aceitação de limites e limitações. E penso que isso, por sua vez, está intimamente relacionado com a ideia do sagrado, independentemente da forma como alguém queira concebê-lo".[35]

Uma orientação sabática para a vida sagrada

A experiência do caráter sagrado da vida, no que poderia ser descrito como a percepção de que o engajamento de alguém com os lugares e com as demais criaturas, faz com que essa pessoa se depare com uma presença gratuita e graciosa. E essa é uma realidade compreendida por povos ao redor do mundo. Não devemos, pois, surpreender-nos com o fato de as culturas terem dado múltiplas expressões ao que é essa realidade sagrada e por que ela é importante para a forma pela qual as pessoas vivem. Histórias foram contadas e canções e poemas foram compostos em louvor à fonte divina, que sustenta toda a vida e que afirma este mundo como bom, belo e digno de nossa apreciação. É claro que nenhuma história ou canção é capaz de dizer tudo, ou tratar do assunto de forma abrangente, porque a transcendência divina, pela própria natureza, resiste a uma compreensão conceitual ou a uma narrativa absoluta. No entanto, ao contá-las, as pessoas são convidadas, repetidas vezes, a afirmar

---

[33] Clive Hamilton, *Defiant Earth: the fate of humans in the Anthropocene* (Cambridge: Polity, 2017), p. 156.
[34] Ibidem, p. 160.
[35] Amitav Ghosh, *The great derangement: climate change and the unthinkable* (Chicago: The University of Chicago Press, 2016), p. 161 [edição em português: *O grande desatino* (São Paulo: Quina, 2022)].

a bondade fundamental deste mundo e a encontrar formas de resistir à dessacralização da natureza que tanto prejudicou sua vida.[36]

Para comunicar o caráter sagrado da realidade, as pessoas costumam contar histórias sobre a Criação do mundo. O foco dessas histórias, como observaremos no próximo capítulo, não é a mecânica de fazer, mas, sim, de estabelecer o ponto ou o propósito da existência de algo. Dito de outra forma, o que as histórias da Criação fazem é comunicar o caráter ou a essência da realidade. Por meio dessas narrativas, as pessoas são instruídas sobre o valor e o significado dos lugares e das outras criaturas e, mais importante que isso, recebem uma espécie de mapa metafísico, que as inspira e orienta a viver onde estão de maneiras específicas. Essas histórias fornecem o que poderíamos chamar de chave hermenêutica, que prepara as pessoas para interpretar o significado e o valor daquilo que encontram.

O capítulo de abertura das Escrituras judaica e cristã é um excelente exemplo de como uma história da Criação comunica o caráter sagrado deste mundo e de sua vida. Expressa de forma poética, essa narração da divina criação do mundo em sete dias transmite vários temas importantes: (a) o mundo é um reino ordenado, e não caótico; (b) essa ordem reflete o desejo divino de que as criaturas floresçam; (c) este mundo é uma realidade dinâmica e aberta que nutre e acolhe a novidade da vida; (d) os lugares, processos e criaturas deste mundo são afirmados por seu Criador como fundamentalmente bons; e (e) o cumprimento da obra criadora de Deus e, portanto, o significado profundo de tudo o que é criado, são revelados quando Deus descansa e pratica o primeiro *Sabbath*.

Gênesis 1 e 2 têm sido o foco de dezenas de comentários. Essa passagem bíblica também esteve no centro de grandes discussões sobre quando o mundo começou e como ele surgiu (muitas das quais estão equivocadas, porque os debatedores estão muitas vezes desorientados sobre o que uma história da Criação almeja comunicar). O que não recebeu atenção suficiente, no entanto, foi o significado do "descanso" divino, que conclui a história, e o que esse descanso nos diz sobre a natureza da realidade. A passagem diz o seguinte: "Assim foram concluídos os céus e a terra, e tudo o que neles há. No sétimo dia Deus já havia concluído a obra que realizara, e nesse dia descansou. Abençoou Deus o sétimo dia e o santificou, porque nele descansou de toda a obra que realizara na criação" (Gênesis 2:1-3).

Uma pergunta que surge imediatamente é: "por que Deus descansa?" É importante destacar que ele não está cansado ou exausto, precisando, portanto,

---

[36] Para um tratamento clássico da ligação entre dessacralização e degradação ecológica, veja Seyyed Hossein Nasr, *Religion and the order of nature* (New York: Oxford University Press, 1996). Nasr se baseia em múltiplas tradições religiosas e nativas para defender a recuperação da sensação de que a vida e este mundo são sagrados.

de um descanso fora do palco da obra divina. Essa resposta pressupõe algo como um mundo de trabalho humano que drena, degrada, ou mesmo destrói a vida; em outras palavras, um mundo que tem sido, e continua a ser, familiar a muitas pessoas. Uma analogia bem melhor é pensar no trabalho mais criativo que alguém possa realizar. Em casos como esses, um pintor ou compositor não se afasta de sua criação no momento em que termina; em vez disso, planeja entrar plenamente em sua presença e explorar seus contornos e profundidades, com o fim de contemplar suas belezas e tocar suas melodias. Da mesma forma, ao concluir um projeto, um bom projetista ou construtor não tem em vista fugir do cenário de sua construção. Em vez disso, eles querem entrar em sua criação para poderem admirar e desfrutar suas muitas características. Um construtor quer experimentar de que forma a casa concretiza aquilo que um lar pode ser, e o projetista quer sentir como uma avenida, um mercado ou um parque de bairro facilitam o convívio de uma comunidade. O trabalho é bom quando os trabalhadores veem como seus esforços contribuem para a prosperidade, o embelezamento e a celebração do mundo. Um trabalho desse tipo é animador, razão pela qual as pessoas que estão envolvidas com ele não se sentem esgotadas, mas energizadas. Muitas vezes, elas não querem que a obra acabe.

Se o mundo que Deus cria é ordenado, fértil, fecundo e muito bom, a última coisa que Deus gostaria de fazer é procurar uma maneira de fugir dele. Em outras palavras, o descanso de Deus não está ligado ao tédio ou à exaustão divina, mas, sim, à experiência do deleite divino. Essa interpretação é confirmada por alguns comentaristas judeus, que ficaram intrigados com o que podemos descrever como o duplo encerramento narrado na passagem do Gênesis. Lembre-se de que toda a criação material foi concluída no sexto dia. Por que foi necessário haver um segundo encerramento, no sétimo dia (como Gênesis 2:2 afirma claramente)? O rabino medieval Rashi argumenta que o que ficou inacabado era o propósito da criação, razão pela qual no sétimo dia Deus criou *menuha*, um termo que podemos traduzir por tranquilidade, serenidade e paz de Deus. O que *menuha* comunica é a felicidade e o contentamento que advêm da experiência e do conhecimento de que as coisas são como deveriam ser, e que elas são primordial e constitutivamente boas. O que *menuha* ensina é que o objetivo e o propósito da vida das criaturas consistem em que elas sejam valorizadas e celebradas.

Quando seguimos o arco narrativo desse poema, fica claro que, uma vez que a criação nasce, o que se realiza são expressões cada vez mais diversas e corporificadas do desejo divino, que anseia que algo diferente de si mesmo exista e prospere. Quando Deus olha para o nascer do sol do primeiro *Sabbath*, o que ele percebe é o amor divino, que se torna visível, tátil, aromático, sonoro e aprazível — em outras palavras, uma cena suntuosa e acolhedora, que inspira satisfação e deleite. Quando Deus santifica esse dia de descanso divino, o que ele está fazendo é dizer que o clímax e o objetivo da vida são alcançados quando as pessoas se colocam na presença de lugares e criaturas e ali encontram o amor e a alegria de Deus em ação. É isso que Deus faz no primeiro *Sabbath*. É o que os seguidores de Deus são instruídos a fazer também. Abraham Joshua Heschel narra, de forma breve, essa injunção: "Toda a vida deve ser uma peregrinação ao sétimo dia; devem estar sempre presentes em nossa mente o pensamento e a apreciação do que esse dia pode trazer para nós. Com efeito, o *Sabbath* é o contraponto da vida; a melodia sustentada em todas as agitações e vicissitudes que ameaçam nossa consciência; nossa consciência da presença de Deus no mundo".[37]

Esse emolduramento do "descanso" de Deus permite que vejamos que o descanso não se opõe à *ação*. Não pode ser porque, se o poder provedor, sustentador e nutridor de Deus fosse retirado, como a Escritura conta (em Salmos 104, por exemplo), toda a criação entraria em colapso e viria à ruína. Em vez disso, o descanso de Deus opõe-se a todas as formas de *inquietação* que impedem as pessoas de entrar na presença dos outros e encontrar nelas seu potencial de contentamento e prazer. A inquietação é o problema fundamental porque, quando as pessoas estão inquietas, não ficam satisfeitas com o que estão fazendo, com o que têm, com quem estão e com quem são em si mesmas. Às vezes, a inquietação é uma disposição adequada, especialmente se as pessoas se encontram em contextos de privação e exploração. Devem procurar uma vida melhor e mais justa, porque Deus não se deleita com a miséria das criaturas. Muitas vezes, no entanto, a inquietação reflete formas variadas de descontentamento e ingratidão, que colocam as pessoas em perseguições intermináveis daquilo que é maior ou melhor. O resultado é que eles não podem entrar plenamente na presença de Deus no lugar em que estão ou com quem estão. Como mostram nossas histórias, é a inquietação da ingratidão, da insegurança e da inadequação que está por trás de tanta destruição de nossas comunidades e lugares. É a inquietação que impede as pessoas de explorarem plenamente as profundezas das relações nas quais se encontram, e depois descobrirem que, sendo cuidadosas o suficiente, essas relações podem ser a fonte de sua felicidade e alegria.

Em vez de contrapor o descanso do *Sabbath* à ação, somos melhor servidos se entendermos que o descanço sabático inclui em si toda a ação, dando-lhe a orientação e o objetivo adequados. Em todas as formas de trabalho que realizam, o que as pessoas deveriam se perguntar é como sua ação contribui para a construção de fazendas, cidades, bairros e casas mais hospitaleiras

---

[37] Abraham Joshua Heschel, *The Sabbath: its meaning for modern man* (New York: Farrar, Straus and Giroux, 1951), p. 89 [edição em português: *O Schabat: seu significado para o homem moderno* (São Paulo: Perspectiva, 2019)]. Heschel se refere ao significado de *menuha* nas páginas 22-3.

e, portanto, para um maior florescimento das criaturas. Descansar no sétimo dia serve como um convite regular para pararmos e refletirmos juntos sobre o sentido último de todo o nosso esforço. A criatividade e o trabalho humanos atingem seu tom mais autêntico quando participam da criatividade divina, que acolhe, nutre e celebra a grande diversidade da vida. O labor humano encontra sua inspiração na compreensão de que este mundo e todas as criaturas são amados e afirmados por Deus.

O que agora fica claro é que essa história da Criação em Gênesis oferece às pessoas uma profunda articulação do caráter sagrado da vida. As coisas simplesmente não aparecem e existem; tampouco são aleatórias ou acidentais. As criaturas são as expressões corporificadas de um desejo divino que faz com que elas se deleitem diariamente em seu ser, e que as sustenta diariamente. A vida é milagrosa e preciosa. É um dom divino destinado a ser valorizado. O apreço, porém, não pode acontecer em contextos marcados por negligência e inquietação, razão pela qual o primeiro movimento de entrar na presença das coisas exige que as pessoas regularmente ponham um "fim" aos hábitos frenéticos que as mantêm ausentes, distraídas e insatisfeitas. Descansar não é um *desapego negativo* das criaturas, mas um *apego positivo* a elas nos modos de sintonia, satisfação e prazer.

Conforme os judeus elaboravam sua compreensão acerca do *Sabbath*, tornou-se claro para eles que o bem-estar de toda a criação dependia de que as criaturas participassem do descanso divino. Esforço e trabalho, por melhores que sejam, precisam de repouso regular, ou a ordem criada será desfeita. Se Deus descansou e se alegrou com o trabalho que havia sido feito, assim também devem fazer as pessoas e as demais criaturas. Por isso a observância do *Sabbath* aparece entre os Dez Mandamentos:

> Lembra-te do dia de sábado, para santificá-lo. Trabalharás seis dias e neles farás todos os teus trabalhos, mas o sétimo dia é o sábado dedicado ao Senhor teu Deus. Nesse dia não farás trabalho algum, nem tu, nem teus filhos ou filhas, nem teus servos ou servas, nem teus animais, nem os estrangeiros que morarem em tuas cidades. Pois em seis dias o Senhor fez os céus e a terra, o mar e tudo o que neles existe, mas no sétimo dia descansou. Portanto, o Senhor abençoou o sétimo dia e o santificou (Êxodo 20:8-11).

É também por isso que o profeta Jeremias associou a queda da nação ao fracasso em santificar e guardar o *Sabbath* (Jeremias 17:19-27).

O *Sabbath* não ensina que as pessoas não devem fazer nada e simplesmente aceitar as coisas, não importa como sejam. Sabemos disso porque ele afirma seis dias de trabalho em que as pessoas unem as próprias capacidades criativas à presença de Deus no mundo. Também sabemos disso porque, em uma segunda repetição do mandamento do *Sabbath*, a economia opressiva do Egito é um dos alvos principais.[38] Em vez disso, o descanso questiona os modos de aquisição ilimitada e de esforço sem-fim que danificam ou violam comunidades e *habitats*. A cada sétimo dia, as pessoas são convidadas a parar e refletir sobre o caráter de seu esforço e as formas de poder que empregam, para que possam determinar se seu esforço honra ou viola as criaturas. Com base nessa reflexão, elas devem, então, criar as formas econômicas e políticas que maximizem a prosperidade mútua. Em vez de ser simplesmente um interlúdio na semana, a observância do *Sabbath* serve para inspirar e orientar as pessoas para que seu trabalho honre a bondade das coisas.[39]

As implicações da observância do *Sabbath*, ainda que nem sempre tenham sido plenamente concretizadas, foram compreendidas pelos antigos israelitas como tendo várias formas práticas e econômicas. Já vimos que todos os trabalhadores — tanto humanos como animais — deveriam ter seu dia de descanso. Trata-se de uma questão de considerável importância em uma economia agrícola, que dependia da força braçal para seu êxito. Entretanto, também percebemos na ordenança que, a cada sétimo ano, a terra em si deveria ter descanso completo, sem semeadura de sementes, poda de pomares ou colheita de tudo o que cresceu a partir do plantio do ano anterior (Levítico 25:1-7). Durante esse sétimo ano, os alimentos deveriam ser colhidos, e não cultivados, colocando, assim, as pessoas em uma posição na qual seriam encorajadas a aprender a confiar em Deus e a praticar a humildade que *recebe* os alimentos em vez de *controlar* sua produção.[40] Então, no *Sabbath* dos *Sabbaths*, o quinquagésimo ano, chamado de ano do Jubileu, as implicações econômicas do ensino

---

[38] Na versão deuteronômica dos Dez Mandamentos, o mandamento do *Sabbath* começa de maneira muito parecida com a versão em Êxodo, mas a ordenança muda: "Lembra-te de que foste escravo no Egito e que o Senhor, o teu Deus, te tirou de lá com mão poderosa e com braço forte. Por isso o Senhor, o teu Deus, te ordenou que guardes o dia de sábado" (Deuteronômio 5:15). Nessa reiteração, os israelitas estão sendo convidados a lembrar que, enquanto vagavam pelo deserto a caminho da Terra Prometida, Deus não os abandonou, mas fornecia maná para alimentá-los. O que está sendo pedido a eles é que confiem em Deus como alguém que os ama e cuida de suas necessidades. Fora dessa confiança no cuidado provedor de Deus, as pessoas tentarão resolver os problemas nas próprias forças e trabalharão para garantir a vida para si mesmas. Eles, como os egípcios, provavelmente se tornarão violentos em suas relações com outros, que serão tratados como combustível (ou seja, escravizados) para a própria ambição, ou como ameaças a serem eliminadas.

[39] Desenvolvi várias dessas dimensões em *Living the Sabbath: discovering the rhythms of rest and delight* (Grand Rapids: Brazos Press, 2006).

[40] No ensino rabínico sobre a observância do *Sabbath*, ficou claro que a engenhosidade e o poder humanos podem ter impacto destrutivo nos *habitats* e nas criaturas, razão pela qual era importante limitar periodicamente o uso de tecnologias e ferramentas que, de outra forma, poderiam encorajar as pessoas a se tornarem presunçosas e a consumirem em demasia. Assim, a observância do *Sabbath* se tornou o principal meio mediante o qual as pessoas poderiam arrefecer sua apreensão ansiosa do mundo e aprender a ser mais generosas com outras criaturas, humanas e não humanas. Gerald Blidstein argumenta: "O homem deve renunciar ao que suas capacidades humanas alcançaram e, ao usar o crescimento do solo, ser reduzido à mais baixa das criaturas que vivem do solo. O homem deve viver os ritmos da natureza, apesar de sua óbvia capacidade e dever de contorná-los" ("Man and nature in the sabbatical year", in: *Judaism and environmental ethics: a reader*, org. Martin Yaffe [Lanham: Lexington, 2001], p. 140).

sabático tomaram sua forma mais exponencial na ideia de que todos deveriam receber sua liberdade, com as pessoas regressando para habitar suas terras ancestrais (Levítico 25:8-24). Se, por uma variedade de circunstâncias terríveis, as pessoas tivessem de vender suas terras ou a si mesmas (sob a forma de trabalho forçado), sua condição abjeta não seria permanente. Nenhuma pessoa deve ser autorizada a acumular e consolidar uma grande base territorial para si mesma, porque esse processo, além de negar a propriedade de Deus e a preocupação com a terra (Levítico 25:23), incentiva a busca de lucros à custa do infortúnio e da miséria de outra pessoa. Como disse o profeta Isaías: "Ai de vocês que adquirem casas e mais casas, propriedades e mais propriedades até não haver mais lugar para ninguém e vocês se tornarem os senhores absolutos da terra" (Isaías 5:8). Por isso, a cada cinquenta anos, aconteceria um reequilíbrio da balança da justiça, para que as pessoas pudessem regressar às terras de seus antepassados e trabalhar para sustentar a si próprias e às suas comunidades.

É importante destacar as dimensões econômica e política do *Sabbath*, porque a observância deste é muito mais do que um ritual piedoso. Em diversas práticas de cuidado que criam comunidades justas e produtivas, aqueles que praticam o *Sabbath* testemunham e trabalham para compreender, onde quer que estejam, o desejo de Deus por um mundo saudável e fecundo. Em outras palavras, a observância do *Sabbath* serve para ajudar as pessoas a interpretar e transformar as histórias nas quais vivem, de modo que os acontecimentos possam ser compreendidos como eventos que contribuem ou prejudicam a experiência da satisfação compartilhada. É instrutivo notar que, na escrita talmúdica, a observância do *Sabbath* às vezes estava associada à vinda do Messias. A redenção derradeira do tempo e a cura de lugares e comunidades coincidem com um *Sabbath* perfeito, porque o *shabbat* de Deus é o cumprimento da criação.

O descanso sabático pressupõe que a satisfação de um não pode ter como premissa a miséria dos outros. Contudo, para que as pessoas saibam se estão gerando tal miséria, é necessário que pausem regularmente para discernir se o trabalho que realizam e as prioridades econômicas que perseguem estão causando danos. Nesse processo de discernimento, elas claramente precisam da ajuda de outras pessoas para ampliar os contextos de sua deliberação, simplesmente porque essas pessoas costumam perceber efeitos destrutivos que, de outra forma, poderiam ser invisíveis ou ignorados. Contudo, é necessário também lembrá-las com frequência da santidade da vida. Assim relembradas, cria-se uma abertura na qual as pessoas podem imaginar e implementar um mundo mais justo, que afirma a vida. Cria-se uma abertura na qual as pessoas podem refletir comunitária e honestamente sobre a importância de respeitar os limites e discernir quando já têm o bastante.

Neste período antropocênico, que foi apropriadamente caracterizado como uma época de "grande aceleração", o ensino sabático pede às pessoas que parem e reavaliem os objetivos de seus esforços. Também exige que elas reflitam se são ou não capazes de se contentar com a dádiva das coisas, por mais vulneráveis que sejam e por mais feridas que possam estar, e encontrem satisfação e prazer em seus semelhantes.[41] Praticar o *Sabbath* é começar parando e, nesse esforço de pausa, reposicionar-se em atitudes de respeito e reverência perante a bondade das coisas. É refletir sobre os semelhantes à luz da convicção de que seu ser é a personificação de um carinho divino que afirma a retidão de sua existência e, portanto, merece proteção, cuidado e celebração. Claramente, essa é uma visão bastante limitada do esforço e do êxito humanos, especialmente em comparação à grandeza das civilizações passadas e presentes, que se baseiam no crescimento e no poder em constante expansão.[42] Aqueles que defendem o *Sabbath* acreditavam, no entanto, que essas formas de grandeza vinham com um custo inaceitável, ou seja, da miséria de uma infinidade de criaturas e da degradação dos lugares que possibilitam a existência da vida.

Terra sagrada

A sensibilidade sabática que acabo de descrever ensina que a causa do deleite de Deus é precisamente esta Terra divinamente criada. As criaturas não são

---

[41] Os artistas têm bastante a nos ensinar sobre como chegar à presença de lugares, coisas e semelhantes. Para entender o que quero dizer, considere a descrição do escultor Auguste Rodin, feita por Rainer Maria Rilke. Em uma carta a Lou Andreas-Salomé (8 de agosto de 1903), Rilke descreve como era estar com Rodin enquanto ele vivia e trabalhava, e afirma estar impressionado com a abertura e a atenção dele a coisas que são normalmente negligenciadas por outras pessoas. Rodin está totalmente acordado, e sua atitude é profundamente empática, enquanto outros se movem através dos lugares como se em estado de sonambulismo: "Ele é aquele que está atento e de quem nada escapa, o amante que acolhe continuamente, alguém paciente, que não conta seu tempo e não pensa na próxima coisa que possa querer. Para ele, o que ele olha e envolve com o olhar é sempre a única coisa, o mundo no qual tudo acontece; quando ele esculpe uma mão, ela está sozinha no espaço, e não há nada além de uma mão; e, em seis dias, Deus fez apenas uma mão e derramou as águas a seu redor e inclinou os céus acima dela; e descansou sobre ela quando tudo estava acabado, e era uma glória e uma mão" (*Letters of Rainer* de Maria Rilke: 1892–1910, trad. para o inglês por Jane Greene; M. D. Norton [New York: W. W. Norton & Company, Inc, 1945], p. 118). Rodin é vivificado por uma sensibilidade sabática porque, em seus movimentos, ele testemunha a graça das coisas, a percepção de que cada coisa é boa e bela simplesmente por ser uma coisa particular e, portanto, digna de devoção e carinho humano. Estando na presença de Rodin, Rilke viu-se transformado: "Olho para tudo com mais calma e com maior justiça" (p. 122).

[42] Em *The end of the myth: from the frontier to the border wall of america* (New York: Henry Holt and Company, 2019), Greg Grandin descreve a mentalidade profundamente inquieta e antissabática que está no cerne de grande parte da identidade dos Estados Unidos. O desejo de colonizar uma fronteira em constante expansão, com a caracterização da liberdade como a busca desenfreada de propriedade e posses que ela implicava, significou que os estadunidenses ainda não haviam encarado verdadeiramente a violência contra a natureza, contra os nativos estadunidenses e contra os negros escravizados que seus desejos demandavam. Horizontes e oportunidades sem-fim andavam de mãos dadas com violência e apropriação sem-fim. "Uma fuga constante permitiu que os EUA evitassem encarar um verdadeiro acerto de contas com seus problemas sociais, como a desigualdade econômica, o racismo, a criminalidade, a punição e a violência" (p. 4). Agora que mais e mais pessoas estão sentindo que a fronteira está fechada, e que os horizontes de oportunidade não são ilimitados, a questão é se os EUA assumirão ou não a responsabilidade por seu passado e se comprometerão com a cura e o cuidado do que foi danificado e violado.

simplesmente objeto da atenção e do cuidado de Deus. São, de forma misteriosa e no nível mais fundamental, expressões materiais e corporificadas de um *envolvimento* divino que comunica que é muito bom que essas coisas existam e prosperem. Por isso, Deus em nenhum momento procura fugir do mundo. Para ele, afastar-se completamente da criação implicaria um afastamento de sua própria essência. Embora as pessoas construam sistemas e economias que causam enormes danos umas às outras e aos seus lares, e embora regularmente explorem e violem lugares e outras criaturas, Deus não se afasta nem foge. O testemunho da Escritura, expresso em primeiro lugar na fidelidade da aliança de Deus à nação e à terra de Israel, e depois com Deus "fazendo-se carne" e habitando com os outros na pessoa de Jesus de Nazaré, reafirma que Deus não abandona a criação, mas *permanece* sempre com ela.

As implicações que surgem dessa afirmação divina da Criação são enormes. Considere, por exemplo, as tradições proféticas hebraicas que vieram em defesa das viúvas, dos órfãos e dos pobres. Os apelos proféticos à misericórdia e à justiça estão baseados na convicção de que cada vida é um dom sagrado que deve ser honrado e apreciado.

No entanto, o que não costuma receber atenção suficiente é que os profetas regularmente defendiam as criaturas não humanas e também a terra, porque Deus estabelece uma relação de aliança com todas as criaturas. Oseias, por exemplo, enquanto observa a terra chorando e definhando, e os animais, pássaros e peixes morrendo, dá testemunho de Deus quando diz: "Naquele dia farei em favor deles um acordo com os animais do campo, com as aves do céu e com os animais que rastejam pelo chão. Arco, espada e guerra, eu os abolirei da terra, para que todos possam viver em paz" (Oseias 2:18). É a afirmação divina da vida que inspira e vivifica os profetas. É o reconhecimento da santidade da vida que lhes permite julgar a injustiça como *injustiça*.

Do ponto de vista dos profetas, a medida de uma sociedade ou civilização bem-sucedida não é a riqueza de seus líderes, a grandeza de seus monumentos, ou seu poder militar entre as nações; é, em vez disso, a fertilidade da terra e o bem-estar de todos os habitantes. O objetivo do esforço humano deve ser trabalhar para *shalom*, um termo magnífico e multifacetado que apresenta uma maneira de promover paz, florescimento, prosperidade, felicidade e regozijo. É uma visão humilde, segundo a qual as pessoas estão enraizadas na terra, tirando dela seu sustento e vivendo umas com as outras em paz. Os profetas compreendiam que suas comunidades ainda não haviam chegado ao ponto ideal, razão pela qual pediam repetidas vezes ao povo para que mudasse de atitude, e, por esse, motivo apresentavam uma visão (de matizes trágicas) de como seria a vida se as pessoas fossem governadas pela misericórdia e não pelo medo, e pela bondade em lugar do ódio.⁴³ A visão mais célebre de um mundo renovado foi registrada pelo profeta Isaías, que fala por Deus dizendo:

> Vou criar Jerusalém para regozijo, e seu povo para alegria [...] nunca mais se ouvirão nela voz de pranto e choro de tristeza. Nunca mais haverá nela uma criança que viva poucos dias, e um idoso que não complete os seus anos de idade [...] O lobo e o cordeiro comerão juntos, e o leão comerá feno, como o boi (Isaías 65:25).

A terra não é descartada nem destinada à destruição eterna; pelo contrário, deve ser *redimida* e *renovada*. Nessa "nova criação", a violência é superada e todas as criaturas são alimentadas, honradas e celebradas.

Graças à profunda afirmação deste mundo e desta vida que o *Sabbath* e o ensinamento profético comunicam claramente, devemos nos perguntar a razão de tantos seguidores autoprofessos de Deus rejeitarem a ideia de que a criação de Deus é sagrada. Embora seja comum ouvirmos as pessoas afirmarem que Deus criou o mundo, o fato de que essas mesmas pessoas darem seu consentimento a práticas que degradam e destroem as criaturas de Deus sugere que o amor de Deus seria severamente limitado (exclusivamente ao âmbito da vida humana) ou provisório (chegará um momento no qual o mundo inteiro, inevitavelmente, será destruído). Seja por estarem influenciados por filosofias dualistas, ou simplesmente frustrados com um mundo que às vezes produz imensa dor e intenso sofrimento, o resultado é que os seguidores de Deus procuram regularmente uma fuga deste mundo. Embora o longo arco narrativo das Escrituras se refira a Deus como um ser que constantemente se faz presente para conviver *com* as criaturas no meio de suas alegrias e lutas, o objetivo de inúmeros crentes parece ser fugir completamente dos problemas desta vida. Em outras palavras, para pessoas assim, este mundo não é sagrado. É um ambiente que pode, de tempos em tempos, proporcionar prazeres efêmeros, muitas vezes beirando o perigo. Por esse ponto de vista, a verdadeira felicidade da humanidade e a realização definitiva se encontram em outro lugar, em um reino celestial que está longe.

Tanto as Escrituras judaicas como as cristãs trabalham para desiludir as pessoas desse desejo de fuga. O profeta Amós, por exemplo, descreve um tempo futuro no qual o poder de Deus trabalhará para restaurar Israel e sua terra. Tudo o que foi arruinado será levantado e reconstruído. "Vinho novo

---

43 Ellen F. Davis argumenta, em *Scripture, culture and agriculture: an agrarian reading of the Bible* (New York: Cambridge University Press, 2009), que os profetas chamaram o povo de Israel a ter uma "imaginação trágica" (p. 16), pois precisavam conhecer e não esquecer sua cumplicidade em histórias de violência e exploração. Uma imaginação trágica permite às pessoas dar nomes e lamentar os danos e perdas pelo que são, ou seja, uma violação da santidade das criaturas. O lamento perdura no interior, enquanto inspira, do trabalho de cura e renovação que uma imaginação transformada busca.

gotejará dos montes e fluirá de todas as colinas. 'Trarei de volta Israel, o meu povo exilado, eles reconstruirão as cidades em ruínas e nelas viverão. Plantarão vinhas e beberão do seu vinho; cultivarão pomares e comerão do seu fruto. Plantarei Israel em sua própria terra, para nunca mais ser desarraigado da terra que lhe dei', diz o Senhor, seu Deus" (Amós 9:13-15). A visão de Amós pressupõe que a Terra é o local corporificado da atenção e do amor incessantes e permanentes de Deus pelos elementos mais cotidianos da vida. Embora a injustiça torne a vida na terra miserável, as pessoas não deveriam desejar fugir, mas participar de sua cura e nutrição. Deveriam desejar ser plantadas e profundamente enraizadas na terra, resistindo à tentação de serem arrancadas dela, porque a terra é o lugar no qual o amor de Deus está presente e ativo.

A conclusão das Escrituras cristãs faz soar um refrão semelhante. Após falar de forma poderosa sobre as maneiras pelas quais as ambições imperiais e a busca pelo domínio destroem criaturas e lugares, o Apocalipse de João apresenta Deus como alguém que defende a criação. A vinda do Messias não corresponde à destruição da Terra. Em vez disso, corresponde à destruição dos destruidores da Terra (Apocalipse 11:18). Essa é uma visão que, como Amós, baseia-se na afirmação divina acerca da santidade deste mundo. As pessoas não devem procurar fugir daqui, pressupondo que uma vida melhor as espera em outro lugar. Em vez disso, devem procurar a redenção e a renovação da Terra. Devem procurar participar das circunstâncias econômicas e políticas que lhes permitam viver aqui para sempre. O pressuposto de João é que esta Terra é sempre e primordialmente boa. Embora as potências imperiais estejam causando dor e sofrimento tremendos, o remédio não é a fuga. O remédio é se unir a Deus na cura e na reconciliação da Terra. João prevê um tempo em que os poderes divinos que caracterizam a vida celestial se enraízam nesta terra:

> Então vi um novo céu e uma nova terra [...] Vi a cidade santa, a nova Jerusalém, que descia do céu, da parte de Deus, preparada como uma noiva adornada para o seu marido. Ouvi uma forte voz que vinha do trono e dizia: "Agora o tabernáculo de Deus está com os homens com os quais ele viverá. Eles serão os seus povos; o próprio Deus estará com eles e será o seu Deus" (Apocalipse 21:1-3).

Essa é uma visão memorável porque nela vemos não apenas que as pessoas serão plantadas firme e seguramente na terra, mas também que Deus escolhe ficar permanentemente enraizado na terra com elas. Essa será uma terra transformada, desprovida de morte, dor ou choro. Será como a terra do nascer do sol do primeiro *Sabbath*, uma terra que traz descanso e prazer a Deus e a todas as criaturas.

Resistir a uma afirmação da terra como sagrada muitas vezes acompanha o que eu descreveria como uma concepção equivocada do céu, que é mais ou menos assim: a vida na Terra é dura — um "véu de lágrimas" — e assolada por demasiadas dores e dificuldades. A melhor coisa a fazer é suportar suas tribulações até o momento da morte, quando, então, os fiéis serão recompensados com outra vida eterna, em um céu distante com Deus. Essa concepção tem sido objeto de múltiplas críticas, e com razão, porque contribuiu pouco para a doutrina cristã, e tem sido um entrave perante as injustiças deste mundo. Em vez de vir em defesa da vida, as pessoas comprometidas com um céu de outro mundo muitas vezes decidem esperar até que sejam resgatadas desta vida. Elas podem tentar fazer algum bem enquanto estão aqui, mas, no fundo, sentem que sua verdadeira "casa" está em outro lugar.

Essa caracterização do céu é problemática em múltiplos aspectos, até porque pressupõe que, ao se mudar para outro local, os problemas existenciais da humanidade serão resolvidos. Como já vimos ao considerar os sonhos transumanistas de colonizar outros planetas, não é o *traslado* da vida para outro lugar que resolverá os problemas, mas sua *transformação*, sendo essa a principal questão quando se busca a felicidade. Trasladar hábitos problemáticos da existência para outro lugar simplesmente perpetua as formas de insatisfação, dor e sofrimento dos quais se deseja fugir. A questão bem mais fundamental está centrada na possibilidade de transformação do ser para que surja uma vida mais hospitaleira, formosa e satisfatória.[44]

O anseio por um céu de outro mundo, no entanto, é também uma catástrofe teológica, porque nega a lógica da Criação, conforme argumentarei nos próximos capítulos. Se alguém declara Deus como o Criador da vida, deve também declarar algo sobre os seres criados, que são alimentados e sustentados por Deus diariamente. Não se pode querer amar a Deus se não se ama também aquilo que ele ama. Por isso Jesus disse a seus seguidores que orassem para que a vontade de Deus fosse feita "assim na terra como no céu" (Mateus 6:10). Nessa oração, Jesus chama seus seguidores para colocarem em prática os caminhos divinos do ser e torná-los corporificados e práticos *nesta* terra. Se o céu é o lugar no qual o amor de Deus é o único poder que tudo vivifica, e se as pessoas oram para que esse amor se torne ativo e corporificado onde quer que estejam, então a obra essencial dos seguidores de Deus é que se unam a Deus na cura deste mundo ferido.

---

[44] Se é um erro caracterizar a vida no céu como um transporte para outro lugar, é também um erro caracterizar a "vida eterna" como um tempo que simplesmente continua e permanece para sempre. A questão fundamental nas representações bíblicas da redenção é a transformação do lugar e do tempo, de modo que as formas de agir neles manifestem o amor de Deus. Dificilmente é uma "boa notícia" prometer a extensão infinita de uma vida, se essa vida é caracterizada por exploração, tédio ou abandono.

Capítulo 6

A lógica da Criação

N as últimas décadas, houve um diligente e salutar esforço para reencantar o cosmo. Em parte, esse esforço decorre do desejo de combater o estranhamento ou a futilidade que as pessoas sentem quando se deparam com um universo que pode parecer acidental, frio ou desprovido de propósito. Como a conceituada bióloga Úrsula Goodenough descreve em seu livro *The sacred depths of nature* [As profundezas sagradas da natureza], "é muito provável que, em um primeiro contato, a versão científica do funcionamento das coisas, bem como de sua origem, provoquem alienação, anomia e niilismo, respostas pouco promissoras para motivar nossa lealdade ou orientação moral".[1] Por essa razão, Goodenough se comprometeu a desenvolver um naturalismo religioso que pudesse ajudar as pessoas a sentir admiração e gratidão diante da beleza e da grandeza do mundo. "Cheguei à compreensão de que posso desviar a aparente inutilidade de tudo isso ao perceber que não tenho de procurar sentido em lugar algum. Em vez disso, posso vê-lo como um *locus* de mistério."[2]

Das pessoas que lideram esse esforço de reencantamento, uma das mais influentes foi o "geólogo" Thomas Berry. Ele começou sua carreira como padre católico passionista[3] e estudioso das tradições religiosas chinesas e indianas. Em uma carreira de mais de seis décadas, fez contribuições para um conjunto diversificado de campos acadêmicos, incluindo teologia, religião comparada, estudos culturais, cosmologia e ecologia. Ao longo de seus muitos artigos e livros, ele superou a alienação que as pessoas sentem ao viverem em um mundo supostamente inútil, curando o antagonismo em relação à Terra,

---

[1] Ursula Goodenough, *The sacred depths of nature* (New York: Oxford University Press, 1998), p. xvii.
[2] Ibidem, p. 11. Como veremos, o que Goodenough quer dizer com "mistério" não está totalmente claro, pois ela também acredita que a ciência pode explicar as origens da vida.
[3] Os Passionistas são um grupo de cristãos, sacerdotes e leigos, que vivem em comunidade fraterna. Essa comunidade de vida apostólica foi fundada na Itália, em 1720, por São Paulo da Cruz. O fundador descobriu na Paixão de Jesus Cristo "a maior e a mais admirável obra do amor divino" e a revelação do poder de Deus que elimina a força do mal com o dinamismo da Ressurreição. (Fonte: https://pt.wikipedia.org/wiki/Passionistas.) (N. E.)

refletido nos abusos da humanidade. Ele realizava isso pelo desenvolvimento de formas de espiritualidade que respondessem às melhores percepções da ciência, assim como uma ciência que respondesse às melhores percepções das tradições religiosas e espirituais do mundo. Berry acreditava que o universo codificava uma espécie de escritura que poderia falar da necessidade humana de significado, criatividade e preenchimento. Ele argumentou que as descobertas cosmológicas contaram uma nova história do universo, que teve início bilhões de anos atrás, com a "queima primordial" da matéria (seu termo para o *Big Bang*), que, então, ao longo de eras de desenvolvimento evolutivo, resultou nos complexos sistemas de vida que são feitos conscientes nos seres humanos. Esse é um universo destinado a ser valorizado porque produziu geografias e formas de vida incrivelmente diversas. Também testemunha de um "princípio antrópico cosmológico", que afirma que os seres humanos, com seus anseios estéticos, morais e espirituais, são o resultado desejado de tudo, pois é *em nós* "que o universo se conhece".[4]

Embora Berry estivesse interessado em reunir representantes das tradições nativas e religiosas do mundo para abordar grandes problemas ecológicos — algo que aconteceu de forma maravilhosa quando Mary Evelyn Tucker e John Grimm convocaram o Harvard Forum on Religion and Ecology [Fórum de Harvard sobre religião e ecologia] (um programa que continua hoje como o Yale Forum on Religion and Ecology [Fórum de Yale sobre religião e ecologia]) —, ele estava convencido de que as histórias religiosas tradicionais sobre o cosmo e o lugar da humanidade dentro dele são muitas vezes "disfuncionais" e, portanto, precisavam ser atualizadas com um entendimento mais embasado na ciência.[5] As tradições monoteístas são especialmente problemáticas porque, em suas manifestações históricas, vemos que: (a) costumam assumir uma postura de dúvida, se não de ódio, no que se refere à corporificação; (b) encorajam os tipos de domínio e subjugação que causaram tanto dano à Terra; e (c) postulam que o verdadeiro lar da humanidade está em outro lugar "além da Terra". Em oposição a essas tendências, Berry argumentava que o próprio universo é a "realidade suprema" e nossa "comunidade sagrada primordial". O universo é "a manifestação suprema do sagrado". Todo ser, mesmo o divino, tem uma existência e uma aparência apenas por causa do universo. "Somente o universo é um texto sem contexto."[6]

---

[4] Thomas Berry, *The sacred universe: Earth, spirituality, and religion in the twenty-first century* (New York: Columbia University Press, 2009), p. 52. Berry fez parceria com o cosmólogo Brian Swimme para escrever *The universe story: from the primordial flaring forth to the ecozoic era – a celebration of the unfolding of the universe* (New York: HarperCollins, 1992). Esse relato da história foi atualizado por Brian Swimme e Mary Evelyn Tucker em *The journey of the universe* (New Haven: Yale University Press, 2011).

[5] Thomas Berry, *The dream of the Earth* (San Francisco: Sierra Club, 1990), p. 123.

[6] Berry, *The sacred universe*, p. 44, 176, 138.

Os objetivos práticos dessa história do novo universo são claramente louváveis. Como Mary Evelyn Tucker e Brian Swimme descrevem alguns deles: "Nosso destino humano é nos tornarmos o coração do universo, que abrange toda a comunidade da Terra". Apesar de sermos apenas ciscos no universo, temos a capacidade única de "sentir compaixão abrangente em meio a um oceano de intimidade".

> Nosso desafio agora é construir cidades habitáveis e cultivar alimentos saudáveis de forma congruente com os padrões da Terra. Nosso papel é fornecer as mãos e o coração que permitirão que as energias do universo surjam em uma nova ordem de bem-estar. Nosso destino é criar uma civilização planetária que seja culturalmente diversa e localmente vibrante, uma civilização multiforme que permita que a vida e a humanidade floresçam.[7]

Apoio essa ambição. Minha pergunta, no entanto, é se a história do universo pode ou não cumprir esses bons propósitos. Se o próprio universo é a realidade suprema e o único texto sem contexto, por que deveríamos pensar que é sagrado? Não poderíamos também dizer que o universo *é o que é*, e que os muitos caminhos do desenvolvimento evolutivo — incluindo o caminho que resulta na destruição da Terra pela humanidade — refletem tão somente processos aleatórios e inúteis? Com certeza pode haver algumas pessoas que veem grandeza e beleza, mas há também muitas outras que veem dor e sofrimento intensos e desnecessários. Pode haver algumas pessoas que querem praticar a "compaixão abrangente", mas também há outras que querem praticar a extração e a apropriação máximas. Por exemplo, Goodenough diz:

> Como naturalista religiosa, digo "o que é, é" com a mesma inclinação da cabeça, a mesma flexão do joelho. Isso, então, me permite dizer "bendito seja o que *é*" com ação de graças. Dar consentimento é compreender, incorporar e depois deixar ir. Com o desapego, vem aquele suspiro profundo que chamamos de alívio, o qual, por sua vez, permite que a alegria de estar vivo retorne.[8]

Há uma espécie de nobreza nessa aceitação estoica do mundo, mas também podemos perguntar se, e como, qualquer coisa parecida com um protesto profético contra a violação de criaturas ou lugares é possível dentro dessa posição naturalista. Deve-se dizer "bendito seja", e dar seu consentimento, *não importando o que* aconteça?

---

[7] *The journey of the universe*, p. 115-7.
[8] *The sacred depths of nature*, p. 47.

Além disso, devemos também perguntar se o "princípio cosmológico antrópico" de Berry, a ideia de que o universo encontra sua máxima realização na autoconsciência humana e que o universo se conhece *em nós*, especialmente quando combinado com o cient*ismo* arrogante revelado nos escritos de cientistas como E. O. Wilson e Richard Dawkins, tem o efeito de normalizar o Antropoceno e endossar o papel gerencial da humanidade. Como disse Lisa Sideris, "os modos de admiração antrópicos em geral subscritos pela ciência mitopoética estão bem posicionados para *aplaudir* a ascensão do ser humano na era do Antropoceno, e bastante impotentes para criticar o domínio planetário [...] a nova cosmologia é, por excelência, e de maneira paradigmática, uma narrativa antropocênica — com um otimismo problemático".[9] A história do universo produz o que Sideris chama de maravilhamento distorcido e desarraigado, porque constitui os cientistas como (se ainda não totalmente, mas de forma derradeira sendo) conhecedores oniscientes, com pouca paciência para o que poderíamos descrever como o milagre da vida ou a graciosa dádiva da realidade.

Outra forma de apresentar minha preocupação é sugerir que, sem um contexto transcendente e divino que esteja, de alguma forma, "além" do próprio universo e, ao mesmo tempo, "dentro" dele, os motivos que temos para falar do universo como um *dom sagrado* que deve ser recebido, acalentado e celebrado, evaporam. Afirmar uma fonte transcendente é crucial porque comunica uma "intenção" divina que deseja que o universo exista, e em sua criação afirma também sua existência como boa e bela. Em outras palavras, a redução da teologia à cosmologia por Berry, que afirma só aquilo que é e reduz todos os processos a vetores naturais, tem o efeito de tornar os julgamentos normativos e estéticos pouco mais do que declarações de preferência pessoal ou de grupo. O naturalismo total dificulta o argumento contra processos degradantes ou violentos porque esses processos podem ser caracterizados como momentos e movimentos essenciais na "queima" da matéria. Se o universo é tudo o que existe, podemos falar da gratuidade e da graça do mundo, ou mesmo de sua cura e redenção? A história do universo nos deixa presos a um desenrolar inexorável de uma queima que, sem intenção e misericórdia, produz enormes quantidades de sofrimento e dor e, se tivermos sorte, alguns prazeres ao longo do caminho.

---

[9] Lisa Sideris, *Consecrating science: wonder, knowledge, and the natural world* (Oakland: University of California Press, 2017), p. 9. Sideris argumenta que os esforços para aplicar a ciência com significado e propósito sagrados podem ter o efeito de confundir ciência e religião, até mesmo transformar a ciência em uma religião. Quando isso acontece, a possibilidade de um maravilhamento verdadeiro evapora, porque tudo enfim será explicado. Sideris argumenta que esse maravilhamento depende de viver acompanhada do que o poeta John Keats descreveu como "capacidade negativa", "uma capacidade de permanecer em dúvida, mistério e ambiguidade, bem como de resistir à categorização de todos os fenômenos e experiências em um sistema de conhecimento" (p. 11).

Uma maneira melhor de avançar, a qual agora sustento, é recuperar e reafirmar a lógica em ação nas histórias da criação que falam da vida como uma dádiva sagrada. Essa lógica não é uma imposição fantasiosa sobre o mundo. Ela se desenvolveu ao longo dos séculos e em diversas culturas, à medida que as pessoas passaram a refletir sobre a profundidade do significado — que também poderíamos chamar de o caráter miraculoso da vida — incorporado em seus encontros entre si e com seus lugares.

Falando da Criação

Embora afirmada por uma grande variedade de pessoas, a ideia de que o mundo foi criado por Deus é facilmente mal compreendida. O potencial de confusão acontece em vários níveis: (a) o que as pessoas acreditam que um relato da Criação deve narrar, (b) quem é o Deus que cria e (c) a diferença prática em ter uma crença em um mundo criado. Por isso é importante ter clareza sobre a "lógica da Criação", e não apenas como um exercício metafísico, mas como uma forma de compreender o lugar e a vocação da humanidade em um mundo caracterizado como sagrado.

Como já observei ao falar sobre a história da Criação do Jardim do Éden, é importante salientar que a história não precisa trazer uma descrição científica de "como tudo começou". Quando inadequadamente caracterizada dessa forma, a ideia rapidamente se transforma em um debate sobre mecânica, ou uma análise das relações de causa e efeito que efetuam as coisas. As pessoas, então, começam a se perguntar quando, onde e como Deus *interveio* no mundo para concretizá-lo. Foi há cerca de seis mil ou de muitos milhares de milhões de anos atrás? Onde Deus fez explodir o *Big Bang*? Deus usou os processos evolutivos como meio de criar a diversidade de vida que povoa nosso planeta?

Do ponto de vista teológico, é claramente importante que as pessoas digam que Deus *cria* o mundo; mas também é crucial insistir que a expressão "Deus cria" não é a mesma coisa que dizer que as "pessoas fazem" algo. Por quê? Porque aquilo que fazemos é claramente uma intervenção no estado de coisas existentes, de modo que produza algo que não existia antes. Somos agentes causadores que produzem um efeito. Dizer que Deus cria o universo, no entanto, é fundamentalmente diferente, porque o que está em discussão é a possibilidade de qualquer coisa existir. Deus não cria ao entrar em relações de causa e efeito existentes — algo pressuposto em um relato mecânico —, mas ao estabelecer a possibilidade de qualquer tipo de relação de causa e efeito.

Aristóteles argumentou que, ao narrar as quatro causas das coisas (a material, ou aquilo do que as coisas são feitas; a eficiente, ou a forma pela qual se tornam o que são; a formal, ou a forma específica que nos permite identificá-las como as coisas diferentes que são; e a final, ou o fim para o qual as coisas se direcionam), chegamos a uma compreensão do que as coisas são. Entretanto, o que Aristóteles não percebeu é que também pode haver uma quinta causa, que podemos chamar de causa "existencial", ou "ontológica", que possibilita um mundo no qual as quatro causas estejam em ação. Em outras palavras, Aristóteles imaginou um mundo que sempre existiu e, em seguida, desenvolveu várias ferramentas analíticas para lhe dar sentido. Ele, de forma alguma, questionou a existência de um mundo. Ele não podia imaginar o que eu e outros chamamos de gratuidade e graça do próprio ser. Não surpreende, portanto, que Aristóteles não tenha incluído em seu relato filosófico um lugar ou uma função para um Deus pessoal ou uma intenção divina.

Se Deus não cria ao intervir em um estado de coisas existente, mas ao estabelecer as condições — o tempo, o lugar e os processos — em que vários estados de coisas se tornam possíveis, então podemos compreender por que os teólogos dizem que a "ação" criativa de Deus é atemporal. Embora as Escrituras possam falar de Deus criando "no princípio", não é uma "primeira" vez em uma sequência cronológica que está sendo imaginada, mas a possibilidade do próprio tempo. Da mesma forma, Deus não cria o céu e a terra em um lugar porque o que está em questão é a criação de todo e qualquer lugar. Agostinho abordou ambos os assuntos quando disse: "Tu criaste todos os tempos e existes antes de todos os tempos [...] Não está no tempo o fato de preceder os tempos. Caso contrário, tu não precederias todos os tempos". E de novo: "A maneira, Deus, pela qual criaste o céu e a terra não foi o de teres realizado nem no céu, nem na terra [...] Tampouco criaste o universo dentro da própria estrutura dele. Não havia lugar para que ele fosse feito antes de ser trazido à existência".[10] Essa descrição da "ação" criadora de Deus afirma um ser divino muito diferente de qualquer outra criatura que possamos encontrar.

Para ilustrar esse ponto, imagine ser convidado a fazer um relato da existência de sua vida. Você poderia dizer que existe porque sua mãe deu à luz, e que ela existe porque também teve uma mãe. É fácil supor que a linha de mães se estenda indefinidamente para trás. Contudo, e se eu perguntar sobre as condições para a possibilidade de qualquer tipo de processo de maternidade/parto? Aqui, poderíamos falar de comunidades humanas e *habitats* que sustentam a vida humana. Poderíamos falar de um planeta e de processos bioquímicos adequados para permitir não somente a vida humana, mas também todas as formas de vida das quais as pessoas dependem. Agora pergunte sobre

---

[10] Agostinho, *Confessions*, trad. para o inglês por Henry Chadwick (Oxford: Oxford University Press, 1991), XI. 16 (p. 230) e XI. 7 (p. 225) [múltiplas versões em português sob o título *Confissões*].

as condições para a possibilidade do planeta Terra e de suas notáveis biosferas. Você pode responder dizendo que a Terra existe dessa maneira apenas porque se move em um sistema solar que está dentro da Via Láctea, uma galáxia entre inúmeras outras. Não demoraria muito para que você apontasse na direção da existência de um universo insondavelmente imenso e chegasse à conclusão, como muitas pessoas fizeram, de que você é um resultado corporificado, embora distante, da poeira estelar.

O que você diria se fosse perguntado sobre as condições para a possibilidade do universo? Historicamente falando, diversas pessoas sensatas rejeitaram completamente a questão. Para elas, a questão não faz sentido porque é impossível que algo venha do nada (como supunham alguns filósofos gregos). Pensando de maneira mecânica ou em termos de causa e efeito, elas apenas podem imaginar a existência de coisas de acordo com outras coisas. Algo pode surgir apenas a partir de outra coisa. Se o universo é a totalidade de todas as coisas, não pode haver outra "coisa" *fora* dele, não importa quão grande ou poderosa, que o faça existir, uma vez que, como coisa, já existiria *dentro* da totalidade das coisas. O universo é simplesmente o que é. Ele consiste de objetos materiais existindo em relações de causa e efeito. Não há razão, pelo menos do ponto de vista materialista/naturalista, para postular uma realidade imaterial, uma vez que essa realidade, por definição, está além dos limites do que os cientistas podem comentar.

Goodenough reflete essa posição quando diz que os cientistas são vulneráveis a um "estremecimento existencial" quando contemplam os mistérios da vida e desejam que os fundamentos da vida sejam algo diferente da bioquímica e da biofísica. Esse estremecimento não surge como um flerte com o niilismo. Em vez disso, reflete o anseio por um mundo no qual a linguagem da alma opera, mas depois reconhece que esse mundo espiritual está fechado para ela. Segundo ela, "os mecanismos da vida não são nada misteriosos. São óbvios, explicáveis e inevitáveis em relação à sua termodinâmica. E implacavelmente mecânicos. E, sem rodeios, deterministas. Meu corpo tem cerca de dez trilhões de células. Ponto final. Meus pensamentos são um bocado de eletricidade que flui ao longo de um bocado de membranas. Minhas emoções são o resultado de neurotransmissores que esguicham em minhas células cerebrais".[11] Como uma naturalista comprometida, ela afirma que o todo da realidade é aquilo que é visível aos olhos científicos.

Em *The experience of God* [A experiência de Deus], David Bentley Hart argumenta que a ideia do naturalismo, a afirmação da existência única da ordem física, é "radicalmente insuficiente" em matéria de seu alcance

---

[11] *The sacred depths of nature*, p. 46-7.

explicativo. "A única coisa de que não pode dar conta, e que seus princípios mais fundamentais tornam totalmente impossível explicar, é a própria existência da natureza. Afinal, a existência certamente não é um fenômeno natural; é logicamente anterior a qualquer causa física." O problema com o naturalismo, argumenta Hart, é que "é impossível dizer como, em termos permitidos pelo naturalismo, a natureza poderia existir".[12] Concentrando-se em *como* as coisas existem, a estranheza do fato de *que* elas existem permanece fora de questão.

Em outras palavras, a realidade física não pode explicar a própria existência porque todas as coisas físicas, por definição, já existem. Contudo, se investigarmos mais profundamente a própria *existência*, o que descobrimos é que "ela" não é uma "coisa" específica e mensurável (razão pela qual os cientistas não devem ser criticados pelo seu silêncio sobre o assunto). Essa constatação não torna a existência irreal. Em vez disso, sugere que, em nossos encontros com as coisas físicas, estamos também encontrando uma realidade de uma ordem diferente; uma ordem miraculosa, que fala da surpreendente percepção de que elas existem. No entanto, surge um problema quando as pessoas afirmam que apenas as coisas físicas são reais. Uma afirmação reducionista como essa não é científica, mas um preconceito com o potencial de tornar a realidade rasa ou superficial. Se quisermos falar sobre as condições para a possibilidade da existência de coisas físicas de qualquer tipo, devemos, portanto, falar do que os teólogos e filósofos às vezes descrevem como uma realidade "sobrenatural" ou "hiperfísica". Essa "realidade" não física, que serve de condição para a possibilidade da existência do universo, costuma receber o nome de "Deus".

É importante dizer, desde já, que essa realidade divina é, em sua essência, diferente da realidade material na qual nos movemos. Como argumentou o teólogo dominicano Herbert McCabe, "quando falamos de Deus, não sabemos do que estamos falando. Estamos simplesmente tomando a linguagem do contexto conhecido dentro do qual a entendemos e usando-a para apontar para além do que entendemos, para o mistério que envolve e sustenta o mundo — mistério que entendemos apenas parcialmente".[13] Pode-se imaginar uma pessoa perguntando: "Quem, ou o que, criou Deus? Deus não exige também algo como a condição para seu ser?" No entanto, essas questões são colocadas de forma equivocada. "Se Deus é aquilo que responde à nossa pergunta, 'como tudo acontece', então, evidentemente, ele não deve ser incluído entre todas as coisas. Deus não pode ser uma coisa, um existente entre outros. Não

---

[12] David Bentley Hart, *The experience of god: being, consciousness, bliss* (New Haven: Yale University Press, 2013), p. 18. Hart argumenta contra a redução de Berry de tudo à cosmologia quando diz: "Cosmologia simplesmente não pode tornar-se ontologia" (p. 98).
[13] Herbert McCabe, "The logic of mysticism", in: *God still matters*, org. Brian Davies (London: Continuum, 2002), p. 27.

é possível que Deus e o universo se somem para formar dois."[14] Deus não faz o universo a partir de alguma coisa, nem pode ser considerado Deus algo que faz o universo. Para usar uma linguagem literal, Deus é uma não-coisa. Isso não significa que ele não seja real. Significa apenas que a "realidade" de Deus é fundamentalmente diferente de qualquer realidade na qual nos movemos. Se Deus não é uma coisa, então não faz sentido perguntar quem, ou o que, foi sua causa. Deus está além de toda cadeia de causa e efeito.

Em termos teológicos, Deus, como o Criador de todas as coisas, não deve ser confundido como uma criatura entre criaturas, não importa quão poderosa possamos imaginar que seja. Deus não é *um* ser entre os seres, mas a *fonte* inefável de todos os seres. Deus está "além do ser", como, algumas vezes, dizem os filósofos e teólogos, porque excede nossa compreensão conceitual e toda tentativa de descrição abrangente. Contudo, podemos dizer também que Deus está "sendo ele mesmo", uma vez que está intimamente presente para toda e qualquer criatura como sua fonte inesgotável.[15] É precisamente porque Deus é transcendente ou está "além" de todos os seres que pode também ser-lhes *imanente*, mais "íntimo" das coisas do que podemos imaginar, movendo-se dentro e por intermédio deles como o ser gerador que sustenta e possibilita seu ser.

É importante salientar que a transcendência e a imanência divinas não se opõem. Quando compreendemos que Deus não é um objeto como os outros e, portanto, não é espacialmente limitado como os objetos o são, podemos também ver por que ele pode estar presente para todas as criaturas e em todos os lugares ao mesmo tempo. A transcendência absoluta e a imanência absoluta são mutuamente complementares.[16] Se Deus é uma criatura entre as criaturas, uma coisa entre as coisas, então ele não poderia ser onipresente dessa forma, porque um ser diferente apenas pode estar em um lugar de cada vez. As criaturas finitas são, por definição, circunscritas, mas a realidade de Deus é infinita

---

[14] Herbert McCabe, "Creation", in: *God matters* (London: Continuum, 1987), p. 6.
[15] Hart resume esses pontos dizendo que Deus não é um "ser", pelo menos não "da maneira pela qual uma árvore, um sapateiro ou outra divindade são seres; ele não é mais um objeto no inventário das coisas que existem, ou qualquer tipo de objeto específico. Pelo contrário, todas as coisas que existem recebem seu ser continuamente dele, a fonte infinita de tudo o que existe, em quem (para usar a linguagem das Escrituras cristãs) todas as coisas vivem, movem-se e têm sua existência. Em certo sentido, ele está 'além do ser' entendendo o termo 'ser' como a totalidade das coisas diversas e finitas. Em outro sentido, ele é 'o próprio ser' uma vez que é a fonte inesgotável de toda a realidade, o absoluto sobre o qual o contingente é sempre totalmente dependente, a unidade e a simplicidade que fundamentam e sustentam a diversidade das coisas finitas e compostas (*The experience of God*, p. 30).
[16] Pseudo-Dionísio, escritor da igreja primitiva (século 5 ou 6), argumentou que nossa linguagem depende do ser de coisas finitas e de criaturas, razão pela qual a linguagem inevitavelmente falha em comunicar a realidade da existência de Deus. O "ser supraessencial" divino não significa, no entanto, que Deus está distante ou desinteressado da vida das criaturas. Ele "está totalmente desconectado de toda condição, movimento, vida, imaginação, conjectura, nome, discurso, pensamento, concepção, ser, descanso, habitação, unidade, limite, infinidade e a totalidade da existência. E, no entanto, uma vez que [Deus] é o fundamento da bondade, e por meramente estar lá, ele se torna a causa de tudo; para louvar essa Providência divinamente benéfica, você deve se voltar para toda a criação. Ele está no centro de tudo, e o tudo tem a ele como destino." ("The divine names", I.5 in: *Pseudo-Dionysius: the complete works* [New York: Paulist Press, 1987], p. 54).

e sem restrições e, portanto, não está limitada a nenhum lugar específico. Porque Deus é a fonte de todo ser e de todo lugar, pode estar presente em tudo como seu poder gerador e sustentador. A transcendência de Deus, como disse o teólogo patrístico João Damasceno, comunica um abismo nas *naturezas* ou nos tipos de seres, e não um abismo de *localização* ou de separação espacialmente concebida. "Todas as coisas estão longe de Deus: não no lugar, mas na natureza."[17]

Esse relato da transcendência e da imanência de Deus permite que as pessoas digam que, no encontro com um ser criado, encontram também — por mais que não sejam compreendidas com perfeição, e mesmo que comunicadas sem palavras — algo da realidade de Deus. Embora não se possa dizer que ele está circunscrito *a um lugar*, pois isso reduziria o infinito ao finito, no entanto, e como fonte e sustento de tudo, Deus está presente em todo e qualquer lugar. Isso significa que cada lugar testemunha a "atividade" de Deus como "poder" que a alimenta e sustenta, e cada criatura testemunha, nas várias maneiras que lhe cabem, algum aspecto da presença geradora de Deus. O mundo inteiro, em certo sentido, é o lugar de Deus, ou o que o reformador João Calvino chamou de o teatro de Deus: "Aqueles lugares nos quais sua operação é claramente visível para nós, quer seja realizada na carne ou fora dela, são chamados lugares de Deus".[18] Toda criatura é, em simultâneo, "ontologicamente fortuita", uma vez que é a expressão material de uma dádiva divina graciosa, mas também "ontologicamente pobre", porque não é a fonte de seu ser.[19]

Se a transcendência de Deus é afirmada dessa forma, então é impossível que Deus e as criaturas existam em uma relação competitiva entre si. A concorrência pressupõe um plano comum de realidade. Como as criaturas não existem no mesmo nível de realidade que Deus, elas não precisam se tornar pequenas para que ele seja grande. Muito pelo contrário. Quanto mais as criaturas percebem ao máximo a realidade, a vida, para a qual foram criadas, tanto mais Deus é glorificado. Por quê? Porque, quanto mais as criaturas entendem a própria vida, mais o poder de Deus se manifesta no mundo, para que cada criatura possa desfrutar e ser beneficiada.[20] A ideia de que Deus ficaria com ciúmes da

---

[17] João Damasceno, "An exact exposition of the christian faith", I.13, in: *Saint John of Damascus: writings*, trad. para o inglês por Frederic H. Chase, Jr. (Washington: The Catholic University of America Press, 1958), p. 199.
[18] Ibidem, p. 198. Como muitos outros teólogos antes e depois dele, João Damasceno não diz que Deus é o poder que opera no mal manifestado neste mundo. O mal representa uma inversão ou distorção do poder gerador de Deus.
[19] Hart, *The experience of God*, p. 91.
[20] Kathryn Tanner argumentou que os modelos competitivos, além de confundirem a diferença criador/criatura, também repousam em um deus muito diferente daquele revelado em Jesus Cristo: essa relação não competitiva entre as criaturas e Deus somente é possível, ao que parece, se Deus for o provedor fecundo de tudo o que a criatura é em si; em seu dom e em sua bondade, a criatura não compete com a plenitude e a bondade de Deus, porque este é o doador de tudo o que a criatura é, para o bem. Essa relação entre o doador e o dom total somente é possível, por sua vez, se Deus e as criaturas estiverem, por

vida bem-sucedida de uma criatura é expressar um erro de categoria. O ciúme somente pode ocorrer entre criaturas que compartilham e disputam posições no mesmo plano da realidade. Em outras palavras, Deus não tem interesse em limitar a liberdade das criaturas de se tornarem elas mesmas.[21]

Conforme os teólogos pensavam em Deus criando o universo, alguns deles argumentavam que ele cria *ex nihilo*, do nada. Mais uma vez, é importante destacar que essa maneira de falar não está tentando dar uma explicação mecânica ou causal da criação, como se houvesse algum "nada" que já "existe" e do qual Deus extrai a vida. Os filósofos gregos, pensando em termos mecânicos e causais, tinham toda a razão em declarar a impossibilidade de algo vir do nada. Em vez de pensarmos nesse "nada" como um "algo" misterioso, a base do ato criador de Deus, e do qual essa atividade depende, somos mais bem servidos ao compreendermos a criação *ex nihilo* como um ensinamento que declara o amor divino como a única razão para que qualquer coisa exista. Em outras palavras, é melhor entender a criação ex nihilo como também *ex amore*, "do amor" e nada mais. *Ex nihilo*, em outras palavras, permite que as pessoas digam que a gratuidade da vida é graciosa, e não mentirosa.

Dizer que a criação é *ex nihilo* significa que Deus não foi restringido de forma alguma na criação do mundo. Ele não teve de lutar contra uma matéria recalcitrante ou contra uma força ou um princípio maligno. Não havia outra força com a qual Deus precisasse negociar ou lutar. O fato de as criaturas existirem é *apenas* porque Deus as quer. É importante ressaltar que isso significa que o poder criador de Deus não é um poder coercitivo ou dominador que, como um tirano terreno, alcança seus resultados mantendo sob controle, por meio da força ou da violência, súditos indisciplinados. Em vez disso, a atividade criadora de Deus é do tipo que cria os tempos e os lugares nos quais as criaturas podem criar raízes e crescer. No momento em que qualquer coisa vem à existência, é a manifestação material de uma intenção divina que expressa como é bom que essa coisa venha à existência. Cada criatura, podemos dizer, é o amor de Deus que se torna visível, tátil, auditivo, aromático e nutritivo.

---

assim dizer, em diferentes níveis de existência e em planos de causalidade distintos — algo que a transcendência divina implica (*Jesus, humanity and the Trinity: a brief systematic theology* [Minneapolis: Fortress Press, 2001], p. 3).

[21] Em seu ensaio "Freedom", McCabe argumenta que devemos caracterizar a liberdade humana não como estando separada de Deus (como se pudéssemos existir independentemente de Deus), mas como a realização divina em ação dentro de nós. "Não somos livres porque Deus está ausente ou nos deixa em paz, somos livres porque Deus está mais presente [...] Ele não é uma alternativa à liberdade, é a causa direta da liberdade. Não somos livres a despeito de Deus, mas por causa dele" (*God matters*, p. 14-5). Tanner fala algo parecido, dizendo que, se Deus cria todo o plano da vida das criaturas, isso não significa que elas tenham se tornado passivas. "Em vez disso, a criatura recebe dele a própria atividade como sendo boa" (*Jesus, humanity and the Trinity*, p. 4). Deus, por assim dizer, cria as condições para a possibilidade da atividade das criaturas. Quanto mais possibilidade uma criatura percebe em sua vida, mais testemunha o recebimento das dádivas que Deus dá.

Recentemente, Ian McFarland argumentou que a expressão "do nada" pode ser analisada de três maneiras: (a) "nada além de Deus", o que significa dizer que as criaturas dependem de nada além da vontade de Deus para que venham à existência; (b) "nada apartado de Deus", o que significa dizer que, sem Deus, nenhuma criatura poderia existir, porque nenhuma delas é a fonte do próprio ser; e (c) "nada limita Deus", o que significa dizer que nenhuma coisa criada tem o efeito de fazer com que Deus seja algo diferente do que é. O resultado dessa maneira de falar, diz McFarland, é "a dedicação total e irrestrita de Deus" às criaturas.[22] Ele cria em liberdade, sem impedimentos, e apenas por amor.

A implicação prática que decorre dessa afirmação é da maior importância, porque significa não haver outro princípio ou poder que leve o crédito pela vida de qualquer coisa. Somente o amor divino é o poder que opera em todas as coisas criadas, significando também que todas as criaturas são estimadas por Deus.[23] Ao recordar o caráter sabático da Criação, podemos dizer que o fato de Deus se deleitar com a existência das criaturas é também a modalidade pela qual elas são introduzidas e sustentadas no próprio ser. Toda criatura, simplesmente por ser quem é, torna-se uma corporificação material de uma intenção e de uma força divinas que se regozija com seu florescimento. Uma vez que as pessoas percebem os semelhantes como amados por Deus, sua tarefa mais importante e perene é participar do cuidado e da nutrição da vida das pessoas. Em outras palavras, nenhuma criatura simplesmente *é*. Todas as criaturas são, pelo contrário, a expressão material, gratuita e graciosa de um desejo divino de que compreendam a plenitude de seu ser.

As histórias das ditas nações cristãs e de seus dirigentes dão ampla evidência de que a criação *ex nihilo* não foi muitas vezes entendida como criação *ex amore*. Em vez disso, a lógica desse ensinamento foi desvirtuada e implantada para legitimar projetos imperialistas e colonialistas, que sufocam e degradam lugares e criaturas. Ao pensar (falsamente) que o poder de Deus é coercitivo e controlador, os líderes cristãos distorceram a doutrina da Criação em uma "doutrina de descoberta", que se apropriou e privatizou terras, dizimou populações nativas, e implementou os processos que mercantilizaram os diversos corpos humanos e não humanos deste mundo.[24] O deus afirmado nessa horrível

---

[22] Ian McFarland, *From nothing: a theology of creation* (Louisville: Westminster John Knox Press, 2014), especialmente o capítulo 4 (a citação pode ser encontrada na p. 106). Nesse livro, McFarland fornece um pouco da história por trás da criação *ex nihilo*. Ele também mostra como o problema do mal pode ser resolvido a partir desse ensinamento.

[23] Dizer que apenas o amor é o poder que vivifica as criaturas não é negar que as forças do mal também estão muitas vezes presentes e ativas. Elas existem, mas não como um poder substancial e autossubsistente. Situando de maneira teológica, o mal é uma perversão do poder criador e sustentador de Deus. O mal, poderíamos dizer, sequestra o poder da vida, inverte-o e distorce-o, e assim cria a dor e o sofrimento, que fazem com que Deus lastime e lamente em vez de se alegrar.

[24] Para um relato dessa história, veja Whitney Bauman, *Theology, creation, and environmental ethics: from creation ex nihilo to terra nullius* (New York: Routledge, 2009).

história pouco tinha relação com aquele descrito nas Escrituras judaicas e cristãs. Em vez disso, esse era um deus deísta, adequado a um mundo caracterizado como um mecanismo e, portanto, aberto à manipulação e ao controle sem-fim. Como Willie Jennings observou, "a visão do colonialismo articulava um Criador empenhado em erradicar os modos de vida das pessoas e transformar a criação em propriedade privada". Em vez de criar lugares e comunidades de compartilhamento mútuo, cura e comunhão profunda — lugares nos quais as criaturas vêm para participar do descanso sabático de Deus —, os colonizadores e imperialistas criaram um mundo que fragmenta, segrega e mercantiliza a vida. Tendo rejeitado a lógica da Criação, vivemos agora em uma condição profundamente perdida e desorientada, que aponta para "incisões e cortes psíquicos profundos no imaginário social dos povos ocidentais, mas também para uma mutilação permanente de uma visão cristã da Criação e de nossa própria criaturalidade".[25]

A Criação por intermédio de Cristo

O conjunto duplo de ideias, de que o mundo é criado e as criaturas são dons sagrados, é compartilhado por muitas tradições religiosas e nativas. Embora não subscrevam necessariamente cada aspecto da lógica da Criação como até agora a articulei, povos de todo o mundo foram atraídos para a ideia de um Criador divino porque, em seu envolvimento com os lugares e outros seres, encontram com frequência uma profundidade de significado e uma plenitude de existência que comunicam o que chamo de graciosidade do mundo. É certo que há um amplo reconhecimento da dor e do sofrimento das criaturas, mas, por baixo do terror e da tragédia, existe um poder misterioso e incompreensível, que se acredita ser mais primordial, gerador da natalidade sempre tenra da vida. Não se trata simplesmente de as pessoas se surpreenderem com os meandros, os sabores e as belezas da vida; é a percepção de que framboesas, campinas e recém-nascidos existem e que sua existência é fundamentalmente boa. Embora os cientistas tenham feito um excelente trabalho para nos ajudar a compreender como essas criaturas se tornam o que são, *o simples fato de que existem* permanece como uma fonte de constante espanto e, se alguém tem humildade e gratidão apropriadas, também se torna uma inspiração para ser hospitaleiro e generoso com as outras pessoas.

Nesta seção, apresentarei uma caracterização explicitamente cristã da lógica da Criação, não porque julgue que é a única legítima, mas porque é

---

[25] Willie James Jennings, *The christian imagination: theology and the origins of race* (New Haven: Yale University Press, 2010), p. 292-3.

uma caracterização que boa parte dos cristãos não aprecia e não compreende. Mais especificamente, meu objetivo é dar conta do significado e da importância para os cristãos da declaração de que a Criação existe por *intermédio de Cristo*. O homem Jesus de Nazaré não é apenas a corporificação e a plena realização do que significa ser uma criatura humana. Em seu modo de ser, ele é também a chave cristã para a lógica da Criação em sua totalidade, especificando o caráter do poder divino, que cria e alcança o que Rowan Williams chama de criatura perfeita.[26] Examinando a vida de Cristo, temos a oportunidade de perceber como funciona uma tradição de fé, e como ela corporifica a lógica abstrata que venho descrevendo. Em outras palavras, ao compreender sua vida, abre-se um espaço mediante o qual toda a vida pode ser percebida e recebida como a realidade sagrada que é.

No entendimento cristão, o poder eterno e divino que cria e sustenta diariamente o mundo e toda a sua vida coincidiu e encontrou manifestação corpórea na pessoa de Jesus de Nazaré. O texto clássico para essa posição é o prólogo do evangelho de João.

> No princípio era aquele que é a Palavra [*Logos*]. Ele estava com Deus, e era Deus. Ela estava com Deus no princípio. Todas as coisas foram feitas por intermédio dele; sem ele, nada do que existe teria sido feito. Nele estava a vida, e esta era a luz dos homens [...] Aquele que é a Palavra tornou-se carne e viveu entre nós (João 1:1-4,14).

Outro texto crucial, que reflete a tentativa da comunidade cristã primitiva de dar sentido à vida de Jesus e ao cosmos, tomou a forma de um hino.

> Ele é a imagem do Deus invisível, o primogênito de toda a criação, pois nele foram criadas todas as coisas nos céus e na terra, as visíveis e as invisíveis, sejam tronos ou soberanias, poderes ou autoridades; todas as coisas foram criadas por ele e para ele. Ele é antes de todas as coisas, e nele tudo subsiste [...] Pois foi do agrado de Deus que nele habitasse toda a plenitude, e por meio dele reconciliasse consigo todas as coisas, tanto as que estão na terra quanto as que estão no céu, estabelecendo a paz pelo seu sangue derramado na cruz (Colossenses 1:15-20).

Juntas, essas duas passagens (e outras) deixam claro que os cristãos acreditavam que Jesus era o Criador e o Salvador de todo o mundo. Atentando a seus

---

[26] Rowan Williams, *Christ the heart of creation* (London: Bloomsbury Continuum, 2018), p. 226. Williams escreve: "A cristologia é uma chave para a 'lógica da Criação' porque Cristo aparece como a criatura perfeita: a realidade ilimitada e incondicionada do Verbo divino gera na criação o entrelaçamento ativo e energético da vida inteligível, que faz da realidade finita um universo, não um caos" (p. 226).

vários ministérios, que alimentavam, curavam, perdoavam e reconciliavam os outros, os cristãos acreditaram que haviam encontrado a corporificação do poder eterno que tem permeado toda a criação desde o início. Observando como Jesus viveu sua vida e a forma pela qual moveu seu corpo, esses cristãos também acreditaram que viram o que é, em essência, a vida das criaturas e, em última análise, para que elas servem.[27]

Por trás dessa maneira de pensar está a ideia de que em Jesus de Nazaré existe a união de uma vida plenamente humana e de uma vida plenamente divina. Como diz o hino de Colossenses, nesse homem veio habitar "toda a plenitude [de Deus]". Com base no que eu já disse, seria um erro grave caracterizar essa "união" em termos mecânicos ou causais, como se duas "coisas" se misturassem para criar uma terceira. Algo muito mais profundo está acontecendo e sendo pressuposto. Em primeiro lugar, a encarnação de Deus em Jesus ensina que a realidade das criaturas está totalmente aberta à realidade divina. Para estar em comunhão com Deus, a criaturalidade não precisa se tornar outra coisa, ser vencida ou eliminada. Em segundo lugar, Deus não se afasta com indiferença das criaturas. Em vez disso, ele reside profundamente e deseja habitar intimamente com as criaturas em todas as lutas e alegrias, vivendo em nossa carne. Em terceiro lugar, na carne humana de Jesus vemos como a vida divina é posta em prática aqui e agora, em um corpo específico. Nas palavras sucintas de Felix Heinzer, em Jesus encontramos o "como" divino que se desenvolve "naquilo que é" humano que todos compartilhamos.[28] Jesus, em outras palavras, é uma obra corporificada que cria uma abertura dupla por meio da qual as pessoas podem investigar e participar das profundezas da vida divina e humana ao mesmo tempo. E quarto, a encarnação de Deus em Cristo ensina que o Criador e a criação não se somam para formar dois, como se algo divino e algo criado estivessem em oposição entre si. A vida das criaturas é sempre uma participação na vida divina, porque nenhuma criatura poderia existir se Deus não estivesse intimamente presente a cada momento e em todos os lugares. O que Jesus revela na forma pela qual interage com outras criaturas

---

[27] O eminente estudioso bíblico Richard Bauckham argumenta: "Os cristãos incluíram Jesus na soberania divina única, não apenas escatologicamente, mas também de forma protológica, não apenas no presente e no futuro, mas também desde o início [...] incluindo a atividade criativa única de Deus no início, bem como sua providencial ordenação de todas as coisas e a futura conclusão de seu propósito para seu reinado sobre todas as coisas" (*God crucified: monotheism and christology in the New Testament* [Grand Rapids: William B. Eerdmans Publishing Company, 1998], p. 35-6). Em outras palavras, encontrar Jesus era estar diante de um ser humano, mas também era um encontro com o poder eterno e a vida de Deus. Perceber o que Jesus estava fazendo em um lugar e tempo determinados — na carne — era também perceber o que Deus tem feito em todos os lugares, desde toda a eternidade.

[28] Felix Heinzer, *Gottes Sohn als mensch: die struktur des menschseins Christi bei Maximus Confessor* (Freiburg: Universit Intramsverlag Freiburg Schweiz, 1980), p. 125, citado em Williams, *Christ the heart of creation*, p. 105. Williams argumenta que essa formulação nos ajuda a perceber que Jesus difere de outros seres humanos não porque tem uma natureza humana diferente, mas porque vive o "como" de sua vida de forma diferente, ou seja, de maneira totalmente aberta e receptiva à vida eterna e divina de Deus.

é o processo de coparticipação completa na vida divina, e como isso impacta o mundo. Por isso os cristãos podem dizer que Jesus é o "coração da criação".[29]

Os evangelhos dão vários exemplos de como se acreditava que Jesus corporificava e tornava prático o poder criador e sustentador de Deus. Consideremos, por exemplo, o encontro de Jesus com o homem que conhecemos como o geraseno endemoninhado. Os Evangelhos de Marcos e Lucas registram que o Senhor encontrou um homem que vivia em um cemitério. Esse era um homem perigoso, possuído por um espírito maligno, influenciado por um espírito de morte, que prejudicava os outros e a si mesmo. O "poder" que sustentava seu corpo não era claramente propício ao florescimento da vida. Por isso algumas pessoas da vizinhança o prenderam, tentando conter seus atos violentos. As correntes, no entanto, eram inúteis. O homem possuído por demônios facilmente as quebrava e as despedaçava. "Ninguém", diz Marcos, "era suficientemente forte para dominá-lo" (Marcos 5:4). E assim ele "viveu" noite e dia entre os túmulos, uivando nas montanhas e se ferindo com pedras.

A história obriga os leitores a perguntar sobre a qualidade de vida desse homem. Embora ele claramente "exista", também é claro que ele "vive" de uma forma que degrada a vida. O fato de viver sozinho entre túmulos, com uma dor tremenda, ferindo a si próprio e potencialmente as outras pessoas, indica que sua existência é um fracasso, ou mesmo uma perversão, do que se constitui a vida das criaturas e qual o seu propósito. Ele "vive" uma forma de ser, e percebe um caminho e um poder de vida que são violentos e mortais em seu âmago. Quando Jesus aparece, esse homem percebe nele uma forma e um estilo de vida contrastantes, um poder diferente que lhe apresenta um modo totalmente diferente de ser.

Qual é a ação de Jesus? Ele expulsa a legião de demônios que ocupava e incitava seu corpo, libertando-o para viver uma vida que não é mais violenta nem representa ameaça para os outros.[30] Ele liberta esse homem dos modos

---

[29] Aqui, sigo Williams, que diz que "a criação está em seu nível ideal de ação e bem-estar quando o amor e a inteligência finitos concordam com o amor e a inteligência não criados que a Palavra exerce eternamente. Esse é o sentido pelo qual Jesus Cristo está no centro da criação [...] como aquele em quem o movimento ou energia do amor e compreensão filial eternos são plenamente ativos na substância e na ação finitas" (*Christ the heart of creation*, p. 223).

[30] Os leitores dessa história costumam ficar intrigados e consternados pelo fato de que Jesus permite que os demônios (por seu pedido) entrem em um grande rebanho de porcos que somavam cerca de dois mil animais. Entrando neles, todo o rebanho se atira de um desfiladeiro para o mar (ou lago), afogando-se. Por que Jesus permitiu isso? Será que Jesus odeia porcos? É claro que é difícil saber exatamente o que o Senhor estava pensando naquele momento, mas uma interpretação plausível sugere que a morte do rebanho foi a acusação quanto às formas intensivas e abusivas de agricultura romana antiga, praticadas em latifúndios nas províncias e ao redor do Mediterrâneo, que eram conhecidas por degradar a terra, as criaturas e os trabalhadores agrícolas (boa parte deles era composta por escravos). Criar um rebanho tão grande significa que não se pode mais cuidar de forma adequada ou respeitar plenamente a integridade de cada porco. Em um rebanho desse tamanho, o melhor que um porco pode fazer é ser "uma unidade de produção" (para tomar emprestado um termo da agricultura industrial de hoje). É importante notar que Jesus não enviou os demônios para os porcos. Os demônios pediram para ser realocados para lá, sentindo (talvez), na condição exploratória dos porcos, um lugar no qual seus caminhos violentos e

de vida que promovem a morte, para poder entrar em modos que melhoram a vida, em vez de a degradarem. Ao ser curado e restaurado a seu juízo perfeito, o homem implora para estar com Jesus. Ao reconhecê-lo como o Filho de Deus, ele deseja estar perto do poder divino que concede vida. No entanto, Jesus responde a ele negativamente. Em vez disso, ele deveria contar aos outros e testemunhar o que Deus fez em seu corpo, e por meio dele. Ele deveria contar como Deus mostrou misericórdia e o restaurou à vida.

Após contar a história do endemoninhado geraseno, o Evangelho de Lucas registra que, certo dia, um líder da sinagoga judaica chamado Jairo caiu aos pés de Jesus, implorando-lhe para ir à sua casa. Sua filha de doze anos estava morrendo, e aquele homem pensou que Jesus poderia ajudar. Rodeado por uma multidão, o Senhor dirigiu-se à casa do homem. Enquanto estava a caminho, uma mulher que sofria há doze anos uma hemorragia empurrou a multidão, tocou-o e foi imediatamente curada. Embora ela já houvesse gastado todo o seu dinheiro em médicos e tratamentos, nada a ajudara até então. Mas o simples toque nas roupas de Jesus foi suficiente para fazer sua hemorragia cessar. Jesus se deteve para perguntar quem o havia tocado e disse: "De mim saiu poder" (Lucas 8:46). Os discípulos ficaram perplexos. A presença da multidão fez com que muitas pessoas o tocassem ao longo do caminho. Por que perguntar sobre um toque específico em meio a uma multidão que o tocava com frequência? Jesus respondeu que o toque da mulher era diferente, porque vinha de uma pessoa que acreditava que ele podia curar e restaurar a vida à sua condição adequada. Ele disse à mulher, que se identificou no meio da multidão: "Filha, a sua fé a curou! Vá em paz" (Lucas 8:48).

Enquanto tudo isso acontecia, alguém da casa de Jairo anunciou que sua filha estava morta, aconselhando-o a não mais incomodar Jesus com a visita. Jesus, porém, recusa-se a cumprir a recomendação. Em vez disso, ele diz: "Não tenham medo; tão somente creia, e ela será curada" (Lucas 8:50).[31] Ele segue para a casa de Jairo com seus discípulos e entra no quarto da menina. Jesus diz que a menina não está morta, mas apenas dorme. Embora outros tenham achado graça dessa afirmação, Jesus pegou a menina pela mão e chamou-a para que se levantasse. Lucas registra: "O espírito dela voltou, e ela se levantou imediatamente. Então Jesus lhes ordenou que lhe dessem de comer" (Lucas 8:55).

---

demoníacos estariam mais confortáveis. Se essa interpretação estiver correta, então essa história expande o alcance da preocupação de Jesus com a integridade e o valor da vida das criaturas, além do homem, para incluir também os porcos. Cristo, em outras palavras, visa desfazer os poderes que degradam as pessoas e os porcos.

[31] É importante notar que a injunção de Jesus para "crer" não implica em assentir, de maneira simples e desapaixonada, a uma posição cognitiva. Trata-se, antes, de um convite que orienta toda a vida em uma nova direção e deposita a esperança em outro lugar. Acreditar é confiar que o corpo será orientado neste mundo de uma maneira nova. Como tal, acreditar é, simultaneamente, um ato corporificado, afetivo, volitivo e cognitivo. Para uma abordagem útil sobre o caráter e a disposição do "crer", veja Nicholas Lash, *Believing three ways in one God: a reading of the apostle's creed* (Notre Dame: University of Notre Dame Press, 1994).

Essas histórias, e muitas outras, demonstram tanto o caráter da vida divina, que cria e sustenta o mundo, como a forma pela qual a encarnação da vida divina faz diferença prática no desdobramento da vida aqui e agora. Jesus realiza, por meio de seu corpo e nos encontros especiais que tem com outros indivíduos específicos, a ação divina que está presente no mundo inteiro, em todos os lugares e tempos. Outra maneira de dizer isso é afirmar que, quando Jesus encontra o outro, não os vê simplesmente em um nível superficial, mas percebe o poder divino que está sempre em ação dentro deles, o qual, por uma variedade de razões, está sendo atualmente distorcido ou frustrado. Jesus reconhece que a fome, a doença, a alienação, a culpa, a possessão demoníaca, a violência e a morte são obstáculos para uma vida vivida ao máximo. Por isso boa parte de seu ministério se concentra em alimentar, curar, fazer amizade, reconciliar, perdoar, exorcizar, tocar de maneira gentil, e ressuscitar pessoas.

Essas práticas da vida divina são muitas vezes caracterizadas como milagres ou acontecimentos sobrenaturais. Ao falar dessa forma, é importante deixar claro que um milagre não é uma *interrupção* das leis da natureza. Dizer dessa forma já é presumir, como muitos deístas costumam fazer, que o corpo de uma criatura é um mecanismo autônomo que funciona muito bem por si só, até que não funcione mais. Quando o mau funcionamento acontece, Deus deve intervir externamente para reorganizar a máquina e ajustar o funcionamento de novo. Essa forma de falar é enganosa. Se um poder divino já está em ação em cada criatura, vivificando-a de dentro como a fonte sempre renovada de seu ser, falar de uma interrupção interpreta equivocadamente o que está acontecendo. Uma caracterização muito melhor é dizer que os milagres de Jesus são atos de *libertação*, que desvencilham as pessoas das condições que as prejudicam, distorcem ou frustram sua capacidade de ser. O que Jesus está fazendo em seu ministério é criar um mundo no qual a vida divina nas criaturas possa criar raízes e prosperar de maneira mais plena. Ele está criando os ambientes práticos, sociais e estruturais nos quais a vida sagrada possa ser afirmada e apreciada. Um milagre não chama as pessoas a ingressarem em um mundo diferente daquele em que se encontram atualmente. Em vez disso, o milagre as convida a viver esta vida de maneira nova, porque cada milagre revela o que a vida poderia ser se não estivesse mais frustrada, degradada ou ferida.

Uma vez que os evangelhos nos apresentam Jesus, é claro que afirmam que ele é a chave hermenêutica que revela o significado e a função do mundo criado. Uma maneira de sabermos isso é por meio da apresentação que os evangelhos fazem da Criação e das respectivas criaturas *respondendo* a Jesus de maneiras que acolhem, e até mesmo anseiam, por sua presença, que confirma a vida e dá poder a ela. O nascimento de Jesus, por exemplo, é descrito como um evento de significado cósmico, com uma estrela surgindo e sinalizando o local de seu nascimento. O batismo de Jesus é um acontecimento no qual os céus se abrem e o Espírito de Deus desce sobre ele em forma de pomba. Em sua transfiguração, uma nuvem o obscurece para que seus discípulos possam ouvir que Jesus é o Filho amado de Deus. Em seu variado ministério, corpos doentes respondem a seu toque e são restabelecidos — olhos que se tornaram cegos veem de novo; o corpo leproso é purificado por seu toque; o corpo hemorrágico para de sangrar e as febres passam; mãos ressequidas são restauradas; um corpo hidrópico vê seu inchaço diminuir; e cadáveres respondem a seu comando e ganham vida mais uma vez. Enquanto se encontra em um barco com seus discípulos, um vento ameaçador e um mar tempestuoso são acalmados por sua repreensão. Na crucificação de Jesus, a escuridão desce sobre toda a terra e um terremoto abala seus alicerces. Poderíamos dizer que o poder gerador que está em ação nas criaturas está sintonizado com o poder que está em ação em Jesus.

Essa caracterização da criação como algo que responde a Jesus produz uma visão profunda: em sua constituição e em seu significado mais fundamentais, a ordem criada é *pessoal*. Este mundo não se reduz a uma coleção morta de objetos, ou a uma pilha de fragmentos desconectados; é um reino diverso, complexo, dinamicamente vivo, marcado pelo potencial de comunhão.[32] As coisas não estão relacionadas entre si da mesma maneira que as várias partes de um mecanismo se relacionam entre si. Em vez disso, as criaturas estão voltadas e orientadas umas às outras, de modo que antecipam e respondem umas às outras de forma empática. Aqui, é importante lembrar que o termo grego para uma pessoa é *prosopon*. A preposição *pros* significa "em direção", enquanto o substantivo *ops/opos* significa "olho", "rosto" ou "semblante". Uma pessoa, portanto, é um rosto que se volta em direção a outra pessoa.

Dizer que a criação é pessoal implica rejeitar a ideia de que o mundo se fundamenta em mônadas[33] fechadas em si mesmas ou sem janelas e, em vez

---

[32] O caráter pessoal da realidade encontrou uma articulação precoce e profunda na obra de Máximo, o Confessor, teólogo do século 7. Máximo argumentou que Jesus, como aquele por intermédio de quem todas as criaturas vêm à existência, é o *logos* divino, ou a palavra, que está, assim, em relação pessoal com o *logos* de cada criatura. Esta exibe um *logos*, o qual se refere à forma inteligível que lhe permite ser o tipo de coisa diversa e firme que é, e um *tropos*, que se refere aos padrões e caminhos de seu desenvolvimento na história. Máximo argumentou que as criaturas atingem a plenitude de vida (seu *logos*) quando seus modos de vida (seu *tropos*) estão alinhados com o modo de vida de Jesus. Esse não é um argumento antropocêntrico para a humanização de cada criatura, porque Máximo deixa claro que cada criatura tem suas formas diferentes de estar em relação com Deus. Williams expõe isso muito bem: "Quanto mais uma natureza criada se move em direção à sua realidade ideal, mais próxima está do Criador" (*Christ the heart of creation*, p. 104). O modo de vida de Jesus, seu *tropos*, em outras palavras, cria as condições corporificadas nas quais as criaturas de todo o tipo podem compreender o potencial que devem alcançar, de forma singular. Para mais informações sobre o caráter pessoal da realidade, veja Christos Yannaras, *Person and eros*, trad. para o inglês por Norman Russell (Brookline: Holy Cross Orthodox Press, 2007) e Alexei Nesteruk, *The universe as communion: towards a neo-Patristic synthesis of theology and science* (London: T & T Clark, 2008).

[33] Mônada é um conceito-chave na filosofia de Leibniz, e significa substância "simples" ou "única". Como tal, faz parte dos compostos, sendo ela própria sem partes e, portanto, indissolúvel e indestrutível. (Fonte: https://pt.wikipedia.org/wiki/M%C3%B4nada_(filosofia).) (N. E.)

disso, afirmar que as criaturas estão abertas umas às outras desde o início e sempre estarão. Afora essa abertura, não poderiam existir, porque a realidade é receber e compartilhar os dons da vida. A realidade é pessoal em sua essência, porque cada coisa, consciente ou não, apresenta-se como um "rosto" voltado à diversidade dos outros, de quem depende todo o tempo. A realidade também é, em essência, extasiante e erótica, porque cada criatura é marcada pelo que podemos chamar de desejo de relacionamento. Esse "anseio" não é necessária ou fundamentalmente consciente. No entanto, o que essa forma de falar comunica é o reconhecimento (bastante compartilhado) de que uma dimensão pessoal percorre toda a realidade. Se um Deus pessoal cria o mundo e está o tempo todo (talvez até de forma misteriosa) presente para ele como sua fonte de sustento e nutrição, então devemos esperar que as criaturas testemunhem esse poder pessoal em seu ser.

A criação *por intermédio de Cristo* ensina que a vida criada floresce quando é ordenada e gerada pelo amor que ele corporifica. Ao mostrar como as criaturas (e nós mesmos) respondem bem ao exercício do amor e do cuidado, Jesus revela que o coração das criaturas é gerado pelas forças do amor e do cuidado. Trata-se de um poder manso, uma vez que reconhece a vida das criaturas como contingente e necessitada, vulnerável ao sofrimento e à dor.[34] Contudo, também é uma força mordaz, que se engaja e acaba por derrotar as forças violentas e propagadoras de morte, que procuram deformar e degradar a vida. É claro que, dado o enorme alcance da ação desse poder, as pessoas não devem esperar compreendê-lo em todas as manifestações; tampouco devem esperar que seu entendimento seja sempre agradável ou em benefício direto delas. Entretanto, quando as pessoas são inspiradas e vivificadas pelo poder divino que Jesus corporifica, sua vida ajudará a criar as condições nas quais os vários frutos descritos pelo apóstolo Paulo, como amor, alegria, paz, paciência, amabilidade, bondade, fidelidade, mansidão e domínio próprio, possam crescer (Gálatas 5:22,23). Essas são as condições ideais nas quais a vida pode ser acolhida e alimentada. São também as melhores práticas que podem formar pessoas que contribuam para a cura de um mundo ferido.

---

[34] Em sua detalhada meditação sobre o poder da gentileza, Anne Dufourmantelle a apresenta como uma forma de inteligência que ensina as pessoas a serem pacientes e ternas nas relações que mantêm com os outros. "Ser gentil com os objetos e os seres significa compreendê-los em sua insuficiência, precariedade, imaturidade e estupidez. Significa não querer acrescentar algo ao sofrimento, à exclusão e à crueldade, criando espaço para uma humanidade sensível, uma relação com o outro que aceite sua fraqueza, ou como ele pode nos desiludir" (*Power of gentleness: meditations on the risk of living*, trad. para o inglês por Katherine Payne; Vincent Sall [New York: Fordham University Press, 2018], p. 15 [edição em português: *Potências da suavidade* (São Paulo: N-1 Edições, 2022)]).

Capítulo 7 | A humanidade como criatura

Um ser humano é um local corporificado que testemunha um acolhimento sem-fim das dádivas da vida. As pessoas não são seres autofundamentados ou autossustentados; são criaturas finitas e vulneráveis, definidas por sua necessidade de nutrição, abrigo e companhia. Embora claramente vivas, não podem dar vida a si mesmas. O fato de cada um nascer de uma mãe significa que as pessoas são marcadas pela dependência de outros desde o início. Recém-nascidos são indefesos, e morreriam se fossem deixados sozinhos. A vida deles não duraria se não fossem os ambientes de carinho e amor que famílias, comunidades e bairros oferecem. A ilusão é pensar que a dependência chega ao fim. Não chega. Mesmo na idade adulta, as pessoas não podem sobreviver, muito menos progredir, sem comida, energia e as múltiplas associações e amizades que as inspiram e instruem ao longo dos vários caminhos da vida. Cada pessoa carrega em sua mente e em seu coração uma história de relações com outras pessoas, que as colocaram no caminho que estão e permanecem presentes. Umbigos são o testemunho inconfundível de que, mesmo antes de nascerem, as pessoas não podem viver sem os outros ou sem um lar, como um útero.

Na primeira parte deste livro, argumentei que houve um grande esforço para negar ou superar nossa condição de necessidade e dependência. Seja por meio de exercícios de controle e domínio, seja por meio de atividades variadas de progresso, desenvolvimento ou glória, (algumas) pessoas resolveram suas frustrações com a finitude, a fragilidade e as imperfeições variadas da vida projetando mundos e corpos mais de seu agrado. Algumas vezes, elas até mesmo tentaram escapar para outro mundo, imaginando que seria melhor em outro lugar. Houve muita violência e negligência nesses esforços, e também muita ingratidão e descontentamento. Na segunda parte, argumentei que também houve bastante desonestidade. Estar vivo é estar enraizado em lugares que, a todo instante, chamam nossa atenção para a necessidade de solos, água, clima e de uma infinidade de processos ecobiológicos que incluem germinação,

A HUMANIDADE COMO CRIATURA

crescimento, fotossíntese, respiração, digestão, reprodução e decomposição. A vida, por si só, é uma contradição de termos. Toda vida se move em uma dinâmica de malha, na qual um número insondável de vidas variáveis constantemente se intercalam. Estar vivo é estar envolvido em processos de existência social e ecológica que nos enredam na existência de outras pessoas. Embora as pessoas pensem que podem se "concretizar" por si mesmas, sua corporificação ensina o oposto.

Ao relfetir na carência e dependência que constituem o caráter da vida das criaturas, nossa atenção deve, portanto, voltar-se de imediato para os contextos geoeconômicos e sociopolíticos (amplamente definidos) em que a vida é ou não alimentada. Se, como disse Judith Butler, "apenas uma vida fundamentada pode persistir *como uma vida* de verdade", então as infraestruturas mediante as quais a vida acontece não são simplesmente externas a ela, mas constituem "uma característica imanente da própria vida".[1] O que as pessoas em vários sistemas sociais e infraestruturas materiais constroem e revelam sobre o que pensam acerca do que é uma humanidade diferente e para que ela serve? Será que honram a necessidade e a vulnerabilidade humanas, por exemplo, construindo casas, bairros, locais de trabalho, centros educacionais, instituições financeiras e instalações médicas que possam acolher e apoiar o florescimento humano, ou exploram a vulnerabilidade humana e a veem como algo a ser aproveitado? O fato de os filósofos morais muitas vezes defenderem que a invulnerabilidade é o ideal humano indica que os locais vulneráveis costumam ser locais de difamação, abuso e violência.[2]

Neste capítulo, examino as implicações para a subjetividade e ação humanas que decorrem de uma compreensão enraizada e articulada da vida. Também elaboro de que forma uma concepção deste mundo como criação de Deus influencia nosso pensamento sobre uma vida caracteristicamente humana. Se as pessoas vivem por meio do recebimento de inúmeras dádivas, como

---

[1] Judith Butler, *The force of non-violence: an ethico-political bind* (London: Verso, 2020), p. 194, 198 [edição em português: *A força da não-violência* (São Paulo: Boitempo, 2021)].

[2] Em *The ethics of vulnerability: a feminist analysis of social life and practice* (London: Taylor & Francis Group, 2014), Erinn Gilson mostra os contextos complexos nos quais a vulnerabilidade humana aparece e as diversas maneiras pelas quais pode ser negociada. Ela argumenta que a invulnerabilidade tem sido muitas vezes defendida como uma forma de evitar ou superar a falibilidade, a mutabilidade, a incontrolabilidade e a imprevisibilidade. Também, e com toda a razão, cresceu em resposta à violência que muitas vezes é praticada sobre pessoas vulneráveis, as quais são alvos fáceis para a ambição alheia. Mas, ao subestimarem a vulnerabilidade como tal, pessoas que são verdadeiramente vulneráveis são consideradas inferiores. Como tal, as coisas que elas podem nos ensinar sobre nossa condição (social e corporificada) também são desvalorizadas ou ignoradas. A ideia de que as pessoas devem aceitar a responsabilidade pela vulnerabilidade compartilhada dificilmente pode surgir nesse quadro avaliativo. O resultado é que as pessoas perdem a capacidade de mostrar empatia e compaixão pelas outras. Gilson acredita que "a valorização da independência e da autossuficiência reduz o cuidado a um meio para um fim (o da independência), e não a um valor em si [...] Se a realidade da vida humana é que somos sempre dependentes em graus variados, então nossa concepção de autonomia deve refletir esses fatos de dependência, interdependência e o significado de cuidar e receber, e não os relegar à condição de algo excepcional e anormal" (p. 9).

devemos pensar o "eu" que não recebe os outros de forma simples e passiva, mas vive ativamente por intermédio de uma matriz dinâmica de recebimento/doação? Como as pessoas devem avaliar e viver em sua condição de necessidade e interdependência, e quais contextos sociais e econômicos as pessoas devem cultivar para facilitar ao máximo o bem-estar humano? Para começar a dar uma resposta a essas perguntas, vou primeiro esclarecer como uma concepção da vida pelo aspecto simbiogenético (e não simplesmente simbiótico) altera nosso pensamento sobre o desdobramento da vida humana. Passarei, então, ao notável comentário de Dietrich Bonhoeffer sobre os relatos da Criação em Gênesis; ele narra, nesse contexto, por que uma afirmação de nossa *criaturalidade* é crucial para pensarmos sobre o conceito de vida humana. Concluirei este capítulo mostrando por que uma vida de autoentrega reflete e honra melhor nossa condição de criatura, e como esse modo de ser cria contextos nos quais as pessoas podem prosperar.

Radicalização da humanidade

Implicações radicais — no sentido do termo do latim *radix*/raiz — decorrem da percepção de que os seres humanos estão atrelados e embaraçados à terra, intimamente costurados em vastas redes de vida. As pessoas não são indivíduos independentes, tampouco almas descorporificadas, ou padrões de informações que flutuam acima de um mundo superficial. Para viver, elas devem participar de processos diversos e dinâmicos, que mostrem a vida como um fenômeno compartilhado de receber/dar. A questão não é simplesmente que as pessoas são vulneráveis a influências externas (por vezes agradáveis, por vezes prejudiciais). Somos seres profundamente *insuficientes*, constituídos desde o início e sustentados por todo o nosso contexto de vida, que se relacionam *com os outros externa e interiormente*, e pela forma como os outros se relacionam conosco. Essa maneira de falar leva a uma reafirmação do que é um ser humano e do que entendemos ser a capacidade de ação humana.

Para ver o que está em questão, considere a caracterização de Iris Murdoch acerca do indivíduo moderno ideal (branco, masculino, relativamente abastado). "Nada o transcende. Sua linguagem moral é [...] a indicação de suas preferências. Sua vida interior é resolvida em seus atos e escolhas [...] A virtude que lhe é fundamental é a sinceridade." Essa é uma imagem de pessoas como indivíduos que têm "uma vontade despida e corajosa, cercada por um mundo empírico facilmente compreendido".[3] Embora claramente não seja

---

[3] Iris Murdoch, "Against dryness", in: *Existentialists and mystics: writings on philosophy and literature*, org. Peter Conradi (New York: Penguin Books, 1998), p. 288-90.

uma caracterização de todos, essa imagem de pessoas como pertencentes a si mesmas e autônomas se tornou um ideal orientador para boa parte dos seres humanos. Como indivíduos, as pessoas certamente entram em relacionamentos com outras. O que é mais importante sobre essas relações, no entanto, é que são escolhidas livremente. O objetivo primordial das pessoas não é apenas que sejam invulneráveis, mas que sejam senhoras do próprio destino.

Por outro lado, o caráter enraizado e emaranhado da humanidade levou alguns cientistas e filósofos a argumentarem que devemos nos referir às criaturas não como organismos isolados, mas como "holobiontes" (do termo grego que significa "unidade inteira da vida"), porque essa locução comunica melhor o caráter simbiótico da vida das criaturas. A simbiose é profunda, estendendo-se por todas as células de cada corpo. Nenhuma célula existe em um estado a-histórico acabado, pré-formado, uma vez que cada célula testemunha uma história de *interação* e *codesenvolvimento* celular. Aparentemente, cada corpo diferente *surgiu* exclusivamente em consequência de processos complexos, que incluem reprodução, respiração, digestão e decomposição. Como Donna Haraway descreve de forma sucinta: "As criaturas não precedem suas relações [...] Eu uso *holobionte* para significar conjuntos simbióticos [...] os quais são mais como nós, em diversas relações intra-ativas e em sistemas dinâmicos complexos".[4] As criaturas não podem ser compreendidas sem considerar suas relações porque é *por meio* delas que sua vida acontece. Isso significa que as pessoas não apenas *têm* relações; elas *são* suas relações. Em termos mais coloquiais, você e eu não somos indivíduos; somos individualmente um "jardim zoológico", ou uma comunidade diversificada e dinâmica de criaturas que dependem umas das outras e compartilham a vida em conjunto.

Se as pessoas são suas relações e perceberem que esses relacionamentos demandam tempo, então fica claro que a simbiose deve ser pensada em relação a processos históricos de *simbiogênese* que incluem germinação, nascimento, crescimento, alimentar-se e ser o alimento, digestão, reprodução, respiração e decomposição; todas essas ações dependem das outras pessoas e acontecem mediante o envolvimento com elas. Nada cresce sozinho porque o crescimento é uma característica da intimidade e da união. Em termos estereotipados, a *existência* de uma criatura pressupõe a *coexistência com* outras, o que pressupõe o processo de *intertransformação* com elas.

Uma caracterização simbiogenética da vida nos ajuda a ver que a vida das criaturas nunca é simplesmente uma questão tridimensional. Há uma quarta dimensão, que nos remete ao tempo. Ela é crucial porque nos lembra que

---

[4] Donna J. Haraway, *Staying with the trouble: making kin in the chthulucene* (Durham: Duke University Press, 2016), p. 60.

apenas podemos saber o que é uma criatura atentando às suas complexas histórias de intertransformação. As criaturas não são simplesmente coisas, mas histórias que testemunham muita complexidade de vida, que se junta e se desfaz. Não podemos compreender o que são, tampouco elas são capazes de compreender a si próprias, sem considerar também os inúmeros acontecimentos, processos, estruturas, instituições, e criaturas semelhantes que as inspiraram, educaram, frustraram, feriram e alimentaram ao longo do caminho.

Uma caracterização comunal e simbiogenética da vida exige que pensemos nos seres humanos menos como sujeitos ou substantivos diferentes e únicos, e mais como colmeias de atividade comunais, ou como verbos. A tentação é pensar que um ser humano existe à parte de seu mundo e, com uma "vontade despida e corajosa", entra "vindo de fora". Isso é um erro. Não existe o "lá fora", porque nunca houve uma existência separada. Um ser humano emerge e surge em uma malha de atividade, nunca totalmente diferente ou separada, como um padrão atado que sempre testemunha as diversas existências/linhas de outras criaturas que se cruzaram e se alimentaram com o tempo. Se mudarmos para uma imagem aquática, cada ser humano é como um redemoinho em um riacho, mais ou menos identificável, sempre em mudança, mas nunca separável dos fluxos que o mantêm em movimento. Tentar retirar o redemoinho de sua estrutura implica perdê-lo. Isso significa que você não é simplesmente a fonte ou o agente individual das atividades que definem sua vida, mas, sim, um receptor e um canal das atividades de outras criaturas e dos processos geo/eco/bioquímicos que ocorrem nelas e por seu intermédio. Em outras palavras, sua capacidade de realizar é uma característica do fato de que outros sempre agiram em você.

Ingold argumenta que, se a agência "não é dada antes da ação, como a causa para um efeito, mas está sempre se formando e se transformando a partir da própria ação, então talvez devêssemos transformar o substantivo no gerúndio de um verbo e concordar em falar de 'tornar-se agente' ou 'agindo'".[5] Por "agindo", ou "tornar-se agente", Ingold indica que todo *realizar* é também, e pressupõe, um *sofrer*. O que somos não é dado desde o início, mas trabalhado em histórias de ação e colocado em prática, e é por isso que Ingold sugere que não falemos apenas em humanos, mas em processos de "humanização".[6] Em outras palavras, "a vida é contínua, e não episódica, precisamente porque

---

[5] Tim Ingold, *Anthropology and/as education* (London: Routledge, 2018), p. 24 [edição em português: *Antropologia e/como educação* (São Paulo: Vozes, 2020)[.
[6] O termo "humanização" destaca a natureza verbal da vida humana. O que um ser humano "é" não é dado desde o início, mas concretizado no decorrer de sua vida. "Enquanto outras criaturas devem ser o que são para fazer o que fazem, para os humanos é o oposto. Devem fazer o que fazem para serem o que são [...] Não é que os seres humanos estejam se tornando em vez de serem; em vez disso, sua transformação está continuamente ultrapassando seu ser" (Tim Ingold, *The life of lines* [London: Routledge, 2015], p. 118).

o sofrimento não está confinado no interior, mas transborda a cada realizar. Assim, as ações que empreendemos no mundo — as coisas que realizamos — tomam em si e extraem um pouco de seu significado daquilo que sofremos no decurso de ações anteriores, ou sofremos nas condições ambientais que essas ações induziram".[7] Embora as pessoas possam exercer formas de controle sobre o mundo, também sempre se encontram sujeitas a forças sobre as quais elas têm pouco controle. É por isso que Ingold recomenda que redescubramos a "voz mediadora" ao falar de uma vida humana, porque, ao contrário das formas gramaticais ativas e passivas, a voz mediadora comunica um executor em processos complexos de fazer. O executor consegue algo, mas a conquista também depende de algo ser alcançado nele.[8]

É certo que a ideia de que as pessoas são um "agindo" e não agentes, ou que sua capacidade de agir é sempre um "tornar-se um agente", é uma maneira incomum de falar. A resistência é provável porque questiona a ideia de que as pessoas são indivíduos com uma identidade diferenciada, mais ou menos estável, que não muda com o tempo. Se sou um "fazedor-em-sujeição" ou um "agente em formação", e não simplesmente um indivíduo no controle de minhas ações, então quem exatamente sou eu? Desaparece o "eu" e, com ele, a ideia de que posso ser encarregado e responsável por minhas ações? O "eu" se torna simplesmente um brinquedo nas mãos de forças externas?

Em seu livro *Giving an account of oneself* [Apresentando um relato de si mesmo], Judith Butler mostra que qualquer descrição de uma pessoa deve ser também uma descrição das condições sociais de sua emergência. Embora as pessoas possam, à moda nietzschiana, considerar-se autores de suas histórias, a história da própria vida nunca é simplesmente sua porque deve fazer referência aos costumes e às normas, que poderíamos chamar de *ethos* de uma cultura, que a influenciam.[9] Um "eu" não é uma autofundamentação. Ele não criou as condições de sua emergência, nem jamais pôde recordar plenamente todos os acontecimentos e influências, boa parte dos quais são subterrâneos, que moldaram sua vida. Além disso, em todos os esforços que as pessoas fazem para relatar a si mesmas, empregam termos que não são de sua autoria. Com base no trabalho de Michel Foucault, Butler diz: "O que eu posso 'ser', literalmente, é limitado antecipadamente por um regime de verdade que decide o que será e o que não será uma forma reconhecível de ser".[10]

---

[7] Ingold, *Anthropology and/as education*, p. 21.
[8] Ingold, *The life of lines*, p. 145.
[9] Veja o excelente *Nietzsche: life as literature* (Cambridge: Harvard University Press, 1987), de Alexander Neamas, para uma elaboração da ideia existencialista de que pessoas fortes não cumprem uma essência eternamente dada ou um modelo externo para a vida, mas compõem criativamente a própria vida.
[10] Judith Butler, *Giving an account of oneself* (New York: Fordham University Press, 2005), p. 22 [edição em português: *Relatar a si mesmo* (São Paulo: Autêntica, 2015)].

A crítica de Butler à ideia de pessoas como sujeitos interiores fechados em si é importante. Se as pessoas já são sempre influenciadas e moldadas por poderes e por outras criaturas que não podem enumerar ou conhecer de forma abrangente, então todo projeto para garantir a própria identidade está fadado ao fracasso. Isso não é uma mera possibilidade, mas está inevitavelmente no centro de quem somos. Butler espera que essa percepção evoque um espírito de humildade e generosidade nas pessoas. "Terei de ser perdoado por aquilo a respeito de que eu não poderia ter ciência plena, e terei a mesma obrigação de oferecer perdão a outros, que também são constituídos em opacidade parcial para si mesmos".[11] Autopropriedade e autodomínio são enganos. Enfrentar o engano é uma "dor necessária". Antes que possamos falar com confiança e oferecer um relato abrangente de nós mesmos, já fomos envolvidos, nutridos, perturbados e interrompidos por outros. Por conseguinte, sempre que os outros nos chamam a prestar contas, manifestamo-nos a partir do reconhecimento de que não somos transparentes, tampouco controlamos a nós mesmos.

Butler argumenta que ser estrangeiro a mim mesmo é, na verdade, a fonte de minha conexão ética com os outros, porque para pronunciar a palavra "eu", devo também invocar os múltiplos (conhecidos e desconhecidos) "vocês" que se cruzaram e moldaram minha incompreensível vida. Qualquer responsabilidade para os outros e com os outros não depende de haver uma identidade clara e segura. Com efeito, reivindicar essa autopropriedade é um impedimento para uma resposta ética genuína, porque essa alegação começa com uma falsa forma de contabilizar como algo contido em si. O "eu" nunca é único e estável nele mesmo. Sempre foi aberto, suscetível e ocupado por outros.[12] O "eu" não escolhe essa ocupação de bom grado. Nosso estar ocupado é simplesmente o correlato de nosso estar em um mundo. Butler conclui que "a responsabilidade não é uma questão de cultivar uma vontade, mas de recorrer a uma suscetibilidade não voluntária como um recurso para ser sensível ao outro". "Recorrer" a essa suscetibilidade é chegar ao reconhecimento da vulnerabilidade e do risco compartilhados. Não criamos nem escolhemos essa vulnerabilidade. No entanto, ela, quando compartilhada, constitui o contexto no qual a responsabilidade surge e é exigida.

> Ser desfeito por outro é uma necessidade primordial, uma angústia certa, mas também uma oportunidade — de ser abordado, reivindicado, ligado ao que eu

---

[11] Ibidem, p. 42.
[12] Em *The call and the response* (New York: Fordham University Press, 2004), Jean-Louis Chrétien diz: "Falamos porque ouvimos. Cada voz, ouvindo sem cessar, tem muitas vozes dentro de si, porque não há uma primeira voz [...] Entre minha voz enquanto falo e enquanto a ouço, vibra toda a espessura do mundo cujo significado minha voz tenta dizer, o significado que a agarrou e engoliu, desde tempos imemoriais" (p. 1).

não sou, mas também ser movido, levado a agir, dirigir-me a outro lugar e, assim, desocupar o "eu" autossuficiente como uma espécie de posse. Se falarmos e tentarmos oferecer um relato a partir desse lugar, não seremos irresponsáveis, ou, se o fizermos, seremos certamente perdoados.[13]

O conceito de responsabilidade de Butler deve muito a Emmanuel Levinas, que também rejeitou a ideia de que a responsabilidade pressupõe uma identidade segura e um claro plano de ação. Segundo ele, a autopropriedade e a autossegurança são dois dos impulsos fundamentais que reforçam a história violenta da filosofia ocidental. Em um esforço para superar essa história, é importante compreender que, antes de tomar a decisão de agir dessa ou daquela forma, já fui intimado e abordado por outra pessoa. A palavra "eu" não se origina em um espaço de conhecimento confiante de "quem eu sou", mas na relação ética, face a face com outro que se dirige a mim, chama-me para fora e questiona quaisquer suposições confiantes sobre mim e os outros que eu possa ter. Levinas diz: "Eu existo por meio do outro e para o outro, mas sem que isso seja alienação: sou inspirado. Essa inspiração é a psique".[14] O "eu" não se torna como tal mediante a autofortificação, mas ao sair para o outro em resposta a uma convocação. Nessa "saída", não conta com uma estratégia abrangente nem sabe tudo o que está fazendo, porque, se o fizesse, não estaria aberto e nem responderia genuinamente ao apelo de outrem. A subjetividade é moldada pelo que Levinas chama de "uma suscetibilidade pré-original" a outros que nunca podem ser completamente conhecidos. No entanto, ao sair para o outro — Levinas chama isso de "extradição" — e ao oferecer a si mesmo e o que se tem ao outro, o "eu" se constitui como sujeito *profético*. Quando uma pessoa "obedece à ordem de ir, sem compreender essa ordem, tal obediência antes de qualquer representação, essa fidelidade antes de qualquer juramento, essa responsabilidade antes do compromisso, é precisamente o outro no mesmo, inspiração e profecia; trata-se de *passar a si mesmo* ao Infinito".[15]

Como Butler, Levinas não aborda o enraizamento da humanidade em lugares e seu envolvimento com outras criaturas. No entanto, seus relatos sobre o significado de ser humano são importantes porque, ao desnudar o "eu" único e seguro, mostram também como os seres humanos são constituídos

---

[13] Butler, *Giving an account of oneself*, p. 91, 136.
[14] Emmanuel Levinas, *Otherwise than being, or beyond essence*, trad. para o inglês por Alphonso Lingis (The Hague: Martinus Nijhoff Publishers, 1981), p. 114.
[15] Ibidem, p.150. Levinas diz: "A subjetividade do sujeito é perseguição e martírio" (p. 146). A experiência dos profetas certamente confirma isso. Ao repreender as formas de poder que oprimem e destroem, eles trouxeram sobre si esse poder que detém a morte. Mas, se os contextos sociais e econômicos fossem transformados pela mensagem de justiça e de misericórdia que esses profetas proclamam, então a subjetividade, diria eu, deixaria de ser definida pela perseguição e pelo martírio, e o seria pela educação e a vida contínua.

por outros e devem, portanto, *testemunhar* a presença de outros neles. Não há "eu" sem "outros em mim". É claro que a presença desses outros pode frustrar, minar ou destruir minha vida, mas essa não é a única possibilidade. Como se verá, há também a perspectiva de uma vida comunitária na qual os outros se dedicam à obra da justiça e da misericórdia, e à obra da construção e do apoio recíprocos, todos vivificados pelo amor divino, que cria e sustenta a vida. Em contextos tais, o "outro em mim" não é um perigo ou uma ameaça, mas uma fonte de discernimento e cuidado, talvez até de autoaperfeiçoamento. Para compreender essa possibilidade, é útil passar de um registro espacial para um registro musical.

Em *Music, modernity, and God* [Música, modernidade e Deus], Jeremy Begbie nos ajuda a apreciar como uma percepção musical da estrutura da vida, com seus movimentos de chamada/resposta e de recepção/doação, permite um relato bem mais rico e (potencialmente) harmonioso da vida como "outros em mim". O pensamento espacial muitas vezes pressupõe a justaposição, a competição e a exclusão mútua porque é impossível que dois objetos estejam simultaneamente no mesmo lugar. Já a experiência auditiva abre a perspectivas de vida em conjunto — duas ou mais notas tocadas exatamente ao mesmo tempo — em que a interpenetração *e* a distinção são simultaneamente mantidas. Quando duas notas se juntam, não são simplesmente unidas, mas entram uma na outra, à medida que continuam a ser ouvidas como duas notas diferentes. A música acontece por causa do fenômeno da "ressonância empática". Falando de uma série harmônica, Begbie relata a ordem das ressonâncias desta forma:

> Esse claramente não é um caso de diminuição mútua: pelo contrário, quanto mais a corda inferior ressoa, mais a corda superior ressoa. Os tons que ouvimos não estão em concorrência, tampouco simplesmente dão espaço um ao outro. O som grave estabelece o agudo, liberta-o para ser ele próprio, realça-o, sem comprometer sua integridade. Além disso, quando outras cordas são colocadas ao lado dessas duas — por exemplo, para fazer um acorde maior estendido —, ouviremos essas outras cordas ganhando vida.[16]

Apresentado em termos ligeiramente diferentes (aqui Begbie ecoa a visão do musicólogo Victor Zuckerhandl):

> Quando um tom é ouvido juntamente com outro diferente dele, ele não afasta o primeiro, tampouco está em um lugar diferente, nem se funde com o primeiro

---

[16] Jeremy Begbie, *Music, modernity, and God: essays in listening* (Oxford: Oxford University Press, 2013), p. 161.

para criar um novo tom. Ambos são ouvidos como completos e distintos entre si. Não ocupam lugares separados [...] Os tons podem "soar através" uns dos outros, podem interpenetrar-se. Eles podem estar um *no* outro, enquanto ainda são ouvidos como dois tons diferentes.[17]

É importante destacar essa forma musical de pensar a subjetividade porque ela nos ajuda a imaginar a vida humana com e dentro uns dos outros de forma que não os diminui nem os degrada, mas contribui para a prosperidade mútua. Um campo musical também nos permite posicionar melhor as pessoas em um mundo entendido como uma vasta *harmonia mundi*. A vida simbiogenética pode ser um assunto violento, mas também pode — talvez em seu nível mais fundamental — passar por formas empáticas de ressonância que geram e produzem a diversidade e a profusão de vida que nosso mundo testemunha.

Por que a criaturalidade?

Tanto a subjetividade humana, caracterizada como o "outro em mim", como a capacidade humana de agir, caracterizada como um realizar que é sempre também uma subordinação, são congruentes com uma concepção da vida como um fenômeno vulnerável, receber/dar, simbiogenético. O que devemos agora considerar é se faz alguma diferença dizer que o mundo no qual a vida acontece é sagrado. Para explorar essa possibilidade, voltarei agora ao relato de Bonhoeffer sobre o mundo como divinamente *criado* e as pessoas constituídas como seres *criaturais*.

O comentário *Creation and fall: a theological exposition of Genesis 1—3* [Criação e queda: uma interpretação teológica de Gênesis 1—3] começou como um curso (sob o título *Creation and sin* [Criação e pecado]) ministrado por Bonhoeffer na Universidade de Berlim no semestre de inverno de 1932 e 1933. Quando subiu ao palco do auditório, em 8 de novembro de 1932, Bonhoeffer não esperava que seu curso atraísse muitos alunos. Ele era jovem, tinha 26 anos e havia concluído sua *Habilitationsschrift* (a tese posterior à dissertação de doutoramento, qualificando um indivíduo para lecionar em uma universidade) apenas dois anos antes. Contudo, quando a notícia do curso se espalhou, cada vez mais estudantes vinham, vários deles como visitantes

---

[17] Ibidem, p. 159. Johann Sebastian Bach é considerado por Begbie um exemplo musical paradigmático do novo tipo de temporalidade e espacialidade central para a vida simbiogenética, porque, em sua música, encontramos "adição sem perda, expansão sem diminuição [...] totalmente fundamentado, nunca arbitrário, sempre resistindo à completude estática". A música de Bach atesta a possibilidade de uma união pacífica e mutuamente intensificadora, na qual "abundantes linhas musicais se multiplicam sobrepostas e simultâneas, caindo umas sobre as outras à medida que o contraponto vai se expandindo", resultando em "um *shalom* multidimensional e sempre expansivo" (p. 69).

internacionais. Viram e ouviram em Bonhoeffer alguém que falava diretamente sobre as questões e as confusões que eles próprios enfrentavam. No fim do semestre, em 21 de fevereiro de 1933, a sala de aula estava lotada. Como disse um estudante: "Ouvimos suas palavras com tanta intensidade que era possível ouvir as moscas zunindo. Muitas vezes, quando largávamos as canetas, estávamos literalmente banhados de suor".[18]

Por que um curso de palestras sobre os três primeiros capítulos do Gênesis teve um efeito tão profundo sobre os alunos? Para responder a essa pergunta, é importante lembrar que isso aconteceu em um momento de profunda desorientação e perturbação cultural.[19] Em 30 de janeiro de 1933, quando as palestras de Bonhoeffer estavam chegando a seu clímax teológico, Hitler fora nomeado chanceler da Alemanha. Dias depois, o Reichstag assumiu grandes proporções (27 de fevereiro), muitas liberdades civis alemãs foram anuladas (28 de fevereiro), opositores políticos ao Partido Nazista foram presos (1 de março), o surgimento do Terceiro Reich foi proclamado (15 de março) e o primeiro campo de concentração foi concluído em Dachau (20 de março). Milhões de alemães estavam desempregados (mais de 30% da população). Boa parte dos outros estavam ansiosos e profundamente deprimidos com suas perspectivas para o futuro. Em face da desolação, do constrangimento e da inutilidade dos anos imediatamente posteriores à Primeira Guerra Mundial, esse era um clima cultural pronto para ressoar com a proposta de Hitler de que ele poderia restaurar o significado e o propósito da vida, levando sua nação ariana à grandeza.[20] Bonhoeffer estava bem ciente do mal-estar que as pessoas sentiam a esse respeito, e falava sobre isso nos meses anteriores ao início de seu curso de palestras.

Em um discurso voltado aos estudantes do Technical College de Berlim, proferido em fevereiro de 1932, Bonhoeffer falou sobre várias dimensões da ansiedade que sentia a seu redor da seguinte maneira:

---

[18] Essas observações do estudante Ferenc Lehel são citadas na "introdução do editor" de *Creation and fall: a theological exposition of Genesis 1–3*, org. John W. De Gruchy, trad. para o inglês por Douglas Stephen Bax (Minneapolis: Fortress Press, 1997), p. 4. As referências a seguir serão incluídas no texto entre parênteses. [A obra de Bonhoeffer foi traduzida para o português com o título *Criação e queda: uma interpretação teológica de Gênesis 1-3* (São Leopoldo: Sinodal, 2020)].
[19] Para um excelente relato da vida e do contexto histórico de Bonhoeffer, veja Charles Marsh, *Strange glory: a life of Dietrich Bonhoeffer* (New York: Vintage Books, 2014).
[20] A esse respeito, vale a pena recordar que numerosos acadêmicos e dirigentes institucionais influentes, assim como um grande número de trabalhadores, viram em Hitler alguém que restauraria o sentido, o propósito e a confiança no povo alemão. Sob sua liderança, acreditava-se, a Alemanha sairia do mal-estar social e da vergonhosa turbulência econômica advindos após a Primeira Guerra Mundial, posicionando-se, mais uma vez, orgulhosamente entre as principais nações do mundo. Martin Heidegger, que se juntou ao Partido Nazista em maio de 1933, poucos dias após assumir o papel de reitor da Universidade de Freiburg, proclamou, em seu discurso de posse intitulado *The self-assertion of the german university*, que o nacional-socialismo tinha o potencial de restaurar o povo alemão não somente ao propósito e à grandeza nacionais, mas também de levá-los a uma descoberta das profundezas insondáveis da existência e do significado do ser.

> Hoje, nenhum trabalhador pode escapar à constatação de que é substituível [...] Somos infinitamente desimportantes, não apenas da perspectiva do quadro geral da humanidade trabalhadora, mas também do lugar específico no qual nos encontramos [...] qual morador da cidade não conhece essa impressão de importância vazia e fútil às 7h30 da manhã, nas ruas, nos trens, enquanto milhares correm para seu trabalho, para seu sustento, uma massa condenada, paciente e substituível?[21]

Com cerca de sete milhões de alemães desempregados e estudantes percebendo que, mesmo que se formassem na escola, não haveria trabalho para eles, é compreensível que tantos se encontrassem em diferentes estágios de desespero. Aqueles que tiveram a sorte de ter empregos ainda sentiam que não eram valorizados como trabalhadores. Eles sabiam que eram dispensáveis e substituíveis por outro trabalhador, que estava muitíssimo ansioso para tomar seu lugar. Dada a sensação de precariedade, futilidade e abandono que muitas pessoas passaram a sentir, Bonhoeffer perguntou à sua audiência: "Que direito se tem de afirmar a luta pela existência humana, na plena consciência de que se está, assim, arruinando, destruindo e deixando a vida dos outros como uma presa da falta de sentido?".[22] Colocando a questão dessa forma, Bonhoeffer reconhecia que estava lidando com questões do mais alto significado pessoal e prático. O que torna a vida importante? A existência tem um aspecto louvável ou mesmo defensável? Olhando para os rostos de seus alunos, ele via que as pessoas estavam desesperadas para encontrar significado e propósito na vida.

O fato de Bonhoeffer se concentrar na natureza do trabalho é significativo porque é por meio deste que alguém consegue (ou é obrigado a) revelar seus valores sobre a vida e o mundo. O trabalho que mantém e melhora as comunidades comunica que a vida é preciosa; em contrapartida, aquele que abusa ou explora as criaturas comunica que a vida é banal. Nas formas práticas nas quais se ocupam de seus lugares e uns dos outros, os trabalhadores testemunham aquilo em que eles, ou seus patrões, acreditam sobre o significado e o sentido da vida. Se as pessoas habitam mundos de trabalho governados por burocracias impessoais e aparentemente inúteis, que reduzem os trabalhadores a simples meios para os fins de outrem (nem sempre claramente conhecidos), elas terão dificuldade em manter um senso de valor pessoal.[23] É possível afirmar a humanidade se, em seus esforços diários, sua vida é diminuída e degradada?

---

[21] Dietrich Bonhoeffer, "The right to self-assertion", in: *The Bonhoeffer reader*, org. Clifford J. Green; Michael DeJonge (Minneapolis: Fortress Press, 2013), p. 330.
[22] Ibidem, p. 331.
[23] As histórias de Franz Kafka são importantes a esse respeito porque nelas ele relata a futilidade e a frustração do esforço humano em contextos/sistemas definidos pelas perdas de significado, valor e autoridade. *A metamorfose* (1912) e *Na colônia penal* (1914), por exemplo, vemos o que acontece quando as pessoas se sentem "vermes monstruosos" ou os brinquedos de máquinas de tortura. As histórias aparentemente surreais de Kafka não devem ser descartadas de pronto, em especial se reconhecermos que o mundo

O que Bonhoeffer percebia na época era que o clímax da história do Ocidente estava sendo posto em prática em fábricas que transformavam trabalhadores em engrenagens em um mecanismo, e as criaturas em produtos. Embora a Alemanha fosse conhecida por suas contribuições para as artes plásticas e as humanidades, nenhuma delas teve força para impedir a catástrofe da Primeira Guerra Mundial ou para travar a lógica instrumental que parecia reduzir tudo e todos a uma unidade de consumo ou de produção. Por isso, Bonhoeffer argumentava que a dominação dos outros era a principal forma do Ocidente de estabelecer significado: "A máquina e a guerra são as duas formas da solução ocidental para nosso problema".[24] A modalidade essencial e definidora da vida europeia, diz Bonhoeffer, é matar. Essa é a percepção horripilante que enquadra o que ele tem a dizer sobre a história da Criação em Gênesis.

De maneira surpreendente, Bonhoeffer começa sua abordagem sobre o *início* de todas as coisas voltando sua atenção para o *fim* delas. Ele diz: "A igreja de Cristo testemunha o fim de todas as coisas. Vive a partir do fim, pensa a partir do fim, age a partir do fim, proclama sua mensagem a partir do fim" (p. 21). Saber o fim é crucial porque não podemos realmente saber o que as coisas *são* se não soubermos também para que servem, ou qual é o *objetivo* de sua vida. Essa é uma forma incomum de falar, indicando que, assim como o "princípio" da Criação não é o primeiro momento de uma sequência cronológica, o "fim" também não é o último momento nessa mesma sequência. Em vez disso, o fim comunica um ponto de vista incomum, localizado "além" (embora não separado) do tempo, que permite às pessoas avaliar o objetivo ou o propósito da sequência cronológica em que estão atualmente. Porque as pessoas sempre vivem em uma sequência cronológica, *in media res*,[25] e não ocupam um "tempo" antes ou depois, o "fim" somente pode aparecer no tempo como a revelação do "novo" dentro do "velho". Isso, diz Bonhoeffer, é o que acontece na pessoa de Jesus. Como encarnação de Deus em carne temporal, ele é a revelação do eterno na história. "O novo é o verdadeiro fim do velho; o novo, porém, é Cristo. Cristo é o fim do velho" (p. 21).[26]

Bonhoeffer estava convencido de que o velho mundo da Europa, o mundo violento que fomentava o ódio e destruía lugares e comunidades, tinha de

---

impessoal, inútil e violento que ele ficcionaliza reflete um meio cultural que estava prestes a irromper no caos da guerra total.

[24] Bonhoeffer, "Right to self-assertion", p. 333.
[25] Expressão do latim que significa "no meio das coisas". Termo usado para caracterizar uma narrativa que propõe uma história a partir do meio, e não do início. (N. T.)
[26] Para uma descrição das implicações epistemológicas que decorrem do Eterno entrar no tempo, ou do Transcendente entrar na imanência, veja Søren Kierkegaard, *Philosophical fragments*, trad. para o inglês por Howard V. Hong; Edna H. Hong (Princeton: Princeton University Press, 1985) [edição em português: *Migalhas filosóficas* (São Paulo: Vozes, 2011)]. Jesus não é uma parteira que ajuda as pessoas a dar à luz uma verdade que sempre esteve dentro; é um mestre que traz uma nova mensagem, tão nova que também precisa criar as condições para seu entendimento.

morrer. As instituições e estruturas de autoridade — incluindo as igrejas estabelecidas pelo Estado — que levaram as nações à guerra e que presidiram as muitas formas de devastação cultural nos anos seguintes, não podem ser confiáveis. Contudo, onde as pessoas devem procurar inspiração e discernimento para um mundo novo e melhor? Bonhoeffer acreditava que elas deveriam se voltar para Jesus Cristo porque, como aquele mediante o qual todas as criaturas são criadas, ele encarna o que uma vida verdadeira e plena pode ser. A encarnação de Deus em Jesus de Nazaré sinaliza o "novo" irrompendo no "velho". Ilumina as ideias do velho mundo para que seja visível aquilo em que ele se tornou: um lugar de feridas que necessitam de cura. "Cristo é o princípio do novo, o fim de todo nosso mundo" (p. 22). Ao chamar seus alunos para presenciar Jesus, Bonhoeffer pede que eles vejam a si próprios e a seu mundo sob uma ótica inteiramente nova.[27] Ele pede que desistam e repudiem o velho e os caminhos oficialmente ratificados do passado, os quais estão causando tanta dor e sofrimento. A tarefa não será fácil, porque "o velho mundo não se alegra em ser declarado morto" (p. 21).[28]

Com essa abertura à sua exposição, Bonhoeffer estabelece dois pontos muito importantes. Em primeiro lugar, a valorização da vida depende da afirmação de uma transcendência divina que a fundamenta e sustenta. A crítica imanente — a ideia de que as pessoas podem encontrar em si a capacidade de conhecer a verdade da vida — mostrou-se inadequada à tarefa. Em vez de criar as infraestruturas que alimentam e celebram a vida, as formas de razão refletidas nas culturas mais "avançadas" da humanidade estavam criando as instituições e políticas que conduziam à dissolução da vida. Por essa razão, as pessoas precisam se abrir ao "novo" que Cristo, o Criador, representa. Ele inspira os modos de ser que permitem às pessoas perceber a criação como *sagrada*. E, em segundo lugar, o fundamento de cada vida em uma malha de relações e

---

[27] Bonhoeffer estava bem ciente de que, embora Cristo sinalize o "novo" dentro do "velho", é possível que ele seja cooptado pela igreja para perpetuar o velho. Isso aconteceu quando a igreja estatal apoiou a Primeira Guerra Mundial. Aconteceu de novo quando os líderes da igreja se submeteram a Hitler e alinharam os objetivos da igreja com os do nacional-socialismo. Em ambos os casos, as igrejas deixaram de ser "Cristo existindo como comunidade". Tornaram-se, em vez disso, comunidades a serviço da nação. É por isso que Bonhoeffer argumenta que as formas estabelecidas de estruturação das igrejas devem morrer diante de Cristo: "A igreja, portanto, observa o começo apenas na morte, do ponto de vista do fim. Percebe a Criação a partir de Cristo; ou melhor, no velho mundo decaído, crê no mundo da nova criação, no novo mundo do princípio e do fim, porque crê em Cristo e nada mais" (p. 22).

[28] Quando Bonhoeffer desenvolveu seu pensamento sobre como Cristo desafia e reorienta todo o antigo pensamento sobre a forma de existência do mundo e a razão da vida, ele percebeu que padrões de pensamento estabelecidos precisavam morrer porque são falsos, e até mesmo opostos à verdade que Jesus incorpora. Por isso todo encontro genuíno com Cristo precipita uma forma de morte pessoal mais bem caracterizada como uma morte ao ego, que perpetua modos de ser pecaminosos. A questão não é que as criaturas morram ou que o mundo criado seja aniquilado. O que precisa morrer são os hábitos que ferem as criaturas. Rowan Williams resume bem esse ponto ao dizer: "O que deve morrer no encontro com Cristo não é precisamente a finitude ou a criação, mas a ilusão de que podemos viver negando nossa finitude, nossa dependência da capacidade de ação infinita" (*Christ the heart of creation* [London: Bloomsbury Continuum, 2018], p. 191).

dependências deve ser ainda mais fundamentado no Deus que afirma a bondade e a beleza de cada ser humano. Caso contrário, é perfeitamente possível que aqueles de quem dependemos, bem como os que dependem de nós, explorem-nos ou nos degradem para nos adequar a seus próprios fins.

Como disse sabiamente David Kelsey, quando se pensa na dependência e na vulnerabilidade das criaturas, é crucial distinguir entre a dependência ilimitada e a fundamental. Em um mundo de "dependência ilimitada", tenho de me adaptar a todo instante à minha dependência dos outros *e* à dependência deles em relação a mim. Nessa interminável ida e volta, corro o risco de me tornar pouco mais do que combustível para a ambição ou vontade de poder de outrem. Nesse movimento, a santidade das criaturas está sujeita a violações. "Quando confiamos na interdependência com outras criaturas para fundamentar nossa realidade e valor [em vez de Deus], nossa genuína alteridade de um para com os outros está em perigo [...] estamos a todo momento em perigo de nos tornarmos matéria-prima para outras identidades [...] cooptados em projetos de outras criaturas, por intermédio dos quais elas definem suas identidades".[29] Contudo, em um mundo no qual Deus é honrado como Criador de cada criatura, a dependência é reformulada de uma forma importante. A "dependência fundamental" de cada criatura de Deus como alguém que se deleita em sua bondade e beleza, como *seres criados,* significa que a vida específica das criaturas deve ser afirmada, nutrida e protegida desde o início e por toda parte. O eterno e inabalável amor de Deus pelas criaturas "fundamenta" a identidade e a *santidade* delas, servindo, assim, de proteção contra as tentativas de exploração ou degradação. Em outras palavras, a dependência fundamental de cada criatura em relação a Deus nos permite ver quando a dependência ilimitada de uns e outros é degradante ou profana.[30]

Bonhoeffer argumenta que, se as pessoas querem afirmar a santidade da vida, devem desistir da ideia de que estão no comando e que a controlam. Devem, em outras palavras, renunciar à noção de que são como deuses, determinando o significado das criaturas, seu valor e a razão da vida delas. Uma das melhores maneiras de mostrar que abrimos mão disso é afirmando que Deus é o começo de todas as coisas, e não supondo sermos capazes de olhar por trás desse "começo" para explicá-lo. No instante em que as pessoas pensam

---

[29] David Kelsey, *Eccentric existence: a theological anthropology* (Louisville: Westminster John Knox Press, 2009), p. 427. Kelsey está aproveitando as percepções de Rowan Williams ao traçar essa distinção.

[30] Um corolário importante decorre desse discernimento, ou seja, que nossas percepções e compromissos com os outros estão em seu melhor estado quando decorrem do reconhecimento de que cada criatura é, em primeiro lugar e acima de tudo, apreciada por Deus. É o amor incondicional e inabalável de Deus pelas criaturas que deve inspirar nosso amor e corrigi-lo quando ele se tornar condicional, utilitário ou egoísta. O reconhecimento de que cada criatura é, primeiro e acima de tudo, dependente de Deus reformula nossa necessidade inescapável de uns para os outros, a fim de ser superada a tentação de transformar a interdependência em proveito próprio e exclusivo.

que podem compreender ou explicar outra vida, ela deixa de ser uma dádiva. Deus cria em liberdade, do nada, e como expressão de um amor divino que se deleita na bondade da vida. Porque o amor e o deleite divino nas criaturas são também o modo de crescimento e de vir à existência, e porque o amor e o deleite não participam da instrumentalização ou dos cálculos de meios/fins, toda a criação aparece agora sob uma nova luz, como uma dádiva sagrada. Para se envolverem com isso de forma adequada, as pessoas devem olhar para Cristo como aquele que preza e celebra a vida.[31]

A história do Jardim do Éden compreende bem como é difícil que as pessoas resistam à tentação de ser deuses. As pesssoas (pelo menos algumas delas) querem ser quem estabelece o valor de tudo e, assim, colocam as criaturas em taxonomias e hierarquias de uso. Se quiserem resistir a esse impulso de serem tornados deuses, elas devem aprender a honrar e a viver dentro dos limites. Bonhoeffer argumenta que, uma vez que Adão e Eva concordam em não comer o fruto da árvore do conhecimento do bem e do mal, uma árvore colocada no centro do jardim, eles também sinalizam sua disposição de não ultrapassar os limites. Ser uma criatura e respeitar os limites andam de mãos dadas. Conforme a história se desenrola, torna-se claro que, quando as pessoas já não respeitam mais os limites, a vida das criaturas desmorona. É por isso que Bonhoeffer diz: "*o limite do ser humano está no centro da existência humana*, não na margem [...] O limite que está no centro é o limite da *realidade* humana, da *existência humana enquanto tal*" (p. 86). O limite aqui descrito não é uma característica da ignorância ou da fraqueza temporária de uma pessoa. Se fosse, uma vez que as pessoas adquirissem mais conhecimento e poder, os limites seriam superados. Este permanece no cerne da existência de um ser humano e comunica que as pessoas são constituídas como finitas e necessitadas, e assim permanecerão durante toda a sua vida. Elas não criam a própria vida, tampouco podem sustentá-la a partir de si mesmas. Em vez disso, elas devem olhar a todo momento para além de si, para os semelhantes, para o próprio jardim e, por fim, para o Deus sempre presente nelas como a fonte inefável de seu ser. Por essa razão, Bonhoeffer diz que o respeito pelos limites estabelece as pessoas como *seres criados*, que orientam sua liberdade para servir ao bem dos outros (p. 87). Esquecer ou negar limites é a grande catástrofe, porque nesse esquecimento e nessa negação se estabelecem as condições para a violação da vida.

---

[31] Essa maneira de falar pressupõe claramente que as formas condicionais de amor — ou seja, expressões amorosas que atrelam o amor ao cumprimento de certas condições — não são a verdade do amor. Como veremos, esse sentimento é um movimento de esvaziamento e de entrega voluntário, que deve estar voltado na direção do nosso próximo. Esse movimento de saída não se baseia em um desprezo de si — muito pelo contrário. Quando as pessoas se atentam à necessidade dos outros, cuidar deles contribui para o cuidado de si próprias. No entanto, fazer de nós mesmos a prioridade tem o efeito de negar alimento e diminuir as malhas por meio das quais necessariamente nos movemos.

Bonhoeffer acredita que, a princípio, Adão não percebia a proibição de comer o fruto da árvore do conhecimento do bem e do mal como algo contra o qual deveria se rebelar, porque se contentava em receber sua vida e seu sustento como dádivas. Ele não entendia sua condição vulnerável e dependente como algo que deveria contestar, porque acreditava que Deus proveria tudo aquilo de que ele precisasse. Dito de forma sucinta, naquele momento Adão vivia pela graça de Deus, e não pelo poder de sua força. Ele confiava que esse Deus que nutre está a todo momento com as criaturas nos poderes da fertilidade, germinação, nutrição e proteção. Ele se *contenta* com os dons a seu redor e não deseja que eles sejam outra coisa além do que são. Adão e Eva, poderíamos dizer, conhecem algo do descanso sabático que marcou o próprio deleite de Deus em um mundo criado de forma maravilhosa.

Considerando esse começo promissor, por que Adão e Eva sucumbem à tentação da serpente de comer o fruto proibido? Por que uma serpente está no jardim? Bonhoeffer não afirma ter uma resposta a essa pergunta incômoda, tampouco o escritor bíblico tem muito interesse em fornecer uma resposta.[32] O que o texto diz é que, ao comerem o fruto, Adão e Eva morrerão. A morte referida, no entanto, não pode ser simplesmente uma cessação biológica, porque Adão e Eva comem o fruto e não expiram de repente. Bonhoeffer argumenta que uma forma de existência ligada à morte e geradora de morte entra no mundo com a transgressão de limites. O jardim e suas criaturas já não são mais humildemente recebidos como dádivas ou respeitados como os seres únicos que são, mas, sim, contidos e feitos para servir ao que Adão e Eva querem. Nesse gesto ambicioso, outros são violados ao serem feitos para ser o que Adão e Eva querem que sejam. Em vez de existirem para os outros, os seres humanos exercem agora um "domínio" pervertido que faz com que as criaturas existam para eles. Em outras palavras, na transgressão dos limites, uma forma de existência mortal se enraíza no mundo gerador de vida criado por Deus.

Bonhoeffer apresenta a vida mortal como a obrigação impossível de viver fora de si mesmo. O que ele quer dizer é que as pessoas agora tentam garantir a vida para si, assumindo o controle e buscando o máximo poder sobre as outras pessoas. Eles não querem viver pela graça, ou por receber e valorizar o que precisam. Eles querem ser como deuses, *sicut Deus*, como diz Bonhoeffer,

---

[32] Bonhoeffer sugere que o desejo de explicar o mal é presunçoso e uma expressão do desejo de ser um deus. "Se pudéssemos responder a essa pergunta [sobre o mal], então não seríamos pecadores. Poderíamos culpar outra coisa" (p. 120). A resposta teológica genuína ao mal não é procurar saber por que ele existe, mas aprender a responder com amor às suas manifestações. Thomas Merton pensou da mesma forma quando disse: "O que realmente importa é abertura, prontidão, atenção, coragem para enfrentar o risco. Não é necessário saber exatamente o que está acontecendo ou para onde vão todas as coisas. O que é necessário é reconhecer as possibilidades e os desafios oferecidos pelo momento presente e abraçá-los com coragem, fé e esperança. Nesse caso, a coragem é a forma autêntica assumida pelo amor" (em *Conjectures of a guilty bystander* [New York: Doubleday, 1968], p. 208).

governando os outros e organizando o mundo a seu bel-prazer. Entretanto, tendo rejeitado a vida como uma dádiva, e sendo expulsos do jardim no qual a árvore da vida permanece, eles agora veem que, por mais poder que exerçam, ainda não são capazes de dominar a própria vida. Essa é a morte mais profunda: encontrar-se simultaneamente com o desejo de criar e assegurar a vida, mas também se mostrar incapaz disso. A transgressão dos limites se revela como uma questão da mais alta importância porque muda o que *são* Adão e Eva: "A palavra *desobediência* não denota de forma adequada a situação. É a rebelião, o fato de a criatura se afastar da única atitude possível, da criatura se tornando criadora, destruindo a criaturalidade, deserdando, deixando de ser preservada com segurança como criatura" (p. 120). Ao comerem o fruto proibido, Adão e Eva demonstram que não querem mais estar ligados aos outros por necessidade ou formas de reciprocidade cuidadosas. Não querem receber a vida como um dom sagrado. Como aqueles que agora decidem por si o que fazer e o que não fazer, eles se envolveram com o mundo em seus termos. O resultado, diz Bonhoeffer, é catastrófico:

> A humanidade tornou-se [...] *sicut Deus* [como Deus]. A humanidade conseguiu o que queria; tornou-se criadora, fonte de vida, fonte do conhecimento do bem e do mal. Ela está sozinha por si só, vive dos próprios recursos, já não precisa mais dos outros, é senhora do próprio mundo, embora isso signifique agora que é a senhora solitária e déspota do próprio mundo calado, violado, silenciado, morto e egocêntrico (p. 142).[33]

Pensando que poderiam ser como deuses, assumindo o controle do significado e do propósito da vida, e rejeitando a natureza das criaturas, Adão e Eva encontram-se presidindo um mundo ferido e arruinado. Bonhoeffer não estava falando de maneira irracional. Os estudantes identificaram-se tão intimamente com ele porque viram a ruína sendo exposta bem diante de seus olhos.

O engano que Adão e Eva inauguram não é simplesmente auto-engano, mas um equívoco que prejudica a capacidade de as pessoas perceberem esta

---

[33] O sociólogo Harmut Rosa argumentou de forma convincente que o esforço da humanidade para controlar e se apropriar do mundo o torna mudo, e as pessoas nele inseridas, sozinhas. A "promessa cultural de tornar o mundo controlável, não somente não 'funciona', mas também, na verdade, torna-se distorcida em seu exato oposto. O mundo científico, econômico e politicamente controlável parece iludir-nos ou fechar-se a nós. Retira-se de nós, tornando-se mudo e ilegível. Mais ainda, revela-se ameaçado e ameaçador em igual medida e, portanto, em última análise, incontrolável em sua constituição" (*The uncontrollability of the world* [Cambridge: Polity Press, 2020], p. 19). Rosa acredita que os seres humanos são fundamentalmente ressonantes, ou seja, que prosperam melhor quando vivem em relacionamentos empáticos e mutuamente responsivos entre si, em seus lugares. Ele desenvolveu essa posição de forma magistral em *Resonance: a sociology of our relationship to the world* (Cambridge: Polity Press, 2019).

vida como sagrada. Bonhoeffer argumenta que, ao se rebelarem contra sua condição de criatura, Adão e Eva também não podem mais ver os semelhantes como criaturas de Deus. "Todo o mundo criado está agora coberto por um véu; é silencioso e sem explicação, opaco e enigmático" (p. 126). Toda a existência cessa de testemunhar o amor divino, que cria, sustenta e abençoa cada criatura. Sem o significado sagrado que afirma cada criatura e cada lugar criado como o meio e o foco do cuidado e do deleite de Deus, os demais seres tornam-se mudos e sua existência perde o sentido. Tornam-se objetos sem valor, aleatórios, que apenas importam se puderem atender aos objetivos daqueles que exercem poder sobre eles. Ou são percebidos e entendidos como ameaças que devem ser suprimidas.[34]

Abraçar a condição de criatura é confiar que Deus fornece os dons de que precisamos para viver e que não precisamos tomar o mundo à força. Ao sentir a generosidade de Deus e a graça deste mundo, surge a possibilidade de que as pessoas sejam inspiradas a construir jardins urbanos, centros comunitários de saúde, programas de mediação de conflitos, mercados de alimentos frescos, campos agrícolas verdejantes, programas de alfabetização e artes, centros de contemplação e programas de reassentamento de refugiados que testemunham os caminhos receptivos de Deus para com as criaturas. Contudo, quando as pessoas recusam sua condição de criatura e supõem que devem garantir a vida para si mesmas, tornam-se destrutivas, seja por arrogância, insegurança ou medo, e criam mundos que prejudicam as criaturas que nelas vivem. A rejeição da condição de criatura lança uma longa sombra, que podemos ver em zonas de guerra, lixões tóxicos, bairros abandonados, desertos e pântanos alimentares,[35] zonas de extração mineradora, campos agrícolas devastados, cursos de água envenenados, megafavelas, campos de refugiados, e presídios.

O exemplo de Jesus sobre como se tornar humano

Desde o início, os cristãos acreditaram que as pessoas deveriam olhar para Jesus para descobrir o que significa tornar-se um autêntico humano. Pensar, sentir e agir como ele, reconhecendo que cada uma fará à sua maneira específica, implica participar de formas e fluxos de vida que favoreçam a melhor humanidade possível. O raciocínio em ação nessa crença é bastante simples: se Jesus corporificou o eterno e divino poder que cria, gera e nutre um mundo

---

[34] Bonhoeffer acreditava que, quando outras pessoas deixam de ser acolhidas como dádivas graciosas, voltam a se tornar concorrentes. "Isso significa que o ser humano não considera mais a outra pessoa com amor [...] O limite já não é mais a graça que mantém o ser humano na unidade da criatura, do amor livre, mas o limite é agora a marca da divisão" (p. 122).

[35] Desertos alimentares e pântanos de comida são localidades nas quais o acesso a alimentos nutritivos e monetariamente acessíveis é limitado ou inexistente. (N. T.)

bom e belo, segue-se que, uma vez que as pessoas participam desse poder, também alcançarão uma vida boa e bela. Já que as pessoas têm o espírito de Jesus vivificando o próprio corpo, seu coração e sua mente — João 15 descreve isso com a imagem de pessoas como membros enxertados em Jesus, a Videira —, elas alcançarão o máximo de qualquer potencial que lhes seja específico. Em outras palavras, quando as pessoas conseguirem participar de seus ministérios de educação, amizade, cura, perdão e reconciliação, descobrirão também a razão de uma vida e quando ela é mais bem vivida.[36]

Como é esse poder de criação e sustentação de vida, e como ele funciona? Jesus ofereceu uma imagem marcante: "Digo-lhes verdadeiramente que, se o grão de trigo não cair na terra e não morrer, continuará ele só. Mas, se morrer, dará muito fruto" (João 12:24). Morrer no pó da terra é o movimento essencial que situa e orienta as pessoas para poderem viver o que Jesus chamou de "vida plena" (João 10:10), e o que o apóstolo Paulo chamou de "a verdadeira vida" (1Timóteo 6:19). Trata-se de um movimento de autodoação que atrai as pessoas para relações mais íntimas e dinâmicas com outros seres diversificados (e por vezes desagradáveis), tudo para que o resultado seja um florescimento compartilhado. Jesus acreditava que, em um mundo ferido e fragmentado, o que as pessoas mais precisam é estar enraizadas de maneira profunda em comunidades que nutrem a vida e, então, experimentar o cuidado e a cura que ele mesmo arquitetou. As pessoas são privadas de uma humanidade autêntica se não puderem *receber dos* outros e *crescer com* eles. Para viver bem, devem superar a divisão e o isolamento, aprendendo a se entregar à vida do mundo. A doação de si é a modalidade que lhes permite ser um bom remédio, um bom cuidado e uma boa companhia um para o outro. Posiciona-os como o "evangelho [i.e., boa-nova]" que foi "proclamado a todos os que estão debaixo do céu" (Colossenses 1:23).

Para experimentar a vida abundante, as pessoas devem ter um foco duplo em (a) o solo que contém a semente e (b) a ação de germinação e crescimento da semente. O solo inóspito não pode suportar o crescimento. Tampouco uma forma de vida que oferece a morte pode criar raízes e florescer de forma

---

[36] É importante notar que esse relato do tornar-se humano difere de maneira significativa dos antigos relatos funcionalistas que identificavam a plenitude de uma vida com a realização de capacidades específicas, como raciocínio ou desempenho atlético. As filosofias e a arte da Grécia e da Roma antigas, por exemplo, idealizavam uma forma humana aperfeiçoada, e tinham pouca paciência para enfermidades ou deficiências de forma ou função. Os ministérios de Jesus, no entanto, demonstraram que todas as pessoas, independentemente de sua capacidade de alcançar um ou outro ideal proposto, ou de sua localização social marginalizada ou lançada no ostracismo, são filhos de Deus e, portanto, dignos de amor e respeito. Por isso as primeiras comunidades cristãs eram muitas vezes defensoras do cuidado das crianças abandonadas e das pessoas com deficiência. Estas não devem ser apenas toleradas, mas também acolhidas como membros contribuintes de comunidades que podem ensinar o amor de Deus a outras pessoas. Para uma recente articulação dessa posição e os desafios associados à sua realização, veja Brian Brock, *Wondrously wounded: theology, disability, and the body of Christ* (Waco: Baylor University Press, 2019).

adequada. Como veremos agora, uma semente bem-sucedida e uma base de solo receptiva dependem, cada qual, dos poderes do amor para vivificá-las. Sem amor, a semente e o solo não prosperam.

O fracasso da germinação e do crescimento

Quando Jesus considerou a vida das pessoas a seu redor, observou que muitas delas existem como sementes que nunca atingem todo o seu potencial. Apesar de estarem rodeadas por outras, como tantas sementes em um monte, essas pessoas costumam viver como se estivessem fechadas e sozinhas, isoladas e inertes, ou separadas e ignoradas. Elas até podem ter alguns relacionamentos, mas, porque estes são superficiais e o conjunto é pequeno ou não confiável, elas não podem realmente crescer na plenitude da vida. O solo no qual são plantadas, poderíamos dizer, é quase todo estéril e descampado. Por conseguinte, não podem explorar em sua totalidade quem são ou desenvolver todo o seu potencial, porque não têm compromissos significativos com outras pessoas que as inspirem, instruam, apoiem e desafiem em seu desenvolvimento. Pior ainda seria que uma semente encontrasse um solo infértil e inóspito, como quando as pessoas são empurradas para as margens ou excluídas das comunidades. As pessoas isoladas, como diz Jesus em outro contexto, são como sementes expostas que se assentam à beira do caminho, facilmente consumidas pelas aves, ou como sementes que caem entre terrenos pedregosos que não suportam o crescimento das raízes. Elas podem germinar e crescer brevemente, mas, por não terem solo nutritivo, são queimadas pelo sol e murcham (Mateus 13:4-6).

Uma maneira de entender a vida e a missão de Jesus significa dizer que ele tratava de cultivar o solo fértil que sustenta um crescimento vibrante e que dá bons frutos (Mateus 13:23). Essa caracterização agrária coloca Jesus em continuidade com o "Deus jardineiro", encontrado pela primeira vez em Gênesis 2, e nos ajuda a entender seu gosto por imagens e práticas hortícolas como formas de dar sentido à vida. Jesus pode não ter conhecido os milhares de milhões de microrganismos presentes no solo, nem os pormenores do dinamismo complexo de sua vida em conjunto, mas saberia que o solo bom é, em sua essência, um meio receptivo que acolhe uma semente e, em seguida, fornece as condições de nutrição para que ela cresça e atinja seu desenvolvimento máximo. Ele teria conhecido algo da "Lei do retorno" de Albert Howard, que instrui as pessoas a cultivar o solo que as nutre.[37] A missão de Jesus era modelar e estender

---

[37] Albert Howard, *The soil and health: a study of organic agriculture* (Lexington: The University Press of Kentucky, 2006 [primeira publicação em 1947]). Considerado um dos pioneiros do movimento orgânico moderno, é importante lembrar que Howard aprendeu boa parte de suas percepções e de seus métodos sobre a saúde do solo com camponeses indianos que praticavam extensas práticas de compostagem.

em contextos humanos esse modo de ser que abarca o cuidado. Essa é, em parte, a razão pela qual seus ministérios muitas vezes se centravam em alimentação, cura e reconciliação das pessoas.

Se Jesus estava focado em cultivar os contextos comunitários para o florescimento da vida, então também era importante que ele expusesse os contextos que a subvertem. Para isso, ele tinha de abordar comportamentos como ciúme, ganância, arrogância e medo, que minam a união, e precisava enfrentar os ambientes inóspitos que ignoram, condenam, segregam ou violam certos grupos de pessoas. Jesus ministrava com frequência a pessoas como leprosos, adúlteros e prostitutas, pessoas que haviam sido relegadas às margens da sociedade.[38] Ele se envolvia com frequência com aqueles que eram condenados ao ostracismo porque pertenciam a uma classe, um gênero ou um grupo étnico errados. E fez amizade com pessoas abandonadas, que eram consideradas de pouco ou nenhum valor, como viúvas, crianças e pobres. Jesus acreditava que as pessoas não deveriam estar isoladas e solitárias.[39] Elas prosperam melhor em contextos comunitários nos quais o respeito mútuo e a educação mútua são modalidades definidoras, pois sem elas as pessoas não podem germinar e crescer. Como Willie Jennings argumentou há pouco tempo, uma prioridade fundamental na formação cristã deve ser criar os contextos sociais, institucionais e materiais a que as pessoas realmente pertencem. A ilusão destrutiva e imperial de que os indivíduos são autossuficientes e autofabricados deve ser resistida e receber a devida nomenclatura: uma distorção da vida que Deus deseja para as pessoas.

> Nossos ambientes educativos precisam ter o objetivo de formar uma alma movida pelo eros, cultivada em uma arte que se une aos ossos e anuncia uma vida contrastante destinada à comunhão. Por comunhão, quero dizer o sentido mais profundo da vida repleta de Deus, sintonizada com a vida em conjunto, não com as pessoas em geral, mas com as pessoas que compõem o lugar da vida concreta e os

---

[38] Em *The future is mestizo: life where cultures meet* (Boulder: University Press of Colorado, 2000) Virgilio Elizondo mostra como Jesus inverteu a categorização dos seres humanos em hierarquias típicas de sua época. Ele rejeitou os sistemas sociais de exclusão e rejeição, acolhendo todos na comunhão, em especial aqueles que foram marginalizados ou abandonados. A instrução de Jesus a seus seguidores em Lucas 14:7-14, o convite para um jantar aos "pobres, os aleijados, os mancos e os cegos" (v. 13), é um exemplo de servir aos outros sem o desejo de avanço próprio.

[39] É importante distinguir uma vida alienada, fragmentada ou solitária de uma vida de solitude. A primeira, para dizer (também) de forma simples, reflete uma vida em que se cortaram os envolvimentos com os outros, ao passo que a segunda reflete uma forma de separação dos outros, de modo que desenvolva melhor as competências de um compromisso atento e cuidadoso com eles. A solitude, em outras palavras, cria um espaço e um tempo para cultivar as disciplinas e as práticas contemplativas que permitem às pessoas desenvolver uma forma de ser mais paciente, honesta e compassiva no mundo. Para uma excelente descrição de algumas dessas práticas, veja Douglas E. Christie, *The blue sapphire of the mind: notes for a contemplative ecology* (New York: Oxford University Press, 2013). Para uma exploração da solitude no cultivo da criatividade, veja Fenton Johnson, *At the center of all beauty: solitude and the creative live* (New York: W. W. Norton & Company, 2020).

lugares (as paisagens, animais e ambientes construídos) que constituem as condições reais da vida.[40]

Podemos delinear dois caminhos primários — um pessoal e outro estrutural — que levam as pessoas a se isolar e ficar sozinhas. Em relação ao primeiro, é evidente que, mesmo em circunstâncias favoráveis, a vida com os outros é confusa, complicada e muitas vezes dolorosa. As pessoas não costumam escolher o solo em que são plantadas. Elas não conseguem escolher a dedo seus familiares, vizinhos, colegas e membros da comunidade. Em consequência, logo percebem que conviver com elas é ter de suportar seus limites e falhas, suas ansiedades e agendas, até mesmo sua negligência e as agressões. Estar com os outros muitas vezes implica interrupção, frustração, questionamento e danos consideráveis, mas, quando isso vai bem, como, por exemplo, quando as pessoas se encontram em comunidades que as respeitam e amam, elas têm as melhores oportunidades de prosperar e florescer. Isso significa que estar com os outros é, inevitavelmente, estar em uma posição de vulnerabilidade, uma vez que o próprio sucesso ou o próprio fracasso depende, em grande medida, daquilo que inspiram, permitem ou impedem. Dada essa vulnerabilidade inevitável, é compreensível que as pessoas muitas vezes se sintam tentadas a recuar, a se proteger ou a se isolar dos contextos comunitários nos quais se encontram.

Quanto ao segundo, é também evidente que as pessoas não conseguem escolher os contextos econômicos ou culturais em que nascem. Não escolhem, por exemplo, sua cultura, classe, etnia, raça, gênero ou orientação sexual, embora essas categorias determinem as oportunidades de vida de uma pessoa bem antes de nascer. Histórias de discriminação e opressão demonstram que aqueles que não nasceram no grupo privilegiado sofrerão. Será negado a eles acesso aos melhores serviços educacionais, médicos, empregos e serviços financeiros, os quais, em contrapartida, serão garantidos àqueles que fazem parte do grupo privilegiado. Suas vozes não serão ouvidas nem honradas pelos que estão no poder, tampouco receberão o respeito ou terão acesso às redes de apoio que os outros têm.

A atenção aos contextos sociais e econômicos é crucial, porque eles moldam os desejos e as expectativas pessoais para a vida. Para entender o que quero dizer, considere como o neoliberalismo, entendido como filosofia e programa econômico, tem o efeito de privatizar o esforço e a realização humana. Da forma como idealizado e aplicado por grandes figuras políticas, como

---

[40] *After whiteness: an education in belonging* (Grand Rapids: William B. Eerdmans Publishing Company, 2020), p. 13-4.

Margaret Thatcher e Ronald Reagan, uma ordem neoliberal é aquela na qual os laços sociais e os objetivos comuns são sistematicamente erodidos para que a aquisição de riqueza privada (empresarial) possa ser maximizada. Esse é um mundo altamente competitivo em que existem alguns "vencedores" e muito mais "perdedores". É também um mundo que usa a vergonha pessoal como um dos principais motores da atividade, uma vez que ninguém quer ser associado aos perdedores. Não surpreende que seja um mundo no qual muitas pessoas se sentem inadequadas, culpadas, deprimidas, ansiosas e sozinhas. São importantes as redes comunitárias — famílias, grupos de amigos, associações de bairro, clubes — e as estruturas governamentais que fornecem redes de segurança para as pessoas que passam por tempos difíceis, foram marginalizadas ou passaram fome até chegar a uma condição anêmica, quase de inutilidade. Uma vez que as pessoas têm a necessidade de ser itinerantes e responder às exigências das forças globais do mercado, deve-se evitar o cultivo de relações profundas e duradouras com as pessoas e os lugares. O enraizamento e o envolvimento são problemas a serem superados.[41]

As diferentes complicações de estar com os outros e inserido em sistemas injustos nos ajudam a compreender por que os envolvimentos que são características inelutáveis de uma vida enraizada e entrelaçada muitas vezes são experimentados como um fardo ou como uma prisão. Apanhadas em circunstâncias estranhas, hostis ou opressivas, as pessoas, com toda a razão, procuram escapar. Podem até mesmo chegar a pensar que a vida é melhor sozinha ou, se não sozinha, pelo menos fortalecida e segura de si. Em outras palavras, uma vida invulnerável e independente é vista como um bem mais desejável do que uma vida comunitária vulnerável.

Seria um erro caracterizar todas as formas de independência como más. Não são. Entretanto, temos também de estar atentos à cegueira e ao engano criado, por vezes, pelo individualismo. Considere, por exemplo, Alexis de Tocqueville, que, em suas observações dos Estados Unidos em meados do século 19, reparou na quantidade de pessoas ensinadas a não esperar nada dos outros e a não dever nada a ninguém. Elas foram encorajadas a se retirar da governança pública e a desenvolver as competências de autossuficiência, pois, ao

---

[41] Zygmunt Bauman menciona boa parte dos desenvolvimentos na prática e no pensamento modernos que levam ao neoliberalismo em *Liquid modernity* (Cambridge: Polity, 2000). Para uma descrição de como o neoliberalismo prejudica a alma humana e o que pode ser feito a respeito, veja Bruce Rogers-Vaughn, *Caring for souls in a neoliberal age* (New York: Palgrave Macmillan, 2016). Por "alma", Rogers-Vaughn não se refere a uma substância individual, etérea, que se une a um único corpo. Em vez disso, a alma é um aspecto e uma atividade de um eu encarnado que "mantém os indivíduos em relação a si mesmos, aos outros, à criação e ao Eterno [...] a alma, pela própria natureza, não pode ser confinada em um indivíduo. Trata-se, antes, de um tecido que incorpora cada um de nós em tudo o que é" (p. 5). O que torna o neoliberalismo tão pernicioso é que ele morre de fome, fragmentando, isolando e voltando as pessoas umas contra as outras, em busca de uma concepção altamente monetizada de sucesso.

fazê-lo, também assegurariam por si mesmas seu destino.[42] Essa forma de pensar sobre as pessoas é desonesta e se nega a reconhecer a dependência que *efetivamente* temos em relação aos outros durante toda a vida. Também é algo problemático, porque a concepção de liberdade que ela vivifica costuma ser corrupta.

Em *Scenes of subjection* [Cenas da sujeição], Saidiya Hartman argumenta que o ideal estadunidense de pessoas como indivíduos autossuficientes dependia de estruturas que os cegavam e dessensibilizavam em relação à brutalização dos outros. Mais especificamente, as liberdades individuais dos homens brancos dependiam da escravização dos afro-americanos.[43] Mesmo em décadas que se seguiram à Guerra de Secessão, Hartman observa como os discursos liberais sobre a liberdade combinavam com formas violentas de dominação que negavam aos afro-americanos a capacidade de desenvolvimento. Embora, tecnicamente, libertados pela Proclamação de Emancipação de 1863, os ex-escravos não tinham acesso à propriedade, à proteção legal, ou aos benefícios da cidadania. Os negros não podiam explorar ou pôr em prática sua humanidade porque, por mais esforço pessoal que pudessem despender, sua subjugação era crucial para a manutenção das formas de produção capitalistas e para a continuidade da supremacia branca.[44] Uma versão de liberdade que depende da falta de liberdade de tantos outros — e até mesmo a exige — não pode ser autêntica.

Outra maneira de dizer isso é afirmar que o individualismo é muitas vezes habituado à injustiça estrutural. Aqueles que defendem o credo individualista poucas vezes reconhecem como as estruturas sociais e econômicas beneficiam sua posição (como, por exemplo, no acesso dos brancos ao crédito e à terra, à educação e aos cuidados de saúde), tampouco expressam muita preocupação com aqueles que sofrem com políticas que discriminam as pessoas negras que procuram hipotecas, empréstimos comerciais ou mesmo uma promoção profissional.[45] Acreditando (falsamente) que a realização própria e a virtude pes-

---

[42] Alexis de Tocqueville, *Democracy in America*, II, ii, 2 (New York: Library of America, 2004), p. 586-7 [edição em português: *A democracia na América* (São Paulo: Edipro, 2019)]. Tocqueville distinguiu o individualismo do egoísmo. Este último refletia um amor irrefletido e exagerado por si mesmo, enquanto o primeiro refletia uma estratégia deliberada em busca da felicidade privada.

[43] Em *The half has never been told: slavery and the making of american capitalism* (New York: Basic Books, 2014), Edward E. Baptist mostra em detalhes as muitas formas como as instituições e infraestruturas brancas dependiam da opressão dos negros. Sua tese fundamental é simples e direta: "A expansão da escravidão moldou todos os aspectos cruciais da economia e da política da nova nação" (p. xxi).

[44] Em *Scenes of subjection: terror, slavery, and self-making in nineteenth-century America* (New York: Oxford University Press, 1997), Saidiya V. Hartman contrasta as liberdades individuais dos homens brancos com a suposta liberdade dos negros desta forma: "'Individualidade sobrecarregada' designa o duplo vínculo da emancipação — as onerosas responsabilidades da liberdade com o gozo de poucos de seus direitos, o conluio da igualdade descorporificada da individualidade liberal com a personificação dominada, regulada e disciplinada da negritude, os enredamentos da soberania e da sujeição, e a transformação da servidão involuntária efetuada sob a égide do trabalho livre" (p. 121).

[45] Em *The color of law: a forgotten history of how our government segregated America* (New York: Liveright Publishing Corporation, 2017), Richard Rothstein narra como os governos federal, estadual e local trabalharam de forma sistemática para criar e impor cidades racialmente segregadas e altamente desiguais

soal são a causa de seu êxito, podem apenas compreender o mau êxito como um fracasso do esforço individual e, portanto, como um vício pessoal. Por isso, não podem apoiar os esforços para tornar as estruturas sociais e econômicas mais justas para todos. Se você está fracassando ou sofrendo, a culpa é sua e será necessário trabalhar mais. Ser branco e homem — condições que transmitem enormes vantagens estruturais — não podem ser elementos reconhecidos como os acidentes de nascimento que claramente são.

Em sua *Letter from a region in my mind* [Carta de uma região na minha mente], de 1962, publicada pela primeira vez em *The New Yorker* e depois reimpressa no ano seguinte, em *The Fire Next Time*, James Baldwin perguntou se é possível para ele, como homem negro, prosperar em uma sociedade racista na qual todas as alavancas de poder trabalham para frustrar as ambições dos negros, e a violência pode cair sobre suas cabeças a qualquer instante. Em um mundo branco, as crianças negras são ensinadas a "desprezar a si mesmas desde o momento em que seus olhos se abrem para o mundo".[46] Essas crianças crescem sabendo que, sempre que desafiam a presunção de inferioridade negra do mundo branco, encontram sua destruição. O desespero que isso produz é destrutivo para a vida. "Muito em breve, sem saber, você desiste de toda a esperança de comunhão [...] O universo, que não se caracteriza apenas por estrelas, lua, planetas, flores, grama e árvores, mas também por *outras pessoas*, não desenvolveu termos para sua existência, não abriu espaço e, se o amor não escancarar os portões, nenhum outro poder será capaz de fazê-lo."[47] Para Baldwin, o solo no qual ele foi plantado não era apenas infértil, mas também hostil a seu crescimento e desenvolvimento. Em vez de acordar todos os dias plenamente vivo e sensível às possibilidades da vida, Baldwin se viu continuamente abatido. Ele compreendeu que sua vida e a de milhões de suas irmãs e irmãos não poderia florescer em um contexto racista. Ele também viu que os brancos enganavam a si mesmos pensando que eram capazes de florescer. Um solo fundamentalmente infectado e doente produz frutos infectados e doentes.

Baldwin acreditava que apenas o poder do amor seria capaz de criar as condições receptivas em que a vida humana pode prosperar. Ele esperava que as igrejas cristãs incorporassem o amor divino que cria e sustenta a vida. Em vez disso, ele ficou desapontado e perdeu as esperanças, pois as igrejas brancas e negras adoravam um Deus branco e racista que, por sua vez, parecia amar apenas um pequeno segmento da humanidade. Ele chegou à compreensão de que

---

em todos os EUA. "Criamos um sistema de castas neste país, com afro-americanos sendo explorados e geograficamente separados por políticas governamentais racialmente explícitas. Embora a maioria dessas políticas esteja agora fora dos livros, nunca foram remediadas e seus efeitos ainda perduram" (p. xvii).

[46] James Baldwin, "The fire next time" (1963), in: *Collected essays*, org. Toni Morrison (New York: The Library of America, 1998), p. 302.

[47] Ibidem, p. 304.

os princípios que regem os ritos e costumes das igrejas nas quais cresci não diferiam dos princípios que regem os ritos e costumes de outras igrejas, brancas. Os princípios eram a cegueira, a solidão e o terror — o primeiro princípio sendo, necessária e ativamente, cultivado para negar os outros dois. Gostaria de acreditar que os princípios eram a fé, a esperança e a caridade, mas claramente não é assim para a maioria dos cristãos, ou para o que chamamos de mundo cristão.[48]

Como Baldwin tão claramente entendeu e descreveu, as igrejas cristãs estavam saturadas e motivadas pelo pecado, e não pelo amor. Elas não estavam dando testemunho ou participando dos modos de nutrição da vida que Jesus ensinou.

Se a salvação mostra um estado em que "a vida que realmente é vida" ocorre, então o pecado nomeia o estado no qual as relações se desintegram, desmoronam ou se tornam abusivas. O pecado foi definido de várias maneiras pelos teólogos. Nicholas Lash, por exemplo, diz: "O pecado é uma recusa de relação, uma concentração em si em uma busca fútil por segurança".[49] Já Herbert McCabe argumenta que "a raiz de todo pecado é o medo: o medo muito profundo de que não somos nada; a compulsão, portanto, de fazer algo de nós mesmos, de construir uma imagem autocongratulatória de nós mesmos que podemos adorar, de acreditar em nós mesmos — nossos 'eus' fantasiosos. Penso que todos os pecados são um fracasso em ser realista".[50] Embora certamente esclarecedoras, essas definições são deficientes se não reconhecerem suficientemente que as pessoas, muitas vezes graças a fatores muito alheios à sua escolha ou ao seu controle, frequentemente se encontram em estruturas opressivas e degradantes que destroem sua capacidade até mesmo de imaginar, quanto mais de exercer sua liberdade ou de perceber seu potencial. Por isso Emilie Townes argumenta que o trabalho mais fundamental é desmantelar as múltiplas formas culturais do mal — racismo, sexismo, pobreza e homofobia — que mantêm as pessoas subservientes e receosas, ou marginalizadas e excluídas.[51] Em outras palavras, as definições que reduzem o pecado a um

---

[48] Ibidem, p. 305. Baldwin chegou à conclusão de que a igreja estava mais relacionada ao teatro do que com transformar as pessoas e os mundos nos quais viviam. "Eu realmente quero dizer que não havia amor na igreja. Era uma máscara para o ódio, para o ódio a si mesmo e para o desespero. O poder transfigurador do Espírito Santo terminou quando o culto se encerrou, e a salvação parou na porta da igreja" (p. 309, 310). Por isso Baldwin argumentou que, se as pessoas desejavam ser verdadeiras morais, precisavam primeiro se separar dos crimes e das hipocrisias da igreja. "Se o conceito de Deus tem alguma validade ou utilidade, talvez sirva apenas para nos tornar maiores, mais livres e mais amorosos. Se Deus não pode fazer isso, então é hora de nos livrarmos dele" (p. 314).

[49] Nicholas Lash, *Believing three ways in the one God: a reading of the apostle's creed* (Notre Dame: University of Notre Dame Press, 1992), p. 101.

[50] Herbert McCabe, *God, Christ and us*, org. Brian Davies (London: Continuum, 2003), p. 17, 18.

[51] Emilie Townes, *Womanist ethics and the cultural production of evil* (New York: Palgrave Macmillan, 2006). Townes relata um sonho do "mulherismo" como aquele em que as pessoas dançam livremente umas com as outras, abertas e sem medo umas das outras, porque os contextos sociais e econômicos nos quais vivem são vivificados pela justiça e pela esperança.

vício pessoal assumem uma concepção altamente individualista de liberdade que exclui necessidades e ajudas interdependentes.

Em *Creation and fall* [Criação e queda], Bonhoeffer apresentou o pecado como um estado em que as pessoas procuram ser *sicut Deus*, ou como um deus que se eleva acima de todas as circunstâncias e não precisa de nada. Em vez de receber dons de Deus e de outras pessoas, as pessoas em estado pecaminoso afirmam a si mesmas e exercem seu poder sobre as outras de um modo que as coloque em sua esfera de controle. Seguindo o reformador protestante Martinho Lutero, Bonhoeffer descreve isso como o coração de uma pessoa curvando-se sobre si, *cor curvum in se*. Essa vida encurvada é o coração do pecado: "O pecado é a recusa das relações que constituem o eu humano; é um afastamento orgulhoso e voluntário de Deus, levando a um amor-próprio inadequado (*amor sui*) [...] O pecado é uma *aversion a Deo* — um afastamento pecaminoso de Deus, como uma espécie de conversão perversa (*conversio*) a si mesmo, que distorce as relações com os outros".[52]

Por que um afastamento de Deus leva a uma distorção das relações com os outros? A lógica funciona mais ou menos assim: se as pessoas não podem confiar que Deus proverá suas necessidades e desejos, elas se voltarão para si mesmas a fim de assegurar o que precisam. Confiar em outras pessoas, como vimos, também é difícil, razão pela qual as pessoas constroem estruturas que facilitam seu controle e apropriação do mundo. No entanto, ao assumir o comando do próprio mundo, torna-se altamente improvável que outros sejam recebidos e engajados como dádivas sagradas. Em vez disso, serão percebidos como meios para a satisfação dos objetivos escolhidos por outro. A instrumentalização não é necessariamente ou sempre maliciosa; às vezes, trata-se tão somente de autopreservação e cuidado de si. O resultado, porém, é sempre o mesmo. As demais criaturas são impedidas de viver a dádiva concedida por Deus porque são feitas para servir à agenda de outrem.[53]

Descrever o pecado como uma incursão do coração pressupõe que a arrogância e o orgulho são os motores fundamentais que desorientam e perturbam as relações humanas. Acaso não deveríamos também considerar o tédio, a apatia e a indiferença como motores poderosos? O poeta Scott Cairns, ao imaginar a vida de Adão e Eva no Jardim do Éden, propõe que não culpemos a serpente como aquela que os conduziu a um caminho de desobediência

---

[52] Brian Gregor, *A philosophical anthropology of the cross: the cruciform self* (Bloomington: Indiana University Press, 2013), p 61.
[53] Em *Eccentric existence*, Kelsey distingue o pecado e o mal da seguinte forma: o pecado é "uma distorção da resposta humana adequada a Deus", enquanto o mal é uma "violação das integridades da criatura" (p. 402). Pecar é viver com uma fé distorcida que esquece que as criaturas são dádivas amadas por Deus. Como se apanhadas em um modo de esquecimento, as pessoas perdem a capacidade de se envolver com os semelhantes de forma humilde, grata e prazerosa. Enquanto o mal é um movimento contra as criaturas, o pecado é um movimento contra Deus.

arrogante, porque uma lógica diferente e um modo de mau relacionamento surgiram muito antes. De acordo com essa lógica mais sutil, enquanto desfrutava dos prazeres sensuais do jardim e uns dos outros, chegou um momento no qual Eva estendeu sua mão a Adão, e este reteve a dele. O que se desenvolveu foi um absoluto e desagradável "novo gosto por se afastar". "O início da perda foi o seguinte: cada vez que alguma forma de beleza era oferecida e rejeitada, o isolamento seguinte que cada um concebia era irresistível."[54]

Esse "afastar-se" diante de um gesto de amor ou de beleza sugere que nem sempre devemos caracterizar o pecado como um gesto arrogante e agressivo. A fadiga e o medo, a insegurança e a ignorância, a ansiedade e a apatia também podem ser motores fundamentais que colocam as pessoas em caminhos de isolamento e desconexão. As escolas podem sufocar a imaginação, assim como os locais de trabalho podem entorpecer a mente e, assim, deixar as pessoas entediadas. Além disso, se as pessoas se sentirem abandonadas e desprezadas pelas elites de sua cultura e acreditarem que são "pessoas descartáveis", ou se souberem que estão sendo "prejudicadas" por uma economia que exige que permaneçam pobres, estarão demasiadamente exaustas para o empenho necessário. Ao viverem em contextos que diariamente as drenam e degradam, não é de surpreender que tenham dificuldade para estar vivas e florescer com as outras pessoas.

Vivendo em comunhão

Do ponto de vista de Jesus, a realidade acontece em contextos de pertencimento mútuo nos quais o isolamento e a solidão são superados. A simples semente deve rachar e se tornar vulnerável porque a germinação depende de uma semente estar aberta à nutrição que o solo pode fornecer. Uma vez que a semente permanece fechada, está, de forma funcional, morta. Sem uma abertura voluntária, é impossível que surjam raízes e membros. À medida que a planta vai crescendo, com raízes cada vez mais extensas e o desenvolvimento cada vez mais elaborado de membros e folhas, ela rompe o tempo todo as fronteiras anteriores de contenção. A semente, outrora minúscula, somente pode amadurecer em um arbusto ou em uma árvore se for envolvida nos movimentos de uma vida que dá e recebe. O momento e as razões para isso acontecer estão além da compreensão e do controle humanos. "O Reino de Deus" disse Jesus, "é semelhante a um homem que lança a semente sobre a terra. Noite e dia, quer ele durma, quer se levante, a semente germina e cresce, embora ele não saiba como. A terra por si própria produz o grão: primeiro o talo, depois a espiga e, então, o grão cheio na espiga" (Marcos 4:26-28).

---

[54] Scott Cairns, "The entrance of sin", in: *Slow pilgrim: the collected poems* (Brewster: Paraclete Press, 2015), p. 139-40.

Para uma semente germinar, não basta que se torne vulnerável. Jesus menciona a abertura da semente à vida como uma espécie de morte: "Se o grão de trigo não cair na terra e não morrer, continuará ele só. Mas, se morrer, dará muito fruto" (João 12:24). Ele acrescenta (no versículo seguinte): "Aquele que ama a sua vida a perderá; ao passo que aquele que odeia a sua vida neste mundo a conservará para a vida eterna" (João 12:25). Essa é uma maneira estranha de falar, em especial para aqueles que estão acostumados a pensar na morte como a cessação, ou o fim, da vida. Além disso, por que o ódio a si mesmo é um pré-requisito para a "vida eterna" se o amor de Deus pelas criaturas é a base profunda e permanente de sua identidade e valor?[55] De que tipo de morte e ódio a si próprio o texto está falando?

Uma maneira de caracterizar esse ódio e essa morte é enxergar como a rejeição e o término dos modos de existência que isolam, fragmentam ou voltam as pessoas umas contra as outras. Nesse contexto, é útil recordar o relato de Tim Ingold sobre a "lógica da inversão", segundo a qual as pessoas acreditam que o poder da vida é algo que lhes é interno.[56] As pessoas que se consideram sementes fechadas em si e autossuficientes não apreciam sua vida como linhas que se abrem e se enredam com outras criaturas, em processos complexos de desenvolvimento mútuo. Elas não veem sua vida como plantada em um solo com raízes que se estendem em relações complexas com bilhões de micro-organismos, ou com membros se estendendo para uma atmosfera a fim de absorver o sol e a chuva, ou com flores e frutos que atraem polinizadores e estimulam a dispersão de sementes. Em vez de viverem uma vida de autodoação e voltada para fora, essas pessoas, como Bonhoeffer disse, vivem em um círculo fechado, sem referência a um Deus transcendente e sem responsabilidade por seus semelhantes.[57]

Há bons motivos para aceitar essa interpretação. Jesus adverte claramente contra aqueles que pensam que o objetivo da vida é mantê-la como uma posse

---

[55] É importante reafirmar que a "vida eterna" não é tão somente uma vida sem-fim. Já concluímos que o céu não pode ser simplesmente um traslado para outro lugar, uma vez que isso deixaria inalterados os padrões de comportamento que criam o anseio por um lugar melhor. O céu é o lugar em que as infraestruturas da vida foram fundamentalmente transformadas, para encarnar os modos de existência do tempo de tal forma que cada momento testemunhe a plenitude e a abundância da vida. O tempo da eternidade não fala da extensão interminável do tempo como já o experimentamos — dificilmente uma perspectiva bem-vinda para as pessoas em contextos de abuso e negligência —, mas de uma nova qualidade de vida na qual o poder de Deus está presente e ativo de forma plena. Por isso Jesus diz: "Esta é a vida eterna: que te conheçam, o único Deus verdadeiro, e a Jesus Cristo, a quem enviaste" (João 17:3). Jesus adota um modo participativo de "conhecer", nascido da intimidade entre conhecedor e conhecido. O conhecimento de Deus não deve ser esperado apenas depois da morte. Isso significa que a vida eterna pode acontecer a qualquer momento.

[56] Em "Rethinking the animate, reanimating thought" (in: *Being alive: essays on movement, knowledge and description* [London: Routledge, 2011]), Ingold diz: "Por meio da inversão, os seres no princípio abertos ao mundo estão fechados em si, selados por um limite externo ou concha, que protege sua constituição interna do tráfego de interação com o ambiente" (p. 68).

[57] Em *Creation and fall*, Bonhoeffer diz, sobre a humanidade "caída", que "pensamos em círculo. Mas também sentimos e desejamos em círculo. Existimos em um círculo" (p. 26).

privada. Ela é uma dádiva que deve ser recebida em humildade e depois compartilhada com as outras pessoas, e a melhor maneira de isso acontecer é participando com Jesus de seus modos de alimentar, curar, criar laços de amizade, e perdoar os outros. Quaisquer que sejam os talentos ou aptidões que lhes tenham sido dados, eles devem ser colocados em prática para o bem dos outros e para a criação de um mundo mais hospitaleiro e belo. Em outras palavras, cada vida particular é um *veículo* por meio do qual os dons de Deus devem ser recebidos e concedidos de novo. A ideia de que as pessoas são uma semente única e autossuficiente tem de morrer. Com essa morte, as pessoas precisam aprender a odiar os modos de vida que mantêm as energias pessoais e a atenção focadas em si mesmas. Jesus pede às pessoas que se reconciliem como vasos abertos que recebem com gratidão as dádivas de Deus e as compartilham generosamente com os outros. Devem reorientar-se no mundo como locais corporificados mediante os quais se realiza a hospitalidade de Deus com as criaturas. Se não aprenderem a fazer isso, o fluxo de recebimento/doação que é a vida cessará ou chegará ao fim. Jesus revela que a oferta de si é o caminho fundamental para o ser humano porque é também o modo de Deus estar com as criaturas.

O apóstolo Paulo descreveu essa morte para si mesmo do ponto de vista da prisão quando mostrou a vida "em Jesus" como uma participação em sua crucificação. Em sua carta aos romanos, ele diz: "Pois sabemos que nosso velho homem foi crucificado com ele, para que o corpo do pecado seja destruído, e não mais sejamos escravos do pecado; pois quem morreu, foi justificado do pecado. Ora, se morremos com Cristo, cremos que também com ele viveremos" (Romanos 6:6-8). Nessa passagem, o apóstolo está apresentando o modo de seguir Jesus, participando de suas formas de nutrição e cura, as quais marcam uma ruptura nos modos habituais de ser que se concentram na autopromoção ou na autopreservação. Os poderes políticos que colocaram Jesus na cruz foram os de violação e morte, mas o poder de Jesus é de doação e amor que derrota a morte e supera o ódio e o abuso. Em sua carta aos coríntios, Paulo diz, sem rodeios: "Portanto, se alguém está em Cristo, é nova criação. As coisas antigas já passaram; eis que surgiram coisas novas!" (2Coríntios 5:17). A vida da ressurreição é uma nova forma e uma nova modalidade de vida. É o tipo que leva à alegria e à paz, à bondade e à generosidade, ao cuidado e à fidelidade. Acima de tudo, é o tipo de vida em que o amor hospitaleiro de Deus é o único poder que vivifica o que as pessoas fazem. O indicador dessas pessoas que vivem uma vida de ressurreição é que nada desvia, distorce ou impede que o poder vivificador do amor de Deus pulse por intermédio delas. A vida delas está aberta a receber esse amor de forma total, sendo outra maneira de dizer que elas se tornaram veículos para a dispersão desse amor onde quer que estejam e com quem quer que estejam. Elas se tornam sementes que produzem frutos abundantes.

A crucificação de si não tem relação com o ódio de si como um ser finito criado e amado por Deus. Em vez disso, trata-se de criar as condições pessoais que favoreçam uma vida em comunidade. Morrer com Cristo é passar por um batismo que prepara as pessoas para entrar na vida com os outros, o que Paulo chama de "corpo de Cristo", e se tornarem membros que vivem para edificar uns aos outros. Paulo não usa a linguagem das sementes para estabelecer seu ponto de vista, mas a lógica de abertura e entrega voluntárias é mantida. Em vez disso, ele usa a imagem de um corpo orgânico com muitos membros diversos: pés, olhos, ouvidos, mãos e muitos mais. Para que o corpo e cada membro floresçam, todos devem florescer juntos, o que pressupõe que cada membro esteja atento e *sintonizado* com o que está acontecendo na vida de todos os outros. Eles devem ser orientados para fora, e não para dentro, porque o florescimento, em seu melhor, acontece em espaços de reciprocidade contínua e de empatia compartilhada. No momento em que um único membro tenta se isolar ou presumir que pode florescer sozinho, o corpo todo sofre. Um corpo vivo não é uma pilha de fragmentos desconexos. Quando uma pessoa parte do princípio de que está sozinha, priva-se da educação e do apoio que provêm de seus semelhantes. Priva também o organismo do apoio de que necessita.

> Se todos fossem um único membro, onde estaria o corpo? Tal como está, há muitos membros, mas um só corpo. O olho não pode dizer à mão: "Não preciso de você", nem ainda a cabeça aos pés: "Não preciso de vocês". Pelo contrário, os membros do corpo que parecem ser mais fracos são indispensáveis, e os membros do corpo que consideramos menos honrados vestimos com maior honra, e nossos membros menos respeitáveis são tratados com grande respeito; ao passo que nossos membros mais respeitáveis não precisam disso. No entanto, Deus dispôs o corpo de tal modo, dando maior honra ao membro inferior, para que não haja dissensão dentro do corpo, mas os membros podem ter o mesmo cuidado uns com os outros. Se um membro sofre, todos sofrem junto com ele; se um membro é honrado, todos se alegram junto com ele (1Coríntios 12:19-26).

Paulo entende que uma vida comunitária é arriscada e difícil. Com muita frequência, as comunidades cristãs que ele fundou e cultivou falhavam. Elas eram caracterizadas por lutas internas, disputas por posição, calúnia, negligência, arrogância, criação de hierarquias (e a segregação que daí decorre), e todos os tipos de comportamentos que levavam as pessoas a se dividir entre si. Em vez de estabelecer estruturas mútuas, as pessoas estavam destruindo umas às outras. Por isso ele insistiu que as formas de existência que geram divisão — e isolamento — precisam morrer. Para as pessoas viverem juntas como o "corpo de Cristo", devem aprender também a viver como "uma só mente" em

Jesus, vendo como ele vê, pensando como ele pensa, navegando e se movendo no mundo como Jesus. A "mente" a que Paulo está se referindo não é simplesmente a capacidade teórica de pensar "sobre" os outros, mas a experiência prática (*phronesis* é a palavra grega que ele usa) que prepara as pessoas para o envolvimento nas maneiras gentis e humildes que colocam as outras pessoas à frente de si mesmas.

> Cada um cuide, não somente dos seus interesses, mas também dos interesses dos outros. Seja a atitude (*phronesis*) de vocês a mesma de Cristo Jesus, que, embora sendo Deus, não considerou que o ser igual a Deus era algo a que devia apegar-se; mas esvaziou-se a si mesmo, vindo a ser servo [*doulos* pode também ser traduzido por escravo], tornando-se semelhante aos homens. E, sendo encontrado em forma humana, humilhou-se a si mesmo e foi obediente até à morte, e morte de cruz! (Filipenses 2:4-8)

A humildade não é uma disposição de autonegação ou desprezo próprio. É, em vez disso, uma avaliação honesta de si mesmo como alguém dependente e beneficiado por inúmeros outros, e por Deus. A humildade surge da percepção de que não se pode prosperar sozinho, mas que é preciso receber dos outros, a todo momento, dons de educação, instrução e inspiração. É por isso que a gratidão, o contentamento e a alegria costumam ser os complementos de uma vida humilde.[58]

A humildade é uma virtude incomum porque exige que as pessoas afirmem sua necessidade das outras e, portanto, também sua vulnerabilidade diante delas. Considere a injunção de Paulo para sermos membros uns dos outros em uma vida compartilhada, gratos pelo papel que outros membros podem desempenhar, seja como ouvido, olho, mão, pé ou qualquer outra coisa. O problema, no entanto, é que eles nem sempre correspondem às expectativas que poderíamos ter. O olho do qual dependo pode estar fechado, adormecido ou indevidamente direcionado e focado. Por conseguinte, meu funcionamento como mão será prejudicado. Posso alcançar a coisa errada, ou agarrar-me a algo que me corta ou queima. Dada essa possibilidade real, a tentação é ficar frustrado ou zangado, e depois menosprezar os outros e se dissociar deles. Paulo viu isso acontecer repetidas vezes nas comunidades cristãs atormentadas por dissensões e rancores. Seu apelo, no entanto, era que as pessoas aprendessem a domar sua frustração e raiva vivendo o amor proposto por Jesus a seus seguidores.

---

[58] Para um desenvolvimento desses temas, veja meu ensaio "Creaturely humility: placing humility, finding joy", in: *The joy of humility: the beginning and end of the virtues*, org. Drew Collins, Ryan McAnnaly-Linz; Evan C. Rosa (Waco: Baylor University Press, 2020).

Por isso, alguns poucos versículos depois, Paulo faz uma descrição do amor semelhante a Cristo, que tudo vivifica. O amor é o poder crucial que permite às pessoas ser uma presença estimulante e edificante na vida dos outros. Não é suficiente que eu esteja com os outros ou ao lado deles. Devo enxergá-los de tal forma que o amor de Deus possa fluir por intermédio de mim para dentro deles. A ideia de que as pessoas estão em seu melhor quando são veículos para o amor de Deus confere ao amor seu caráter definidor. Ele diz: "O amor é paciente, o amor é bondoso. Não inveja, não se vangloria, não se orgulha. Não maltrata, não procura seus interesses, não se ira facilmente, não guarda rancor. O amor não se alegra com a injustiça, mas se alegra com a verdade. Tudo sofre, tudo crê, tudo espera, tudo suporta. O amor nunca perece; mas as profecias desaparecerão, as línguas cessarão, o conhecimento passará" (1Coríntios 13:4-8). Paulo acredita que, a menos que as pessoas pratiquem a paciência e a bondade que Jesus ensinou, e estendam a solicitude e a compaixão que ele sentia pelos outros, mesmo no meio de suas falhas, elas não conseguirão suportar sua condição vulnerável. O dar e o receber misericórdia estão no cerne de uma vida comum e de transformação mútua, porque a misericórdia é a forma de compaixão que abrange a finitude, a carência, e a inevitável má conduta que, invariavelmente, ocorrem na vida em coletividade. Sem amor e misericórdia, as pessoas não saberão sofrer com aqueles que sofrem, tampouco se alegrarão com aqueles que têm motivos para se sentir alegres.

O amor e a misericórdia que estão sendo apresentados não devem ser expressos sob uma luz sentimental, porque ser sincero consigo diante do que fazemos com os outros, e muitas vezes contra eles, pode ser um exercício profundo e doloroso. Para entender o que quero dizer, devemos voltar à descrição de Baldwin a respeito do que acontece nas comunidades quando o amor está ausente. Ele argumenta que os brancos precisam que os negros lhes mostrem quem são, porque passam muito tempo diante de espelhos de autocongratulação que refletem apenas o que querem ver, ou seja, as histórias de grandes realizações e sucesso.

> Nós sabemos, consigamos ou não admitir, que os espelhos só são capazes de mentir, que a morte por afogamento é tudo o que aí nos espera. É por essa razão que o amor é buscado de forma tão desesperada e evitado com tanta astúcia. O amor tira as máscaras sem as quais tememos não poder viver sem e nas quais sabemos que não podemos viver com.[59]

---

[59] Baldwin, "The fire within", in: *Collected essays*, p. 341. A visão de Baldwin nos permite perguntar em que medida o envolvimento humano com a Terra não tem sido semelhante ao um olhar para espelhos autocongratulatórios. Uma vez que muito esforço humano é dedicado a impor um desígnio para a vida dos seres vivos e dos lugares, um desígnio que se destina a servir às ambições humanas, olhar para o mundo reflete a engenhosidade e a destreza humanas. Os danos e a destruição que causamos não aparecem no

O amor genuíno é árduo dessa maneira porque volta as pessoas umas para as outras, para poderem ver de forma honesta com quem estão e quem são na presença das outras. Assim, elas podem começar a apreciar os efeitos e as consequências de suas ações, para dissipar os mitos nos quais as pessoas muitas vezes preferem viver. Se os brancos se voltassem para os negros, ouvissem e se tornassem genuinamente sensíveis, eles veriam como seu sucesso depende de infindáveis violações e sofrimentos dos negros, e que a versão do céu de uma pessoa branca muitas vezes depende do inferno de uma pessoa negra. Eles aprenderiam a respeito da saturação da vida dos negros, moldada por

> corda, fogo, tortura, castração, infanticídio, violação; morte e humilhação; medo de dia e de noite, tão profundo que alcança a medula dos ossos; dúvidas se, na verdade, eram dignos de vida, uma vez que todos a seu redor a negavam; tristeza por suas mulheres, por seus parentes, por seus filhos, que precisavam de sua proteção e a quem eles não podiam proteger; raiva, ódio e assassinato, ódio tão profundo pelos homens brancos que muitas vezes se voltavam contra eles e contra os seus, e impossibilitava todo amor, confiança e alegria.[60]

Baldwin argumenta que os brancos devem aprender a entrar no sofrimento dos negros, tornar-se membros que sofrem entre si, como o apóstolo Paulo poderia dizer, para que a vida genuína em coletividade, caracterizada pela construção mútua, se torne realidade. Não acontecerá, no entanto, em contextos de medo e desconfiança. Para as pessoas viverem intimamente com as outras a longo prazo e de maneiras que promovam a educação genuína recíproca, elas exigirão que pratiquem o amor que permanece comprometido, paciente e gentil, mesmo em contextos de mágoa recíproca. Trata-se de uma forma de amor que perdoa o mal e procura o bem do ofensor, e a justiça reparadora para o ofendido. É um modo de vida que pode ser livre de verdade, uma vez que já não é mais governado pelo medo. O amor perfeito "expulsa o medo" (1João 4:18).

O relato de Paulo sobre a pertencimento ao corpo de Cristo, vivificado por um amor semelhante ao de Cristo, permite-nos compreender o que uma vida enraizada e enredada pode ser em seu melhor. Como já vimos, há muitas boas razões para resistir a essa vida, em especial quando observamos como

---

espelho tanto quanto deveriam. Se as pessoas querem quebrar os espelhos que refletem o mundo como o imaginamos, devem praticar o amor que se despoja de si e que lhes permite chegar à presença dos lugares onde estão e daqueles com quem estão. Os mitos do progresso e do desenvolvimento sobre os quais vivemos precisam ser destruídos, mas, para que isso aconteça, as "vozes" dos lugares e das criaturas precisam ser escutadas e ouvidas. É preciso encontrar meios práticos para sofrer com os reveses da criação e alegrar-se com o regozijo da criação.

[60] Ibidem, p. 342-3.

os contextos sociais e ecológicos de envolvimento são muitas vezes confinados, provinciais, frustrantes, opressivos, brutalizantes, ou mesmo assassinos. O conselho de Paulo não é que as pessoas busquem o fim do enraizamento e do envolvimento, algo que o caráter finito, carente e corporificado da vida das criaturas simplesmente não permite; em vez disso, o objetivo deve ser identificar e rejeitar os poderes e processos violadores que distorcem e degradam os muitos lugares, comunidades específicas, e estruturas políticas/econômicas mediante as quais todas as criaturas necessariamente se movem e das quais dependem. O objetivo deve ser diagnosticar o medo, o ódio, a desconfiança, a arrogância, o preconceito, a insegurança, e a ansiedade que muitas vezes geram e estruturam a maneira pela qual as pessoas se ajuntam e substituir essas coisas por compaixão e cuidado semelhantes aos de Cristo. Paulo acredita que é esse amor incondicional, não sentimental, mas totalmente dedicado e abrangente (Romanos 8:31-39), que levará as pessoas a uma "vida abundante".

O relato dos seres humanos *como criaturas* amadas por Deus e chamadas a viver uma vida de entrega voluntária e de construção da comunhão nos ajuda a imaginar e perceber uma possibilidade incomum: que as pessoas acordem vivas todos os dias para desfrutar a graça e a beleza deste mundo, e rodeadas por uma infraestrutura social, econômica e material de apoio que procura seu florescimento. Essas pessoas saberão que são amadas por Deus e dignas de ser apreciadas e celebradas. Saberão que sua melhor vida implica participar do modo de Deus de ser alguém que se entrega de maneira voluntária e é hospitaleiro, porque esse é o modo de existência que constitui e sustenta toda a vida. Os mundos que habitam e constroem podem nem sempre ser pessoalmente agradáveis, pacíficos ou seguros, mas elas saberão que, quando a dor e o sofrimento vierem, outros estarão lá para procurar justiça e oferecer formas de apoio que sejam gentis e amorosas, pacientes e misericordiosas.

CAPÍTULO 8

Chamados à criatividade

O Senhor Deus colocou o homem no jardim do Éden para cuidar dele e cultivá-lo (Gênesis 2:15). Tendo sido divinamente formado e gerado a partir do solo (*adamah*), o primeiro ser humano é, então, instruído a cuidar da terra. Como devemos caracterizar o significado dessa tarefa de cultivo?

Pensando de forma pragmática, a resposta é simples: se as pessoas querem comer, precisam trabalhar para ganhar seu sustento. O cultivo e a manutenção são, portanto, apenas os meios práticos pelos quais as pessoas colocam os alimentos em suas mesas. Sendo apenas um meio, se uma pessoa pode comer sem ter de realizar esse trabalho, não se perde muito. Na verdade, seria possível argumentar que muito é ganho, porque agora as pessoas podem começar a fazer outras coisas. O trabalho de cultivo, em outras palavras, é facultativo e não vocacional. Não é intrínseco ao que uma pessoa é ou ao que deve realizar. Acontece que, se você gosta de estar em um jardim e quiser cultivar alguns vegetais, frutas ou flores, então cultivo é o que realizará.

Essa descrição pragmática é inadequada porque não compreende de que forma o cultivo e a conservação da terra são fundamentais para a explorarmos a identidade e a vocação humanas. As pessoas são chamadas ao jardim porque precisam compreender como a vida delas depende da fertilidade do solo e da saúde das criaturas vegetais e animais que as nutrem. Além do trabalho de cultivo, as pessoas terão mais dificuldade em saber na prática do que depende sua vida, ou como as criaturas com quem convivem (potencialmente) criam um mundo bonito, aromático e delicioso. Elas não apreciarão realmente a contingência, a vulnerabilidade e a graça da vida. O cultivo é um trabalho paradigmático e primordial, porque nele as pessoas chegam a uma compreensão corporificada de que vivem de dádivas incompreensíveis em sua profundidade, e sagradas em sua origem. Aproximando-se da diversidade de criaturas no jardim, as pessoas também se aproximam do Deus que cultiva, que é íntimo delas e que se deleita em seu florescimento.

Também é importante afirmar que, à medida que as pessoas trabalhem regularmente para produzir parte de seus alimentos, elas também se sentem atraídas para o mundo, a fim de compreender melhor sua vulnerabilidade e necessidade. Para ter sucesso em um jardim, aqueles que o cultivam devem estudar onde estão para poder saber em detalhes o que o solo e o clima recomendam. Eles não podem simplesmente impor sua vontade ao jardim, ou presumir que cada lugar é mais ou menos o mesmo, pois, ao fazê-lo, frustrarão a fertilidade e agravarão sua fome. Trabalhar em um jardim é agir nos limites — das estações, dos ciclos de crescimento — e descobrir não haver garantias na vida, uma vez que a doença, a destruição e a morte são realidades sempre presentes. É saber que a ausência de atenção e de cuidado muitas vezes leva à ruína. Por isso, as aptidões e as empatias de cultivo são tão importantes: para as pessoas comerem, precisam conhecer, respeitar e nutrir o mundo que as nutre.[1]

O ato de comer nos leva ao núcleo visceral de nossa identidade como criatura, porque é aqui, na ingestão e na digestão diárias dos alimentos, que nossa vulnerabilidade e nossa necessidade, mas também nosso enraizamento e nossa interdependência, são mais claramente expressos.[2] Nos campos, florestas e jardins, lagos, riachos e oceanos, diante do fogo, nas cozinhas e mesas de jantar, as pessoas são apresentadas à evidência inconfundível de que dependem de condições meteorológicas favoráveis, solos saudáveis, animais e peixes abundantes, água limpa, microbiomas vibrantes, caçadores competentes, agricultores, jardineiros, cozinheiros, e boa companhia se quiserem desfrutar o sustento que estão prestes a consumir. Embora as pessoas possam pensar que estão separadas ou sozinhas, cada mordida é um lembrete (potencialmente) delicioso de que estão costuradas a um mundo com outras pessoas da maneira mais íntima: alimentando-se das coisas. As pessoas não vivem simplesmente *na terra*. Uma descrição mais precisa seria dizer que elas *crescem a partir* da terra e são diariamente *abençoadas* por ela.

Devemos nos surpreender com o fato de vivermos em um mundo que pode ser tão belo, aromático e delicioso — tão cheio de vida. Com certeza, às vezes ele pode parecer triste e até mesmo perigoso. O que é notável, no entanto, é que, em contrapartida, a terra responde ao cuidado que lhe dispensamos cuidando de nós. A terra está saturada de vivacidade e encharcada de possibilidades. Unidas de maneira íntima e prática a ela, as pessoas têm a oportunidade de se sentirem mais vivas. Obviamente, o mundo inteiro não é um jardim, mas o cultivo

---

[1] Os estudiosos do hebraico observaram que "lavrar e guardar" também podem ser traduzidos por observar, preservar e conservar, variações do verbo "servir". Veja Ellen F. Davis, *Scripture, culture, and agriculture: an agrarian reading of the Bible* (New York: Cambridge University Press, 2009, p. 30) para uma discussão sobre esse assunto.
[2] Em *Food and faith: a theology of eating*, 2 ed. (New York: Cambridge University Press, 2019), faço um tratamento pormenorizado de vários desses temas.

coloca as pessoas em contato com o poder divino gerador de vida e provedor da criação, que tudo vivifica. Como poucas outras atividades são capazes de fazer, o cultivo nos conecta às fontes de vida que nos nutrem e são a condição de nossa cura e alegria. Ao praticar as habilidades que cultivam a vida, surge a oportunidade que as pessoas encontrarão e apreciarão o que Gerard Manley Hopkins chamou de "o frescor mais adorável na essência das coisas".[3] Elas têm a oportunidade de contribuir para o embelezamento de nosso mundo, ou o que J. R. R. Tolkien chamou de "foliação" (em vez de desfoliação) da criação.[4]

O cultivo é uma forma paradigmática de trabalho que *coloca* nosso corpo e *situa* nossa imaginação nos contextos de germinação, crescimento e floração da vida. Ele faz isso de uma forma muito direta, sintonizando nosso processo de transformação ao das minhocas e abelhas, mas também de aguaceiros e ciclos de geada. Isso faz do cultivo uma forma de arte e uma prática contemplativa que sensibiliza melhor as pessoas para as agonias e a exuberância da existência.[5] Por ser orientado pelos compromissos de nutrir, proteger e celebrar as dádivas da vida, pode servir de modelo para a forma pela qual as pessoas podem enquadrar e concentrar sua atividade criativa no mundo em geral. Por ter o potencial de atrair as pessoas para uma consciência do poder divino que circula mediante as coisas, também situa o trabalho em um contexto sagrado de significado e valor. Em outras palavras, o cuidado e o cultivo da vida são o chamado mais fundamental da humanidade, porque nele as pessoas participam do poder divino que potencialmente torna a vida uma bênção. Abrindo-se a esse poder, as pessoas não se sentem apenas valiosas; elas também descobrem como podem ser uma bênção para os outros. Quando *Adão* é instruído a cuidar do jardim, não é um castigo; é um convite a se unir aos caminhos do cultivo divino com o mundo.

As pessoas são chamadas à criatividade porque, ao realizarem as coisas, aprendem a testemunhar e a dar espaço aos poderes insondáveis inaugurados

---

[3] Gerard Manley Hopkins, "God's Grandeur" in: *Gerard Manley Hopkins: the major works*, org. Catherine Phillips (New York: Oxford University Press, 2002), p. 128.

[4] J. R. R. Tolkien, "On fairy stories", in: *Tree and leaf* (New York: HarperCollins, 2001) [edição em português: *Árvore e folha* (Rio de Janeiro: HarperCollins, 2020)].

[5] Em *Art and faith: a theology of making* (New Haven: Yale University Press, 2020) [edição em português: *Arte e fé* (São Paulo: Thomas Nelson Brasil, 2022)], Makoto Fujimura descreve como várias formas de arte permitem que as pessoas sintam o mundo a seu redor com maior profundidade. "Conhecer um artista é conhecer tanto a profundidade das dores como as elevações da alegria [...] precisamos considerar as artes como uma forma de valorizar os detalhes misteriosos da vida e uma forma de treinar nossos sentidos para prestar atenção ao mundo [...] Os artistas são os condutores da vida, articulando o que todos nós estamos certamente sentindo, mas talvez não consigamos expressar" (p. 107). Da mesma forma, em *The glass cage: automation and us* (New York: W. W. Norton & Company, 2014), Nicholas Carr afirma que "somente por intermédio do trabalho que nos leva ao mundo é que nos aproximamos de uma verdadeira compreensão da existência [...] Não é um entendimento que possa ser expresso em palavras. Não pode ser explicitado. É como um sussurro. Para ouvi-lo, é necessário chegar muito perto de sua fonte. Trabalho [...] é mais do que uma forma de realizar as coisas. É uma forma de contemplação, uma forma de ver o mundo face a face, e não por meio de uma vitrine" (p. 213-4).

e sustentados no mundo pela criatividade. Nas coisas realizadas, elas dão nova articulação à forma que esse poder pode ter em seus bairros e em suas comunidades. É claro que as pessoas não são Deus, não são capazes de criar as condições para a própria existência, mas, ao possibilitá-las, também dão expressão à possibilidade de novidade neste mundo. Como diz o pintor e teólogo Makoto Fujimura, "quando fazemos, estamos alçando voo para o novo [...] Quando realizamos, convidamos a abundância do mundo de Deus para a realidade da escassez a nosso redor".[6] O exercício da criatividade ou da arte não deve estar limitado a um grupo seleto, tampouco ser considerado o âmbito de artistas especialmente formados;[7] em vez disso, deve ser encorajado e cultivado em todos, pois, em seu exercício, as pessoas têm a oportunidade de explorar e expandir os caminhos hospitaleiros de Deus no mundo.

Um pressuposto orientador deste capítulo é que as pessoas têm a necessidade fundamental de sentir que estão convergindo para dentro e contribuindo para processos que dão vida e que a afirmam. As pessoas querem saber que suas ações são importantes e que seu trabalho desempenha algum papel em honrar a vida que lhes foi dada. Não basta viver de qualquer jeito, especialmente se isso torna as pessoas vazias e sozinhas. Em seu livro *The gift: creativity and the artist in the modern world*, Lewis Hyde observa que "a satisfação deriva não apenas de estar preenchido, mas de estar preenchido com a corrente que não cessará".[8] Hyde descreve o fenômeno relativamente recente no qual um mundo de dádivas se transforma em um mundo impessoal de mercadorias. Embora muitas pessoas agora tenham mais coisas do que legitimamente precisam, ainda não estão felizes porque suas coisas não lhes permitem entrar em contato significativo com o amor divino e pessoal, o amor que vivifica as coisas e deseja que elas venham à existência. Na compra de mercadorias, "é como se o comprador e o vendedor estivessem ambos em sacos plásticos; não há o contato que existem em uma troca de presentes. Não há movimento nem emoção, porque a questão toda é manter o equilíbrio, para garantir que a troca em si não gere [...] o envolvimento de uma pessoa com outra".[9]

Para entender o ponto de Hyde, compare uma refeição preparada com cuidado por alguém de sua família com outra comprada na seção de congelados de um supermercado. Ambas fornecem calorias, mas a primeira comunica

---

[6] Fujimura, *Art and faith*, p. 4.
[7] Em *Art rethought: the social practices of art* (Oxford: Oxford University Press, 2015), Nicholas Wolterstorff narra como um "mundo da arte" identificável, repleto de museus especializados, artistas plásticos e práticas de visualização desinteressada, desenvolveu-se na modernidade. Ele argumenta que a "grande narrativa" elitista da arte deve ser rejeitada para a arte poder retornar a seu lar natural entre as pessoas comuns envolvidas em várias práticas sociais e construtivas.
[8] Lewis Hyde, *The gift: creativity and the artist in the modern world*, 2 ed. (New York: Vintage Books, 2007), p. 27 [edição em português: *A dádiva: como o espírito criador transforma o mundo* (São Paulo: Civilização Brasileira, 2010)].
[9] Ibidem, p. 12.

melhor o cuidado e a devoção de um cozinheiro, que honra e expressa o desejo de que você esteja bem alimentado e feliz. Uma refeição caseira é muitas vezes mais satisfatória porque corporifica o amor que torna a vida preciosa, compartilhada e digna de celebração. Isso não quer dizer que as pessoas devam rejeitar ou negar a (muitas vezes excelente) qualidade das coisas feitas de forma industrial. Trata-se, em vez disso, de realçar a importância da arte para personalizar a vida. As coisas feitas à mão comunicam a habilidade de um artesão, mas também expressam a convicção de um artesão de que este mundo é bom e que é proveitoso investir talentos e energias nele. Na construção das coisas, um reino de objetos é transformado em um reino de dádivas. Ao receber uma dádiva, as pessoas descobrem que são amadas.

O cultivo ensina que a comida é um presente. Embora aqueles que cultivam trabalhem de forma muito árdua, se forem honestos, admitirão que, no fim do dia, a comida é algo que eles *recebem* mais do que controlam. Eles não inventam a vida ou os deliciosos sabores que, com regularidade, melhoram seus dias. Seus esforços contribuem para o que cresce, mas não são capazes de produzir por si próprios. Para serem eficazes, devem estar atentos e pacientes, ajustar seus desejos e treinar seus talentos para satisfazer as necessidades do jardim, e devem acompanhar os processos de vida e morte que já ocorrem nesses espaços. Isso significa que um jardim não é simplesmente um local pragmático, ou um chão de fábrica para a produção de alimentos. É, ou pelo menos pode ser, um local por intermédio do qual as pessoas descobrem a percepção radical de que *receber e dar*, em vez de *adquirir e acumular*, são os indicadores definitivos de uma vida humana autêntica.

A ideia de que a vida é uma dádiva é afirmada com facilidade, mas não tão fácil de ser compreendida. Uma vez que as pessoas navegam por mundos em que quase tudo é disponibilizado para compra, e uma vez que utilizam contratos e cartões de crédito para garantir as coisas de que precisam, é improvável que as coisas, vivas ou não, sejam consideradas *dádivas*. Vemos isso nos diversos ambientes terrestres e aquáticos, caracterizados como estoques de recursos naturais ou como pacotes monetizados de serviços ecossistêmicos. Vemos isso nos milhares de milhões de animais de criação e nos milhões de hectares de terras agrícolas, tratados como locais de produção de mercadorias, destinados a maximizar o rendimento. E vemos isso nos trabalhadores, considerados unidades de produção dispensáveis, e nos consumidores, considerados unidades de consumo mais ou menos ingênuas. Locais como esses são habitados por mercadorias organizadas de acordo com uma lógica de mercantilização que valoriza as máximas eficiência, produtividade e rentabilidade.

Para dar um exemplo claro, considere a ideia recente de "alimentos" *indi*geríveis, que devem "passar" pelo nosso corpo o mais rápido possível. Do ponto de vista de um investidor, esse produto alimentar é um achado magnífico, porque resolve o antigo problema de que as pessoas apenas podem consumir uma quantidade limitada, antes de estarem satisfeitas. Se for possível projetar alimentos que passem rapidamente pelo corpo e que tenham um sabor bastante agradável, os fornecedores podem vender muito mais. Trata-se de uma concepção de alimentos que desrespeita os consumidores, à medida que seu papel principal é facilitar as vendas; e desrespeita o próprio alimento, porque prejudica seu objetivo nutricional. Falando de um sistema alimentar industrial, que reduz os corpos vegetais e animais aos papéis que desempenham na maximização dos lucros das empresas, Julie Guthman observa que, "[i]ngerir alimentos nutricionalmente vazios — ou deletérios — que existem para resolver os problemas de rentabilidade para a indústria alimentar coloca o fardo ecológico sobre o corpo, assim como inalar ar impuro e beber água suja [...] os corpos se tornam um local para curas mercantilizáveis, para as condições e doenças criadas por meio desses alimentos e dessas exposições".[10] É difícil ver como as pessoas podem "dar graças" ou pronunciar um sincero "amém, que assim seja" diante de produtos assim, porque, em vez de comunicar o amor de seu fornecedor, uma refeição desse tipo comunica o desejo de maximização do lucro. Em vez de ser uma dádiva sagrada, a comida e os que se alimentam dela são reduzidos a meios para o benefício financeiro de outra pessoa. Os alimentos indigeríveis e nocivos não comunicam que a vida é uma dádiva sagrada, mas, sim, que as criaturas existem para ser exploradas.

É claro que a invenção de alimentos indigeríveis é um exemplo extremo. No entanto, a ilustração não deve ser rejeitada, porque revela o caráter degradante e desrespeitoso de uma lógica industrial que com frequência mina e polui a terra e a água, e explora a vida vegetal e animal como as formas convencionais e aceitas de concretizar negócios.[11] Essa é uma lógica na qual nenhum lugar e nenhuma criatura podem ser entendidos como dádivas. Como o apresenta Marcel Hénaff:

---

[10] Julie Guthman, *Weighing in: obesity, food justice, and the limits of capitalism* (Berkeley: University of California Press, 2001), p. 181.

[11] Como um dos inúmeros exemplos de como essa lógica funciona, considere como a indústria de processamento de carne suína usou a pandemia de Covid-19 para remover as normas de segurança e diminuir a responsabilidade da empresa por ferimentos e morte de trabalhadores. Os executivos da Smithfield e da Tyson Food fizeram pedidos públicos de assistência do governo, alertando que os EUA estavam à beira de uma grande escassez de carne, recebendo, então, uma ordem executiva presidencial declarando as instalações de produção de carne como "infraestrutura fundamental". A demanda e os preços e, por conseguinte, também a rentabilidade das empresas dispararam. Ao mesmo tempo, essas empresas enviaram uma quantidade recorde de carne suína para a China. Nesse ínterim, as fábricas de processamento de carne tiveram algumas das maiores taxas de infecção e mortalidade *per capita*, e milhões de porcos, já vivendo em instalações degradantes, foram exterminados nas fazendas industriais porque haviam crescido "muito" para ser processados. Veja o relatório do Azure Gilman em The Counter (disponível em: https://thecounter.org/jbs-cargill-smithfield-tyson-record-pork-exports-china/).

A partir do momento em que a produção e seu crescimento se constituem como objetivos autônomos e primários, como instrumentos e sinais de poder, tudo entra no circuito econômico e tende a ser sujeito a uma avaliação financeira. Todas as atividades são consideradas no que se refere aos custos. Tudo tem um preço [...] A esfera econômica predomina porque o próprio *poder depende dos meios fornecidos pela economia*.[12]

Em um mundo como este, as coisas não podem alcançar a condição de *dádivas* porque seu significado e seu objetivo foram definidos por considerações de mercado determinadas por uma linha de base financeira. O poder que propulsiona seu surgimento e sua razão de ser não é um poder divino e hospitaleiro que acolhe as criaturas, as nutre e depois se deleita com seu florescimento.

Um mundo no qual uma lógica de mercantilização é a única em ação é horripilante, pois é um mundo em que o amor certamente não é o poder propulsor das coisas em seu processo de vir à existência. É um mundo impessoal na totalidade, no qual ninguém nunca lhe dá nada. É um mundo em que nem mesmo você é uma dádiva.

Considerando o significado do trabalho

Conforme o século 19 se aproximava do fim, William Morris, crítico social e líder do British Arts and Crafts Movement [Movimento britânico de artes e artesanatos], argumentou que aqueles que amam e praticam a arte também devem odiar as civilizações da Europa industrial moderna, que pareciam contaminar a vida. Em certo sentido, ele estava ecoando seu mentor, John Ruskin, que, cerca de quatro décadas antes, observou que, "onde quer que eu olhe ou viaje na Inglaterra ou no exterior, vejo que os homens, aonde quer que possam chegar, destroem toda a beleza. Eles parecem não ter outro desejo ou esperança a não ser ter casas grandes e poder se deslocar rapidamente. Contaminam todos os lugares perfeitos e encantadores que podem tocar".[13] Contudo, em outro sentido, ele estava apontando para a destruição das capacidades criativas dos trabalhadores — das quais depende a produção da beleza — pelos processos industriais:

A civilização reduziu o trabalhador operário a uma existência tão escassa e lamentável que mal sabe estruturar um desejo de vida muito melhor do que aquele que

---

[12] Marcel Hénaff, *The price of truth: gift, money, and philosophy* (Stanford: Stanford University Press, 2010), p. 392 (ênfase acrescentada).
[13] John Ruskin, "The hesperid aeglé", in: *Modern painters*, vol. V (publicado pela primeira vez em 1860) in: *John Ruskin: selected writings* (Oxford: Oxford University Press, 2004), p. 136.

ele agora suporta à força. É da competência da arte colocar diante de si o verdadeiro ideal de uma vida plena e decente, uma vida na qual a percepção e a criação da beleza, ou seja, o gozo do verdadeiro prazer, sejam consideradas tão necessárias para o homem como seu pão de cada dia, e que nenhum homem, e nenhum grupo de homens, possa ser privado disso por mera oposição, que deve ser resistida ao máximo.[14]

Morris acreditava que, se quisermos compreender a contaminação do mundo natural e a evidente miséria das condições de vida nas quais tantas pessoas se encontravam, devemos também compreender as forças econômicas e políticas que obrigaram os trabalhadores a migrar de comunidades rurais e de aldeias, nas quais as tradições de criação e artesanato eram praticadas, para contextos urbanos e industriais em que o trabalho assalariado era a norma. A mudança foi importante porque não apenas os privou do acesso regular à beleza natural, mas também pôs fim às competências artesanais mediante as quais os trabalhadores expressavam sua criatividade e liberdade. Agora reduzidos a engrenagens de uma máquina, eles tinham pouca razão ou oportunidade para exercer seus talentos a fim de obter uma boa vida e um mundo belo. É importante ressaltar que, ao se tornarem servos das máquinas e de seus patrões, foram privados de realizar seu trabalho como uma expressão de seu amor. É certo que a miséria também pode ser encontrada nos contextos rurais, mas para compreendê-la é preciso voltar a dar atenção às forças políticas e industriais mais vastas que estavam reduzindo as pessoas e suas terras a unidades de utilidade.[15]

Ao chamar nossa atenção para a forma pela qual a industrialização e a urbanização estavam transformando a natureza e a prática do trabalho, Morris nos ajuda a analisar como as obras de arte não são *simplesmente* produtos que, ao serem percebidos, evocam várias experiências estéticas; são também obras genuínas, o que significa que também são fenômenos cinestésicos que dependem dos compromissos táteis e qualificados de um corpo com as coisas em seu processo de vir à existência. A experiência cinestésica, que se refere às atividades corporificadas por intermédio das quais as pessoas respondem aos respectivos mundos e se envolvem com eles, cria oportunidades vitais para as

---

[14] William Morris, "How I became a socialist" (publicado pela primeira vez em 1894), in: *William Morris: news from nowhere and other writings*, org. Clive Wilmer (London: Penguin, 1993), p 383 [edição em português: *Notícias de lugar nenhum* (São Paulo: Expressão Popular, 2019)].

[15] A literatura de testemunhas oculares e analíticas da transformação industrial do interior britânico é volumosa. Na primeira categoria, um guia perspicaz são os passeios rurais de William Cobbett, escritos nos primeiros anos do século 19, e há pouco tempo resumidos e editados por Ian Dyck como *William Cobbett: rural rides* (London: Penguin, 2001). Nessa última categoria, Raymond Williams, *The country and the city* (New York: Oxford University Press, 1973) [edição em português: *O campo e a cidade* (São Paulo: Cia das Letras, 2011)], ainda é uma leitura essencial.

pessoas entenderem o valor das coisas com as quais vivem e as coisas que produzem. Mudar a forma pela qual as pessoas trabalham, em outras palavras, é também mudar suas formas de conhecer e imaginar aquilo com que vivem. Trata-se daquilo que é conhecido, as empatias que são exercitadas no conhecimento, as expectativas do possível e do desejável — tudo isso é influenciado pelos tipos de mundos de trabalho que se habita.

Para entender a razão de a atenção à atividade cinestésica ser tão importante, podemos recorrer à palestra ainda altamente relevante de Morris, *Useful work versus useless toil* [Trabalho útil *versus* labuta inútil], ministrada no Hampstead Liberal Club, em 1884. Morris começa seu discurso observando que as pessoas devem exercer alguma forma de trabalho para garantir sua vida, mas nem todas as formas de trabalho são boas. O bom trabalho abençoa e ilumina a vida. Dá esperança aos trabalhadores, melhorando as possibilidades da vida. O mau trabalho é uma maldição e um fardo, levando os trabalhadores ao desespero porque diminui as perspectivas de vida. Morris argumentou que, para as pessoas considerarem que vale a pena efetuar seu trabalho, elas devem experimentar três formas de esperança que o trabalho proporciona: (1) esperança de descanso de qualidade, (2) esperança de produto digno e (3) esperança de prazer genuíno no próprio trabalho.

Em primeiro lugar, o descanso é fundamental, porque, em geral, há alguma dor envolvida no trabalho. Por mais prazeroso que o trabalho seja, as pessoas precisam saber que há um momento em que não terão que trabalhar. No entanto, quando o descanso chega, "deve ser longo o suficiente para nos permitir desfrutá-lo; deve ser mais longo do que o meramente necessário para recuperarmos as forças que despendemos no trabalho [...] não deve ser perturbado pela ansiedade; caso contrário, não poderemos apreciá-lo".[16] Quando Morris olhou para a classe trabalhadora de seu tempo, viu que estavam privados dessa esperança fundamental porque faziam muito pouco além de trabalhar o tempo todo. Longas horas, quando combinadas com condições de trabalho desumanas e perigosas, conspiraram para deixar a maioria dos trabalhadores em perpétuos estados de exaustão. Mal tiveram tempo para descansar o corpo cansado e muitas vezes ferido, muito menos para experimentar uma verdadeira tranquilidade, uma vez que suas condições de vida estavam mergulhadas em miséria e pobreza. Para eles, a possibilidade de um *Sabbath* era duplamente negada: eles não podiam parar seus trabalhos e, mesmo que pudessem, seu descanso não teria ocasionado uma experiência de prazer na bondade de seu mundo.

---

[16] William Morris, "Useful work versus useless toil", in: *News from nowhere and other writings*, p. 288. As referências seguintes serão indicadas no texto entre parênteses.

Em segundo lugar, a produção de coisas gera, obviamente, uma diversidade de produtos, mas, na produção, também vislumbramos sempre algo daquele que o criou. O objeto manufaturado é um reflexo digno dos talentos de um artesão? Além disso, esse objeto honra os materiais que participaram do processo ou respeita as pessoas que comprarão e usarão a coisa feita? Morris acreditava que muitas das coisas que estão sendo feitas na era industrial eram artigos de extravagância e luxo que pessoas sãs e satisfeitas nunca sonhariam em querer, porque contribuem para o desperdício, e não para a riqueza real. A riqueza real é "o que a natureza nos dá e o que um homem sensato pode realizar das dádivas da natureza para seu uso sensato" (p. 291). E o que a natureza oferece? Luz solar, ar fresco, paisagens intocadas, comida, vestuário e habitação, com a capacidade de descobrir e disseminar o conhecimento, comunicar-se entre si, e criar obras de arte que dão prazer aos outros — tudo de graça. A natureza não oferece apenas as necessidades nuas e cruas. A natureza oferece coisas boas e belas que inspiram admiração e criatividade nas pessoas e proporcionam múltiplas experiências prazerosas.

Quando Morris examinou muitas das coisas feitas pela manufatura industrial, viu expressões de desprezo pelas próprias coisas e pelas pessoas que as fazem e as utilizam. Muitas dessas coisas nunca serão usadas pelas elites que lucram com sua fabricação porque são de má qualidade, feias ou inúteis. Como os alimentos inferiores e escassos de que os trabalhadores se alimentam, as habitações precárias que eles têm de transformar em casas, e as vestes podres com que se vestem, são produtos baratos e, assim, comunicam o desdém que as classes dominantes sentem pelas classes trabalhadoras. O que isso faz aos trabalhadores, uma vez que sabem que as coisas que produzem não são dignas de qualquer apreciação ou desejo pelas pessoas sensatas? Como devem os trabalhadores pensar acerca de si se todos sabem que seu esforço não serve a nenhum propósito digno e não satisfaz nenhuma necessidade genuína? Morris não mede palavras: "Nossa sociedade inclui uma grande massa de escravos, que devem ser alimentados, vestidos, alojados e entretidos como escravos, e que sua necessidade diária os obriga a fabricar as mercadorias de escravos cujo uso é a perpetuação de sua escravidão" (p. 292).

Em terceiro lugar, e como boa parte de outros críticos, Morris desprezava as formas de trabalho que reduziam os trabalhadores a máquinas, fazendo as mesmas tarefas repetidas vezes. Quando não há diversidade no trabalho realizado, e quando os trabalhadores não veem que seu trabalho tem algum objetivo bom ou útil, é inevitável que cheguem à compreensão de que sua vida é "um tormento encarcerador" (p. 300). O trabalho não será agradável em sua execução, tampouco em seus resultados. Os seres humanos nascem com múltiplos talentos e aptidões que, quando devidamente treinados e exercitados, produzem objetos bonitos e úteis, refeições deliciosas e nutritivas, e lares acolhedores e estimulantes. O objetivo da boa educação é ajudar as pessoas a descobrir quais são seus talentos e, em seguida, desenvolvê-los de maneira adequada. Quando as pessoas trabalham em condições de liberdade, têm a oportunidade de se dedicar plenamente àquilo que fazem e, vendo algo bem-feito ou feito de forma bela, não somente têm a oportunidade de se orgulhar de si, mas também vivem com a consciência de que fizeram algo de bom para os outros, algo que também é reconhecido pelos outros como valioso. Esse tipo de trabalho é fundamental para a maioria de todas as sensibilidades vocacionais, independentemente das formas que as vocações possam assumir, porque, em seu desempenho, as pessoas expressam seu potencial único de serem membros que contribuem para o bem do mundo. É um desejo quase irreprimível de querer dar-se ao serviço de realizar algo bom e belo, talvez até uma indicação do divino nas pessoas, uma vez que sabemos que mesmo as pessoas oprimidas e brutalizadas fazem belos edifícios, equipamentos, jardins e itens decorativos quando lhes é dada a menor das oportunidades.[17]

Morris observa que os artesãos tradicionais não fazem simplesmente coisas para seu uso; eles também as tornam belas (por isso os museus estão cheios de itens belos, muitas vezes bem decorados, que foram inicialmente feitos para uso diário).

> Ora, a origem dessa arte era a necessidade que o operário sentia de variedade em seu trabalho e, embora a beleza produzida por esse desejo fosse um grande presente para o mundo, a obtenção de variedade e prazer no trabalho pelo trabalhador operário era uma questão ainda mais importante, pois estampava todo o trabalho com a impressão do prazer (p. 301).

Os trabalhadores industriais, pelo contrário, muitas vezes fazem coisas desprezíveis em ambientes desprezíveis e, assim, promovem o despojo e a desfolhação do mundo. Desenvolve-se um círculo vicioso no qual os trabalhadores, rodeados por lugares desprezíveis, processos degradantes e produtos inúteis — tudo isso refletindo o desprezo com que os trabalhadores, os materiais e os

---

[17] Em seu ensaio "In search of our mothers' gardens" (Em busca dos jardins de nossas mães), Alice Walker presta homenagem à mulher afro-americana que, tendo sido feita "mula do mundo", ou seja, feita para carregar os fardos de todos os outros, ainda fez o mundo bonito mediante sua poesia, canções e jardins. A mãe de Walker era essa artista que podia transformar o solo rochoso em um jardim "tão brilhante com cores, tão original em seu desenho e tão magnífico com vida e criatividade" que as pessoas vinham de longe simplesmente para estar em sua presença. Essas mulheres eram "artistas, levadas a uma loucura insensível e sangrenta pelas fontes de criatividade presentes nelas para as quais não havia libertação. Eram criadoras [...] porque elas eram tão ricas em espiritualidade — que é a base da arte — que a tensão de persistir em seu talento não utilizado e indesejado as enlouqueceu" (*In search of our mothers' gardens: womanist prose by Alice Walker* [San Diego: Harcourt Brace Jovanovich, Publishers, 1983], p. 233, 241) [edição em português: *Em busca dos jardins de nossas mães* (Rio de Janeiro: Bazar do Tempo, 2021)].

ambientes do trabalho são mantidos pelos que estão no poder —, perdem a inspiração para concretizar coisas boas e belas. Morris havia chegado à conclusão de que boa parte dos trabalhadores se via como vítimas sacrificiais no altar do dinheiro. "A manufatura, a posse de terras e a troca capitalista forçam os homens a entrarem em grandes cidades com o intuito de manipulá-las no interesse do capital [...] Não há outra necessidade para tudo isso, exceto a de extrair lucros da vida dos homens e de produzir bens baratos para o uso (e sujeição) dos escravos que se desgastam no trabalho" (p. 302).

Em uma palestra anterior intitulada *The lesser arts* [As artes menores], ministrado no Trades Guild of Learning em Londres, em 1877, Morris defendeu "aquele grande corpo de arte por meio do qual os homens sempre se esforçaram, em maior ou menor intensidade, para embelezar as demandas familiares da vida cotidiana".[18] Em particular, ele tinha em mente as "artes inferiores" do desenho de casas, pintura, carpintaria, tecelagem, cerâmica e vidraria (a omissão do cultivo é uma deficiência grave), todas as atividades cinestésicas que suprem as necessidades comuns de subsistência das pessoas comuns. Por que há tanta fé em um trabalho bom, feito de forma excelente? Morris estava claramente ciente de que a vida de muitas pessoas estava inundada de desespero, do tipo que devastava o mundo e também a vida das pessoas. Sua esperança era que, se elas puderem responder às belezas desta vida produzindo coisas belas e construindo os próprios ambientes, ao mesmo tempo criarão uma vida prazerosa, satisfeita e pacífica. O trabalho da natureza foi certamente um modelo para Morris. Afinal, o movimento da natureza por meio da fertilidade e fecundidade, que também produz tanta beleza ao longo do caminho, é uma refutação definitiva das formas econômicas capitalistas, que avançam por meio da contaminação e da degradação, e produzem feiura. Os modos de vida industriais, bem como seus anseios e os produtos que desejavam, eram inegavelmente desastrosos. Em contraste com esse pesadelo, Morris apresentou um sonho próprio.

> Que a arte tornará nossas ruas tão bonitas como os bosques, tão elevadas como as encostas das montanhas: será um prazer e um descanso, e não um peso sobre os espíritos que virão do campo aberto para uma cidade; a casa de cada homem será justa e decente, reconfortante para sua mente e útil para seu trabalho: todas as obras do homem com que convivemos e as quais manipulamos estarão em harmonia com a natureza, serão sensatas e belas: no entanto, todas serão simples e inspiradoras, não infantis nem debilitantes; pois nada do que a beleza e o esplendor

---

[18] William Morris, "The lesser arts", in: *News from nowhere and other writings*, p. 231-54. As referências seguintes serão indicadas no texto entre parênteses.

que a mente e a mão do homem podem realizar devem estar ausentes de nossas construções públicas; portanto, em nenhuma habitação privada haverá sinais de desperdício, pompa ou insolência, e cada homem terá sua porção do que há de *melhor* (p. 254).

Claro, alguém poderia implicar com alguns elementos desse sonho, como um reflexo da própria posição e perspectiva de Morris sobre a vida. Mesmo assim, vale a pena perguntar como nosso mundo e a vida de seus muitos habitantes seriam melhores se a beleza, a harmonia, a simplicidade, e o descanso do *Sabbath* fossem as aspirações que guiam as pessoas em suas atividades diárias. Morris anseia por um mundo impulsionado pelo amor aos lugares e aos semelhantes, um amor que inspire e se manifeste materialmente em coisas criadas de forma bela, e traga prazer e contentamento a quem desfruta seus resultados.[19]

O que Morris descreveu como beleza natural, Ruskin apresentou como "aquela beleza irrepreensível, incessante, inconcebível e inesgotável que Deus estampou em todas as coisas". Beleza é "aquela qualidade externa aos corpos [...] que, se ocorrer em pedra, flor, animal, ou em homem [...] pode ser demonstrada como sendo, de certa forma, típica dos atributos divinos". Ele acreditava que a função de um ser humano era "a plena compreensão e contemplação do belo como dádiva de Deus".[20] Ruskin acreditava que este mundo e a vida que há nele eram uma realidade sacramental feita e afirmada por Deus. E, porque ele acreditava que os seres humanos eram feitos à imagem de Deus, também poderia afirmar que o objetivo do trabalho humano é ampliar ainda mais a bondade e a beleza da vida, participando das maneiras divinas de criar, sustentar e nutrir o mundo.

Ganha-se alguma coisa falando dessa forma? Penso que sim, uma vez que a metafísica sacramental de Ruskin nos permite falar de uma quarta esperança — ou seja, a esperança de testemunhar e responder a um mundo *criado* que é, ele próprio, uma testemunha do amor divino e pessoal que se deleita no vir a ser das criaturas. A dimensão pessoal faz uma grande diferença porque agora as pessoas entendem a si mesmas como respondendo a uma intenção carinhosa e comprometida, que procura o bem delas e do mundo.[21] É a diferença

---

[19] Em seu romance utópico *News from nowhere and other writings*, Morris faz com que o personagem Hammond descreva o segundo nascimento do mundo da seguinte forma: "o espírito dos novos dias, de nossos dias, deveria deleitar-se com a vida do mundo; amor intenso e presunçoso pela própria pele e superfície da terra na qual o homem habita, como um amante tem pela bela carne da mulher que ama; esse, eu digo, seria o novo espírito da época" (p. 158).

[20] Essas citações de John Ruskin aparecem nos volumes 1, 2 e 5 da obra *Modern Painters*, sendo referenciados por Eugene McCarraher em *The enchantments of mammon: how capitalism became the religion of modernity* (Cambridge: Belknap Press, 2019), p. 80-1.

[21] Por isso, o Deus da Escritura é apresentado em termos pessoais, como pai e mãe amorosos, como cônjuge e amigo, como advogado e juiz, e o único Deus dos cristãos é descrito como uma comunhão de

que as pessoas sentem quando recebem uma carta manuscrita de um amigo querido *versus* uma mensagem de correio eletrônico indiscriminada gerada por um computador. Além disso, faz diferença acreditar que os caminhos divinos de criação e sustentação têm sido muitas vezes caracterizados por teólogos como análogos ao do artista, do oleiro, e do artesão. Deus é o artista primordial, empenhado em realizar algo belo e útil;[22] as criaturas são *obras de arte* a serem valorizadas. Em suas próprias formas de arte, as pessoas são convidadas a participar dos caminhos de criação de Deus, cuidando, inventando, reparando e celebrando as coisas, contribuindo para o embelezamento do mundo.

Morris e Ruskin compreenderam que advogavam em nome de um mundo de trabalho condenado pelas forças econômicas e políticas de seu tempo (e que ainda hoje estão ativas). Mesmo assim, é importante ter em mente suas posições porque elas enfatizam princípios de significado duradouro: (1) a importância da beleza em uma vida bem vivida; (2) a necessidade de conhecimento das pessoas a respeito da contribuição de sua vida para o bem-estar dos outros e o embelezamento de nosso mundo; (3) o papel central do trabalho como meio para as pessoas conhecerem os limites e as possibilidades de seu mundo; (4) a importância do desenvolvimento de competências como meio de autodescoberta e ação responsável no mundo; (5) a importância do trabalho manual como meio primário por meio do qual as pessoas se entrelaçam de modo mais intrínseco em suas comunidades e localidades, e (6) a necessidade de exercer as próprias capacidades criativas como afirmação daquilo a que poderíamos chamar de a graça desta vida e deste mundo. Essas preocupações não desapareceram; quando muito, cresceram em importância no Antropoceno, ao passo que enfrentamos um futuro marcado por lugares arruinados e vidas desperdiçadas. Precisaríamos comprar tantas coisas se apreciássemos as coisas que já temos, sabendo que foram feitas de forma bela, habilidosa e amorosa?

É importante não restringir o "trabalho" às várias formas de serviço assalariado que constam no PIB de uma nação. Essa métrica é muito estreita. Também é equivocada porque exclui as muitas formas de trabalho tradicionais, praticadas por mulheres e pessoas pobres, e calcula como um bem o que a maioria das pessoas consideraria um terrível estímulo à atividade econômica: coisas como o divórcio, acidentes de trabalho, doenças terminais, despesas militares, etc. Além disso, não inclui as importantes atividades de voluntariado

---

três pessoas, Pai, Filho e Espírito Santo. Esse Deus pessoal está em todo o tempo presente e comprometido com o florescimento e a felicidade das criaturas e, portanto, contrasta fortemente com o deus deísta moderno, que está ausente.

[22] Para um relato de como essa analogia surge a partir das Escrituras judaicas e cristãs, e depois é desenvolvida, veja Trevor Hart, *Making good: creation, creativity, and artistry* (Waco: Baylor University Press, 2014), p. 59-84.

que muitas pessoas realizam — liderança de clubes e organizações, formação de equipes de atletismo, limpeza de bairros e reparação de casas, tutoria de crianças e visitas a doentes e idosos —, que são claramente de enorme benefício social, mas pelas quais ninguém é pago.

Uma maneira melhor de refletir sobre o trabalho é vê-lo como uma atividade qualificada mediante a qual as pessoas orientam seus talentos e interesses para a construção e a manutenção de uma vida compartilhada. Essa é uma definição muito geral, como deve ser, porque há muitas maneiras de fornecer uma contribuição vital para a educação, cura, construção e celebração deste mundo, ou o que Eclesiástico (também conhecido como Sabedoria de Jesus, Filho de Sirácida) descreve como a preservação das "coisas deste mundo" (Eclesiástico 38:39). Dito teologicamente, o trabalho é a maneira de a humanidade reconhecer e participar de um mundo que se acredita ser "um sacramento de comunhão" — um lugar imenso, diverso e dinâmico, caracterizado pela recepção e doação dos dons de Deus. Essa caracterização pressupõe que cada criatura é, como disse o Papa Francisco, o foco da ternura de Deus e o testemunho encarnado do afago de Deus. Embora esteja presente a cada criatura viva como a respiração propulsora que se move nela, Deus não controla as criaturas como alguém que manipula marionetes; em vez disso, ele dá às criaturas a liberdade e os diversos talentos criativos para efetuar e cultivar ainda mais beleza e bondade. Uma vez que as pessoas demonstrem a ternura, a compaixão e a preocupação de Deus, não apenas se encontrarão mais intimamente entrelaçadas no tecido do mundo, bem como descobrirão seu chamado para "cultivar e preservar" a criação. "Desenvolver o mundo criado de forma prudente é a melhor maneira de cuidar dele, pois isso significa que nós mesmos nos tornamos o instrumento usado por Deus para fazer emergirem as potencialidades que ele mesmo inscreveu em todas as coisas."[23] O melhor trabalho é aquele que se dispõe e ajuda os semelhantes na realização de seu potencial dado por Deus. É a atividade pela qual as pessoas participam dos caminhos hospitaleiros e libertadores de Deus — caminhos que têm criado e sustentado a criação desde o início.

Repensando a criatividade/repensando o fazer

O que as pessoas pensam sobre a criatividade está ligado ao que pensam sobre o mundo e seu lugar nele. Por exemplo, pode-se caracterizar o fazer como

---

[23] Papa Francisco, *Laudato si': encyclical letter on care for our common home* (The Vatican: Libreria Editrice Vaticana, 2015), p. 124. Não se deve interpretar essa afirmação de forma antropocêntrica, como se o desenvolvimento da ordem criada dependesse da atividade humana. O objetivo do Papa Francisco é elevar o trabalho como uma oportunidade para as pessoas experimentarem a criação em modos de admiração, humildade e gratidão, e, ao fazê-lo, encontrar sua atividade transformada como um meio prático para a continuação criativa da vida.

um exercício em que alguém monta, modifica e recombina elementos que que estão à mão. Diz-se, portanto, que a criatividade está em exibição quando alguém, ao impor um desenho inovador a esses elementos, produz coisas que são únicas ou interessantes para os outros. De acordo com essa forma de pensar, a criatividade começa como uma ideia na mente, tal qual um arquiteto que planeja o projeto de uma casa, que será transformada em realidade por meio do trabalho dos construtores. As pessoas mais criativas são aquelas que se pensa terem as melhores e mais criativas ideias.

O que tenho dito sobre cultivo nos ajuda a perceber que essa caracterização da criatividade como imposição de uma ideia sobre o mundo repousa sobre suposições equivocadas acerca de nossa existência no mundo. Uma imaginação geradora de ideias não está limitada ao crânio de um indivíduo, mas sempre se fez presente em comunidades e bairros que a inspiram e a direcionam. As pessoas, em outras palavras, não existem sem suas localidades, mas crescem a partir delas. Não são agentes independentes ou originários de si mesmos, razão pela qual é inadequado descrever a criatividade como autoexpressão. A vida das pessoas é simbiogenética, sempre *se transformando em conjunto com os outros*, o que significa que seu realizar e sua capacidade de agir são também uma passagem na qual respondem a uma dinâmica, por causa do mundo que está se desenvolvendo neles e ao redor deles. As pessoas podem exercer algum controle sobre seu mundo, mas o mundo não pode ser mantido inteiramente nos termos delas. Por estarem enraizadas e entrelaçadas em malhas dinâmicas, as pessoas também estão sujeitas a forças — algumas boas, outras más — sobre as quais muitas vezes têm pouco controle. Por isso, uma vida humana é mais bem caracterizada na voz gramatical média, nem totalmente ativa, nem passiva, e como alguém que age em meio a um campo maior de ações. Também por essa razão, a criatividade tem dimensões de testemunho, humildade, e gratidão incorporadas nela, como aqueles que fazem algo testemunham em sua criação feita para as criaturas e para os poderes que circulam por intermédio deles como sua inspiração (nunca inteiramente entendida).

Se essa caracterização é mais precisa, então o "fazer" não é simplesmente a imposição mental de um desígnio sobre o mundo, mas uma participação na transformação perpétua do mundo de si. A descrição de Tim Ingold é esclarecedora:

> Uma criatividade inerente ao fluxo da vida [...] é mais progressiva do que pontual. Não pode ser desmanchada em uma sequência de acontecimentos isolados ou de novidades [...] A invenção do artista, nesta perspectiva, não termina com a conclusão de sua obra, tal como começou com uma ideia preconcebida de sua forma final. Em outras palavras, não está contingenciada pelos limites de qualquer

projeto específico. Pelo contrário, todo trabalho sintetiza o movimento que o produziu e está sintetizado no amadurecimento do que se segue [...] Se perguntarmos o que os organismos e as pessoas criam, a resposta deve ser que eles criam uns aos outros e a si próprios, desempenhando seu papel no projeto interminável e não específico de *manter a vida em funcionamento*.[24]

A tarefa de fazer nunca se encerra porque a vida é um movimento contínuo de criaturas entrelaçadas com outras criaturas. Não há momento em que as pessoas possam optar por deixar de fazer parte e, de alguma forma, não exercer influência. Qualquer coisa feita corporifica uma pré-história de acontecimentos, materiais e influências que permitiram que essa coisa fosse feita, e uma história contínua de seu uso, deterioração e reaproveitamento por outros. O trabalho da criatividade, entretanto, também está em curso quando as pessoas trabalham para trazer seus talentos, capacidades e competências para uma sintonia empática e construtiva com esses movimentos.

Em seu livro *Creativity: the psychology of discovery and invention* [Criatividade: a psicologia da descoberta e da invenção], o psicólogo Mihaly Csikszentmihalyi entrevistou cerca de cem pessoas que trabalham em diversos campos, desde as ciências físicas até as artes plásticas. O que ele aprendeu com essas pessoas é que elas se sentem mais vivas quando estão envolvidas em projetos criativos, em parte porque se sentem parte de algo maior do que elas mesmas. A criatividade não é algo que acontece na cabeça de um indivíduo, mas na interação entre as pessoas e o mundo com o qual elas estão se envolvendo. As interações e as ligações foram os elementos que trouxeram a essas pessoas a maior parte de sua alegria, razão pela qual o produto (ou o dinheiro) que resultou da atividade não foi o mais importante. Para as pessoas criativas, é o processo e a sensação de envolvimento, que Csikszentmihalyi chama de "fluxo" de coisas, que gera mais satisfação. O objetivo não é realmente a busca da felicidade porque, "quando estamos no fluxo, em geral não nos sentimos felizes — pela simples razão de que, nele, sentimos apenas o que é relevante para a atividade. A felicidade é uma distração. O poeta enquanto escreve, ou o cientista que está elaborando equações, não se sentem felizes, pelo menos não sem perder a linha de seu raciocínio".[25]

O que significa experimentar o "fluxo"? Enquanto Csikszentmihalyi conduzia suas entrevistas, descobriu que as pessoas criativas destacaram nove elementos principais que descrevem a experiência: (1) enquanto estão no

---

[24] Tim Ingold, "Introduction", in: *Creativity and cultural improvisation*, org. Elizabeth Hallam; Tim Ingold (Oxford: Berg, 2007), p. 48.
[25] Mihaly Csikszentmihalyi, *Creativity: the psychology of discovery and invention* (New York: HarperPerennial, 1996) p. 123.

trabalho, as metas são claras e a pessoa sabe o que precisa ser feito; (2) a pessoa está viva para o que está acontecendo, atenta ao retorno que está recebendo e, portanto, sabe se está desempenhando um bom trabalho; (3) há um equilíbrio entre os desafios que estão sendo enfrentados e o nível de habilidade de alguém para enfrentá-los (se houver uma incompatibilidade entre os dois, as pessoas ficam frustradas ou entediadas); (4) ação e consciência se fundem de modo que se está inteiramente focado na tarefa em questão; (5) as distrações são excluídas quando se está concentrado no momento; (6) a pessoa se envolve demais com a tarefa para se preocupar com o fracasso; (7) a autopreocupação desaparece porque se está imerso em algo maior do que o próprio ego (e a necessidade de protegê-lo ou melhorá-lo); (8) o tempo deixa de ser calibrado como um relógio mecânico e, em vez disso, é unido aos ritmos da própria atividade; e (9) a atividade torna-se "autotélica", algo que uma pessoa faz como um fim nela mesma (e não por causa de algum outro objetivo).[26]

Esses elementos da experiência do fluxo são valiosos para manter em mente, porque nos ajudam a perceber que a criatividade não começa na mente e depois abre caminho para um mundo. Em vez disso, acontece na imersão e na interação, à medida que respondemos a um mundo que nos inspira a pensar, imaginar, inventar e criar. Por um lado, a experiência do fluxo produz o resultado paradoxal de que um ego se expande por meio de atos de desprendimento de si, mas, por outro lado, também muda o que entendemos ser um "eu". Um ego murcha e se torna pequeno quando se separa do mundo, mas cresce e aumenta quando mergulha nos fluxos da vida.

Para entender melhor o que quero dizer, considere a arte de Vincent van Gogh. Em uma carta dirigida ao pintor e crítico Albert Aurier, escrita perto do fim de sua vida, van Gogh descreveu sua busca por pintar os ciprestes tão típicos da paisagem de Provença na França. "Até agora, não consegui fazê-las como as sinto; as emoções que me sobrevêm diante da natureza podem ser tão intensas que perco a consciência, e o resultado são quinze dias durante os quais não posso realizar nenhum trabalho."[27] Van Gogh não estava interessado em simplesmente *representar* o que via. Ele queria entrar no movimento dinâmico, na textura e na cor da vida dos lugares que pintava. Queria sentir os ciprestes, os campos e o céu enquanto se enraizavam em seu ser. Poderíamos dizer que ele queria pintar a experiência de estar no fluxo da vida do ambiente. Para efetuar isso melhor, ele *sentiu* que era importante estar com os camponeses e aldeões que tiravam seus meios de subsistência dos campos de trigo,

---
[26] Ibidem, p. 111-3
[27] *The letters of Vincent van Gogh*, org. Ronald De Leeuw (London: Penguin, 1996), p. 481. Em uma carta anterior dirigida a Émile Bernard, ele falou de como era difícil começar uma pintura quando estava "em face da perfeição inexprimível" e "da beleza avassaladora da natureza" (p. 362).

pomares, e cafés que alimentavam a vida deles. Ele precisava estar suficientemente atento, e ainda mais, tirar seu ego do caminho e, em seguida, deixar o lugar movê-lo a partir de dentro. "Se alguém continua trabalhando em silêncio, belos assuntos vêm por sua vontade. Acredite em mim, é de grande importância mergulhar na realidade, sem ideias preconcebidas, sem preconceitos parisienses."[28] Van Gogh acreditava que muitas pessoas se deslocam pelos seus lugares, olham para eles, mas não percebem realmente onde se encontram porque não sentem que estão crescendo fora do lugar. Assim, permanecem praticamente inalteradas, pois o lugar não se enraizou em sua alma. Ao não serem impactadas ou por estarem sem inspiração, permanecem também pequenas, mais ou menos confinadas ao mundo como esperam encontrá-lo.

Van Gogh pintou de maneira que apresentasse as coisas não apenas como objetos, mas envolvidas no dinamismo e vivacidade do mundo. Contudo, ele também queria ampliar os "eus" das pessoas que experenciavam suas pinturas. Ele queria, poderíamos dizer, ajudar as pessoas a compreenderem a si mesmas, *envolvidas e ligadas a algo* muito maior do que elas mesmas. Percebendo a vivacidade do mundo, elas também poderiam sentir a vivacidade em si, o que van Gogh chamou de força germinadora em cada um de nós. "Para comparar seres humanos com grãos de milho, agora — em todo ser humano que é saudável e natural, existe uma *força germinadora*, assim como existe em um grão de milho. Assim, a vida natural é a *germinação*. O que a força germinadora é para o grão, o amor é para nós."[29] O amor é a chave, porque é o poder de abertura e entrega nas pessoas em relação ao mundo do qual dependem. Mediante esse amor, o eu rompe-se de sua singularidade — como um grão de trigo que vai para a terra e germina —, de modo que agora se sente participante dos fluxos da vida que circulam pelas coisas. Ao transformar as pessoas, o amor transforma também o fazer, de modo que não é redutível a algo que realizamos no mundo. É, em vez disso, mais como nosso crescimento no desenvolvimento do mundo, e o crescimento do mundo em nós, em um processo de fazer em crescimento, e de crescer ao fazer, como Ingold diz: "*Os seres humanos não transformam, por intermédio de suas intervenções criativas, o mundo de fora para dentro, mas — pertencendo a ele — desempenham seu papel na transformação criativa do próprio mundo em si*".[30] Teologicamente falando, a ação

---

[28] Ibidem, p. 470.
[29] Ibidem, p. 334.
[30] *Creativity and cultural improvisation*, p. 52-3 (itálicos do original). Em outro texto, Ingold elabora esse ponto, dizendo: "quero pensar no fazer [...] como um processo de crescimento. Isso serve para colocar o fazedor, desde o início, como um participante em um mundo de materiais ativos. É com esses materiais que tem de trabalhar e, no processo de produção, ele 'arregimenta forças' com esses materiais, unindo-os ou separando-os, sintetizando e destilando, antecipando o que possa surgir [...] Longe de se manter indiferente, impondo seus desígnios a um mundo que está pronto e à espera de recebê-los, o máximo que pode realizar é intervir em processos mundanos que já estão em curso e que dão origem às formas do mundo vivo que vemos à nossa volta — nas plantas e nos animais, nas ondas de água, neve e areia, nas

do amor abre as pessoas para participarem no amor divino que está a todo momento sustentando e tornando o mundo novo e aprazível.

Em sua descrição da arte, van Gogh nos ajuda a compreender que um dos principais objetivos do trabalho criativo é que as pessoas entrem na presença umas das outras e, então, descubram a bondade e a beleza que podem ser realizadas se a atenção e o cuidado forem devidamente exercidos. Seguindo sua metáfora hortícola, as pessoas precisam cavar entre as raízes da vida, discernir as energias que propulsionam criaturas e lugares, e depois dar expressão ao poder vivificante que tudo satisfaz. Uma das tarefas fundamentais da humanidade é testemunhar e dar expressão à beleza. Isso não significa que as pessoas apenas pintem quadros bonitos ou componham doces canções, uma vez que muitíssimas criaturas e lugares estão feridos ou sob agressão; em vez disso, significa que as pessoas, na condição de *artistas*, estão empenhadas em se ajudar mutuamente a perceber a vivacidade do amor pelo que é e o que poderia ser, caso fosse livre para desempenhar seu ofício. Estar na presença da beleza é transformador, porque possibilita o que Wendy Steiner chama de "expansão do eu": "na experiência da beleza, você se torna diferente do que era antes, abrindo-se para a influência de algo além de si [...] Agora é apenas você mais uma relação com esse outro. Essa expansão de si, penso eu, é algo que as pessoas anseiam — essa capacidade de crescer e observar-se em crescimento".[31]

Outra maneira de dizer isso é afirmar que o trabalho da criatividade expande as empatias pela vida, não simplesmente para com as outras pessoas, mas para com o próprio mundo, e os lugares, criaturas e coisas que encontramos. Trata-se de uma empatia que existe *entre* as coisas. Em *The sympathy of things* [A simpatia das coisas], o designer arquitetônico Lars Spuybroek, com base no trabalho de Ruskin, ajuda-nos a entender quão radical é dizer que o mundo está vivo. A Terra não apenas tem seres vivos sobre ela. O surgimento e o desaparecimento das coisas testemunham processos que estão a todo momento gerando novas formas. Se o mundo estivesse morto, se fosse uma mera coleção de coisas diferentes, então nada de novo poderia surgir. Uma coisa específica é o que é por causa de todas as outras coisas que se cruzaram nela para permitir sua possibilidade de vir à existência. Uma vez que as escalas de tempo de seu processo de vir à existência podem variar de maneira drástica,

---

rochas e nas nuvens — acrescentando seu impulso às forças e energias em curso" (Tim Ingold, *Making: anthropology, archaeology, art and architecture* [London: Routledge, 2013], p. 21 [edição em português: *Fazer: antropologia, arqueologia, arte e arquitetura* (São Paulo: Vozes, 2022)].)

[31] Wendy Steiner, "Beauty and interaction: an interview with Arjen Mulder", in: *Vital beauty: reclaiming aesthetics in the tangle of technology and nature*, org. Joke Brouwer; Arjen Mulder; Lars Spuybroek (Rotterdam: V2_publishing, 2012), p. 67-8. Em *On beauty and being just* (Princeton: Princeton University Press, 1999), Elaine Scarry expressa um sentimento semelhante ao observar como a experiência da beleza descentraliza o eu, atraindo-o para uma consciência focada na presença do outro e, assim, criando uma oportunidade para o "eu" servir e contribuir para a bondade revelada neles.

sendo algumas, até mesmo, muito lentas, é fácil perder de vista a história dinâmica das coisas. Entretanto, se olharmos com atenção, até mesmo uma formação geológica como as Montanhas Rochosas[32] pode ser uma coisa dinâmica, entendida da perspectiva de seu mútuo e empático desenvolvimento. As camadas de rocha contam uma história não de paralisação, mas de crescimento e surgimento ao longo de milhões de anos.

Uma das razões pelas quais as pessoas sentem essa atração pelo mundo, mesmo por suas rochas, é porque têm a sensação de que tudo está repleto de possibilidades vivas. A coisa em si não está terminada, mas continua em desenvolvimento, sempre gerando novas formas: "A natureza mostra uma tendência arquitetônica, e a arte ocorre em toda a parte. O mundo desenha-se; o mundo pinta-se; o mundo abriga-se; e o mundo veste-se. As coisas são modeladas. Todas as coisas reivindicam seu ambiente, que é inerentemente estético; ou seja, evocam sentimentos".[33] As coisas podem vir à existência e se dissolver de novo porque a empatia se move por meio das coisas, permitindo seu crescimento e seu desenvolvimento. Essa não é uma empatia consciente ou emocional (embora muitas vezes tome essa forma nas pessoas), mas uma espécie de adequação, ou harmonia, que anteriormente chamei de *harmonia mundi*. Em outras palavras, as coisas se projetam porque são suscetíveis à mudança — crescimento e decadência — por estarem na presença umas das outras.

> A empatia não é algo a mais, acrescido de nossas relações com as coisas e entre si; pelo contrário, *está no cerne dessas relações*. A empatia é aquilo de que são feitas as relações [...] Empatia é o poder das coisas em ação, agindo entre todas as coisas, e entre nós e as coisas [...] Não há necessidade de mediação entre um mundo, supostamente de um lado, e as pessoas, do outro; precisamos apenas de uma teia de coisas, correspondente, ressonante, sincronizadora, existente em empatia.[34]

De acordo com esse relato, devemos entender o sentimento de carinho e admiração da humanidade pelo mundo, o que alguns chamaram de *biofilia inata*, como a compreensão profunda, talvez até mesmo instintiva, de que surgimos da transformação mútua e empática neste mundo. A empatia, em outras palavras, está na raiz da simbiogênese. Não poderíamos estar sensíveis de modo

---

[32] As Montanhas Rochosas (ou Rocky Mountains) estão situadas na parte ocidental da América do Norte, partindo do Novo México, nos Estados Unidos, até a província da Colúmbia Britânica, no Canadá. Seu pico mais alto é o Monte Elbert, com 4.401 metros de altitude, localizado no estado americano do Colorado. (Fonte: https://www.infoescola.com/geologia/montanhas-rochosas/.) (N. T.)
[33] Lars Spuybroek, *The sympathy of things: Ruskin and the ecology of design*, 2 ed. (London: Bloomsbury, 2016), p. 59.
[34] Ibidem, p. 129.

tão profundo pelo mundo se ele fosse, na verdade, inerte e morto. Sua beleza e poder atrativo derivam, em parte, da sensação de que existe uma corrente de vivacidade que, apesar do sofrimento do mundo, percorre seu processo de existir. Teologicamente falando, há um fluxo de descanso sabático e de deleite que percorre as coisas, sempre esperando para ser descoberto e conhecido.

Bons projetos feitos por humanos, argumenta Spuybroek, ajudam as pessoas a serem empáticas com as coisas e os lugares de maneira que enfatize as possibilidades operando entre as coisas.[35] Projetar é muito mais do que montar peças díspares. O que falta a essa concepção de projeto é a consciência de que uma coisa nunca é simplesmente ela mesma, mas uma história que conta outras histórias de seu processo de existir. Spuybroek destaca o cultivo e a culinária como projetos artísticos de primeira linha, porque os agricultores e os cozinheiros não se limitam a juntar as coisas; em vez disso, eles lidam com as coisas em matéria de suas possibilidades empáticas em relação a outras coisas. Para eles, "as partes se formam e se desenvolvem uma vez que participam do processo, cada qual no próprio ritmo de mudança, no próprio compasso. Um agricultor ou um *chef* de cozinha não apenas veem o estado das coisas, mas sentem para onde elas estão indo".[36] Eles não controlam esse processo de fora, mas participam nele, sentindo possibilidades e limites *desde o interior*, e por isso estão a todo momento improvisando em um ambiente progressivo de mudança, no qual as coisas não respondem apenas ao toque dos que cultivam ou do *chef*, mas também ao toque das coisas entre si. A prova de que isso é tudo menos um processo de montagem é visto quando se pede a um *chef* que desmonte um prato preparado em pedaços separáveis, ou a um agricultor que desmonte um lote em seus elementos diferentes. Isso não pode ser feito, porque cada sabor e cada elemento surgem de sua combinação com os outros.

John Ruskin argumentou uma vez que "o grau de beleza que podemos ver nas coisas visíveis depende do amor que podemos suportar".[37] O amor é

---

[35] Christopher Alexander escreveu extensivamente sobre as implicações da empatia pelo projeto em vários lugares. Veja, em especial, *The timeless way of building* (New York: Oxford University Press, 1979) e, com Sara Ishikawa; Murray Silverstein, *A pattern language: towns, buildings, construction* (New York: Oxford University Press, 1977).

[36] *The sympathy of things*, p. 185. Spuybroek observa que "todas as relações são sentidas — e, devo acrescentar, não relações percebidas pelos sentidos. As coisas sentem umas às outras, e nós as sentimos antes de as conhecermos, o que significa também que sentiremos mais por elas se elas forem melhor concebidas, de maneira mas meticulosa e com mais cuidado. É isso que *eudaimonia* quer dizer: as coisas indo bem, ou sendo levadas pelo espírito das coisas" (p. 197).

[37] John Ruskin, "Of relative vital beauty", in: *Vital beauty*, p. 159 (inicialmente publicado em 1846 pela Modern Painters, vol. II). Ruskin continua dizendo que o amor "cresce principalmente na doação; pelo menos sua essência é o desejo de realizar o bem ou de promover a felicidade" (p. 160). No momento em que as pessoas consideram as criaturas e as coisas com relação à utilidade, perdem também a "empatia altruísta" que promove seu bem: "No momento em que começamos a considerar qualquer criatura como subordinada a algum propósito fora de si, perde-se um pouco do sentido da beleza orgânica" (p. 163). Ruskin também enfatiza que a beleza de uma coisa não reside na coisa em si, mas em sua "felicidade" com as coisas que a contextualizam. No caso de uma flor, isso se manifestaria em dar e receber de seu *habitat*.

crucial porque permanece sendo paciente perante o mistério e a complexidade das criaturas. Contudo, o amor é também vital na *criação* de coisas bonitas, de comunidades e de lugares, por ser bondoso e procurar o bem daquilo que toca. Não há nada de simples ou fácil nesse amor. Com demasiada frequência, o esforço de acompanhar os outros é uma imposição ou uma violação em si. Spuybroek argumenta que uma tentação central é o desejo de conhecer o todo ou de impor o que se acredita ser um esquema harmônico sobre as coisas. Isso é um equívoco. Ninguém pode compreender um todo porque as coisas estão sempre ligadas entre si em contextos locais, sempre em processo de mudança.[38] As pessoas também não devem presumir que podem compreender o fio condutor que atravessa tudo, ou que podem detectar o fim para o qual tudo se move. O trabalho essencial não é prever ou orquestrar um resultado, mas oferecer o que Erin Manning chama de "o gesto menor", que abre espaço para a interrupção, a surpresa, e a novidade genuína de vida.[39]

Comecei este capítulo sobre criatividade com uma abordagem sobre cultivo porque as plantações são locais paradigmáticos para a formação dos seres humanos. Ao se envolver com a germinação, o crescimento e a morte das criaturas, as pessoas têm a oportunidade de contribuir para a produção de um mundo belo e estimulante. No entanto, esses lugares não são os únicos nos quais as pessoas podem contribuir para o florescimento das comunidades de vida que as alimentam, apoiam e inspiram. Salas de aula, clínicas, estúdios de design, locais de construção e salas de reuniões são outros lugares nos quais as pessoas têm a oportunidade de ser atraídas mais profundamente para a vida de estudantes, pacientes, comunidades, lares e bairros, tudo para honrar o caráter agraciado de nossa vida entrelaçada e vulnerável.

Naturalmente, as perspectivas desse envolvimento são severamente reduzidas em circunstâncias econômicas e políticas que reduzam as pessoas e os lugares a um resultado pragmático ou financeiro. Entretanto, a possibilidade existe, e deve ser cultivada; por meio dela, o ensino, a enfermagem, a medicina, o design, a construção, e o investimento se tornam exercícios que despertam as pessoas à santidade dos outros, rompem burocracias impessoais e

---

[38] A empatia não forma uma esfera perfeita em torno das coisas para incluir todas as outras coisas; pelo contrário, é uma zona de sentimento estranha, flutuante, pontiaguda e assimétrica, maior do que a própria coisa, sim, e que se estende a outras coisas com mais frequência, mas nem sempre e em toda parte. Em última análise, é exatamente isto que significa entrelaçamento: a ocorrência de uma coisa como sentida em outra. É a rede de empatia, que inclui não apenas coisas e ações, mas também sentimentos (*The sympathy of things*, p. 243).

[39] Em *The minor gesture* (Durham: Duke University Press, 2016), Erin Manning argumenta que nosso foco tem estado demasiadamente sobre acontecimentos que podem ser claramente descritos, geridos e compreendidos, e que são o claro efeito de determinada capacidade de agir. Temos também de estar atentos à indeterminação da vida. "Em seu movimento, o gesto menor cria locais de dissonância, encenando distúrbios que abrem a experiência a novos modos de expressão. Ao concretizar o sentimento do limite do acontecimento, o intervalo operacional no qual este excede a soma de suas partes, o gesto menor reorienta pontualmente a experiência" (p. 2).

enxergam além das planilhas que colocam os outros como meras "unidades" úteis ao plano de outra pessoa. Sabemos que isso pode acontecer porque temos o testemunho de professores que amam seus alunos como pessoas integrais, médicos que reservam tempo para conhecer seus pacientes e comunidades, projetistas que se certificam de que seus projetos refletem e servem com precisão as necessidades de seus clientes, construtores que constroem casas que dão vivacidade a seus moradores, e não habitações baratas e investidores que baseiam suas decisões na forma pela qual os projetos que financiam podem deixar as comunidades mais aptas a se desenvolverem. O fato de tantas pessoas não caracterizarem (e, graças aos contextos nos quais se encontram, não seres capazes de caracterizar) seu trabalho cotidiano como um exercício de arte criativa é um claro sinal de que os contextos econômicos e sociopolíticos devem mudar.

Sobre o cultivo de contextos para a criatividade

A criatividade acontece em fluxos de uma vida que recebe e dá. É um modo de ser essencial para as pessoas cultivarem, porque mais intimamente as une a seus bairros e comunidades, e reformula e reorienta a forma pela qual as pessoas pensam sobre elas mesmas. Em vez de se sentirem pequenas, isoladas e sozinhas, o trabalho criativo atrai as pessoas para o mundo, para poderem encontrar a fonte insondável, mas generosa, da vivacidade que percorre as criaturas e os lugares, inspirando-as a tornar sua vida compartilhada mais receptiva e mais bela. De maneira paradoxal, ao entregar-se aos outros, um "eu" se torna maior e mais vivo porque está contribuindo e participando no florescimento da vida. Esse não é um processo suave ou livre de atrito, em especial quando reconhecemos como é fácil para as pessoas se enganarem sobre o que o amor exige em cada momento, mas quando o amor que oferece a si mesmo se põe a trabalhar, há uma maior chance de que as criaturas sejam encontradas, engajadas e honradas como os dons sagrados que são. Como indicação do que está em jogo, imaginem quão transformado seria nosso mundo se cada criança soubesse que é valorizada e acolhida por uma comunidade comprometida com seu bem-estar. Que tipos de ambientes construídos, instituições econômicas, sistemas educativos e redes sociais teríamos de criar para cultivar essa possibilidade?

O exercício de um modo de ser hospitaleiro não significa que as pessoas não encontrarão dor e sofrimento ao longo do caminho, ou mesmo brutalidade indizível, mas, mesmo aqui, há uma necessidade de arte. Para entender o que quero dizer, considere a descrição de Fujimura da antiga forma de arte japonesa de *Kintsugi*. Com esse processo, os artistas japoneses colhem cacos de cerâmica e, em seguida, com grande habilidade, fazem cuidadosamente uma nova cerâmica com os pedaços quebrados. Os mestres de *Kintsugi* não tentam "consertar" o que foi quebrado. Em vez disso, eles trabalham com paciência com o que está quebrado para elaborar algo novo e bonito. O que está quebrado não é desprezado, mas respeitado e incorporado, resultando em um trabalho mais sofisticado e, com frequência, mais resiliente. A questão não é simplesmente que as coisas podem ser reaproveitadas para uso posterior; é, em vez disso, que estar quebrado não é o estágio final, tampouco deve ser escondido, porque nos ajuda a entender a verdade de nossa vida imperfeita. Para Fujimura, "esse ato de fazer começa por tomar consciência da presença de Deus no meio de nosso esfacelamento pessoal [...] É precisamente mediante nosso esfacelamento e nossas fissuras que a graça de Deus pode brilhar, como o ouro que preenche as fissuras em *Kintsugi*".[40] Para não desistir diante da violação e da dor das criaturas, as pessoas precisam encontrar maneiras de afirmar um poder mais fundamental que possa curar as feridas e inspirar novidade de vida. A arte, em outras palavras, é um modo fundamental de compaixão, porque é a paixão que penetra de maneira profunda na dor e na promessa do mundo, permanece com ela, torna-se sua testemunha e abre espaço para surgir alguma novidade.

Em razão dessa forma de falar, é evidente que o cultivo da criatividade depende de que as pessoas entrem na presença umas das outras e de seus ambientes, de modo que favoreça o que poderíamos chamar de *ressonância empática*. Descrito em termos acústicos, o termo "ressonância" acontece quando um diapasão ou uma corda em um instrumento musical começam a vibrar em resposta a outro diapasão ou corda vibratória próxima. Um instrumento sente em si o que está acontecendo no outro. Falando de forma mais ampla, as relações ressonantes acontecem quando as pessoas sentem que estão vivas para os outros e que o mundo acolhe sua presença e seu engajamento. Quando as relações entre o "eu" e o mundo deixarem de "vibrar", ou seja, quando não puderem mais sentir a vida dos outros em si, é provável que as pessoas se tornem infelizes, talvez até deprimidas e agressivas, porque o mundo se apresenta como um lugar sombrio e estranho, e alguém pode se sentir paralisado, abandonado ou sem inspiração.

Em seu livro *Resonance: a sociology of our relationship to the world* [Ressonância: a sociologia de nosso relacionamento com o mundo], Hartmut Rosa mostra em detalhes como múltiplas forças e prioridades atuantes na modernidade contribuíram para a diminuição das relações ressonantes. A redução das coisas a objetos, a instrumentalização das criaturas e dos lugares, a

---

[40] *Art and faith*, p. 52.

automatização do trabalho, a absolutização da propriedade privada, a glorificação da mobilidade em detrimento da permanência, a burocratização da educação e a rápida aceleração do ritmo da vida são algumas das formas pelas quais essa diminuição tem ocorrido. Muitas coisas foram danificadas e perdidas nesse processo, especialmente a experiência da beleza e, eu acrescentaria, a capacidade de criar algo belo: "o que experimentamos como beleza é a expressão da possibilidade de uma relação ressonante com o mundo, um modo possível de existir no mundo em que sujeito e objeto respondem um ao outro [...] onde quer que os sujeitos experimentem a beleza, sempre experimentam a possibilidade de uma relação bem-sucedida com o mundo e, portanto, a *verdadeira felicidade*".[41]

A erosão da ressonância que Rosa narra permanece em franca atividade hoje, e se reflete no domínio (cada vez mais global) das políticas econômicas e das formas de pensar neoliberais. As forças que desumanizam as pessoas e contaminam a criação, que Morris e Ruskin condenaram no século 19, não foram corrigidas no século 20. Em vez disso, foram intensificadas, com o resultado de que as pessoas têm cada vez mais dificuldade em estabelecer uma relação de empatia consigo mesmas, com suas comunidades ou com o mundo à sua volta. Uma maneira de caracterizar o neoliberalismo é vê-lo como "uma tentativa de refazer toda a vida humana no caldeirão do acumulo de capital, e até mesmo nos recantos da identidade pessoal. Na imaginação neoliberal, um ser humano é [...] um pacote de talentos e qualidades vendáveis".[42] Pessoas e lugares importam não porque incorporam valor sagrado, mas porque fazem crescer o mercado. David Harvey concorda, argumentando que o neoliberalismo significou "a financeirização de tudo".

Sob a liderança de Margaret Thatcher e Ronald Reagan, ficou claro que a prosperidade (particularmente a da classe já rica) dependia do desmonte dos sindicatos e da privatização e da desregulamentação das indústrias. O

---

[41] Hartmut Rosa, *Resonance: a sociology of our relationship to the world*, trad. para o inglês por James C. Wagner (Cambridge: Polity, 2019), p. 285 (Rosa deixa a primeira linha em itálico).

[42] McCarraher, *The enchantments of Mammon*, p. 582. A caracterização de McCarraher do neoliberalismo está baseada em sua tese mais ampla de que o capitalismo moderno representa uma mudança cultural sísmica, que realoca a fonte de valor e significado no dinheiro, e não em Deus. A busca do dinheiro, inspirada no que Thomas Carlyle chamou de "o evangelho de Mamon", alterou de maneira profunda a maneira pela qual as pessoas se relacionavam com lugares, criaturas e coisas. O capitalismo funciona como um sistema econômico e político, mas também como uma religião: "é uma forma de encantamento — talvez melhor, um *des*encantamento, uma paródia ou perversão de nosso desejo de um modo sacramental de ser no mundo. Seu espírito propulsor é o dinheiro. Sua teologia, filosofia e cosmologia também são conhecidas como 'economia.' Seus sacramentos se fundamentam em mercadorias e tecnologias fetichizadas — a cultura material da produção e do consumo. Seus códigos morais e litúrgicos estão contidos na teoria da administração e no jornalismo empresarial. Seu grupo de clérigos é uma *intelligentsia* empresarial de economistas, executivos, gerentes e escritores de negócios [...] Sua iconografia se constitui de publicidade, relações públicas, *marketing* e desenvolvimento de produtos. Sua visão beatífica do destino escatológico é o império global do capital, uma cidade celestial de negócios com produção, comércio e consumo incessantes em expansão. E seu evangélho tem sido o do 'mamonismo' a atribuição de poder ontológico ao dinheiro e de sublimidade existencial a seus possuidores" (p. 5).

apelo à libertação do mercado foi, ao mesmo tempo, um apelo ao enfraquecimento das instituições e políticas que foram postas em prática para proteger os trabalhadores e os ambientes naturais de exploração. Sindicatos, programas públicos de bem-estar, habitação e transporte, e proteções ambientais foram apenas algumas das instituições que os líderes neoliberais disseram que precisavam ser dissolvidas, pois, como disse Thatcher, "não existe sociedade; apenas homens e mulheres individuais". Ela poderia muito bem ter dito que não existe empatia, mas apenas a preocupação que decidimos demonstrar a um grupo seleto. "Todas as formas de solidariedade social deveriam ser dissolvidas em favor do individualismo, da propriedade privada, da responsabilidade pessoal e dos valores familiares."[43] O efeito líquido das políticas neoliberais foi aumentar, de modo drástico, as desigualdades sociais e aumentar a consolidação da riqueza financeira nas mãos de poucas pessoas. Também foi um desastre para a saúde mental, porque, se uma pessoa não consegue adquirir riquezas neste mundo altamente competitivo, a culpa é dela. Esse é um mundo que torna as pessoas pequenas, solitárias e insignificantes. Em vez de se sentirem vibrantes com a vivacidade dos outros, elas experimentam isolamento e dissonância.

Os efeitos do pensamento neoliberal na vida cotidiana das pessoas comuns têm sido graves. Boa parte dos trabalhadores se sentem desprezados pelas elites culturais, que lhes pagam mal, privam-nos de serviços públicos e de uma infraestrutura adequada de trabalho, não fornecem equipamento de segurança suficiente, segregam-nos em habitações abaixo do padrão, destinam-os a bairros tóxicos ou abandonados, mantêm-nos sob ameaça de deportação, ou ficam felizes em substituí-los por máquinas, algoritmos ou uma força de trabalho comprada a menor custo de outro lugar. Os executivos das empresas, ajudados por políticos diligentes, continuam a enriquecer a si próprios e a seus acionistas, recusando-se a oferecer melhores cuidados de saúde, benefícios previdenciários, ou o aumento do salário mínimo. Embora alguns trabalhadores sintam claramente que o trabalho que realizam é importante, muitos outros não se sentem assim. Cercados por casas mal construídas, sucata e dispositivos tecnológicos projetados para se tornarem obsoletos, e alimentos baratos e nocivos — os diversos produtos que nenhum executivo do mundo corporativo jamais sonharia em comprar para si —, é difícil para eles pensar em si como pessoas que contribuem para o embelezamento do mundo. Trabalho é o que você faz para pagar a hipoteca, o aluguel, as contas de cuidados com a saúde, ou uma dívida crescente no cartão de crédito. O trabalho em si, e as aquisições que ele proporciona, não parecem trazer muito prazer. Se assim fosse, as pessoas conseguiriam diminuir o volume de compras. O trabalho também

---

[43] David Harvey, *A brief history of neoliberalism* (New York: Oxford University Press, 2005), p. 23.

não proporciona muita segurança financeira. Como a pandemia da Covid-19 comunicou de forma tão clara, milhões de pessoas estão a um passo da miséria. Aqueles que são considerados "trabalhadores essenciais", porque fornecem nossos alimentos, sustentam nossas infraestruturas, servem em nossas casas, ensinam nossas crianças e cuidam de nossos cidadãos jovens e idosos, são também alguns dos trabalhadores mais mal pagos e menos protegidos.

As políticas neoliberais adotam uma caracterização profundamente preocupante dos seres humanos, promovendo uma destituição sistemática das capacidades de empatia. Para ver seus contornos, podemos observar brevemente o trabalho de Ayn Rand, uma escritora cuja obra mereceria muito pouca atenção, não fosse pelo fato de seus textos terem inspirado milhões, incluindo boa parte dos mais influentes economistas (Alan Greenspan), líderes empresariais (Steve Jobs, Jeff Bezos), e políticos (Paul Ryan, Mike Pompeo). Rand dividiu o mundo em dois grupos básicos de pessoas, criadores e parasitas, ou, para usar a linguagem de Donald Trump (outro de seus admiradores influentes), vencedores e perdedores. Os criadores são autossuficientes, automotivados e autoconcebidos. Os parasitas, entretanto, dependem dos outros e pregam a caridade e o altruísmo. Em seu *best-seller* de ficção, os protagonistas sempre foram individualistas fervorosos que negavam que os outros pudessem reivindicar qualquer parte de seu tempo, talento ou energia. Eram heróis que fizeram a própria felicidade. Também eram bem-sucedidos, sendo a realização produtiva o indicador definitivo de uma vida digna. Em *The individualist manifesto* [O manifesto individualista], escrito em 1941, ela disse:

> O direito de liberdade significa o direito do homem à ação individual, à escolha individual, à iniciativa individual e à propriedade individual. Sem o direito à propriedade privada, nenhuma ação independente é possível [...] O direito à busca da felicidade significa o direito do homem de viver para ele mesmo, de escolher o que constitui sua felicidade privada e pessoal, e de trabalhar para sua realização [...] A felicidade de um homem não lhe pode ser prescrita por outro homem ou por qualquer número de outros homens.[44]

É curioso que a escrita de Rand tenha sido tão atraente para seu público seleto, porque seu poder não estava nos argumentos, que, em verdade, foram

---

[44] Como citado em Cass R. Sunstein, "The siren of selfishness", *The New York Review of Books*, LXVII, 6, 9 de abril de 2020, p. 34. Sunstein sentiu o fascínio de Rand quando jovem, mas, aos poucos, passou a ver como seus livros o deixavam doente. "Desdenhosos com a maioria da humanidade, impiedosos com a fragilidade humana e em todo momento martelando os males morais da redistribuição, eles produziram uma sensação de claustrofobia [...] Ler e pensar nos romances de Rand era como estar preso em um pequeno elevador com alguém que falava muito alto, ficava dizendo a mesma coisa e simplesmente não se calava" (p. 33).

muito poucos. Foi no alto emocional perverso que ela proporcionou a seus leitores (muitas vezes jovens do sexo masculino), que ficaram entusiasmados com sua glorificação da independência humana e do desafio pessoal diante de todos os limites impostos pelo mundo exterior. O mundo de Rand é aquele em que há pouquíssima ressonância empática com lugares, outras criaturas, ou mesmo outros seres humanos. Segundo ela, não pode haver reconhecimento de que o objetivo da vida de uma pessoa é entrar nos fluxos de uma vida de dar e receber, e assumir um modo de conviver de forma humilde, acolhedora e generosa com os outros.

Para terminar este capítulo, apresentarei brevemente o que considero serem alguns dos princípios filosóficos e teológicos fundamentais que devem orientar nossos esforços no cultivo de uma vida humana criativa. Quais recomendações podem ser feitas para facilitar a participação de uma pessoa nos fluxos de uma vida que dá e recebe?

Em primeiro lugar, *recupere uma sensibilidade pactual*. O reconhecimento de que as pessoas vivem de dádivas não é apenas pessoalmente transformador: tem efeitos econômicos e sociais. Meu objetivo não é que tentemos voltar a algo como as economias de dádiva descritas pelos antropólogos. Trata-se, antes, de que tentemos passar de uma forma *contratual* para uma forma mais *pactual* de negociar nossas relações com os outros. Quando os contratos estão em jogo, os parceiros procuram a máxima vantagem própria, as relações são impessoais, as mercadorias trocadas são claramente definidas, delimitadas e alienáveis, as obrigações são legalmente cumpridas e os contratos são limitados a determinado período. É importante entender essa lista de características, elaborada por Marcel Hénaff, porque uma mentalidade contratual transformou as relações das pessoas entre si e com o mundo.

> Podemos perguntar se todo o enorme movimento da economia moderna — o que é agora uma máquina de produção global — não seria a última e mais radical forma de eliminar os deuses, de acabar com as dádivas e as dívidas. Pode ser que produzamos, troquemos e consumamos para reduzir nossa relação com o mundo e de um ao outro à gestão de bens visíveis e quantificáveis, para evitar que qualquer coisa escape ao cálculo dos preços e ao controle do mercado, de modo que o próprio conceito do inestimável desapareça. Então, nada ficaria fora do domínio do comércio. A inocência material teria, então, sido alcançada: sem falhas, pecado, doação ou perdão, nada mais do que os erros nos cálculos, balanços positivos ou negativos e pagamentos com prazos acordados.[45]

---

[45] *The price of truth*, p. 20-1. As seis características de um contrato podem ser encontradas nas páginas 345-6.

Os modos contratuais de ser não têm empatia. As formas pactuais, no entanto, são sobre o estabelecimento de ressonância empática com os outros. Do ponto de vista teológico, é importante recordar que as relações de Deus com as pessoas, com as criaturas e com a terra são, antes de tudo, pactuais. O Senhor se compromete a estar sempre com as criaturas com seu poder nutridor, sustentador, medicinal, libertador e celebrador — *não importa o que aconteça*. Esse Deus permanece com as pessoas mesmo quando elas o decepcionam, fazem mal ou fogem. Ele deseja estar plenamente presente e compartilhar a abundância da vida divina com as pessoas, para que elas possam compartilhar essa vida com os outros. No entanto, para isso acontecer, os desejos das pessoas precisam ser transformados a fim de que sua paixão por Deus simultaneamente inspire uma paixão pelo bem-estar dos outros.[46] Nesse processo de transformação, as pessoas são vivificadas por um novo espírito de vida, que se enraíza nas pessoas para que possam sentir e responder à vida de Deus e à vida dos outros, que vibram dentro delas.[47]

Para entender como isso ocorre, considere as comunidades cristãs primitivas que surgiram sob a inspiração do poder vivificador de Deus. O livro de Atos registra:

> Todos os que criam mantinham-se unidos e tinham tudo em comum. Vendendo suas propriedades e bens, distribuíam a cada um conforme a sua necessidade. Todos os dias, continuavam a reunir-se no pátio do templo. Partiam o pão em suas casas, e juntos participavam das refeições, com alegria e sinceridade de coração, louvando a Deus e tendo a simpatia de todo o povo (Atos 2:44-47).

Um pouco mais adiante, somos informados que "ninguém considerava unicamente sua coisa alguma que possuísse, mas compartilhavam tudo o que tinham [...] Não havia pessoas necessitadas entre eles" (Atos 4:32,34).

É impossível conhecermos os pormenores de todos os mecanismos que estabeleceram sua vida econômica, mas o "comunismo primitivo" (como, por vezes, é chamado) reflete de que forma funciona uma sensibilidade pactual e uma lógica de dádivas. Se as pessoas valorizam a vida conforme as dádivas que lhes são dadas, algo que esses primeiros cristãos teriam afirmado como

---

[46] 1João deixa claro que o amor de Deus e o amor ao próximo andam juntos e que, separadamente do amor ao próximo, não se pode pretender amar a Deus. "Quem não ama não conhece a Deus, porque Deus é amor [...] Deus é amor. Todo aquele que permanece no amor permanece em Deus, e Deus nele [...] Se alguém afirmar: 'Eu amo a Deus', mas odiar seu irmão, é mentiroso" (1João 4:8,16,20).

[47] Para uma descrição das múltiplas dimensões dessa transformação do desejo, veja Sarah Coakley, *God, sexuality, and the self: an essay "on the Trinity"* (Cambridge: Cambridge University Press, 2013). Coakley recupera práticas ascéticas e contemplativas como indispensáveis para o trabalho de atenção radical a outros (muitas vezes desprezados e marginalizados), e como uma proteção crucial contra ambições potencialmente apropriadoras e abusivas.

verdadeiro — porque Deus é, acima de tudo, aquele que dá — é que a gratidão é a resposta mais adequada. O sinal mais claro de que uma *dádiva* foi recebida como tal é a transformação das pessoas em doadoras para outras. Receber algo de mãos abertas é também continuar a manter as mãos abertas para que os outros também possam receber de você. Em outras palavras, a *gratidão* é o sinal de que a dádiva foi recebida, enquanto a generosidade é o sinal de que o destinatário foi transformado pela dádiva. Como diz Lewis Hyde, "transmitir a dádiva diz respeito à gratidão que conclui sua missão. A transformação não é realizada até que consigamos conceder a dádiva em nossos próprios termos".[48] Não devemos ficar surpresos, então, pelo fato de os primeiros cristãos terem rejeitado a ideia de propriedade privada absoluta, pois reivindicar algo como exclusivamente próprio é negar sua realidade como uma dádiva.[49] Não devemos nos surpreender com a ira de Jesus ao expulsar os cambistas do templo, porque esse local, que se acreditava ser a residência material de Deus na Terra, não opera conforme as regras dos contratos e financiadores. Em vez disso, deve refletir a vida que dá e recebe dádivas sem-fim. Deve refletir a oferta de si, que está no âmago do sacrifício genuíno.[50]

A generosidade resultante de receber uma dádiva constrói a comunidade. Esta não é simplesmente um conjunto de indivíduos que se reúnem de tempos em tempos. Como observamos no último capítulo, trata-se de uma vida profundamente solidária, uma vida inspirada pelo outro em mim e por eu mesmo nos outros, de modo que a atividade de alguém é uma participação no desenrolar e na transformação da comunidade, e a identidade de alguém é tanto social como individual. Enquanto os estudiosos refletiam sobre as economias de dádiva nas sociedades tradicionais e nativas, observaram que a coisa mais importante sobre uma dádiva não é o item material em si; pelo contrário, o significado real está nas relações que ela cria, relações de reconhecimento e responsabilidades recíprocas, mas também relações de coesão social. Como descrito por Hyde, quando uma dádiva passa de um para outro, um vínculo é criado. Não é um vínculo que sufoca, mas, em sua forma ideal, gera sentimentos de parentesco e solidariedade. "Quando a troca de dádivas alcança uma comunhão de espíritos, não há apelo à liberdade; somente

---

[48] *The gift*, p. 60.
[49] Em *Paul and the gift* (Grand Rapids: William B. Eerdmans Publishing Company, 2015) [edição em português: *Paulo e o dom* (São Paulo: Paulus, 2018)], John Barclay traz uma descrição detalhada de como a lógica da dádiva operava nas primeiras comunidades cristãs sob a orientação do apóstolo Paulo. Ele também mostra uma maneira cristã de enquadrar o dom que diferia das formas de pensar grega e romana. Para Paulo, o próprio Jesus é a primeira e mais importante dádiva. Recebê-lo, e depois participar de seus modos de ser, criou uma orientação para a vida segundo a qual os seguidores de Cristo foram chamados a mostrar em sua vida comunitária o "fruto do Espírito" listado em Gálatas 5:22,23: amor, alegria, paz, paciência, amabilidade, bondade, fidelidade, mansidão e domínio próprio.
[50] Para uma descrição da lógica do sacrifício, veja os capítulos 5 e 6 de *My food and faith*, p. 156-236.

quando nossos apegos se tornam moribundos é que desejamos quebrá-los."[51] No momento em que uma dádiva se torna uma mercadoria que é propriedade privada, seu efeito será fragmentar e debilitar a comunidade. Talvez seja por isso que os primeiros apóstolos foram tão severos na maneira de lidar com Ananias e Safira, que comprometeram sua generosidade professada ao reter dinheiro para si como uma posse privada (Atos 5:1-11).[52] A ação deles não foi apenas uma violação da comunidade, mas também uma negação e uma rejeição da realidade como dom sagrado e da vida como o dar e receber de tais dádivas.

Meu objetivo não é acabar com os mercados, o dinheiro ou o comércio (é importante notar que, em comunidades nativas e tradicionais, a troca de dádivas e presentes não era um substituto ou uma alternativa ao comércio, uma vez que ambos existiam lado a lado). Trata-se, em vez disso, de lembrar às pessoas que quaisquer economias que as comunidades concebam, e quaisquer políticas econômicas que decidam defender, ocorrem em um mundo *dado* que, quando é caracterizado *como criado*, é uma dádiva sagrada. Compreender esse pressuposto fundamental tem implicações reais. Vemos isso nas fazendas quando os agricultores deixam de pensar no gado como algo redutível a "unidades de produção" e, em vez disso, honram a vida dada por Deus aos animais, respeitando seu direito de viver de maneira adequada às suas capacidades. Vemos isso nas instituições nas quais líderes e gerentes trabalham respeitando as necessidades específicas e o potencial dos funcionários, fornecendo um salário digno, benefícios e proteções aos trabalhadores, e criando oportunidades para que sejam parceiros criativos que tenham voz na vida e no futuro da instituição. Vemos isso em cooperativas empresariais administradas localmente, que conectam os consumidores com os produtores da área e, assim, dão aos consumidores a oportunidade de investir e assumir alguma responsabilidade por suas comunidades e bairros.[53]

---

[51] *The gift*, p. 91.
[52] Hyde esclarece a dinâmica observando que, "sempre que a propriedade circula como uma dádiva, o aumento que acompanha essa circulação é simultaneamente material, social e espiritual: onde a riqueza se move como uma dádiva, qualquer aumento da riqueza material é automaticamente acompanhado pelo aumento da convivência do grupo e pelo fortalecimento do *hau*, o espírito da dádiva. Mas, quando o comércio exterior começa, a tendência é diferenciar o aumento material do aumento social e espiritual, e uma linguagem comercial parece articular a diferença. Quando a troca deixa de conectar uma pessoa a outra, quando o espírito da dádiva está ausente, o aumento não aparece entre os parceiros da dádiva e a usura aparece entre devedores e credores" (ibidem, p. 145). Esse não é o lugar para entrar em um tratamento extensivo da proibição de longa data, e teologicamente baseada, contra a prática da usura. Uma maneira de apresentar seu caráter funesto, no entanto, é observar que a usura viola o espírito da dádiva, porque aquele que pratica a usura busca o lucro na necessidade do outro.
[53] O "Schumacher Center for a New Economics" (https://centerforneweconomics.org/) apresenta múltiplas ferramentas que podem ajudar as pessoas que procuram adotar uma abordagem pactual da vida econômica. O desenvolvimento dos fundos imobiliários e das moedas locais, o revigoramento dos bens comuns, a reimaginação da propriedade e da gestão da terra, e a liderança com a justiça ambiental são algumas das principais iniciativas abordadas.

Em segundo lugar, *advogue por economias transparentes*. Se a criatividade acontece quando as pessoas respondem de forma empática e improvisada a determinado mundo dinâmico, então uma das prioridades máximas de uma economia deveria ser ajudar as pessoas a compreender seu processo de vir à existência dentro do processo de vir a ser dos lugares e das coisas. Atualmente, é muito difícil para a maioria dos consumidores conhecer de forma honesta ou detalhada, as fontes de seu sustento. As longas cadeias de abastecimento na economia global, com o anonimato e a ignorância que criam, significam que os consumidores não sabem de onde vêm os produtos, como são feitos, e como podem defender práticas de produção que honrem e nutram a vida que alimenta as coisas. É por isso que é importante diminuir, sempre que possível, a distância entre o consumo e a produção. As economias locais são importantes não porque resolvam todos os problemas, mas porque facilitam a possibilidade de entendimento das pessoas em relação à própria vida, como sendo costurada na vida e na morte dos outros e ser beneficiada, até mesmo abençoada, pela existência destes. Desenvolver relações com os produtores, envolver-se na produção das coisas, tornar-se um defensor de práticas de produção seguras e limpas e de uma compensação adequada dos trabalhadores — tudo isso contribui para os consumidores terem uma apreciação mais profunda das qualidades e do valor das coisas, em vez de se limitarem à sua quantidade e disponibilidade. Com profundidade e intimidade suficientes, os consumidores podem até mesmo entrar em contato com um amor pessoal, seja divino ou humano, que está em ação nas coisas em seu processo de vir à existência. A chave é entender que este mundo não é redutível a um estoque de recursos naturais ou a uma oferta infinita de mercadorias que reflita o interesse comercial de alguém. As coisas são, em suma, dádivas, não importa em que medida as pessoas contribuam para seu desenvolvimento ou aperfeiçoamento, porque elas crescem a partir de um mundo que os seres humanos não criaram.

As pessoas precisam entender como cada coisa, seja uma peça de roupa, um copo d'água, um *smartphone* ou uma casa, é uma história em que vários lugares, processos e agentes se reúnem. Uma vez que os consumidores apreciem a história das coisas que estão vindo à existência, compreenderão melhor a vulnerabilidade e a interdependência das criaturas, pois perceberão como uma coisa depende sempre de tantas outras coisas ao mesmo tempo. Um pedaço de pão, por exemplo, não é apenas um único pedaço em uma sacola. É uma história que exige que falemos de padeiros e receitas, leveduras e trigo, processos de moagem e centros de distribuição, agricultores e trabalhadores agrícolas, variedades de trigo e aveia, agricultores e financiadores, acordos comerciais e lei agrícola, ciclos climáticos e zonas de cultivo, condições do solo e qualidade/disponibilidade da água, além de ciclos de carbono e fotossíntese.

Uma vez que as pessoas começam a conhecer essas histórias e a apreciar o significado de seus vários elementos, estarão também em melhor posição para saber o que é o pão, o que é necessário para ele existir, e o que é necessário fazer para cultivar sua produção contínua. Uma economia honesta depende da transparência no que diz respeito à história de como as coisas se tornam aquilo que são.

Ao trabalhar por uma economia transparente, as pessoas começarão a compreender não apenas o futuro das coisas, mas também sua vida posterior.[54] A atual economia anônima e descartável torna muito fácil para os consumidores ignorarem os efeitos de suas compras, deixando-os cegos aos efeitos generalizados das práticas de produção. É evidente que alguns dos efeitos dessas práticas são positivos, tendo criado habitações melhores, medicamentos mais eficazes e ampliado as possibilidades de comunicação. Mas alguns também são muito negativos, com o aparecimento de aterros tóxicos, oceanos carregados de plástico, comunidades exploradas, e consumidores insatisfeitos. Em sua vida em coletividade, as pessoas precisam tentar algum tipo de contabilidade de espectro completo, em que os custos e os benefícios para os *habitats* e as comunidades possam ser enumerados e avaliados na íntegra. Os efeitos nocivos já não devem ser "externalizados", mas colocados no centro de livros-caixa e planilhas de cálculo. Para isso acontecer, aqueles que são mais influenciados pelas práticas econômicas, positiva ou negativamente, devem ter voz nas prioridades econômicas de uma comunidade. Na prática, isso significaria sair de um quadro *acionista* no qual uma pequena minoria de pessoas extrai todos os benefícios financeiros para si, deixando que os outros absorvam a desordem, e passar para o foco *das partes interessadas*, em que trabalhadores, investidores, consumidores, demais criaturas e seus *habitats* — todos elementos vitais na produção de qualquer coisa — tenham algo a dizer sobre o que e como algo é feito, e também compartilhem os benefícios do que é produzido. Um foco nas partes interessadas não será somente mais democrático, mas também abordará a desigualdade de riqueza que atualmente depende da exclusão de inúmeras pessoas da decisão e do desfrute de benefícios de nosso mundo em particular, e concentrará nosso compromisso em desenvolver o que Jedediah Purdy chama de "nova comunidade".[55]

---

[54] A ideia de uma economia do tipo "gasto zero" ou "circular" é importante não apenas porque reduz a quantidade das coisas descartadas. Ela também altera a forma pela qual as coisas são feitas — com alta qualidade, podendo ser recicladas e reaproveitadas —, e incentiva mais reflexão sobre uma questão básica: esse produto deveria mesmo ser feito? Trará alegria às pessoas? É proveitoso para nossa comunidade? Melhora a vida e torna o mundo mais belo?

[55] Em *This land is our land: the struggle for a new commonwealth* (Princeton: Princeton University Press, 2019), Jedediah Purdy diz que uma "política da comunidade de nações" convida as pessoas a avaliarem em conjunto o verdadeiro valor da vida e o significado genuíno da riqueza. Essa seria uma política que transformaria as pessoas umas nas outras para que pudessem mudar a arquitetura da vida compartilhada. "A política democrática, em potencial, cria um espaço comum em que os iguais têm de decidir os

Em terceiro lugar, *revigore os processos democráticos*. A transformação das comunidades e das economias que descrevi brevemente terá o efeito de alterar os processos e objetivos políticos. Para começar, a ideia de seres humanos como criaturas empáticas e criativas implica sua participação ativa na administração pública. Entretanto, uma vez que as pessoas se sentem desconectadas e impotentes no planejamento de suas vidas comunitárias, perdem o desejo de se envolver na vida política porque não podem sentir a vida dos outros vibrando nelas, tampouco podem sentir as correntes da história fluindo por intermédio delas.[56] A política democrática, como argumentou Luke Bretherton, deve ser concebida e executada como uma obra de amor — "remova o amor e a política não funcionará".[57]

Em seu livro *Reconstructing democracy* [Reconstruindo a democracia], Charles Taylor, Patrizia Nanz e Madeline Beaubien Taylor reconhecem que as pessoas perderam a confiança na democracia como sistema. As decisões em todos os níveis promovem os interesses dos financiadores e das empresas, em vez de servir às necessidades dos indivíduos e das comunidades. Além disso, existe um abismo entre as pessoas e seus representantes eleitos, estando estes mais ligados aos lobistas do que aos cidadãos. Nesse ínterim, os políticos não têm em mente o que seus cidadãos querem na realidade, porque as comunidades se tornaram fragmentadas e polarizadas em grupos vivendo em câmaras de eco que demonizam aqueles que estão do lado de fora. As redes sociais, em vez de criar empatia pelos outros, servem para isolar as pessoas e torná-las ainda mais ansiosas, desconfiadas ou desesperadas. Há pouco desejo de que as pessoas se conectem ou se entreguem a projetos de florescimento mútuo, porque os espaços e processos nos quais as pessoas podem descobrir o que esse florescimento realmente é, e o que sua realização implicaria de forma prática, não existem. Para revigorar a democracia e, com isso, renovar a sensação de que as pessoas estão contribuindo pessoal e criativamente para um projeto de

---

termos de sua coexistência. Isso é difícil em qualquer versão. Não pode correr bem quando outras forças — da economia, da raça, do gênero — convidam as pessoas a tratarem umas às outras como subordinadas, e não como iguais" (p. 20). "Em uma economia de comunidade de nações, devemos nos enraizar na tentativa de ajudar o mundo, humano e natural, a continuar a ser" (p. 148).

[56] Rosa argumenta que uma vida ressonante torna a vida política um assunto muito menos abstrato: "Uma pessoa que se sente isolada em sua existência das gerações passadas e futuras tem poucas razões para se deixar influenciar por princípios abstratos, como a justiça, enquanto uma pessoa que sente a corrente da história fluindo por meio dela, que sente uma conexão tão sensível com seus ancestrais e descendentes que eles se fazem importantes para ela de alguma forma, não precisa desses princípios para justificar uma vida sustentável; ela experimenta restrições materiais não como absolutamente restritivas, mas como um elemento do estabelecimento da ressonância e, portanto, de uma vida bem-sucedida" (*Resonance*, p. 428).

[57] Luke Bretherton, *Christ and the common life: political theology and the case for democracy* (Grand Rapids: William B. Eerdmans Publishing Company, 2019), p. 464. Entre os vários axiomas para uma política democrática que Bretherton desenvolve, destacam-se, nesse contexto, a promoção do poder relacional e da cooperação, a reflexão compartilhada sobre questões de propósito e significado, a priorização dos bens comunais e substanciais em detrimento do procedimento e do desenvolvimento de associações pactuais (p. 446-64).

vida mais vasto, o foco deve estar na reconstrução das comunidades locais. "A reconstrução dessas comunidades locais requer uma ação política que possa construir novas solidariedades, alinhar os interesses e objetivos dos membros da comunidade, definir poderes criativos livres para resolver problemas complexos e permitir a capacidade de ação coletiva."[58]

Mudar um processo político não é algo simples, especialmente em contextos de fragmentação, polarização e esgotamento. As pessoas que queremos inspirar e as comunidades que esperamos mobilizar muitas vezes se sentem derrotadas e céticas quanto às suas perspectivas. Por isso, é crucial que os líderes políticos locais ouçam com atenção o que os membros da comunidade têm a dizer e encontrem formas de envolvê-los na reflexão sobre as questões fundamentais que a comunidade deve enfrentar em conjunto. É importante ressaltar que não basta que os participantes falem e sejam ouvidos. Eles também precisam *sentir* que foram ouvidos. O êxito de um processo desse tipo depende do reconhecimento de que não existem duas comunidades ou lugares exatamente iguais. O potencial e os problemas devem ser avaliados em termos específicos de cada um.

Taylor, Nanz e Beaubien Taylor argumentam que existem quatro blocos de construção para o tipo de mudança que procuram. Em primeiro lugar, é necessário que haja "uma mudança existencial de atitude", de modo que as pessoas tomem a iniciativa de alterar suas circunstâncias. Quando essa mudança acontece, gera-se *"uma consciência fortalecedora da capacidade de ação coletiva e possibilidade"*. Em segundo lugar, a noção de que as pessoas têm de trabalhar em conjunto para promover mudanças significa que é preciso enfrentar a fragmentação e a polarização que, até então, debilitaram os esforços. É necessário criar espaços e tempo para encontros presenciais, para que os estereótipos e os mal-entendidos possam ser desfeitos. Conforme isso aconteça — às vezes muito lentamente, uma vez que a confiança tem de ser construída no processo — a comunidade constrói a solidariedade entre seus participantes. Em terceiro lugar, "uma vez que nos unimos, *abrimos também novas alamedas para a criatividade*". Pessoas diversas representam um conjunto diversificado de competências e capacidades criativas. Quando se reúnem de forma solidária, surgem possibilidades de inovação. Quarto, as pessoas que conversam, imaginam e trabalham juntas criam um novo eu e uma nova compreensão de mundo. Interesses e objetivos, mas também valores e visão, podem entrar em alinhamento mais próximo quando as pessoas sentem que estão trabalhando na mesma direção. As pessoas têm clareza sobre o que querem e quais são os

---

[58] Charles Taylor; Patrizia Nanz; Madeline Beaubien Taylor, *Reconstructing democracy: how citizens are building from the ground up* (Cambridge: Harvard University Press, 2020), p. 6.

melhores passos para chegar lá. O alinhamento de objetivos, conhecimento e motivação cria uma comunidade que não apenas deseja mudanças, mas que foi mobilizada para que isso aconteça.[59]

Esses quatro blocos de construção não foram simplesmente inventados do nada; derivam de numerosas experiências de campo em comunidades que realmente realizaram uma mudança em seus ambientes e na qualidade da vida compartilhada. Destaco-os porque mostram que criar uma política melhor depende de capacitar as pessoas a entrarem em seus fluxos de vida, assumindo uma disposição solidária em relação ao próximo e, em seguida, respondendo de forma prática e qualificada às oportunidades e aos desafios que enfrentam. Os talentos e as competências necessárias para esse trabalho são diversos, e cada qual tem um papel a desempenhar, porque cada pessoa traz suas habilidades como parte interessada, além de sua experiência e ponto de vista, que nos ajudarão a compreender o que funcionou no passado, e o que não funcionou. Seja como professores, agricultores, poetas, pais, médicos, investidores, engenheiros, crianças ou idosos, cada um tem esperanças e medos que precisam ser ouvidos. Cada um tem capacidades que podem contribuir para a cura de nosso mundo.

> Serão necessários grandes atos de vontade democrática para dizer o que é valioso para nós, o que queremos, e como isso deve orientar todo o mundo construído na direção do cultivo e da preservação: o fluxo ininterrupto da vida e do cuidado, humano e não humano. Em uma comunidade — que poderíamos também chamar de Antropoceno democrático —, o valor residirá no trabalho que faz o que é necessário e sustenta as próprias condições de possibilidade, no descanso que contempla um mundo esfacelado, mas ainda maravilhoso, no jogo que mantém viva a alegria entre monumentos e ruínas e ajuda a garantir que daí cresça uma nova vida. Ninguém pode escolher esses valores sozinho, porque eles dependem dos compromissos compartilhados com outros, da forma e dos termos de um mundo construído e compartilhado. O trabalho heroico de construir esse mundo deve abrir espaço para uma vida humilde. Precisamos de atos extraordinários para servir às coisas mais comuns. Parecerá menos heroico e mais ordinário, em se tratando de uma obra realizada por muitas mãos — e, somente assim, as coisas acontecerão de verdade.[60]

Em quarto lugar, *construa uma infraestrutura de apoio à vida*. A ressonância empática não pode criar raízes e crescer em ambientes construídos que

---
[59] Ibidem, p. 22-5.
[60] *This land is our land*, p. 150.

degradam lugares e criaturas, mantendo as pessoas separadas umas das outras ou em relações superficiais com seus contextos vivificantes. Como demonstraram minhas análises anteriores do Antropoceno, habitamos um mundo construído por seres humanos — uma tecnosfera — que, embora claramente traga múltiplos benefícios para alguns, tem sido muito destrutivo para o mundo que recebemos como uma dádiva. Os sistemas alimentares e energéticos dominantes desenvolvidos e as práticas laborais e de produção que fizeram crescer as economias mais prósperas de nosso mundo dependeram da construção de extensas redes de transporte, fábricas e centros de distribuição gigantescos, minas subterrâneas e a remoção dos topos de montanhas, campos agrícolas monocultivados, operações de alimentação por meio do confinamento de animais, a invenção de plásticos, produtos químicos e compostos sintéticos, aterros pútridos e tóxicos, e o surgimento de favelas com pouco acesso a recursos e superlotadas nas megacidades ao redor do mundo. Em outras palavras, a tecnosfera global que foi construída ameaça esgotar e sobrecarregar o mundo criado do qual depende. Seus benefícios não foram distribuídos de forma igual ou justa.

Diz-se muitas vezes das Escrituras cristãs que elas começam com a criação dos seres humanos em um jardim (Gênesis 2), mas terminam com as pessoas habitando em uma cidade acolhedora que proporciona a cura e a alimentação de todas as nações (Apocalipse 21 e 22). Mas que tipo de cidade está sendo imaginada? Essa é uma questão vital a ser considerada, porque, hoje, a urbanização é um fenômeno global. O alvorecer do século 21 marcou a primeira vez na história em que mais pessoas vivem em cidades do que em zonas rurais ou nativas. Além disso, o ritmo e a extensão do desenvolvimento urbano cresceram de forma significativa, uma vez que agricultores e camponeses, boa parte deles enfrentando forças econômicas e políticas hostis, deixam terras que sofreram mudanças climáticas e foram atingidas pela violência em busca de abrigo, emprego e subsistência. As cidades que se desenvolveram para receber essas pessoas carecem muitas vezes da infraestrutura — habitação, educação, medicina e serviços de apoio — necessária para atender às suas necessidades. Até 2050, espera-se que mais de dois terços de todas as pessoas vivam em cidades, sendo várias delas megacidades de alta densidade, com populações na casa das dezenas de milhões. Desses moradores, um em cada três viverá em favelas. Em contraste, no ano de 1800, menos de 10% das pessoas em todo o mundo viviam em centros urbanos.[61]

---

[61] Para uma descrição clara das tendências demográficas globais, veja as múltiplas publicações de *Our world in data based at the University of Oxford*, mas especialmente seu relatório sobre a urbanização, disponível em: https://ourworldindata.org/urbanization.

Considerando que os centros urbanos serão o local de vida para a maioria das pessoas no futuro, é da maior importância que alguns princípios sejam tidos em mente para as cidades do futuro maximizarem o florescimento completo das pessoas, das demais criaturas e dos habitats naturais. Se nosso objetivo é estruturar ambientes construídos nos quais as pessoas possam participar dos fluxos de dar e receber vida, então algo como a "cidade de 15 minutos" pode servir como um estímulo valioso para nossa imaginação. Conforme formulado pela prefeita de Paris, Anne Hidalgo, a mistura é a ideia central que propulsiona a cidade de 15 minutos. Com a mistura, o que Hidalgo e seus colegas queriam era que os espaços urbanos fossem menos segregados em zonas reservadas para moradia, trabalho, compras e entretenimento.

Quando os locais de trabalho, as lojas e as casas se aproximam uns dos outros, o espaço urbano anteriormente dedicado aos automóveis é liberado, eliminando a poluição e abrindo caminho para jardins, ciclovias e instalações de esportes e lazer. Tudo isso permite que os moradores levem suas atividades diárias para fora de suas casas (que, em Paris, tendem a ser pequenas), para ruas e praças acolhedoras e seguras.[62]

Essa é uma cidade descentralizada que valoriza o envolvimento social e a melhoria da qualidade de vida em detrimento da busca individual da riqueza privada. O objetivo é redescobrir as alegrias (potenciais) de uma vida em que as pessoas estejam em relação próxima e frequente entre si, para curar o isolamento e a solidão, que são as causas de tanta angústia pessoal e depressão.

Essa visão aponta para vários elementos importantes: sua flexibilidade de projetos, que permite às regiões e comunidades desenvolverem programas que melhor atendam às necessidades locais; seu compromisso de resolver grandes problemas ambientais; sua priorização de questões de qualidade de vida acima de questões relativas à quantidade de vida; e seu compromisso de criar espaços — calçadas, parques, praças e centros comunitários, lojas e restaurantes — nos quais as pessoas possam mais facilmente estar umas com as outras, na condição de vizinhos. Nos termos deste capítulo, a cidade de 15 minutos merece nossa atenção porque visa criar uma infraestrutura que facilite a ressonância empática. Ela cria o que Richard Sennett chamou de "cidade aberta", na qual os cidadãos possam se encontrar mais facilmente e interagir uns com os outros para resolver os problemas e as oportunidades que devem enfrentar em conjunto.[63]

---

[62] Fergus O'Sullivan; Laura Bliss, "The 15-minute city — no cars required — is urban planning's new utopia", Bloomberg Businessweek, 12 nov. 2020. (www.bloomberg.com/news/features/2020-11-12/paris-s-15-minute-city-could-be-coming-to-an-urban-area-near-you).

[63] Richard Sennett, *Building and dwelling: ethics for the city* (New York: Farrar, Straus and Girous, 2018) [edição em português: *Construir e habitar* (São Paulo: Record, 2018)]. Esse livro deve ser lido com o relato de Sennett sobre a vida social em *Together: the rituals, pleasures and politics of cooperation* (London: Penguin, 2012) [edição em português: *Juntos* (São Paulo: Record, 2012)].

A concepção dos ambientes construídos tem um profundo significado teológico, porque o que está em pauta não é simplesmente a escolha de um projeto de construção em detrimento de outro, mas a possibilidade de construir uma vida humana bela, que testemunha e participa da alegria divina e se deleita com o florescimento das criaturas. Que tipo de cidade responde melhor às formas de autoentrega e construção da vida projetadas por Deus? Como devem ser construídas as casas e os bairros para que criem ao máximo ambientes hospitaleiros nos quais as pessoas e as criaturas sejam bem-vindas e saibam que serão nutridas e capacitadas para explorar livremente as oportunidades que devem realizar de maneira exclusiva? Essas serão cidades marcadas pelo que Timothy Gorringe chama de "edifício e habitação graciosos".[64] Mas também serão construídos ambientes inspirados pelo Deus que cultiva plantando, nutrindo e celebrando a vida. A visão da cidade celestial em Apocalipse não deixa para trás os jardins ou o cultivo. Ela os incorpora, para que a alimentação e a cura das pessoas continuem progressivamente.

Quinto, *cuide da vida interior*. É muito difícil que pessoas caóticas, frenéticas, distraídas, ansiosas, arrogantes, medrosas, brutalizadas, inseguras ou desesperadas construam um mundo belo. Elas não terão a sensibilidade apropriada para perceber — muito menos para responder de forma adequada — a bondade e a graça do mundo.[65] Seu olhar ficará no nível da superfície ou será distorcido, e raramente se aprofundará na fonte da misteriosa e graciosa vivacidade do mundo. É preciso amor para sentir o amor divino que percorre os diversos lugares e as criaturas deste mundo. Se o descanso do *Sabbath* e o deleite divino são o clímax da obra criadora de Deus, então "a resposta apropriada, que compreende, interpreta e corresponde à verdade da criação, é a doxologia".[66]

Isso significa que as pessoas devem se preparar e equipar umas às outras para abrir sua vida ao amor divino, que vivifica toda a criação. Elas devem aprender a nadar nas correntezas dos caminhos das graciosas dádivas divinas. Isso não é fácil de realizar, especialmente se as pessoas se encontram em contextos sociais e econômicos que as oprimem ou as deixam abandonadas ou entorpecidas. Por isso é tão importante desenvolver os contextos comunitários em que as pessoas sabem que são apreciadas e protegidas, contextos

---

[64] Timothy Gorringe, *The common good and the global emergency: God and the built environment* (Cambridge: Cambridge University Press, 2011). Veja também seu livro anterior, *A theology of the built environment: justice, empowerment, redemption* (Cambridge: Cambridge University Press, 2002), para uma análise teológica das muitas dimensões do planejamento e estruturação urbana, arquitetura, redes de transporte, sistemas alimentares e gestão da terra.

[65] Em *The blue sapphire of the mind: notes for a contemplative ecology* (New York: Oxford University Press, 2013), Douglas E. Christie mostra de maneira bela como as práticas de atenção, tristeza, autoesvaziamento, escuta e cuidado contribuem para maior intimidade com o mundo e com os outros.

[66] David Bentley Hart, *The beauty of the infinite: the aesthetics of christian truth* (Grand Rapids: William B. Eerdmans Publishing Company, 2003), p. 292.

que Jesus procurou inspirar ao alimentar, curar, perdoar, exorcizar e oferecer sua amizade.

Para viver nos fluxos de uma vida que dá e recebe, as pessoas devem praticar a arte de ser criaturas — ou seja, devem desistir do desejo de ser um deus que controla e toma para si o mundo, e, em vez disso, seguir o Deus que "se fez carne" e cujo modo de ser é a doação de si. Como diz Rowan Williams, "O Deus que cria um mundo de liberdade, um mundo que é ele mesmo, é um Deus *kenótico*, um Deus que se entrega, se esvazia de si e cuja existência é para o outro".[67] Os cristãos são instruídos a pensar assim sobre Deus, porque foi isso que Jesus demonstrou em seu próprio modo de ser com os outros. Cristo veio à presença de outras pessoas para libertá-las e capacitá-las para uma vida que é possível quando o amor divino entra em ação nela e por meio dela. Isso significa que ele não coagiu ou manipulou os outros para que servissem a seus fins. Ele veio ao mundo, diz o Evangelho de João, para que as pessoas experimentassem a vida abundante, a vida em sua plenitude (João 10:10). Ao apresentar a vida nesses termos, Jesus mostrou que o ápice de uma existência de criatura é a doação e o compartilhamento de si, tudo a fim de que as criaturas se tornem autênticas.

Em outras palavras, Jesus mostra que a essência da criatividade humana reside no "deixar ser". A arte exige que as pessoas removam elas mesmas e suas agendas do caminho para as fontes profundas e misteriosas de vivacidade nas criaturas e nos lugares aparecerem e crescerem. "O trabalho realmente criativo é um acontecimento; é a profundidade do mundo que ocorre onde o artista está, porque este de alguma forma exerceu esse ascetismo de deixar de lado preferências, e propósitos, e todo o resto, para que algo ocorra."[68] Falar de "deixar as criaturas serem" não é concordar com as estruturas injustas do mundo como ele é agora; é, em vez disso, trabalhar por um mundo justo e compassivo, no qual os poderes que mutilam e ferem a vida são colocados de lado. Já que a arte trabalha para o bem dos outros, também trabalha para o embelezamento do mundo.

O século 20 não foi marcado pelo embelezamento ou o florescimento da vida. Lugares foram agredidos e feridos, e a vida foi degradada e assassinada em uma escala sem precedentes na história da humanidade. Em um diário datado de 11 de julho de 1942, Etty Hillesum relatou: "A superfície da terra está gradualmente se transformando em um grande campo de prisioneiros e, em breve, não haverá mais ninguém do lado de fora".[69] Hillesum não vive-

---

[67] Rowan Williams, "Creation, creativity, and creatureliness: the wisdom of finite existence", in: *Being-in--creation: human responsibility in an endangered world*, org. Brian Treanor, Bruce Ellis Benson; Norman Wirzba (New York: Fordham University Press, 2015), p. 28.
[68] Ibidem, p. 29.
[69] Etty Hillesum, *An interrupted life: the diaries, 1941–1943 and letters from westerbork* (New York: Henry Holt and Company, 1996), p. 173 [edição em português: *Uma vida interrompida* (Belo Horizonte: Âyiné, 2022)]. As referências seguintes a esse livro serão incluídas diretamente no texto.

ria para ver o fim da guerra. Em vez disso, ela, com sua família e milhões de outros judeus, seria exterminada em um dos campos de concentração de Hitler, no seu caso, o campo de Auschwitz.

Termino este livro recorrendo à sua história porque Hillesum compreendeu com clareza que, embora a vida seja realmente sagrada, maravilhosa e bela — não importa quão violento e sistemático seja o ataque contra ela —, as pessoas terão dificuldade em viver com base na esperança, ou de formas amáveis e gentis que possam curar as muitas feridas deste mundo. O que torna sua história ainda mais memorável é que ela não desejava ser santa, tampouco participar das instituições religiosas de sua cultura. Pouco em sua educação a preparou para ser testemunha do poder divino que estabelece e sustenta a vida.[70] Seu caminho para Deus foi mediante um processo de intensa autointrospecção, leitura e contemplação. O que ela percebeu é que, para viver em um mundo saturado de violência e ódio, as pessoas devem cavar abaixo da superfície, a fim de encontrar a fonte graciosa que ainda está lá, em plena atividade. E, para isso, elas têm de eliminar o medo e o ódio que estão em seu interior: "Temos tanto trabalho a efetuar em nós mesmos que nem sequer deveríamos considerar odiar nossos chamados inimigos" (p. 211). "Não vejo alternativa, cada um de nós deve voltar-se para dentro e destruir em si tudo o que pensa que deve destruir nos outros. E lembre-se de que cada átomo de ódio que acrescentamos a este mundo torna-o mais inóspito" (p. 212).

O medo e o ódio corrompem a alma. Tornam as pessoas incapazes de perceber o mundo com clareza ou profundidade, porque o que encontram se reduz às suas preocupações, inquietações e infelicidade. A verdade das criaturas é que cada uma delas é preciosa porque foi criada e amada por Deus. Para averiguar essa verdade, as pessoas devem se livrar das paixões que distorcem a vida das criaturas para servir às ambições (muitas vezes violentas e brutais) dos outros. Devem procurar uma vida de simplicidade que crie em si um lugar corporificado no qual Deus possa residir e se sentir em casa. Em uma carta escrita poucas semanas antes de sua morte, Hillesum disse:

> Tu me fizeste tão rica, ó Deus; por favor, deixa-me compartilhar tua beleza com as mãos abertas. Minha vida tornou-se um diálogo ininterrupto contigo, ó Deus, um grande diálogo. Às vezes, quando estou em algum canto do campo [de concentração], meus pés plantados em tua terra, meus olhos erguidos para o teu céu, lágrimas às vezes correm de meu rosto, lágrimas de profunda emoção e gratidão [...] As coisas vêm e vão em um ritmo mais profundo, e as pessoas devem ser

---

[70] Para um relato sucinto de sua vida e de seu caminho para Deus, veja Patrick Woodhouse, *Etty Hillesum: a life transformed* (London: Bloomsbury Continuum, 2009) [edição em português: *Etty Hillesum: uma vida transformada* (São Paulo: Paulinas, 2011)].

ensinadas a ouvir; é a coisa mais importante que temos de aprender nesta vida (p. 332).

Falando assim, Hillesum deu voz ao que tenho chamado de fluxo divino de uma vida que dá e recebe. Atenta à beleza que ainda conseguia discernir no inferno que era seu campo de concentração — ela falava muitas vezes da beleza das flores e da vida —, podia descansar sabendo que a própria vida era amada, apreciada e tornada bela por Deus. O valor de sua vida não dependia do que os outros pensavam ou queriam fazer com ela. Ao receber o amor de Deus, ao sentir sua presença no âmago de seu ser, ela pôde, então, dirigir-se também aos outros e estender esse amor a eles. Deitada em sua cama do acampamento, rodeada de mulheres e moças que estavam enlouquecendo com a miséria na qual viviam, Hillesum descreveu a si mesma como "cheia de uma ternura infinita" e orou para se tornar "o coração pensante destes quartéis" (p. 225). Em outra carta, ela disse:

> Só o que quero dizer é o seguinte: a miséria aqui é terrível; e, no entanto, tarde da noite, quando o dia se arrasta para as profundezas atrás de mim, muitas vezes ando como se algo impulsionasse meu passo ao longo do arame farpado. E então, vez após outra, salta de meu coração — não posso evitar, é assim que é, como uma força elementar — a sensação de que a vida é gloriosa e magnífica, e que um dia construiremos um mundo totalmente novo (p. 294).

Essa declaração é, no mínimo, estarrecedora. Hillesum não se protegeu, tampouco minimizou o sofrimento que se passava à sua volta. Ela sentiu a inutilidade e o desespero que tantas pessoas no campo de concentração sentiram. Ela sabia que estava destinada ao extermínio e que as forças armadas alemãs estavam determinadas a destruir tudo o que se apresentasse como um obstáculo à sua ambição. Ela poderia ter fugido. Ela poderia ter odiado. Poderia ter perdido a esperança. No entanto, não fez nada disso; ao contrário, transformou sua vida em um vaso humano para receber e compartilhar o amor de Deus. Até o fim, sua vida era um exercício cotidiano de gentileza e bondade demonstrada aos outros. Sua confiança no poder de Deus para vencer o mal permitiu-lhe dizer, na última anotação em seu diário, "devemos estar dispostos a servir de bálsamo para todas as feridas" (p. 231).

ÍNDICE DE PASSAGENS BÍBLICAS

ANTIGO TESTAMENTO

GÊNESIS
1 *85*
1:1—2:4 *129*
1—3 *233–237*
1 e 2 *183*
2 *238, 293*
2:1-3 *183*
2:2 *184*
2:4b-8 *99*
2:9 *102*
2:15 *101, 256*
2:18 *102*
2:19 *102*
3:19 *101*
18 *177*

ÊXODO
20:8-11 *186*

LEVÍTICO
25:1-7 *187*
25:8-24 *188*
25:23 *188*

DEUTERONÔMIO
5:15 *187*

JÓ
38—41 *102*

SALMOS
65:12,13 *128*
104 *185*
148:1 *130*
148:3 *130*
148:7-10 *130*
150:6 *130*

ISAÍAS
5:8 *188*
33:7 *129*
65:25 *191*

JEREMIAS
17:19-27 *186*

OSEIAS
2:18 *190*
4:3 *129*

JOEL
1:18 *129*

AMÓS
9:13-15 *192*

ECLESIÁSTICO
38:39 *270*

NOVO TESTAMENTO

MATEUS
6:10 *193*
6:28-31 *112*
13:1-9 *112*
13:4-6 *238*
13:23 *238*
25 *177*

MARCOS
4:26-28 *246*
5:4 *211*

LUCAS
8:46 *212*
8:48 *212*
8:50 *212*
8:55 *212*
13:18,19 *111*
14:7-14 *239*

JOÃO
1:1-3 *134*
1:1-4 *209*
1:14 *135, 209*
10:10 *237, 296*
12:24 *112, 237, 247*
12:25 *247*
15 *237*
15:1-17 *112*
17:3 *247*

ATOS
2:44-47 *285*
4:32 *285*
4:34 *285*
5:1-11 *287*

ROMANOS
6:6-8 *248*
8:31-39 *253*

1CORÍNTIOS
12:19-26 *249*
13:4-8 *251*

2CORÍNTIOS
5:17 *248*

GÁLATAS
5:22,23 *215, 286*

FILIPENSES
2:4-8 *250*

COLOSSENSES
1 *131*
1:15-20 *209*
1:23 *237*

1TIMÓTEO
6:19 *237*

1JOÃO
4:8 *285*
4:16 *285*
4:18 *252*
4:20 *285*

APOCALIPSE
11:18 *192*
21:1-3 *192*
21 e 22 *293*

ÍNDICE REMISSIVO

A
abuso. *Veja* violência
Accords Artemis 75
Adão 101, 102, 111, 233, 234, 235, 245, 258
agricultura 34, 46, 47, 50, 52, 59, 107, 211
Alcor Life Extension Foundation [Fundação Alcor para a Extensão da Vida] 67
aliança 190
Amazon 84, 85
ambiente construído 138
ambientes inteligentes 84, 89, 92
amor 25, 63, 129, 193, 232. *Veja tb.* Deus, amor de
animais 40, 50, 52, 85, 99, 102, 103, 105, 106, 107, 110, 113, 114, 121, 124, 129, 135, 138, 142, 149, 186, 190, 240, 256, 257, 260, 293
animismo 158
Antropoceno 20, 35, 39, 40, 41, 45, 48, 49, 51, 55, 57, 77, 98, 116, 143, 181, 182, 199, 269, 293
aparelhos eletrônicos de uso pessoal 85
apóstolo Paulo 252
aquecimento global. *Veja* mudanças climáticas
áreas silvestres 141
armadilhas do progresso 60
artes 20, 52, 230, 236, 258, 262, 277
atenção 230, 240, 257, 263

B
Bach, Johann Sebastian 131, 227
biotecnologia 48, 75, 78, 89

C
capitalismo de vigilância 86, 91
Capitaloceno 41, 42, 45, 48
cerimônia 57
ciências sociais 20, 53, 55
colonialismo 23, 40, 44, 208
combustíveis fósseis 36, 41, 42, 53, 54, 115
comida 47, 144, 147, 218, 236, 260, 261, 265
compaixão 22, 168, 198, 219, 251, 253, 270, 280
compras 20, 52, 141, 282, 289, 294
comunidade 22, 23, 24, 25, 27, 37, 40, 45, 60, 113, 121, 122, 128, 141, 150, 153, 171, 180, 184, 185, 187, 196, 197, 209, 221, 231, 237, 240, 249, 279, 286, 289, 291
Covid-19 21, 36, 76, 89, 261, 283
Crescente Fértil 46
Criação
  ex nihilo 206, 207
  história da 100, 183, 200
  mundo como 59, 213, 219, 227, 248, 274, 296
  santidade da 25, 177
  som da. *Veja* harmonia cósmica
criatividade 69, 70, 79, 100, 179, 186, 197, 258, 263, 265
criatura/criaturalidade
  constituição relacional da 69. *Veja tb.* malha
  dependência da 35, 84, 99, 102, 231, 232
  recusa da 51, 88, 245
  ser humano como 19, 39, 74, 99
criopreservação 67, 68

D
dádiva
  criação como 178, 231
  intercâmbio de 102
  vida como 23, 26, 27, 108, 112, 114, 154, 164
dataísmo 90
democracia 54, 290
desertificação 39
desflorestamento 38, 46
Deus
  afirmação de 77, 129, 192
  amor de 25, 77, 111, 131, 191, 192, 193, 206, 232, 237, 247, 248, 251, 285
  autoesvaziamento de 296
  como Criador 100, 232
  como fonte de vida 166
  como Jardineiro 99
  crença em 200
  Cristo 209, 210, 230, 231, 233, 248, 249, 250, 251
  descanso de 184
  encarnação de 210. *Veja tb.* Jesus Cristo
  energia de 25
  Espírito/sopro de 125
  graça de 234, 280
  imanência de 205
  poder de 113, 191, 196, 205, 207, 247, 298
  presença em humanos 177, 285
  transcendência de 205

E
Eagle, Alan 83
ecomodernismo 50
economia 35, 38, 52, 82, 121, 242, 281, 289, 290
Emercipation Proclamation [Proclamação de Emancipação] 242
emissões de carbono 36, 52
encarnação 210, 213, 230, 231
enraizamento 26, 102, 115, 116, 118, 122, 124, 144, 225, 241, 253, 257
escravidão 22, 47, 242, 265
estrutura imanente 165, 172
Eva 233, 234, 235, 245

F
Facebook 83, 88
fogo antropogênico 46
Frankenstein 170
Future of Humanity Institute [Instituto para o Futuro da Humanidade] 79

G
Galilei, Vincenzo 133
genética 22, 78, 79, 88, 110
Google 78, 83, 85, 89, 136
GPS (Global Positioning System) 83, 136

H
harmonia cósmica 130, 132
harmonia mundi. Veja harmonia cósmica
Hawking, Stephen 50
história, significado da 174, 175
holobiontes 221
Holoceno 34
humanidades 20, 55, 230
humanidade/ser humano
  alma 73, 74, 241
  capacidades singulares 78, 187
  como filho de Deus 171, 212
  condição de criatura. *Veja* criatura/criaturalidade
  criaturalidade 27, 210, 220, 227
  definição 99, 204
  exclusão 215
  idade. *Veja* Antropoceno
  liberdade 51, 132, 206
  limites 74, 88
  santidade 23, 51, 177, 278
  sua criação do pó da terra 271
  vocação 24, 200, 256
Humanity+ 82
Human Microbiome Project [Projeto Microbioma Humano] 110
humildade 68, 81, 103, 111, 154, 178, 187, 208, 224, 248, 250, 270

I
iluminista 175
imanência 178, 204, 230. *Veja tb.* Deus
indígenas 25, 41, 43, 46, 49, 50, 57
industrialização 37, 263
inteligência artificial 22, 75, 90
internet das coisas 85, 86

J
jardim do Éden 101, 103, 175, 200, 233
jardim/jardinagem 115
Jesus Cristo
  como Criador 209, 211
  como criatura 135
  como Logos 132
  corpo de 249, 252
  ensino de 244, 251
  humanidade de 135, 190
  morte de 250
  obra de 196, 210
  participação em 210, 248
  Pessoa de 190, 209, 230

K
Kalahari, Bushmen 104
Kurzweil, Ray 67

L
labor 186. *Veja tb.* trabalho
latifúndio 39, 59, 211
liberdade. *Veja* humanidade/ser humano, liberdade
língua 101, 147, 148, 150, 251
literatura 52, 263
Logos 132, 134, 136, 138, 139, 150, 157, 214
lugar 88, 115. *Veja tb.* enraizamento; malha

M
malha 156, 157, 160, 219, 222, 231
mapas 136, 137, 139
Marte 75
materialismo 172
medicamento 54, 104, 115, 289
microbioma 109, 118, 257
mídias sociais 279, 290
modernidade 44, 55, 132, 174, 226, 280
morte 102, 169, 250. *Veja tb.* Jesus Cristo, morte de
motor a vapor 37, 40, 41
mudanças climáticas 36, 51, 293
música 130. *Veja tb.* harmonia cósmica

N
nação potawatomi 114, 150
nanotecnologia 22, 75, 78, 80
National Wilderness Preservation System [Sistema nacional de preservação de áreas silvestres 141
naturalismo 196, 199, 202
neoliberalismo 23, 240, 281

O
orientação sexual 72, 240

P
pântano 24, 46, 61, 62, 236
Paraíso 170, 173
Paulo, apóstolo 215, 237, 248, 286
pecado 132, 227, 244, 245, 248, 284
pessoas com deficiência 237
plantas 46, 85, 102, 106, 113, 117, 118
plantation (sistema de cultivo) 43
política 290, 292. *Veja tb.* democracia
pós-humanismo. *Veja* transumanismo
povo haida 56
povo ojibwe 105
propriedade privada 41, 42, 208, 281, 282, 283, 286

R
racismo 53, 164, 189, 244
Reagan, Ronald 241, 281
realidade virtual 93

ressurreição 77, 196, 248
Revolução Industrial 20, 38, 40, 41, 85
Rodin, Auguste 189

S
Sabbath 182, 183, 184, 186, 187, 188, 189
secularização 164, 174
Segunda Guerra Mundial 37
selvagem 38, 116
sexismo 53, 164, 244
Shakespeare, William 133
simbiogênese 109, 111, 221, 276
sistema 23, 25, 35, 36, 40, 42, 45, 48, 50, 52, 85, 199, 229, 239, 243, 281, 295
smartphones. *Veja* aparelhos eletrônicos de uso pessoal
Sócrates 71, 73, 74, 77, 78, 157
sofrimento 167, 171, 174, 179, 191, 192, 193, 198, 199, 208, 215, 223, 231, 252, 277, 279, 298
solo 26, 36, 47, 48, 50, 101, 102, 118, 120, 187, 238, 266
superinteligência. *Veja* inteligência artificial

T
teoria crítica 174, 175
Terra 175, 188, 190, 191, 193, 201, 207, 209, 214, 220, 237, 242, 246
    como globo 120, 137, 139, 143, 144
    fertilidade da 48, 101, 190, 234, 256
    fotografia da 143
    impacto humano sobre a. *Veja* Antropoceno
    renovação da 192
Thatcher, Margaret 241, 281, 282
trabalho 20, 43, 59, 270. *Veja tb.* labor
transcendência 182, 247. *Veja tb.* Deus, transcendência de
transumanismo 69, 82
tribo cree 145
tribo koyukon 149
tribo tlingit 146

U
urbanização 35, 142, 263, 293

V
vida, santidade da 50, 51, 64, 177, 179, 182, 188, 190, 232
violência 191, 206, 213, 218, 243, 293, 297

W
Wilderness Preservation Act of 1964 [Ato norte--americano de preservação das áreas silvestres de 1964 141

Y
Yale Forum on Religion and Ecology [Fórum de Yale sobre religião e ecologia] 197

Este livro foi impresso pela Geográfica, em julho de 2023, para a Thomas Nelson Brasil. A fonte do miolo é Minion Pro. O papel do miolo é pólen natural 70g/m², e o da capa é cartão 250g/m².